Richter, Sachverständige, Handelskammern

Rechtshistorische Reihe

Band 459

Zur Qualitätssicherung und Peer Review der vorliegenden Publikation

Die Qualität der in dieser Reihe erscheinenden Arbeiten wird vor der Publikation durch den einen Herausgeber der Reihe geprüft.

Notes on the quality assurance and peer review of this publication

Prior to publication, the quality of the work published in this series is reviewed by one of the editors of the series.

Georg Rasche

Richter, Sachverständige, Handelskammern

Preußische Justizverwaltung und kaufmännische Interessen zwischen 1879 und 1907

PL ACADEMIC RESEARCH

Bibliografische Information der Deutschen Nationalbibliothek
Die Deutsche Nationalbibliothek verzeichnet diese Publikation in der Deutschen Nationalbibliografie; detaillierte bibliografische Daten sind im Internet über http://dnb.d-nb.de abrufbar.

Zugl.: Berlin, Humboldt-Univ., Diss., 2014

Die vorliegende Arbeit wurde von
Prof. Dr. Rainer Schröder
zur Aufnahme in die Reihe empfohlen.

Umschlagabbildung:
Justitia. Allegorie der Gerechtigkeit.
Druck aus dem 17. Jahrhundert.

11
ISSN 0344-290X
ISBN 978-3-631-65735-5 (Print)
E-ISBN 978-3-653-05146-9 (E-Book)
DOI 10.3726/978-3-653-05146-9

PL Academic Research ist ein Imprint der Peter Lang GmbH.

Peter Lang – Frankfurt am Main · Bern · Bruxelles · New York · Oxford · Warszawa · Wien

Diese Publikation wurde begutachtet.

www.peterlang.com

Meiner Mutter
und
dem Andenken meines Vaters

Inhaltsverzeichnis

A. Einleitung

I. Gegenstand

Zu einem Rechtsstreit kann es aus sehr verschiedenen Gründen kommen, meistens geht es dabei um eine ungeklärte Sachlage.[1] „Nach einer alten Faustregel kommen in der Praxis auf eine Rechtsfrage – mindestens – neun tatsächliche“[2]. Das scheint auch im Untersuchungszeitraum nicht anders gewesen zu sein. 1860 zitiert Wilhelm Endemann in einem Beitrag zur Freiheit der richterlichen Beweiswürdigung bereits Cicero als Zeugen dafür, schon seinerzeit sei es häufiger um streitige Tatsachen- als um Rechtsfragen gegangen.[3] Auch die Weisheit des Salomonischen Urteils[4] liegt nicht in der Lösung einer Rechtsfrage, sondern in der richtigen Erkenntnis der streitigen Tatsachen des Falls.

Während des letzten Drittels des 19. Jahrhunderts hat das starke Wachstum in Wirtschaft und Technik dazu geführt, dass in einer stets schneller steigenden Zahl von Rechtsangelegenheiten und Gerichtsverfahren Sachverständigengutachten eingeholt werden mussten. Eine Frage muss ein Richter in jedem Fall beantworten, wenn er Beweis durch Sachverständigengutachten erheben will, und diese Frage ist folgende:

Welcher Sachverständige ist der richtige Sachverständige für den gerade vorliegenden Fall? Welche fachlichen und persönlichen Eigenschaften muss ein Sachverständiger haben, und welche Rolle spielt das Verhältnis des Sachverständigen zu den Parteien oder zu dem Gericht bei der Auswahl? Wer stellt die Qualität sicher und besorgt einen möglichst reibungslosen Ablauf?

Im gesamten 19. Jahrhundert betrachtete die preußische Justizverwaltung es als eine Angelegenheit der Gerichte, diese Fragen zu beantworten. Die Arbeit zeigt, dass das Justizministerium dadurch jahrzehntelang geltendes Recht zunächst ignorierte, damit später sogar bösgläubig wurde, um schließlich und nicht ohne Druck aus Industrie und Handel diese Aufgabe an die Handelskammern abzugeben, von denen sie seitdem durchgängig wahrgenommen wird.

---

1 LUHMANN, Recht der Gesellschaft, 1993, S. 268.

2 HOHLWECK, MARTIN: Die Beweiswürdigung im Zivilurteil, in: Juristische Schulung 2001, S. 584–589, S. 584.

3 ENDEMANN 1860, Beweislehre des Civilprozesses, S. 2, unter Berufung auf De oratore II c. 25 i. f.

4 1 Kön 3, 16–28.

II. Gang der Darstellung

Nach Vorüberlegungen über die Anforderungen der Justizpraxis an das gerichtliche Sachverständigenwesen einschließlich der besonderen Herausforderungen, die die Hochindustrialisierung für die preußische Richterschaft brachte (Abschnitt B.) sowie einem Gang durch das preußische, gemeine und ZPO-Prozessrecht im 19. Jahrhundert (C.) schildert die Arbeit anhand der Akten des preußischen Justizministeriums und kaufmännischer Interessenvertretungen (D.) vier Konflikte um die Frage nach der Zuständigkeit für die Regulierung der gerichtlichen Sachverständigen. Zentrale Jahre sind in diesen Konflikten jeweils 1867 (E.II.6), 1879 (F.II.1), 1894 (G.III.3). und 1900 (H.V.3).

Im Juli 1907 (J.) akzeptierte die Justizverwaltung, dass die Gerichte in der Regel nur solche Sachverständige mit Gutachten beauftragen darf, die von der Handelskammer öffentlich bestellt und vereidigt sind. Eine dieser Verfahrensweise entsprechende Rechtslage bestand in Preußen möglicherweise bereits seit Anfang des 19. Jahrhunderts, definitiv aber seit 1897.

III. Zeitliche Eingrenzung

Der Untersuchungszeitraum liegt zwischen dem Inkrafttreten der Reichsjustizgesetze 1879/1880 und 1907. Ein klarer Schwerpunkt der Ereignisse liegt in der Zeit nach 1897. Diesen Befund ergibt bereits eine Auszählung einschlägiger Dienstanweisungen und Verfügungen des Justizministeriums, die seit 1839 im Justizministerialblatt veröffentlicht worden sind:

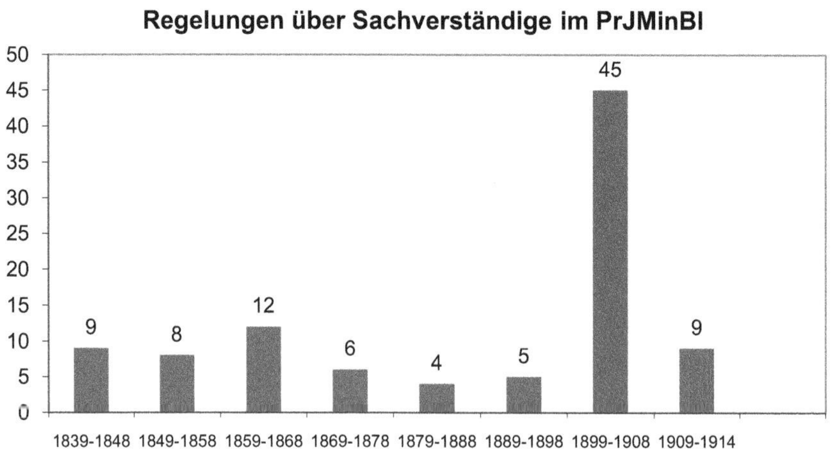

IV. Räumliche Eingrenzung

1. Preußen

Justizverwaltung in Deutschland ist stets Sache der jeweiligen Einzelstaaten, dasselbe gilt mit Einschränkungen auch für Organisation und Kompetenzausstattung der Industrie- und Handelskammern. Es liegt daher nahe, der Fragestellung am Beispiel eines dieser Staaten nachzugehen und dafür den „größten und wichtigsten Staat, [...] Preußen"[5] auszuwählen. Das ermöglicht es, auf eine zufriedenstellende Überlieferungs- und Forschungslage zuzugreifen. Aus den ausgewerteten Quellen ergibt sich kein Hinweis darauf, dass sich die preußische Justizverwaltung an ausländischen, also nichtpreußischen oder außerdeutschen, Vorbildern orientiert hat.[6]

2. Berlin

> *Es dürfte, von der Reichshauptstadt und einigen Weltplätzen abgesehen, wohl kaum einen Handelskammerbezirk geben, in dem gleichzeitig sämmtliche Branchen der Industrie und des Handels vertreten sind und sich einer solchen Bedeutung erfreuen, dass für den mit der Wahrnehmung ihrer Gesammtinteressen betrauten, zuständigen Handelsvorstand zwingende Veranlassung vorläge, Handelssachverständige aller zulässigen Arten und Gattungen öffentlich anzustellen.*[7]

Bereits aus der schieren Menge der gerichtlich und außergerichtlich auftretenden Sachverständigen ergab sich in Berlin ein bis zur Hochindustrialiserung nicht gekannter Regulierungsbedarf.

---

5 RUDOLF ARNOLD NIEBERDING (1838–1912), 1893–1909 Staatssekretär im Reichsjustizamt, am 18. Januar 1909 in der Debatte über den Justizetat im Reichtstag, Sten. Ber. 12. LP, 187. Sitzung, S. 6342 (A).

6 Preußen hat einen vollständigen eigenen Entwurf zur Zivilprozessordnung vorgelegt, obwohl der preußische Prozess nach Meinung relevanter Fachkreise und selbst des preußischen Staatsministeriums viel weniger als Vorbild eines neuen Prozessgesetzes taugte als die hannoversche BPO von 1850; so das Votum des Staatsministeriums vom 14. Februar 1861 an des Königs Majestät, s. AHRENS, Prozessreform, 2007, S. 600ff.

7 RIESENFELD, Anstellung von Handelssachverständigen, 1901, S. 66.

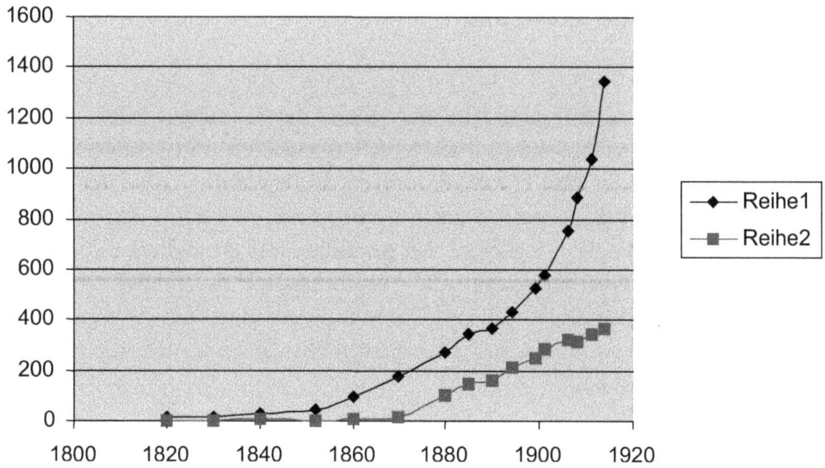

Reihe 1 zeigt die Anzahl der Personen, die in Berlin offiziell als vereidete Sachverständige tätig waren, Reihe 2 zeigt die Anzahl der Fachgebiete, für die in Berlin Sachverständige bestellt waren. Mehrfachnennungen von Personennamen für mehr als ein Fachgebiet sind bereinigt. Die Darstellung beruht auf einer Auszählung der veröffentlichten Sachverständigenlisten.

Während die Kopfzahl sich als exponentielle Wachstumskurve beschreiben lässt, zeigt die Zahl der Fachgebiete Ähnlichkeit mit einer Sättigungskurve, mit einem deutlichen Knick 1906/1908; der letzte Wert ist für 1914 erhoben.

Der Aufwand für die laufende Pflege einer mehr als 1500 Personen umfassenden Liste ohne irgendwelche automatische Datenverarbeitungsmöglichkeiten ist aus heutiger Sicht kaum vorstellbar.

Die in Preußen gefundenen Lösungen sind daher vornehmlich in Berlin entwickelt worden; das hat seinen Grund natürlich auch darin, dass das Justizministerium offensichtlich werdende Probleme bearbeiten musste und Probleme in den Provinzen für den Haupstadtbeamten naturgemäß weniger offensichtlich sind.

Gleichmäßige Verwaltungsvorschriften über das Sachverständigenwesen in allen Provinzen Preußens erließ das Justizministerium in enger Anlehnung an Vorschläge des Präsidenten des Landgerichts I und des Kammergerichtspräsidenten. Der Übergang der Kompetenz zur Prüfung, Bestellung und Vereidigung der Sachverständigen von der Justiz auf die Handelskammern in den Jahren von 1897 bis 1907 wurde freilich nicht in erster Linie in Berlin geplant und auch nicht vom Justizministerium gestaltet.

Stattdessen kamen die bestimmenden Anstöße aus einer Allianz zwischen den Handelskammern Breslau, Magdeburg und Hannover mit der Interessenvertretung der Inhaber von chemischen Untersuchungslabors, die eine Verstaatlichung des chemischen Untersuchungswesens verhindern wollte, welche von Vertretern landwirtschaftlicher Interessen betrieben wurde.

V. Sachliche Eingrenzung: Sachverständige auf welchen Fachgebieten?

1. Technik als Begriff

An Technik in einem modernen Sinn, z. B. an Produktionstechnik, wird man kaum denken mögen, wenn man den ersten Satz der Technikdefinition aus Meyer's Konversationslexikon von 1889 liest: „Technik (griech.), Inbegriff der Regeln, nach denen bei Ausübung einer Kunst verfahren wird, z. B. T. der Malerei".

Der Sprachgebrauch der Juristen am Beginn des Untersuchungszeitraums ist anders als der Sprachgebrauch der in dieser Arbeit verwendet wird. Es macht von heute aus betrachtet fast den Eindruck, dass alles, was nicht juristisch ist, von den Juristen als „Technik" bezeichnet wird. So heißen die nichtjuristischen Beisitzer in preußischen Fabrikengerichten „technische Mitglieder".[8] Diese Fabrikengerichte sind aber nicht etwa zuständig für Streitigkeiten über Fabrikwaren, -maschinen oder -rohstoffe, sondern sie sind befasst mit den Streitigkeiten zwischen den Fabrikanten und ihren Arbeitern, sachlich also mit dem, was heute die Arbeitsgerichte beurteilen. Nicht anders die „technischen Räthe" des Kommerz-Kollegiums, also des Handelsgerichts[9], z. B. von Königsberg; hier sind die kaufmännischen Beisitzer gemeint.[10] In beiden Fällen geht es dort also nicht um „Technik" im heutigen Sinn.

---

8 Starke, Gerichtsverfassung, 1839, S. 163.

9 Die historischen Begriffe für diejenigen Gerichte, als deren funktionales Äquivalent im weitesten Sinn die heutigen Kammern für Handelssachen bezeichnet werden können, sind undifferenziert oder uneinheitlich. Die AGO, Teil I Titel 30 § 2 zählt die „Handlungs-, Wett-, oder Seegerichte, oder wie sie sonst genannt werden," auf. In Königsberg hieß das Handelsgericht „Kommerz- und Admiralitäts-Kollegium", Evelt, Gerichtsverfassung und der Civil-Proceß in Preußen, 1855, S. 108.

10 Schreiben des Königlichen Ostpreußischen Tribunals zu Königsberg an das Justizministerium vom 17. Dezember 1866, GStA PK, Rep. 84 A Nr. 4823, Bl. 207. In der italienischen Rechtssprache ist statt des nicht durch ein Adjektiv bestimmten Begriffs des Sachverständigen noch stets vom „Consulente tecnico" die Rede, Art 61 ff., 191ff. CPc 1940, zitiert nach Breunung/Pieper/Stahlmann 1982, S. 37.

2. Keine „technischen" Sachverständigen in der AGO

I 9 § 38 AGO gebot die Hinzuziehung von Sachverständigen bei gegebenen Bedarf ohne Bezugnahme auf ein bestimmtes Fachgebiet. Damit war der Rechtsanwender in der Pflicht, selbst zu wissen, welcher Sachverständige der richtige ist. Jedoch war Ende des 18. Jahrhunderts noch ein hergebrachter, nach wenigen Fachgebieten geordneter Numerus clausus von Sachverständigen aktiv. Diese „alten" Sachverständigen waren daher dem Gesetzgeber und der Praxis bekannt und vertraut. Die Zuständigkeit für die Regulierung ihrer Rechtsverhältnisse und die Überwachung der Qualität ihrer Arbeit war im Untersuchungszeitraum offensichtlich geklärt.

Die in dieser Arbeit näher zu betrachtenden Sachverständigen sind lediglich diejenigen, die nicht bereits am Ende des 18. Jahrhunderts offensichtlich Teil des Justizbetriebs waren.

3. Alte und anderweitig geregelte Sachverständige

Aus der Betrachtung hinaus fallen also jene Sachverständige, die es vor dem Hereinbrechen der Industrialisierung, vor dem Begriff „Technik" und teilweise schon im römischen Recht[11] gab, nämlich die schon im Corpus iuris genannten Geometer, Schriftvergleicher, Baumeister und Hebammen. Später hinzugekommene Kategorien von Sachverständigen wie Ärzte und Chirurgen sowie Landwirtschaftssachverständige und kaufmännische Rechnungssachverständige, die späteren Buchprüfer, werden ebenfalls ausgeklammert.[12]

Die Kompetenz und Neutralität der Sachverständigen auf den überlieferten Gebieten der alten und anderweitig geregelten Sachverständigen ist im Verlauf

11 S. z. B. Walther, Lehre vom sogenannten Beweis durch Kunst- und Sach-Verständige, AcP 1843, S. 91f.

12 Olzen, ZRG (GA) 1980, S. 166, 172, 176, 178; Sanner, Bild des Sachverständigen, 1986; Keramaeus, Entwicklung des Sachverständigenbeweises, 1962, Obermeyer, Lehre von den Sachverständigen, 1880 – Zur Regulierung dieser Gewerbezweige vgl. das Gewerbepolizeiedikt vom 7. September 1811, GS S. 263, im Einzelnen: zu den Landwirtschaftssachverständige s. § 119 „Oekonomie=Commissarien bestellen die Regierungen, und ertheilen ihnen das Qualifications = Attest, ohne welches ihnen der Gewerbschein nicht gegeben werden kann."; § 121: Auctions = Commissarien, Dolmetscher und Uebersetzer, Behufs gerichtlicher und gewerblicher Geschäfte, Schreib= und Rechenmeister, sofern ihre Atteste ueber die Identität oder Verfaelschung einer Schrift oder die Richtigkeit einer Rechnung, oeffentlichen Glauben haben sollen, werden sowohl von den Regierungen, als auch von den Ober = Landes = Gerichten unter derselben Bedingung (§ 119) angestellt."

des 19. Jahrhunderts in Preußen stets Gegenstand enger staatlicher Kontrolle gewesen:[13] Das gilt für Landvermesser;[14] Ärzte haben ihre autonome berufsständische Organisation und Glaubwürdigkeit, fallen überdies nicht allein in den Geschäftsbereich des Justizministeriums;[15] die Sachverständigen für Landwirtschaftsfragen gehörten zum Geschäftsbereich Landwirtschaft, und für Qualifikation und Überwachung der Rechnungsprüfer entstand ein eigenes institutionelles und Regelungsgeflecht außerhalb der Handelskammern, das Gegenstand anderweitiger wirtschaftshistorischer Forschung sein dürfte.

4. Beschränkung auf Zivilsachen

Diese Arbeit zielt vornehmlich auf Streitigkeiten im Rahmen kaufmännischer Vertragsbeziehungen. Denn nur hier dient der Einsatz von Sachverstand vor Gericht direkt dem wirtschaftlichen Interesse.

---

13 Eine Liste der sonstigen besonderen Verfahrensarten der AGO, bei denen sich bereits aus der Bezeichnung des Verfahrens das Sachgebiet des erforderlichen Sachverständigen entnehmen ließ, etwa: Arzt- oder Bausachen, findet sich bei v. DANIELS, Handbuch 1839, S. 483, Fn. 1.

14 Vgl. Feldmesser.Reglement vom 29. April 1813, abgedruckt in v. KAMPTZ, Annalen der Preußischen Inneren Staatsverwaltung, Bd. 11 S. 783, und Allgemeine Verfügung vom 27. August 1849, – die Gebühren, Diäten und Reisekosten der Vermessungsbeamten in gerichtlichen Angelegeneheiten betreffend, JMinBl. 1849, No 35, 31. August 1849; Zusatzbestimmungen zu der Abänderung vom 26. August 1885 des Reglements für die öffentlich anzustellenden Land(Feld)messer (GS 1885, 319) vom 26. Februar 1894. Erst mit dieser Regelung 1894 Anwendung der Gebührenordnung für Zeugen und Sachverständige auch für Auftritte von Feldmessern in Angelegenheiten der ordentlichen Gerichtsbarkeit, bis dahin eigene Gebührenordnung.

15 Hier ist stets auch das für Gesundheit zuständige KM zu beteiligen, wobei die Machtverteilung natürlich schwankt. 1840 z. B. veröffentlicht der Justizminister im JMinBl. S. 391f. eine Verfügung des KM „vom 20. November 1840, – die Qualifikation der Medizinalpersonen betreffend, welche bei gerichtlichen Untersuchungen über den Gemüthszustand eines Menschen als Sachverständige zuzuziehen sind". Im Jahr 1831 hatte der Justizminister noch aus eigener Macht verfügt, dass in medizinischen Angelegenheiten im Allgemeinen Wundärzte [d.s. Chirurgen] erster Klasse nur in Ausnahmefällen als Sachverständige heranzuziehen sind und dass es auch hier auf die medizinische Promotion ankomme, s. Reskript des Königlichen Justiz=Ministeriums vom 18. März 1831, abgedruckt in KAMPTZ, Jahrbücher für die preußische Gesetzgebung, Rechtswissenschaft und Rechtsverwaltung, Bd. 37 S. 11f. Zur Abstimmung zwischen Gesundheits- und Justizministerium im Fall von Tierärzten erster und zweiter Klasse als Sachverständige s. JMinBl. 1843, 187.

VI. Quellen

1. Wirtschaft

Zentraler Akteur der Handlung sind die berufsständischen Vertretungen von Handel und Industrie. Hierzu wurden die einschlägigen Akten der Korporation der Kaufmannschaft im Berliner Landesarchiv ausgewertet, hinzu treten Akten der Potsdamer und der Berliner Handelskammer sowie Veröffentlichungen des Verbandes selbständigen öffentlichen Chemiker Deutschlands und ausgewählte Veröffentlichungen der Handelskammer Magdeburg. Aus der Publizistik wurde noch die 1901 gegründete Zeitschrtift „Gewerbe-Archiv für das Deutsche Reich" (GewA) ausgewertet.

2. Justiz

Quellen sind hier nebem dem Justizministerialblatt aller Jahrgänge des Untersuchungszeitraums und die einschlägigen Aktenbestände des preußischen Justizministeriums in Repositur 84a des Geheimen Staatsarchivs Preußischer Kulturbesitz. Seit 1806 wird dort ein Vorgang „Zuziehung von Sachverständigen bei gerichtlichen Geschäften" geführt, der bis 1921 ausgewertet worden ist. Hinzu treten einige Dutzend weiterer Vorgänge unterschiedlichen Umfangs und Ergiebigkeit.

An literarischen Quellen zum Ablauf des Verfahrens mit Sachverständigen sind zu nennen gängige Anleitungen und Kommentare zum gerichtlichen Verfahren sowie Schriften zur Justizkritik und zur Reform der Juristenausbildung.

B. Vorüberlegungen

I. Historische Bedingungen und Konstanten des Justizbetriebs

1. Steigerung des Geschäftsanfalls in der Hochindustrialisierung

Die Zahl der Streitfälle hatte sich in der Hochindustrialisierung parallel zur Steigerung des Sozialprodukts nahezu verdoppelt, während die Zahl der Richter nur um ein gutes Siebtel gewachsen war.[16] Ein auf Patentrecht spezialisierter Rechtsanwalt nahm aufgrund dieser Umstände die Richter sogar gegen den Vorwurf mangelhafter Arbeit in Schutz: „Sie können einem Menschen, der unter der Last des Tages fast tot ist, dem 5, 6 Stunden lang [...] Bagatellsachen vorgekaut worden sind, nicht zumuten, dass er nun noch seinen Geist [...] für eine komplizierte Patentsache anstrengt."[17]

2. Umgang mit den Gutachten

Die Schwierigkeit der Ausführung im einzelnen Fall beseitigt nicht die gesetzliche Forderung selbst.[18]

a. Regelmäßig keine Beweiswürdigung des Gutachtens

Anstatt sich eingehend und kritisch-verstehend mit dem Gutachten auseinanderzusetzen, wird nach den Ergebnissen einer Studie von Breunung 1982 in weniger als der Hälfte der Fälle von den Gerichten mehr geleistet, als den Inhalt des Gutachtens wiederzugeben und das Gutachten pauschal-floskelhaft als „überzeugend" zu bezeichnen. Der Grund für die jeweils geäußerte Überzeugung des Gerichts werde regelmäßig nicht dargelegt und durch diese Unterlassung gegen die Anforderungen des § 286 Abs. 1 ZPO verstoßen; dieser Verstoß könne in jedem Fall zu einer Kassierung des Urteils in der Revision führen.[19]

---

16 Diese Zahlenverhältnisse gelten für Preußen in der Zeit zwischen 1883 und 1900/1901, s. SCHRÖDER, Richterschaft am Ende des zweiten Kaiserreiches, 1983, 226f., wegen der Kopplung an das Wirtschaftswachstum s. WOLLSCHLÄGER, Arbeit der europäischen Zivilgerichte im historischen Vergleich, 1981, S. 25.

17 VEREIN FÜR GEWERBLICHEN RECHTSSCHUTZ, Versammlung vom 23. Februar 1905: Das Sachverständigenwesen auf dem Gebiet des gewerblichen Rechtsschutzes, Bericht in: GRUR 1905, S. 65–87, hier Rechtsanwalt Dr. Schachtel, S. 86f.

18 WACH, Vorträge, 1896, S. 268.

19 So schon MEZGER, Der psychiatrische Sachverständige im Prozess, 1918, S. 184f.

Breunung ließ in ihrer Auszählung bereits jede „ansatzweise" darüber hinausgehende Reflektion der Gerichte bereits als „Beweiswürdigung" werten. Kruchen kommt davon abweichend zu dem Ergebnis, dass „äußerstenfalls in 10% der Fälle" eine kritische, abwägende Auseinandersetzung der Richter mit dem Gutachten festzustellen war.[20]

b. Praxis am Kammergericht und Landgericht I, Dezember 1893 bis Mai 1894

Der Präsident des Kammergerichts in Berlin berichtet an das Justizministerium, es seien in der Vergangenheit „befremdliche Sachverständigengutachten" vorgekommen und in den dazugehörigen Urteilen in bürgerlichen Rechtsstreitigkeiten habe es „darauf gestützte Fehlgründe" gegeben;[21] das Wort „Fehlurteil" wird vermieden. Es geht um die Gefahren einer kritiklosen Übernahme des Sachverständigengutachtens durch die Gerichte.

Anlass für diesen Bericht des Kammergerichtspräsidenten ist die Eingabe des ehrenamtlichen Handelsrichters Croner beim Justizministerium, die auf Missstände im Sachverständigenwesen hinweist, die es abzustellen gelte angesichts der „Wichtigkeit", welche der Richter den Aussagen der Sachverständigen „nothwendiger Weise beizumessen" habe.[22]

Der Präsident des Landgerichts I meint dazu, es „dürfte dahingestellt bleiben können, ob der Kaufmann Croner überhaupt befähigt und in der Lage gewesen ist, sich ein begründetes Urtheil über die Befähigung der Sachverständigen zu machen."[23] Er hat an der Wichtigkeit der Aussage des Sachverständigen für die Entscheidung des Rechtsstreits ebenfalls wenig Zweifel. In einer für die Öffentlichkeit bestimmten Stellungnahme[24] über die an seinem Gericht tätigen Sachverständigen lässt er Folgendes erklären:

---

20 KRUCHEN, Sachverständige als Organ der Zivilrechtspflege, 1973, S. 118.

21 PräsKG an JM, 23. Mai 1894, in: GStA PK, Rep 84a, Nr. 4824, Bl. 211.

22 Kaufmann BERNHARD CRONER (Lebensdaten nicht ermittelt, Handelsrichter in der 3. KfH am LG I), an JM, 15. Dezember 1893, in: GStA PK, Rep 84a, Nr. 4824, Bl. 153ff.

23 PräsLG I an PräsKG, 13. Januar 1894, in: GStA PK, Rep 84a, Nr. 4824, Bl. 181.

24 Es konnte davon ausgegangen werden, dass der „Zentralausschuss Berliner kaufmännischer, gewerblicher und industrieller Vereine", der CRONERS Eingabe weiterverfolgte, mit dem Brief an die Presse gehen würde – was auch geschah, s. nachfolgende Fußnote – denn die Eingabe vom 19. April war in der Abendausgabe des Berliner Tageblatts vom 21. April 1894 erschienen, GStA PK, Rep 84a, Nr. 4824, Bl. 207. Zur notorischen Öffentlichkeitswirksamkeit des Zentralauschusses BIGGELEBEN, Berliner Kaufmannschaft, 2006.

Es ist freilich zuzugeben, dass ab und an auf Grund mangelhafter Gutachten von Sachverständigen das Gericht zu sachlich nicht gerechtfertigten Entscheidungen gelangt. Bedauerliche Vorkommnisse dieser Art sind freilich nicht dadurch zu vermeiden, dass bei Bestallung der Sachverständigen ein anderes Verfahren eingeschlagen wird und dass die vorhandenen Sachverständigen sämmtlich nochmals auf ihre derzeitige Qualifikation geprüft werden. Nach den gemachten Erfahrungen haben übrigens die Parteien vielfach es sich selbst zuzuschreiben, dass ein sachlich nicht gerechtfertigtes Urtheil ergeht, weil sie bzw. ihre Anwälte es unterlassen haben, in der mündlichen Verhandlung auf die Gesichtspunkte mit der erforderlichen Schärfe hinzuweisen, welche bei der Auswahl aus dem Kreise der vorhandenen gerichtlichen Sachverständigen zur Erzielung eines sachgemäßen Gutachtens von Bedeutung sind.[25]

Überraschend an dieser Einlassung ist nicht nur die Unverblümtheit des Eingeständnisses von Fehlurteilen, sondern für unsere Zwecke insbesondere der Inhalt des daran anschließenden Vorwurfs an die Rechtsanwälte: Ihr Versäumnis bestehe darin, auf die angeblich mangelnde Qualität der im Einzelfall zu befragenden Sachverständigen nicht hingewiesen zu haben. Das verwundert umso mehr, als eine Ablehnung eines Sachverständigen durch die Parteien aufgrund der mangelnden Sachkunde des Sachverständigen nach ständiger Rechtsprechung des Reichsgerichts nicht möglich war.[26]

c. Historische Anforderungen an die Form des Gutachtens

Wir gehen weiter in der zitierten „Pressemitteilung" des Berliner Landgerichts I vom 1. Mai 1894:

Erfahrungsmäßig liefert die Mehrzahl der Sachverständigen erst nachdem sie eine längere Zeit als solche thätig gewesen sind, für die Zwecke des Gerichts brauchbare Arbeiten, die erst kurze Zeit im Amte befindlichen pflegen sich trotz aller Sachkunde vielfach über Nebenpunkte und Angelegenheiten, die ihrer Beurtheilung gar nicht unterbreitet sind, weitschweifig auszulassen, das Wesentliche aber nicht mit der erforderlichen Präzision hervorzuheben.

Diese Ansicht ist nicht nur die veröffentlichte, sondern auch die in einem internen Bericht auf dem Dienstweg zu findende,[27] sie ist im Untersuchungszeitraum

25 Brief des Landgerichtsdirektors am LG I, GehJR Berner (Lebensdaten nicht ermittelt) an den (Berliner) „Zentralausschuss hiesiger kaufmännischer, gewerblicher und industrieller Vereine" vom 28. April 1894 auf die Eingabe vom 19. April 1894, Vossische Zeitung vom 1. Mai 1894, erster Teil der Abendausgabe, GStA PK, Rep 84a, Nr. 4824, Bl. 209.

26 S. unten C.III.4.b. m. Fn. 431f.

27 PräsLG I an PräsKG, 13. Januar 1894, GStA PK, Rep 84a, Nr. 4824, Bl. 181ff.

nicht nur in Berlin vertreten worden[28] und findet sich bereits schon vor dem Untersuchungszeitraum bei Seeger 1841:

> *[Es lässt] sich nicht verkennen, dass Sachverständige die klaren und scharfen Begriffe, welche zu genügender Auffassung der entscheidenden Momente eines streitigen Verhältnisses gehören, häufig nicht besitzen, ferner, dass ihre Fachkenntnisse und Grundsätze nicht selten an sich unbestimmt, oder bald theoretisch bestritten, bald praktisch zweifelhaft sind.*

Der praktische Jurist braucht vom Sachverständigen also genauso wenig die Ausbreitung eines Streits der Lehrmeinungen wie ein Mandant so etwas von seinem Anwalt haben will. Wenn der Sachverständige aber über seinen Wirkungskreis hinausgreift und per Sachverständigengutachten auch gleich noch die einschlägigen Rechtsfragen löst, wird das im Sinne der Arbeitsentlastung manchem Gericht gefallen haben. Das Reichsgericht musste mehrfach darauf hinweisen, dass so nicht verfahren werden kann.[29] Wie aber bringt der Auftraggeber den Auftragnehmer dazu, die bestellte Arbeit zu erledigen und sonst keine teure Zeit zu verbrauchen? Der Richter muss halt „dahin sehen", dass das Gutachten „bestimmt, auf die wirklichen Streitfragen passend, und mit Gründen unterstützt, abgegeben werde."[30] So einfach ist das.

d. Moderne Analyse

Die Experten haben sich an die Bedürfnisse des gerichtlichen Verfahrens anzupassen:[31]

> *A ‚good' expert therefore is someone who can subordinate his or her technical view of the relevant question to that defined by the court*[32]

Der Experte hat sich nicht nur an die ihm vom Gericht per Beweisbeschluss vorgelegte Frage zu halten, sondern erleichtert dem Richter die Arbeit auch durch „Assimilation an juristische Argumentations- und Relevanzkriterien wie Trennung von Tatsachenfeststellung und deren rechtlicher Bewertung und binäres

---

28 OLG Frankfurt an JM, im Sommer 1896, GStA PK, Rep 84a, Nr. 40492, Bl. 113ff.

29 RGZ 30, S. 80; RG, Urteil v. 24. November 1885, JW 86, S. 12; Urteil v. 21. September 1892, JW 92, S. 430, wonach die Frage, ob ein bestimmtes Patent verletzt sei, eine Rechts- und keine Tatsachenfrage sei.

30 Grävell Bd. IV 1828, S. 175f.

31 Breunung/Pieper/Stahlmann 1982, S. 300.

32 Robertson/Vignaux, Interpreting evidence, 1995, S. 4.

Entscheidungsschema bei gleichzeitiger Vernachlässigung der eigenen fachwissenschaftlichen Standards wie Diskussion von Alternativen und Problematisierung der Ergebnisse.“[33]

II. Empirische Wahrheitsfindung als Ziel des Verfahrens

1. Gerichtliches Verfahren als empirisches Erkenntnisverfahren

> *Bei Gegenständen der speculativen Erkenntniß kann das Glauben und das Wissen objektiv verschieden seyn; es kann Etwas geglaubt, und etwas Andres gewusst werden, sobald beides nur nicht kontradiktorisch sich entgegensteht. Mit diesen Erkenntnissen hat es die ausübende Gerechtigkeit nicht zu thun, wenigstens nicht bei der Erkenntniß des Thatbestandes, welche nothwendig eine empyrische sein muß, da Erfahrungsgegenstände ihr Vorwurf sind.*[34]

Das Zivilgerichtsverfahren ist in zwei Teile gegliedert, die durch das Urteil voneinander geschieden sind: Nach dem Urteil folgt das Vollstreckungsverfahren, und vor dem Urteil steht das Erkenntnisverfahren, in dem das Gericht die (oder das?) „Erkenntnis“[35], also das Urteil, gewinnt. Im Urteil „erkennt“ das Gericht nicht nur („auf“) eine bestimmte Rechtsfolge, sondern es begründet diese Urteilsformel mit den Erkenntnissen, die es über die Sach- und die Rechtslage des Falles gewonnen hat. Diese Sprachregelung ist spätestens zu Beginn des 19. Jahrhunderts nachweisbar.[36]

2. Wissenschaftliche Erkenntnis und ihre Wechselwirkung mit juristischen Formen

Die während der „scientific revolution“[37] in der Mitte des 17. Jahrhunderts aufstrebenden Naturwissenschaften brauchten Informations- und Kommmunikationstechniken zur Erzeugung, Verbreitung und Anerkennung ihrer Ergebnisse. Erzeugt wurden diese Ergebnisse in zunehmendem Maße durch die Durchführung von Experimenten, und die bei der Beobachtung der Experimente gewonnenen Einsichten

---

33 Breunung/Pieper/Stahlmann 1982, S. 300.

34 Grävell Bd. II 1826, S. 190 zu Teil 1 Titel 10 § 56 AGO, über notorische Tatsachen.

35 Zur Terminologie „Erkenntnis“ gleich „Urteil“ vgl. nur AGO Teil 1, 13. Titel: „Von Abfassung und Publication der Erkenntnisse“.

36 Artikel „Erkenntnis“ in: Ritter (Hg.), Historisches Wörterbuch der Philosophie Bd. 2, 1972, S. 643ff.

37 Shapiro 1983, S. 167.

were jugded vastly preferable to trust in ancient authority. Yet most observational reports were attended with problems in evaluating testimony. [...A]ll such reports had to be inspected both for their plausibility (given existing knowledge) and for the credibility and trustworthiness of the witness;[38]

kurz, die Gewinnung von Fakten im Wege des Experiments hängt nicht nur von der Durchführung des Experiments ab, sondern auch davon, dass die „relevant community" sich darüber hinreichend sicher und einig ist, dass das Experiment auch so durchgeführt worden ist, wie der Forscher es beschrieben hat. Der Versuch, diese Sicherheit durch die Zuhilfenahme von Zeugen zu generieren, produziert dieselben Probleme mit der Unzuverlässigkeit von Zeugenaussagen, die auch den Gerichten bekannt sind.[39] Bei der Bewertung von Zeugenaussagen lehnte man sich in der Frühzeit der englischen Royal Society im 17. Jahrhundert daher an gerichtliche Formen an:

For, though the testimony of a single witness shall not suffice to prove the accused party guilty of murder; yet the testimony of two witnesses, though but of equal credit... shall ordinarily suffice to prove a man guilty.

Die Etablierung dieser experimentellen Praktiken steht am Beginn der modernen Naturwissenschaft in der frühen Neuzeit. Den Experimentatoren gelang es, den von ihnen beschriebenen Phänomenen, also den von ihnen „entdeckten" „Natur-Gesetzen" eine höhere Autorität durch Verweis auf die „standing records"[40] der königlichen wissenschaftlichen Gesellschaft über ihre Experimente zu verschaffen. Dabei ist es sicher kein Zufall, dass dabei der Begriff der „Laws of Nature" erst geprägt wurde:[41] Sprach man anfangs des 16. Jahrhunderts noch von „propositions" und Hypothesen, firmierten diese empirischen Ergebnisse naturphilosophischer Tätigkeit gegen Ende des Jahrhunderts bereits als „Laws". Dieser Begriff war damit nicht mehr für apriorische Einsichten, deduktiv gewonnene Axiome, reserviert,[42] sondern auch auf bloß induktiv erkannte empirische Regelmäßigkeiten anwendbar.

38 SHAPIN/SCHAFFER 1985, S. 39, Hervorhebung im Original.

39 Zum Umgang mit dieser Problematik im 19. Jahrhundert s. Vec, Spur des Täters, 2002, S. 12ff.

40 SHAPIN/SCHAFFER 1985, S. 62 mN.

41 STEINLE, FRIEDRICH: Negotiating Experiment, Reason and Theology: The Concept of Laws of Nature in the Early Royal Society, in: Wolfgang Detel und Claus Zittel, Wissensideale und Wissenskulturen in der frühen Neuzeit. Ideals and Cultures of Knowledge in Early Modern Europe (Wissenskultur und gesellschaftlicher Wandel, 2) Berlin: Akademie Verlag, 2002, S. 197–212.

42 STEINLE aaO, S. 207.

Viele Nicht-Naturwissenschaftler halten die Ergebnisse der „objektiven" und „exakten" Wissenschaften, ihnen mitgeteilt in Form von Forschungsergebnissen oder Sachverständigengutachten, teils aus Bewunderung, teils aus Bequemlichkeit, für unhinterfragbare Wahrheiten. Die als Ehrentitel gemeinten Attribute „objektiv" und „exakt" hatten diese Wissenschaften aufgrund ihres Selbstbildes, nach dem „alle Formen menschlichen Eingriffs" in den Ablauf der jeweiligen Untersuchung und damit auch in deren Ergebnis ausgeschlossen sind – „denken wir an Vorrichtungen, die automatisch etwas registrieren und aufzeichnen, oder an den Photoapparat"[43]. Wahrheitsfindung vor Gericht läuft anders ab, und das war den Juristen auch im Untersuchungszeitraum klar, denn ein „Menschengehirn" gibt seine „Eindrücke nicht automatisch und ohne eigene Mitarbeit wieder, wie etwa die photographische Platte oder der Wachscylinder im Phonographen"[44], hinzu kommt noch die notwendige nicht in diesem Sinn exakte „Interessenabwägung"[45], die der Richter selbst vornimmt.

Ein prominenter Beleg für die Bewunderung der Juristen für die Exaktheit der Technik ist die Rede des damaligen Regierungsrats im preußischen Justizministerium Fritz Rathenau[46] auf dem 30. Deutschen Juristentag 1910. Ziel der Rede Rathenaus war es, nicht für, sondern gegen eine Beteiligung von Naturwissenschaftlern an Kollegialgerichten zur Entscheidung von Patentstreitigkeiten zu streiten. Dazu stellte er zunächst den Respekt dar, den die Mitte des Deutschen Juristentags den Naturwissenschaften entgegenbrachte, und den Willen der Juristen zur Selbsterniedrigung bei der Feststellung von Tatsachen: „Nirgends [...] besteht die Möglichkeit, einen Tatbestand objektiv festzustellen, in so hohem Grade, als eben auf dem Gebiet der angewandten Naturwissenschaften; wenn selbst im ersten Augenblick die Möglichkeit der Lösung einer Aufgabe noch so zweifelhaft erscheint – das Experiment ist der untrügliche Prüfstein für die Wahrheit oder Unwahrheit einer technischen Behauptung."[47]

---

43 DASTON, Kultur der wissenschaftlichen Objektivität, 1998, S. 34.

44 STEIN, Das private Wissen des Richters, 1893, S. 9.

45 RATHENAU, Gutachten „Sondergerichte" zum 30. DJT, 1910, S. 338.

46 FRITZ RATHENAU (1875–1949), Cousin von WALTHER RATHENAU. Zur Person im Allgemeinen und zu seiner Rolle in der Kriegswirtschaft des ersten Weltkriegs s. Rink, FRITZ RATHENAU, 2002.

47 RATHENAU, Gutachten „Sondergerichte" zum 30. DJT, 1910 S. 338f., DIETER SIMON 1998, S. 85 fasst diese Technikbewunderung in folgende Worte: „[Die Naturwissenschaften] hatten alles, was man sich selber [als Juristen, Verf.] wünschte. Beobachtung, Empirie und Experimente statt Metaphysik, Religion und Spekulation, Gesetzmäßigkeit statt Kontingenz, und damit Notwendigkeit statt Zufall, und diese

3. Verhandlungsmaxime gegen Amtsermittlungsprinzip

Ein empirisches Erkenntnisverfahren kann nun entweder nach dem Amtsermittlungsgrundsatz oder nach der Verhandlungsmaxime geführt werden.

Die Rolle des Richters bei der Tatsachenfeststellung ist dabei unterschiedlich passiv oder aktiv ausgestaltet. Die gerichtliche Tätigkeit kann sich nach der Verhandlungsmaxime darauf beschränken, entsprechend dem jeweiligen Sachvortrag der Prozeßparteien nötigenfalls Zeugen anzuhören und sodann auf dieser Grundlage zu entscheiden. Ein regierungsamtlicher Untersuchungsführer wird aber viel tiefer in die Sache eindringen und jeden von Amts wegen verhören, der eine erforderliche Auskunft zur Sache geben kann, egal ob er als Zeuge geladen ist oder nicht, denn ein solcher Untersuchungsführer will herausfinden, was wirklich gewesen ist. Die Verhandlung allein nach dem, was die Parteien vortragen, wird möglicherweise nicht offenbaren, was wirklich geschehen ist, sondern nur das, was Kläger und Beklagter wechselseitig vortragen.

In Preußen war Amtsermittlung nach dem Verfahren der AGO von 1793, das bis zu Mitte des 19. Jahunderts praktiziert worden ist, die Regel. Hier ist das Gericht im Grundsatz an den Vortrag der Parteien nicht gebunden und hat von Amts wegen den wahren Sachverhalt zu ermitteln, also genau wie im Strafprozess den wirklichen Tathergang festzustellen und den Verantwortlichen zu verurteilen. Die ZPO ist nach allgemeiner Auffassung jedoch der Verhandlungsmaxime verpflichtet.

> *Die Wahrheit, die ja immer nur die e i n e sein kann, gelte es im Civil- wie im Strafprocess aufzudecken. Daher schreckt man nicht vor freier Forschungsmaxime zurück. Daher wirft man das unbequeme sog. Verhandlungsprincip wohl als veralteten Irrthum zu Uebrigen.*
>
> *Die CPO. theilt diesen jugendfrischen Standpunkt nicht.*
>
> *Die Lebhaftigkeit und Gefühlswärme, mit welcher er verteidigt wird, steht im umgekehrten Verhältnis der für ihn angeführten Gründe.*[48]

Eine wunderbar klare Beschreibung von Verhandlungs- einerseits und Untersuchungsprinzip andererseits aus der Mitte des 19. Jahrhunderts findet sich in der Darstellung des Beweisrechts des kgl. Hannoverschen Obertribunalsassessors und späteren Jenaer Professors Wilhelm Langenbeck, der ausdrücklich betont, die

---

schöne Methode, bei der Messen, Zählen und Wiegen die ultimativen Argumente darstellten."

48 Wach, Vorträge über die ZPO, 2. Aufl. 1896, S. 198.

Unterscheidung sei entscheidend für die „Thätigkeit des Richters bei Herstellung von Beweisen".[49]

Im Umgang mit und auch bereits im Umfang der dem Sachverständigen zu übertragenden Aufgaben stellt sich aber stets die Frage, inwieweit im Verfahren mit Sachverständigen der Sachverständige von Amts wegen für den Richter ermittelt oder ob das Verfahren mit den Sachverständigen zur Disposition der Parteien steht. Die ZPO enthält hierzu keine durchschlagenden Argumente. Die preußische Prozesspraxis sah den Sachverständigen eher als Mittel amtlicher Erkenntnis und weniger als Beweismittel, s. u. C.III.1.c., d.

III. Herausforderungen und Qualifikationen der damaligen Richter

Er muss die fachwissenschaftliche Frage in scharfer Form aus dem Streitstoff auszusondern im Stande sein, damit nicht etwa der Sachverständige an der Stelle des Richters fungire. Er ist auch über die Fachfrage selbständig zu entscheiden befugt. Vernimmt er aber Sachverständige, so muss er mindestens im Stand sein, ihre Deduction zu verstehen und die Schlüssigkeit ihrer Gründe zu prüfen und bei abweichenden Gutachten dasjenige auswählen kann, welches am überzeugendsten ist.[50]

Es macht auf die zuzuziehenden Sachverständigen einen die Befähigung des Richters leicht kompromittierenden und schwer zu verwischenden Eindruck, wenn dieser den Ersteren gegenüber gar zu sehr als Laie, oder gar als Ignorant erscheint.[51]

1. Technische Bildung der Richter als historisches Problem

a. Folgen der Hochindustrialisierung

Der Abstand zwischen dem eigenen allgemeinen Wissen der Richter und dem für die Beurteilung technischer Sachverhalte erforderlichen Wissen war bereits im Untersuchungszeitraum groß. Es wird vertreten, „dass der Abstand des Juristen zum naturwissenschaftlich-technischen Sachverstand heute nicht größer ist als in früheren Zeiten. Denn [...] auch im 19. Jahrhundert haben sich Fortschritte von Naturwissenschaft und Technik vollzogen, die die Lebensverhältnisse in ähnlichem Maße veränderten wie heute die Mikroelektronik und die dem gebildeten

49 Langenbeck, Beweisführung in bürgerlichen Rechtsstreitigkeiten, 1858, S. 3 unten bis S. 6 oben.

50 Bozi, Angriffe gegen den Richterstand, 1896, S. 13.

51 Wolter, Vorbildung der höheren Verwaltungsbeamten, 1868, S. 6f. – Wolter ist „Stadtrath zu Burg" in Brandenburg.

Laien damals ebenso unverständlich waren wie uns heute die physikalisch-technischen Zusammenhänge der Raumfahrt oder der Kerntechnik. Erinnert sei an den Einsatz der Dampfmaschine [...] die Entwicklung des Eisenbahnwesen oder die Erzeugung und Nutzung des Leuchtgases, von den erstaunlichen Fortschritten der Medizin und der Chemie ganz zu schweigen."[52]

b. Entwicklungen im 18. Jahrhundert

Strukturell gleiche Probleme stellten sich auch schon Ende des 18. Jahrhunderts; dort freilich noch nicht für technische Sachverhalte in unserem modernen Verständnis, sondern für das Gebiet der Landwirtschaft:

> *Die Landwirthschaft hat in vielen Fällen einen starken Einfluß in die Rechtsgelahrtheit. Nicht alle, und vielleicht nur wenige Rechtsgelehrten haben eine richtige und genugsame Kenntniß von der Landwirthschaft. Beydes sind Wahrheiten, die wohl so leicht niemand leugnen wird. Daß aber aus dem Mangel nöthiger landwirthschaftlichen Einsichten, mancherlei Schwierigkeiten bey Anwendung der Rechtsgelahrtheit erwachsen, mag sowohl nach der Vernunft als Erfahrung, ebenso wenig in Abrede gestellt werden. [...].*"[53]

Damals wie heute ist es nicht möglich, „landwirthschaftliches" oder sonstiges Spezialwissen einfach in Buchform in den Gerichten verfügbar zu machen und damit das Sachkundeproblem zu lösen. Das eben zitierte Buch unternahm den Versuch, einen „Inbegriff derjenigen landwirthschaftlichen Wahrheiten, welche allen sowohl hohen als niedrigen Gerichts-Personen zu wissen nöthig" – so der Untertitel –, zu geben. Dieses Werk, dessen acht Bände jeweils 500–600 Seiten stark sind, wird wohl kaum einen großen Einfluss auf die Praxis gehabt haben, denn allein der Anschaffungspreis so voluminösen Wissens dürfte eine ausreichend hohe Hürde bedeutet haben. Außerdem gab es auch damals schon Sachverständige für solche Angelegenheiten, jedenfalls ist deren Bestellung im Gewerbepolizei-Edikt von 1811 geregelt.[54]

---

52 MARBURGER, Sachverstand und richterliche Entscheidung im Zivilprozess, 1986, S. 48.

53 BENEKENDORF, KARL FRIEDRICH VON: Oeconomia forensis oder Kurzer Inbegriff derjenigen landwirtschaftlichen Wahrheiten, welche allen sowohl hohen als niedrigen Gerichts-Personen zu wissen nöthig, Berlin, 8 Bände 1 (1775) - 8 (1784), Vorrede zu Bd. 1.

54 § 119: „Oekonomie=Commissarien bestellen die Regierungen, und ertheilen ihnen das Qualifications = Attest, ohne welches ihnen der Gewerbschein nicht gegeben werden kann", s. zu diesem Gesetz unten C.III.4.a.cc., D.II.

2. Die Vorbildung der preußischen Juristen bis zum Inkrafttreten des BGB

a. *Schule*

Die Vorbildung der preußischen Juristen begann notwendig mit dem humanistischen Gymnasium, denn bis 1902 war das Jurastudium ausschließlich für Abiturienten des klassischen humanistischen Gymnasiums zugänglich.[55] Dieser Schultyp blieb im Wesentlichen der Oberschicht vorbehalten, er bildete eine Einbahnstraße hin zur Universität und sein Lehrplan blieb von dem tiefgreifenden wirtschaftlichen und sozialen Wandel des 19. Jahrhunderts vergleichsweise unberührt.[56] Dem damaligen Ideal der „allgemeinen Bildung" entsprechend wurden dort Latein und Griechisch gelehrt, damit sich „der jugendliche Geist ohne jede Rücksicht auf praktischen Nutzen in die antike und insbesondere die griechische Anschauungs- und Gefühlswelt, in ihr Dichten, Denken und Schaffen" einlebe, wie das Senatspräsident beim RG Oskar Freiherr von Bülow im Jahr 1900 ausdrückte.[57]

Über die Tauglichkeit dieser Schulbildung für die Bewältigung der Anforderungen, die das ausgehende 19. Jahrhundert an formal hochqualifizierte Berufstätige stellte, dachten Vertreter des aufstrebenden und in der Professionalisierung und Akademisierung begriffenen Standes der Techniker und Ingenieure schon zu einem früheren Zeitpunkt nach; die Debattenbeiträge lassen ahnen, wie die Techniker die Gymnasialausbildung und dementsprechend auch die aus ihr hervorgegangenen Juristen sahen.[58] Mängel der humanistisch-gymnasialen Ausbildung wurden festgestellt in den „modernen Sprachen, Mathematik,

---

55 REIDNITZ, GEORG: Juristenbildung, insbes. die Vorbildung d. Rechtsanwälte, 1911, S. 114.

56 PIERENKEMPER, TONI: Die westfälischen Schwerindustriellen 1852–1913, Göttingen 1979, S. 109f. mwN.

57 BÜLOW, OSKAR VON: Soll das Rechtsstudium den Realgymnasiasten zugänglich werden?, in: DJZ 1900, S. 261.

58 Anlaß der Debatte war eine Reform der Ausbildungs- und Prüfungsvorschriften für den höheren Verwaltungsdienst in Preußen 1878/79 durch das Gesetz vom 11. März 1879, dazu HERRFURTH, LUDWIG: Das Gesetz, betreffend die Befähigung für den höheren Verwaltungsdienst vom 11. März 1879 nebst den Ausführungs-Verordnungen u. Erg. u. Benutzung amtlicher Quellen, 2. Aufl., Berlin 1879. Zum Bestreben der Techniker, zu diesen Laufbahnen zugelassen zu werden, dazu BLEEK 1972, S. 170f, 175f. Es folgte 1891 als weiterer Anlaß die Laufbahnregelung der staatlichen Baubeamten.

Naturwissenschaften und vornehmlich in dem arg vernachlässigten Zeichnen".[59] „Das heutige Gymnasium zieht die Aufmerksamkeit des Schülers von der Welt der Dinge ab, entwöhnt ihn zu sehr der gesunden, frischen, sinnlichen Nahrung und lenkt seinen Geist lediglich in eine Bücherwelt hinein, welche Dinge umfaßt, die der heutigen Welt mehr oder weniger fremd sind."[60]

„Ein wenig mehr Kenntnisse in Mathematik und Naturwissenschaften, sowie einige Gewandtheit im Zeichnen würden auch den Juristen, Philologen und Theologen nicht schädlich sein."[61] Auch der offiziöse Verband der Architekten- und Ingenieurvereine VdAI erwähnt „die geringe Fertigkeit, welche in Bezug auf das Verständnis von Lageplänen und sonstigen zeichnerischen Darstellungen häufig genug im Kreise der Gebildeten sehr zu deren Nachtheil beobachtet wird und welche sich u. A. auch bei Streitsachen vor Gericht nicht selten kundgiebt."[62] Da man aber sich nicht allzusehr von den „Kreisen der Gebildeten" unterscheiden wollte, beschloss der VdAI noch 1891, „die Kenntnis des Lateinischen [sei] für den akademisch gebildeten Techniker im allgemeinen [...] zur Zeit als unentbehrlich zu bezeichnen."[63] Den Schülern der lateinlosen, mathematisch-naturwissenschaftlichen Oberrealschule, die 1890 eingeführt worden war, wurde damit zugemutet, sich die nötige „Bildung" in nachmittäglichen, privaten Lateinstunden zu verschaffen.

b. Studium

Auf das altsprachliche humanistische Gymnasium folgt für den zukünftigen Richter der Besuch einer juristischen Fakultät. Die Reform der juristischen Ausbildung dürfte unter Juristen ein beliebtes Thema (gewesen) sein, seit es eine institutionalisierte oder formalisierte Ausbildung für hauptberufliche Rechtsexperten gegeben hat.[64] Diese Diskussion konnte in Preußen an den 1868

---

59 ANONYMUS, Die Vorbildung und Ausbildung des Technikers und seine Stellung in Staat und Gesellschaft, Aachen 1879, S. 19, Hervorhebung im Original.

60 aaO S. 23.

61 HERMANN SCHEFFLER, Die Vorbildung für das Staatsbaufach und die Schulreform, Braunschweig 1891, S. 7. Scheffler ist „Oberbaurath".

62 VERBAND DEUTSCHER ARCHITEKTEN- UND INGENIEUR-VEREINE, Denkschrift über die Vorbildung der Architekten und Ingenieure, Berlin 1891, S. 21.

63 Beschluß der XX. Abgeordnetenversammlung am 6. August 1891 in Nürnberg, in: VERBAND DEUTSCHER ARCHITEKTEN UND INGENIEUR-VEREINE, Denkschrift über die Vorbildung der Architekten und Ingenieure, Berlin 1891, S. 27; ebenso SCHEFFLER 1891 (s. vorletzte Fußnote), S. 27/28.

64 SCHRÖDER, Das unpraktische Rechtsstudium, S. 2.

einsetzenden Beratungen eines Gesetzentwurfes über die juristischen Prüfungen und die Vorbereitung zum höheren Justizdienst[65] kristallisieren und 1879 anlässlich der Regelung der Zulassungsvoraussetzungen für den höheren Verwaltungsdienst fortgesetzt werden.[66] Bei dieser Gelegenheit werden Mängel der Richter in ihrem über das rein juristische hinausgehenden Wissen beklagt:

> *Man wird nicht verlangen wollen, dass beispielsweise ein Richter mit den theoretischen und statistischen Details und allen kontroversen Fragen der National-Oekonomie und der Staatswirthschaftslehre vertraut sei, dass er sich mit der Landwirtschaft und deren Verzweigungen bis ins Kleinste beschäftigt habe, oder dass er die Agrar-Gesetzgebung etwa so genau kenne wie das Obligationenrecht. Im Hinblick auf die vielfältigen Beziehungen, in die ihn sein Amt nach den oben aufgeführten Richtungen bringen kann, wird ohne Unbilligkeit die Forderung an ihn zu stellen sein, dass [er mit Geschichte und Begriffen der National-Oekonomie] bekannt sei, dass er in der Landwirtschaft den Unterschied der verschiedenen Feldersysteme, die allgemeinen Klassifikationen des Bodens, und die Hauptmomente der staatlichen Beförderung des Landbaues, den Einfluß der technischen Gewerbe und der Agrargesetze auf denselben wenigstens im Ganzen und Großen kenne.*[67]

Schlaglichtartig am Beispiel der Wintersemester 1866/67 und 1876/77 betrachtet bedeutet das, dass an der Berliner Universität nur knapp mehr als die Hälfte der Vorlesungen überhaupt das geltende Recht zum Gegenstand hatten.[68] Über die Geeignetheit dieses Studiums als Ausbildung für Verwaltungsbeamte fanden die Polizeiwissenschaftler schon früh im 19. Jahrhundert deutliche Worte: Für Friedrich List war der Jurist „in Rom zu Hause und in seinem eigenen Vaterlande ein Fremdling".[69]

Wie aber die oben zitierte Stellungnahme eines preußischen Kommunalverwaltungsbeamten zeigt, wurde auch schon in den 1860er Jahren wahrgenommen, dass die „Pandecten", also das Studium des römischen Rechts nach den Vorstellungen der historischen Schule der Rechtswissenschaft, auch zum Entscheiden von Prozessen oft nicht ausreichend waren. Allerdings konzentrierten sich in der Folgezeit die Fakultäten auf eine rein-juristisch gestaltete Ausbildung, die Staatswissenschaften im Sinne Robert v. Mohls wurden wegen ihrer Praxisnähe als unwissenschaftlich verworfen, mit Ausnahme der sich formalisierenden

---

65 vgl. Gesetz über die juristischen Prüfungen und über die Vorbereitung zum höheren Justizdienst vom 6. Mai 1869, GS S. 656.

66 Bleek, Kameralausbildung und Juristenprivileg 1972, S. 170f, 175f.

67 Wolter, Vorbildung der höheren Verwaltungsbeamten, 1868, S. 6.

68 Schröder, Das unpraktische Rechtsstudium, S. 7.

69 Zitiert nach Bleek, Kameralausbildung und Juristenprivileg 1972, S. 235.

Nationalökonomie. Obwohl bis zum Ende des 19. Jahrhunderts die meisten preußischen Juristenfakultäten zu „Rechts- und staatswissenschaftlichen Fakultäten" wurden, wurde dort nicht disziplinenübergreifend, sondern entweder rechtswissenschaftlich oder staatswissenschaftlich – das bedeutete nun: wirtschaftswissenschaftlich – studiert.[70]

Die „Grundlagen der Staatswissenschaften" waren ab 1869 dennoch Teil der Prüfungsanforderungen für das erste juristische Examen,[71] waren aber tatsächlich kaum Teil des Unterrichts und wurden von den Oberlandesgerichten in der Prüfung auch nicht abgefragt. Während neben den Gerichtsräten in der Regel ein Rechtsprofessor in der Prüfungskommission saß, wurden Lehrer der Staatswissenschaften und der Nationalökonomie nicht zur Prüfung hinzugezogen, obwohl das in den Ausführungsbestimmungen zum pr Juristenausbildungsgesetz 1869 vorgesehen war.[72] Auf dem 14. Deutschen Juristentag – die Frage nach einer reichseinheitlichen Juristenbildung war 1878 Teil der Agenda– erstatteten Rudolf Gneist und Otto Gierke Gutachten über die Prüfungsordnung.[73] Die Studenten betrieben „Realpolitik" und wüssten nur zu genau zwischen dem zu unterscheiden, was de jure gefordert und de facto geprüft werde, schrieb Gneist.[74] Für Gierke war die Prüfung zum Abschluss der Universitätszeit „als Karikatur berüchtigt".[75] Die Prüfung erstrecke sich fast nur auf privat- und strafrechtliche Disziplinen, Prüfer und Prüflinge wüssten mit den staatswissenschaftlichen Prüfungsthemen gleichermaßen wenig anzufangen.

Im Reichstag heißt es 1896: „Auch die Wirtschaftslehre bedarf noch größerer Pflege (ich meine: seitens der Lernenden!); man begegnet hier oft einer erschreckenden Unwissenheit." Statt der „praktischen Verhältnisse des Lebens, aus

70 Bleek aaO, S. 259–261.

71 Gesetz vom 6. Mai 1869, GS S. 656ff., § 4.

72 Erwin Nasse, Die Universitätsstudien der preußischen Verwaltunsgbeamten und die Gesetze vom 6. Mai 1869 und 11. März 1879, in: Die Vorbildung zum höheren Verwaltungsdienste in den Deutschen Staaten, Oesterreich und Frankreich. (=Schriften des Vereins für Socialpolitik, Bd. 34) Leipzig 1887, S. 159–184, S. 168; zitiert nach Bleek, Kameralausbildung und Juristenprivileg 1972, S. 185.

73 Gutachten über die Frage: Ist eine gemeinsame Prüfungsordung für Richter und Anwälte notwendig und wie ist sie auf Grundlage der §§ 2–6 des deutschen Gerichtsverfassungsgesetzes zu gestalten?, in: Verhandlungen des 14. Deutschen Juristentages, Berlin 1878, Bd. 1 H. 1, S. 3–23 und 119–155; zitiert nach Bleek aaO, S. 164.

74 nach Bleek, Kameralausbildung und Juristenprivileg 1972, S. 142.

75 Gierke, Otto, Die juristische Studienordnung, in: (Holtzendorffs) Jahrbuch für Gesetzgebung, Verwaltung und Volkswirtschaft im Deutschen Reich 1877, Heft 1, S. 1–32, 1.

denen sich die gerichtlichen Streitigkeiten ergeben“[76] würden „wertlose römische Antiquitäten“[77] gelehrt und gelernt. Damit nicht genug, auch die fachliche Bildung scheint beklagenswert gewesen zu sein. „Unsere Studenten lernen eine große Menge römischer Rechtssprichwörter, welche viele mehr nachsprechen, als verstehen, für die Prüfung auswendig. [...] Die meisten Rechtsbeflissenen erreichen ihr Ziel, Referendar zu werden, mit einer Summe auswendig gelernter, fremdartiger Dinge“[78], statt eines „planmäßigen Fachstudiums [machen sie sich] in ein bis zwei Semestern summarisch mit den im Examen verlangten Materien vertraut.“[79]

c. *Vorbereitungsdienst*

Damals wie heute wurden Rechtskandidaten nach abgelegter Prüfung zu Referendaren gemacht, anders als heute war neben der Tätigkeit bei den Justizbehörden eine Anwaltsstation nicht vorgesehen.[80] Diese Ausbildung in der Praxis sei „in mehreren Beziehungen der Verbesserung fähig“ gewesen. „Viele Richter kümmern sich um die ihnen zur Ausbildung überwiesenen Referendare nicht.“[81] Die Beschäftigung der Auszubildenden habe, wenn sie überhaupt stattfand[82], vielfach in „geistlosen“ Schreiberdiensten[83] bestanden. Selbständiges Arbeiten habe kaum stattgefunden: „Bei anderen, weniger schablonenmäßigen Sachen als den

---

76 GUSTAV KAUFFMANN MdR, Freisinnige Volkspartei, Rechtsanwalt und Notar in Berlin, geb. 1854, in der ersten Lesung des Zweiten Entwurfs des BGB im Reichstag, 1896, zitiert nach DICKEL, Ueber Beschränkung, 1896, S. 31.

77 aaO S. 28.

78 aaO S. 30 und 28. DICKEL ist Amtsrichter in Berlin und Lehrer an der Forstakademie in Eberswalde.

79 BOZI, Die Angriffe gegen den Richterstand, 1896, S. 18.

80 Adolf WACH, in: Verhandlungen des 25. DJT Bamberg 1900 Bd. 2, S. 18, zitiert nach NÖRR 1992, S. 219; BOZI, Die Angriffe gegen den Richterstand, 1896, S. 20.

81 DICKEL 1896, S. 32.

82 aaO, S. 32 und ders., Vorbildung der Juristen, 1888, S. 13; STIEGLITZ, ALBERT VON: Der juristische Vorbereitungsdienst. Eine Studie über die zweckentsprechende Beschäftigung der jüngeren Juristen. Berlin, 1886. S. 12.

83 WOLTER, Vorbildung der höheren Verwaltungsbeamten, 1868, S. 12; DICKEL 1896, S. 19, 32, VIEZENS, RICHARD, „Die Taugenichtse“: eine Betrachtung über preußische Richter, Berlin 1897, S. 61: „Welche spaßhafte Verlegenheit entsteht, wenn einmal ein Referendar fehlt und ein Gerichtsschreiber beschafft werden muß, der sonst für die eigentlichen Büreauarbeiten bestimmt und schwer entbehrlich ist!“ – Zur Kritik am Einsatz der Referendare zur Entlastung der Justiz auch SCHRÖDER, Das unpraktische Rechtsstudium, S. 17.

Versäumnis- und Anerkenntnisurteilen spielt das Simile eine traurige Rolle, dessen möglichst unselbständige Wiedergabe als brauchbare Arbeit gilt. In solchen Verfahren gewöhnt sich der unerfahrene junge Jurist daran, Sachen ohne tieferes Eindringen zu erledigen, und ihm wird damit eine Oberflächlichkeit anerzogen, gegen die er später schwer zu kämpfen hat."[84] Auch dem Assessorexamen wird bescheinigt, es lege zu viel Gewicht auf positive Kenntnisse und zu wenig auf juristische Denkfähigkeit. Die Hälfte aller Referendare gehe zum Repetitor und lasse sich auf den von der jeweiligen Prüfungskommission zu erwartende Fragenkatalog vorbereiten – „Von der Hohlheit einer derartigen Vorbereitungsweise muß eine wissenschaftlich angelegte Natur allerdings zurückgestoßen werden"[85] „Einpaukwesen", „Presse" und „Schnellassessorenfabrik" als gebräuchliche Schlagworte.[86]

3. Ausbildungsreformdebatte

Die „Kernfrage" zum preußischen Rechtsstudium ist: „Wie kann es sein, dass im Wesentlichen ein Rechtsstoff gelehrt (und geprüft) wurde, der in Preußen keine Anwendung fand? Wieso glaubte man auch fünfzig Jahre nach Savigny, das Heil sei (immer noch) im Historischen zu suchen?[87]

Die Ausrichtung des Curriculums auf die Vermittlung einer „gelehrten Grundlage" und die Verlagerung der Ausbildung im Landrecht und im preußischen Prozess auf die Praxis[88], mag ein wichtiger Grund dafür gewesen sein, dass bereits 1888 angeblich Mängel der Referendare zu beklagen gewesen seien v.a. in Gebieten[89], die in heutigen Ausbildungsplänen als Wirtschafts- und Kapitalmarktrecht bezeichnet würden.

Auf Grund von derartigen, theils gar nicht, theils schlecht bewiesenen Behauptungen wird der preußische Richter in die Kur genommen. Von allen Seiten stürzen die Heilkünstler und Heilgehilfen herbei, um den kranken Mann nach der bewährten Methode des Doktors Eisenbarth zu behandeln. Vor allem muß der Richter in das Prokrustesbett. Da reckt in der Eine nach der idealen, der andere nach der praktischen, der Dritte nach der sozialen, der

---

84 Bozi 1896, S. 20.

85 Bozi 1896, S. 24.

86 Dickel, Vorbildung der Juristen, 1888 S. 41 mN. Ähnlich Wolter aaO S. 8; Bleek 1972 S. 166–168 mN, der zu der Wertung kommt, insgesamt scheine „zum Erwerb des Assessorentitels mehr zähe Geduld und ausreichender ökonomischer Rückhalt als Verstand und Bildung gehört zu haben".

87 Schröder, Über das unpraktische Rechtsstudium, S. 7.

88 Schröder aaO.

89 Dickel 1888, S. 21, 24.

Vierte nach der wissenschaftlichen Seite. Der eine tränkt ihn mit Charakter, der Andere mit Schneidigkeit, der Dritte mit Tiefe, der Vierte mit Takt u.s.w.[90]

a. *Abschaffung des Latinums, 1900–1902*

1900 richtete eine Gruppe von Juristen aus Frankfurt am Main unter Beteiligung Franz von Adickes[91] eine Eingabe an das preußische Staatsministerium, in dem die Öffnung des juristischen Studiums auch für die Absolventen der gerade eingeführten Realgymnasien gefordert wurde. Diese Schulen waren neusprachlich und damit lateinlos. Otto von Gierke war dieser Eingabe sofort entgegengetreten, im Namen Roms, „dem Sammelpunkt der Kultur des Altertums" und Athens „der Hauptquelle dieser Kultur".[92]

„Römisches Recht hatte man [...] schon seit dem Spätmittelalter [...] gelernt. Seine Wissenschaftlichkeit und seine lateinische Sprache führten zur professionellen Differenzierung, letztlich war es ein Mittel zur Statuserhöhung."[93] In einer anscheinend aus der Reaktion Gierkes auf den Anstoß Adickes' enstandenen Umfrage der Deutschen Juristenzeitung unter der Überschrift „Soll das Rechtsstudium den Realgymnasiasten zugänglich werden?"[94] zeigt sich die Pflege eines historischen und vor allem humanistischen Ideals des Rechtsstudiums als eines Bildungsstudiums: Die „ideale Grundlage humanistischer Bildung"[95] sollte nach überwiegender Ansicht der dort befragten Professoren, höchsten und hohen Richter gegen das „Vordringen des öden Nützlichkeitsstandpunktes bewahrt"[96] werden. Abstriche am humanistischen Bildungsideal wurden nur von vier der 36 befragten Juristen für möglich gehalten,[97] unter diesen der Schlussredaktor des

---

90 Viezens 1897, S. 5. Viezens' Schrift war eine Reaktion hauptsächlich auf „Gotthelf Weiter", Das Grundübel unserer Strafrechtspflege", in: Preußische Jahrbücher (1896) Bd. 86, S. 320–358, er bezog sich aber auch ausdrücklich auf A.A. und N.N.

91 Adickes, Die Zulassung der Realgymnasiasten zur juristischen Laufbahn, in: DJZ 1900, S. 213, 428.

92 Soll das Rechtsstudium den Realgymnasiasten zugänglich gemacht werden?, in: DJZ 1900, S. 240.

93 Schröder, Das unpraktische Rechtsstudium, S. 8.

94 DJZ 1900, S. 257–261, 281–285, 316.

95 Senatspräsident beim RG Dr. Freiesleben, Soll das Rechtsstudium den Realgymnasiasten zugänglich werden?, in: DJZ 1900, S. 260.

96 so der Münchener Professor Dr. von Seydel, Soll das Rechtsstudium den Realgymnasiasten zugänglich werden?, in: DJZ 1900, S. 260.

97 Eine Aufstellung findet sich bei Reidnitz, Juristenbildung, insbes. die Vorbildung d. Rechtsanwälte, 1911, S. 108 ff.

BGB, Professor Gottlieb Planck, Göttingen[98] und der RG-Senatspräsident und Redakteur des HGB von 1897 Bolze.[99] Diese Minderheit[100] befürwortete eine einheitliche schulische Vorbildung, die „der antiken und der modernen geistigen Bildung, dem Idealismus und dem Realismus, Genüge leistet"[101]. Darüber, ob dabei der Schwerpunkt eher auf die Naturwissenschaften[102] oder aber auf die neuen Sprachen[103] zu legen sei, war man wiederum innerhalb dieser Minderheit unterschiedlicher Meinung.

1902 wurde dann das Rechtsstudium in Preußen auch den Absolventen der Realgymnasien eröffnet.

b. Humanistische Bildung, „Latinität der Rechtsquellen" und Technikferne 1907

Richard Maschke, ein Kieler Universitätsdozent, der die an preußischen Fakultäten verbreiteten „Kurse zur Einführung in die Latinität der römischen Rechtsquellen" für „Realabiturienten und solche ehemaligen Gymnasiasten, die im Lateinischen nicht genügend vorgebildet waren"[104] abhält, behandelt unter der distanzierten Überschrift „Strömungen in der heutigen Jurisprudenz" die Forderung nach außerjuristischer Sachkunde der Juristen. Zwar wird solchen Kenntnissen über die „Technik als der (begrenzten) Herrschaft des Menschen über die Natur"[105] ein gewisser Nutzen zugesprochen, der aber dadurch begrenzt sei, dass „die Entscheidung von Zivil- und Strafprozessen nur ein Bruchteil in dem umfassenden Gebiet der praktischen Jurisprudenz ist" und „von diesen wiederum diejenigen mit technischem Hintergrunde nur eine Minorität"[106] bildeten. Die „theoretische Berechtigung" der Forderung nach allgemeinerer, also auch

---

98 Soll das Rechtsstudium den Realgymnasiasten zugänglich werden?, in: DJZ 1900, S. 281.

99 Soll das Rechtsstudium den Realgymnasiasten zugänglich werden?, in: DJZ 1900, S. 259.

100 zu der auch Senatspräsident Jacubetzky-München (DJZ 1900, S. 316) und Senatspräsident beim preußischen Oberverwaltungsgericht Fuisting (DJZ 1900, S. 261) zählten.

101 Bolze aaO.

102 so Bolze und Jacubetzky aaO.

103 so Planck aaO.

104 Richard Maschke, Die realistische Vorbildung und das Rechtsstudium, Berlin 1907, S. 41.

105 aaO S. 49.

106 aaO S. 50.

volkswirtschaftlicher Vorbildung der Juristen wird zwar nicht abgestritten, aber mit dem Argument der Undurchführbarkeit der Doppelqualifikation vom Tisch gewischt: „Nur der juristische Übermensch [wird] den ungeheuren Bereich der Volkswirtschaft neben seinem bisherigen Arbeitsgebiet gleichsam im Nebenamt zu durchforschen oder auch nur annähernd zu beherrschen imstande sein.“[107]

c. *Ausblick 1909 bis 1912 und weitere Nachweise*

1909 hatte Professor Zitelmann-Bonn seine vielgelesenen Vorschläge über „Die Vorbildung der Juristen“ vorgelegt, Professor Krückmann-Münster meldete sich ebenfalls mit einer Monographie zu Wort[108], und in der Deutschen Juristenzeitung, der Deutschen Richterzeitung und auch im Archiv für Rechts- und Wirtschaftsphilosophie diskutieren der Vielpublizierer Oberamtsrichter Riß[109], Reichsgerichtsrat Düringer[110] sowie der „Entdecker“ „neuer“ Rechtsgebiete wie des Luftschiffrechts, Professor Meili-Zürich[111] eine Reform der Studienordnung. Einen Gesamtüberblick über die verschiedenen Beiträge für das anwaltliche Publikum – und damit für uns ein Indiz für die Breitenwirkung der Reformdebatte – bietet eine 1911 im Umfeld des Deutschen Anwaltvereins enstandene 140seitige Schrift, die zusätzlich zum Text eine 22 Seiten umfassende Bibliographie zur Vorbildungsfrage bringt.[112] Die Einzelheiten dieser Vorschläge sind hier nicht weiter zu diskutieren. Gemeinsam ist der Mehrheit der Vorschläge eine Tendenz, vom rechtshistorisch-altphilologischen Unterricht abzurücken und stattdessen ein größeres Gewicht auf „moderne“ Rechtsgebiete wie das öffentliche Recht zu legen und schon in die universitäre Ausbildung praktische Studienzeiten einzuschalten.[113]

Die juristische Debatte um eine Reform der Juristenausbildung mit dem Ziel einer besseren Praxistauglichkeit der Juristen kommt in den Jahren bis zum

---

107 aaO S. 50.

108 KRÜCKMANN, PAUL: Vorpraxis, akademische Rechtsprechung und anderes: zur Reform des Rechtsstudiums, Tübingen 1911.

109 DRiZ 1910. S. 135, vgl. die Pressesammlung des pr JM, GStA PK, Rep. 84a, Nrn. 40493, 40494 und 40568. Zur Rezeption der Presseäußerungen über die Rechtspflege aus Sicht der juristischen Presse s. die Quellennachweise aus den Jahren 1905–1907 bei SCHRÖDER, Methodendebatte, S. 354 m. Fn. 112.

110 DRiZ 1910 S. 212.

111 Archiv für Rechts- und Wirtschaftsphilosophie III (1909/1910) S. 607.

112 REIDNITZ, Juristenbildung, insbes. die Vorbildung d. Rechtsanwälte, 1911.

113 So insbesondere ZITELMANN, ERNST: Die Vorbildung der Juristen, Leipzig 1909 und GRUEBER, ERWIN: Die Vorbildung der Juristen und ihre Reform, Sonderabdruck aus Seufferts Blätter für Rechtsanwendung, 1910, Nürnberg u. a. 1910, S. 5–11.

31. Juristentag 1912 in Wien zu einem Höhepunkt. Dort wurde beraten, wie das „Verständnis der Juristen für psychologische, wirtschaftliche und soziologische Fragen" verbessert werden könne. Damit war die Kritik, die Juristen hätten mit der rapiden Entwicklung der wirtschaftlichen und sozialen Verhältnisse nicht Schritt gehalten, in der Mitte des Juristenstandes angekommen.

IV. Methodendebatte und Justizkritik 1900–1914

Nach Anfängen in den 1880er Jahren ergaben sich um die Jahrhundertwende und vor dem Hintergrund des Inkrafttretens des BGB Debatten innerhalb wie außerhalb der juristischen Fachwelt über die richtigen Methoden der Rechtsanwendung und Rechtsfindung.[114] Was als Nachdenken über das Verhältnis des Richters zum Gesetz, die Notwendigkeit der Auslegung der Gesetze und das richtige Maß praktischer Vernunft bei dieser Auslegung begann, weitete sich aus und wurde „Freirechtsschule", „Interessenjurisprudenz"[115], „soziologische", „naturwissenschaftliche"[116] und „Gefühls- Jurisprudenz"[117] oder einfach „juristischer Modernismus"[118] genannt.

Untrennbar verbunden ist diese Methodendebatte mit Betrachtungen zur Reform verschiedener Aspekte des praktischen Justizbetriebs; daraus ergab sich in den Folgejahren eine Justizreformbewegung,[119] der nicht nur an einer Reform

114 Dazu zusammenfassend v.a. GÄNGEL/MOLLNAU, 1992. In seiner Rezension zu diesem Werk in Archiv für Rechts- und Sozialphilosophie 81 (1995), S. 281–285, 284 weist SCHRÖDER darauf hin, dass die Autoren diese Zeitströmung einteilen in zwei korrespondierende Bewegungen, „in die Methoden- und in die Justizreformbewegung".

115 Dieser Begriff wird, freilich erst in der Rückschau, verwendet von SCHOCH, M. MAGDALENA: The jurisprudence of interests. Selected writings of MAX RÜMELIN, PHILIPP HECK, PAUL OERTMANN, HEINRICH STOLL, JULIUS BINDER, HERMANN ISAY. Translated and edited by M. Magdalena Schoch. With an introduction of Lon L. Fuller. Cambridge MA, 1948. Die Bedeutung oder Nicht-Bedeutung dieser Verwendung für die Karriere des Begriffs „Interessenjurisprudenz" in der BRD ist hier nicht zu behandeln.

116 vgl. BOZIS Positionen, z. B. in „Über die Bedeutung der angewandten Naturwissenschaften für das Recht", in: Technik und Wirtschaft. Monatsschrift des Vereins Deutscher Ingenieure 6 (1913), S. 345–351.

117 GÄNGEL/MOLLNAU 1992, S. 300.

118 SCHLEICHER, O: Juristischer Modernismus. (Der Kampf um die Rechtswissenschaft.), Heilbronn 1910/1911.

119 KANTOROWICZ, PD in Feiburg, erklärte in der Deutschen Richterzeitung vom 1. Juni 1911, dass er früher den Fehler begangen habe, die Fragen der Freirechtsschule und

der juristischen Methodik beim Umgang mit Gesetzen gelegen war, sondern die auch das in Justizpraxis und Justizorganisation liegende Optimierungspotenzial für „das Recht der Gegenwart“[120] mobilisieren wollte. Dazu musste jedoch erst Schärfe aus der in der breiten Öffentlichkeit geführten Debatte herausgenommen werden, und es mussten einige Jahre ins Land gehen, bevor z. B. im Jahr 1912 die Initiative zur Gründung des Vereins „Recht und Wirtschaft“ ergriffen werden konnte.

1. Adickes' „Grundzüge durchgreifender Justizreform“, 1906

Im ersten Jahr der Amtszeit des neuen Justizministers Max Beseler, der im November 1905 Nachfolger des zurückgetretenen Karl Heinrich Schönfeld geworden war, begann der Frankfurter Oberbürgermeister Franz Adickes[121] eine Initiative, die ihn zeitweise an die Spitze[122] einer Gerichtsreformbewegung setzte, und die er 1906/1907 publizistisch mit fünf Monographien und einer sehr prominenten, aber nach fünf oder sechs Heften eingestellten Fachzeitschrift zur Strafprozessreform[123] begleitete.

---

der Justizreform im besonderen Sinne zu trennen. Das fand die Kölnische Zeitung am 16. Juni 1911 einer Meldung wert.

120 „Um das Recht der Gegenwart“ war der Titel eines Aufrufs der Jenenser Reformergruppe unter Führung des dortigen Oberlandesgerichtspräsidenten Viktor Börngen, der nicht nur in der DJZ 1911 S. 117–183, sondern auch in der Frankfurter Zeitung vom 9. Februar 1911 erschien.

121 Adickes war in seiner Schrift „Zur Lehre von den Rechtsquellen insbesondere über die Vernunft und die Natur der Sache als Rechtsquellen und über das Gewohnheitsrecht“, Kassel 1872, bereits ganz freirechtlich dafür eingetreten, dass der Richter in Ermangelung anderer Rechtsquellen Entscheidungen aus seiner „subjektiven Vernunft“ solle schöpfen können, worauf Schröder, Methodendiskussion S. 329, hinweist.

122 Gängel/Mollnau 1992, S. 301 unter Berufung auf eine Äußerung Gustav Radbruchs.

123 Adickes, Der englische Strafprozeß und die deutsche Strafprozeßreform. S.l. (wohl Frankfurt am Main, ohne Verlag), a. 1906;
Stellung und Tätigkeit des Richters: Vortrag gehalten in der Gehe-Stiftung zu Dresden am 27. Oktober 1906. In: Neue Zeit- und Streit-Fragen Jg. 4, H. 2. Dresden: v. Zahn & Jaensch, 1906;
Grundlinien durchgreifender Justizreform: Betrachtungen und Vorschläge unter Verwertung englisch-schottischer Rechtsgedanken, Berlin: Guttentag, 1906;
Stellung und Tätigkeit des Richters, Dresden 1907;
Zur Verständigung über die Justizreform, Berlin: Guttentag, 1907;
Adickes, Franz; Aschrott, Paul Felix; Lilienthal, Carl von; Liszt, Franz von (Hg.): Beiträge zur Reform des Strafprozesses: in Zusammenarbeit mit der

Der führende Polemiker[124] der Freirechtsbewegung und Rechtsanwalt beim großherzoglichen Oberlandesgericht Karlsruhe in Baden, Ernst Fuchs, veröffentlicht 1907 seine als „Mahnruf zur Schul- und Justizreform" untertitelte Schrift „Schreibjustiz und Richterkönigtum".

An diesen beiden Tatsachen ist jeweils bemerkenswert, dass sie sich recht genau zeitgleich mit der abschließenden Klärung der Sachverständigenfrage, ebenfalls in den Jahren 1906/1907, s.u. H.VI., ereignet haben.

In einer fast dreistündigen Rede anlässlich der Beratung des Justizetats im preußischen Herrenhaus am 30. März 1906 schlug Adickes nichts weniger vor als den völligen Abriss der bisherigen deutschen Gerichtsorganisation und einen Neubau streng nach englischem Vorbild. Anlass für diesen prominenten Auftritt im falschen Forum – angesichts der beim Reich liegenden und Preußen fehlenden Kompetenz für die Gesetzgebung auf den Gebieten des Prozessrechts und der Gerichtsverfassung – war das seinerzeitige Gesetzgebungsverfahren zu einer Novelle der ZPO, die u. A. mit einer Verdoppelung der Streitwertgrenze zwischen den Amts- und Landgerichten die von vielen unterschiedlichen Justizreformen zu jeweils unterschiedlichen Zeiten beabsichtigte Stärkung der ersten Instanz vorsah.

Eine dramatische Verringerung der Zahl der Richter in Deutschland war Adickes' plakativste Forderung. Anstelle von 9000 wollte er wenige hundert Richter sehen, und diese sollten gutbezahlt und hochangesehen sein. Der Umkehrschluss aus diesem Desiderat auf Bezahlung[125] und Ansehen der deutschen Richter in Deutschland ist zulässig. Noch im selben Jahr veröffentlichte Adickes seine Thesen in der Schrift „Grundlinien durchgreifender Justizreform", die

---

Internationalen kriminalistischen Vereinigung, Strafprozeßkommission, 2 Bände, Berlin: Guttentag 1908–1909.

124 Vgl. die Wertung bei Schröder, Methodendebatte, S. 347.

125 Als Vergleichsmaßstab wurde gerade die Bezahlung formal gleichqualifizierter Verwaltungsbeamter herangezogen und bemerkt, dass es Amtsrichtern ohne privates Geldvermögen kaum möglich sei, ein standesgemäßes Leben zu führen. Bozi, Die Angriffe gegen den Richterstand, 1896, S. 14/15, 17. Viezens, „Taugenichtse", 1897, S. 50/51.

nicht nur in der juristischen Literatur[126], sondern auch in der Tagespresse[127] ein großes Echo auslöste.[128]

Dass Adickes sich am ewigen Vorbild[129] England orientiert hatte, führte nicht nur zum stereotypen Vorwurf der „Ausländerei“, „Engländerei“, sondern auch zur Diskussion der offensichtlichen Mängel der Englischen Justizorganisation, an der sich sogar die „Times“[130] beteiligte, und nach 1907 werden seine Forderungen kaum mehr diskutiert.[131]

---

126 Ohne allen Anspruch auf Vollständigkeit können folgende Beiträge aufgezählt werden, die sich direkt auf Adickes’ Schrift beziehen: OLG-Präsident a. D. Hamm, Bonn, Englische Justiz auf deutschem Boden?, in: DJZ 1906, S. 1051–1058; Vortragender Rat im JM GehOJR Mügel, Zur Reform unserer Gerichtsorganisation, in: DJZ 1906, S. 1109–1117,1114; Niedner, Zur Frage einer durchgreifenden Justizreform, Hannover 1906; Winter, Rechtspflege, Richter und Publikum in Deutschland, Leipzig 1906, Stein, Zur Justizreform, Tübingen 1907, AGR Volkmar, Berlin, Zur Richterkraft-Ersparnis in Zivilsachen, in: DJZ 1907, S. 119f., von Lewinski, England als Erzieher, in: Gruchots Beiträge 1907, S. 1ff. und schließlich Adickes, Stellung und Tätigkeit des Richters, Dresden 1907.

127 Zwischen Sommer 1906 und Sommer 1907 mehr als 35 Beiträge in denjenigen Blättern, die von den Justizministerialbeamten als so wichtig angesehen wurden, dass sie regelmäßig ausgewertet wurden, s. GStA PK, Rep. 84a, Nrn. 40493, 40494 und 40568.

128 Gustav Radbruch bezeichnete sie später als den Ausgangspunkt der Justizreformbewegung. Radbruch-Gesamtausgabe, hg. von A. Kaufmann, Bd I, Heidelberg 1987, S. 497ff.

129 Der „Verweis [auf das Vorbild] fremder Länder, welcher bekanntlich früher, zumal es sich um unsere englischen Mitbrüder handelte, für die deutschen Nerven einen starken Reiz übte“, habe seinen Reiz „auch heute keineswegs verloren“ – Wach, Vorträge, 1896, S. 217.

130 „Times“ vom 9. Oktober 1906 (nach Gängel/Mollnau S. 396): „Wir sind so an abfällige Kritiken unseres Verfahrens gewöhnt, dass wir überrascht sind, zu erfahren, dass Deutsche von Bedeutung und Erfahrung die englischen Einrichtungen als nachahmenswert hinstellen und ihre Landsleute lehren wollen, dass ‚made in England‘ auf diesem Gebiete mit Vollkommenheit gleichbedeutend sei.“

131 „Ich weiß, was ich mit diesem Hinweis [nämlich den auf den Englischen Richter als Idealbild] wage, denn in weiten juristischen Kreisen Deutschlands wird ein solcher Hinweis gegenwärtig ungünstig beurteilt. Nachdem man während längerer Zeit dem englischen Gerichtsleben sehr lebhafte Beachtung geschenkt hatte, gilt es jetzt vielfach als nicht mehr modern, das zu tun“, so sah es im Frühjahr 1911 der Hamburger Oberlandesgerichtsrat Adolf Nikolaus Zacharias, Ueber Persönlichkeit, Aufgabe und Ausbildung des Richters, 1911, S. 25. – In einem Literaturbericht wird Ende 1911 vermerkt: „Eine wissenschaftliche, nicht

Es soll hier nicht gesagt werden, die Frage nach der Tauglichkeit der preußischen Justiz für ihre Aufgabe sei in jedem Hirn und jedem Herzen gewesen, auch zeitgenössische Beobachter der Situation machen noch einen „großen Haufen der Gleichgültigen" aus.[132] Auf der anderen Seite kann aber nicht ganz von der Hand gewiesen werden, dass möglicherweise „das Verlangen nach einer Reform die Behauptung der Unzulänglichkeit des Bestehenden"[133] enthält und dass diese Behauptung öffentlich so machtvoll vorgetragen wurde, dass sich das Justizministerium ihr gegenüber nicht verschließen konnte – zu keinem Zeitpunkt nach 1879 sind die im Justizministerium geführten Presseakten über „Pressaüßerungen über die Rechtspflege"[134] dichter gefüllt als 1907. Auch der Münchener „Simplicissimus" verschließt sich dem Thema nicht; er bringt (10. Jahrgang, Nr. 37) sogar eine Spezial-Nummer zum Thema „Unsere Richter". Zur Angewiesenheit der Richter auf Sachverständige bringt er die Zeichnung „Der Oberlandesgerichtsrath" von Bruno Paul:

bloß auf Preßberichten über Gerichtsverhandlungen beruhende Darstellung der englischen Gerichtsverfassung, wie sie uns hier geboten wird, verdient den rückhaltlosen Dank aller derer, die sich über das englische Gerichtsverfahren und seine angebliche Eignung als Vorbild bei der Reform des deutschen Zivilprozesses unterrichten wollen" Prof. Dr E. Jaeger-Leipzig, in: Annalen des Deutschen Reiches für Gesetzgebung pp. 1912, S. 78 über Gerland, Die englische Gerichtsverfassung, 2 Bde., Leipzig 1910 – gegen Adickes auch der – inzwischen zum Kammergerichtsrat avancierte – Richard Viezens, Bureaukraten und Lords; Eine Rundschau über Klassen-, Sonder- u. Musterrichter, Berlin 1908. Bereits Viezens „Taugenichtse", 1897, S. 26: „Für manche ist England das Land der Erbweisheit auf allen möglichen Gebieten, auch auf dem des Rechts. Und doch ist [...] die Kostspieligkeit und Schwerfälligkeit seiner Civilprozesse derart, dass der Deutsche kein Pharisäer zu sein braucht, um aus tiefster Seele zu sagen: Gott, ich danke Dir, dass ich nicht bin wie jene!".

132 Zacharias, Ueber Persönlichkeit, Aufgabe und Ausbildung des Richters, S. 30.

133 Anonymus, in: Grenzbote 1896, S. 588.

134 Ausgewertet wurden GStA PK, Rep. 84a, Nrn. 40493, 40494 und 40568.

„Papa, was macht der Mann?“ – „Er handelt im Ausflusse einer LOCATIO CONDUCTIO OPERARUM, also eines Dienstmietevertrags.“ – „Aber, Papa, macht man so das Brot?“ – „Das braucht man nicht zu wissen. Dafür hat man die vereidigten Sachverständigen.“

Simplicissimus, 10. Jahrgang, S. 444.

2. Fuchs' „Schreibjustiz" und der „Mangel" an Sachkunde, 1907

Fuchs unterwirft den gymnasialen Unterricht ätzender Kritik, wobei er sich nicht nur auf zeitgenössische Erziehungswissenschaftler, sondern auch auf Hermann Hesses Roman „Unterm Rad" und Friedrich Nietzsche beruft. Er vermisst schon auf der Schule die „Anleitung zum Beobachten".

Das juristische Studium sieht er als „Auswendiglernerei"[135]. Die Fähigkeit zum beobachtenden Erfassen von Sachverhalten und zur Vernehmung[136] und Würdigung der regelmäßig widersprüchlichen Aussagen von Zeugen und Sachverständigen[137], die „die wahre Wissenschaft und Kunst des Juristen"[138] ausmache, komme auch in der weiteren Ausbildung zu kurz, so dass den Richtern die zur freien Würdigung der Beweise „erforderliche Lebens- und Menschenkenntnis" fehle:"[139]

> *Die wirkliche Größe [des] Mangels [an Sachkunde] ist kaum zu überschätzen. Man muß gehört haben, wie unsere besten Richter bei Befragen der Sachverständigen sich entschuldigen müssen, wenn sie möglichst ungeschickt fragen, man muß beobachtet haben, wie unseren Richtern – und Rechtsanwälten – in Patentprozessen die einfachsten mechanischen Sachverhalte klar gemacht werden müssen; man muß das sardonische Lächeln der Sachverständigen und Parteien gesehen haben, wenn sie aus einer solchen Gerichtsverhandlung kommen, in der diejenigen maßgebend urteilen sollen, die von den Dingen ungefähr so sprechen, wie die Blinden von den Farben. [...] Wie soll denn der Richter aber über widersprechende Gutachten urteilen, wie soll er überhaupt über dem Sachverständigen stehen, wenn er erst mühsam sich in jedem Fall die ersten Elemente sich klar machen lassen muß? Und welchen Respekt sollen die Rechtssuchenden vor einem Gericht haben, das gleichsam nur wie eine Pumpmaschine wirkt, die den Rechtsstreit durch einen Beweisbeschluß vor einen Sachverständigen bringt. Selbstverständlich kann der Jurist nicht Spezialtechniker auf allen Gebieten sein, aber die elementaren Grundlagen könnte und sollte er beherrschen, und daran gebricht es heute nur zu oft. Nicht bloß in den eigentlichen technischen Fällen steht der Jurist manchmal hilflos da, sondern auch in alltäglichen Dingen des Lebens, z. B. in Buchführung; selbst vor Kontokorrentauszügen herrscht manchmal eine gewisse Scheu.*[140]

---

135 aaO S. 29.

136 Der Gesetzgeber hat inzwischen diesem Desiderat entsprochen. Nach dem Bundesgesetz zur Reform der Juristenausbildung v. 11. Juli 2002, BGBl. I S. 2592, sind Unterricht in „Vernehmungslehre" und „Kommunikationsfähigkeit" nunmehr Teil des Jurastudiums.

137 Die Sachverständigenproblematik ist Fuchs, Schreibjustiz, 1907, durchgängig bewusst, vgl. S: 53, 54, 66/67, 83, 98/99.

138 aaO S. 55, s.a. S. 29, 32, 53, 65/66, 80/81.

139 aaO S. 84/85.

140 aaO S. 67/68.

Freilich ist auch Fuchs selbst nicht frei von Mangel an Sachkunde. Als er seine Leser auf die eben abgebildete Zeichnung hinweist, schildert er, der Oberlandesgerichtsrat und sein kleiner Sohn sähen einen Landarbeiter, der pflüge. Bei dem abgebildeten Ackergerät handelt es sich nun aber erkennbar nicht um einen Pflug, sondern um eine Egge.

V. Richterliche Entscheidungsfreiheit

1. Voraussetzung: Trennung von Sachverhalt und Rechtslage

Aufgabe des Richters ist, „aus dem ihm von den Parteien vorgetragenen Streitstoff die wesentliche Streitfrage herauszuschälen"[141].

a. Abstraktheit der Rechtsnorm

Jeder Rechtssatz ist ein einfaches Konditionalprogramm: Wenn ein bestimmter Tatbestand feststeht, tritt eine bestimmte Rechtsfolge ein. In einem gerichtlichen Verfahren geht es dementsprechend darum, Tatbestände festzustellen und den Eintritt von Rechtsfolgen für den zu entscheidenden Fall anzuordnen. Diese Scheidung des Streits in einen tatsächlichen und in einen rechtlichen Teil ist untrennbar verknüpft mit dem Vorhandensein abstrakter Normen; diese Trennung in Rechts- und Tatsachenfragen ist ein Verfahren, das in allen Perioden der neueren Rechtsgeschichte akzeptiert worden ist.[142] Dieses Verfahren verläuft nicht linear von der bunten Wirklichkeit einer Vielheit von in der Vergangenheit liegenden Ereignissen zu einer etwa entsprechenden Vielheit von anzuordnenden Rechtsfolgen. Vielmehr interessiert sich das Verfahren nur für diejenigen Tatbestände, die die Voraussetzung für den Eintritt derjenigen Rechtsfolgen bilden, die von den Parteien gewünscht werden.

Dementsprechend meint z. B. Karl Binding, dass insbesondere in Schwurgerichten die Trennung von Tat- und Rechtsfrage nicht zu leisten sei.[143] Nicht auszudenken, wieviel Bewegung in das Rechtssystem käme, wenn auch noch Beweis darüber anzutreten wäre, dass in jedem Fall, der sich entsprechend den Vorgaben der §§ 242, 15 StGB erzählen lässt, der Täter bestraft werden muss. Wo Präjudizien und herrschende Meinungen aufzufinden sind, können diese von den Rechtsanwendern als Autoritäten eingesetzt werden, die in der Heranziehung für

---

141 Rathenau, Gutachten „Sondergerichte" zum 30. DJT, 1910, S. 339.

142 Naucke, Stilisierung von Sachverhaltschilderungen, 1991, S. 59.

143 Binding, Karl: Strafrechtliche und strafprozessuale Abhandlungen, Zweiter Band: Strafprozeß, München und Leipzig 1915, S. 39–46.

den konkreten Fall genauso wenig einer Begründung bedürfen wie das Gesetz selbst.[144]

b. Formbarkeit der Tatbestands

Für den Rechtsanwender hat die Abstraktheit der Norm im Gegensatz zur konkreten Vielfalt der Wirklichkeit zur Folge, dass sein Blick zwischen der Norm und dem Lebenssachverhalt „hin und her wandert".[145] Dabei steht jedoch der Lebenssachverhalt nicht fest, denn „was im Sachverhalt bleibt, hängt vom rechtlichen Interesse ab. [...] Das materielle Recht klärt den Umfang, in dem Fakten interessant sind".[146] Schon die so gewonnene Verminderung der Tatsachenmenge

---

144 Drosdeck, Thomas: Die herrschende Meinung – Autorität als Rechtsquelle. Funktionen einer juristischen Argumentationsfigur, (Schriften zur Rechtstheorie, 1379) Berlin, 1989.

145 Engisch, Logische Studien zur Gesetzesanwendung, vorgelegt am 14. November 1942, (Sitzungsberichte der Heidelberger Akademie der Wissenschaften, Philosophisch-Historische Klasse 1941/42,5), 1943, S. 15.

146 Naucke, Stilisierung von Sachverhaltschilderungen, 1991, S. 59f; Isay, Rechtsnorm und Entscheidung, 1929, S. 173: „Der Sachverhalt des konkreten Falls [ist] ein im Zusammenhang eingebetteter Strom von Vorgängen innerhalb des gesellschaftlichen Lebens. Um aus ihm einen Tatbestand zu machen, muss herausgeschnitten werden, und um ihn unter den homogenen Tatbestand der Norm zu bringen, müssen aus ihm alle nicht mit diesem Tatbestand sich deckenden Vorgänge und Zustände hinweggedacht werden. Das Letztere ist natürlich nur dann zulässig, wenn diese Vorgänge und Zustände für den Inhalt der Entscheidung unwesentlich sind. Ob sie das aber sind, kann keine andere Instanz entscheiden als das Rechtsgefühl." S. 352: „Dies Rechtsgefühl kann durchaus willentlichen Antrieben folgen bzw. solche Antriebe zur Folge haben (was wissen wir schon über die Funktionsweise des menschlichen Hirns?). Wenn es darum geht, „die Anwendung einer Norm auf den konkreten Fall auszuschalten, so wird deren ‚Tatbestand' so ausgestaltet, dass er Merkmale enthält, die im Tatbestand der Norm fehlen, oder umgekehrt, dass aus ihm Elemente entfernt oder geändert werden, die im Tatbestand der Norm enthalten sind". – Zur Person: Hermann Isay (1873–1938), seit 1901 Rechtsanwalt in Berlin, war bis 1933 einer der angesehensten Anwälte auf dem Gebiet des geistigen Eigentums. Isay ist nicht nur ein mit seiner Arbeit sehr erfolgreicher Wirtschaftsanwalt, sondern auch Urheber des Lehrbuchfalls der „Trierer Weinversteigerung" zur Auslegung von Willenserklärungen nach objektivem Empfängerhorizont, das üblicherweise jedem Rechtsstudenten innerhalb der ersten sechs Wochen des Studiums zum ewigen Gedächtnis gebracht wird (vgl. Isay 1899, S. 25, Zuschreibung der Urheberschaft von Rossmanith 1975, S. 21f; Isay stammte gebürtig aus Trier). Isays Schrift von 1899 unter dem Titel „Die Willenserklärung im Thatbestande des

kann Irritationen zwischen dem Gericht und den Parteien hervorrufen – bei den Parteien kann das Gefühl entstehen, das Gericht habe nicht alle aus ihrer Sicht wichtigen Tatsachen berücksichtigt und angehört.

Diese Freiheit bei der Sachverhaltskonstruktion ermöglicht dem Rechtsanwender auch eine bemerkenswerte Flexibilität beim Umgang mit dem Fall. Eine eindrucksvolle Schilderung des Entstehens der Entscheidung des Rechtsanwenders bringt Hermann Isay:[147]

> *Die herkömmliche Auffassung geht dahin, dass die Ordnung des Einzelfalles (der Inhalt der Entscheidung) durch Ableitung von einer Rechtsnorm, also durch einen logischen Denkakt gefunden werde, nämlich durch einen logischen Syllogismus, in welchem die Rechtsnorm den Obersatz und der Tatbestand des Falles den Untersatz bilde.*
>
> *Man nennt das: die Rechtsnorm auf den konkreten Tatbestand ‚anwenden' und bezeichnet diesen Vorgang allgemein als ‚Rechtsanwendung'. [...]*
>
> *Daß die Entscheidung nicht aus der Norm, sondern aus ganz anderen Quellen hervorgeht, ist mir schon zu Beginn meiner praktischen Tätigkeit an einem Fall klar geworden, der mir damals einen unlöschbaren Eindruck gemacht hat. Er beleuchtet die Frage so hell, dass ich ihn wiedergebe.*

Rechtsgeschäfts nach dem Bürgerlichen Gesetzbuch für das Deutsche Reich" war einer der ersten Bände der von Jenenser Professoren herausgegebenen Reihe „Abhandlungen zum Privatrecht und Civilprozeß des Deutschen Reiches". Vor diesem Hintergrund wird man vermuten dürfen, dass Isay von dem Jenenser Aufruf „Um das Recht der Gegenwart" nicht erst aus der Presse erfahren hat, sondern möglicherweise sogar seine hervorragenden geschäftlichen Kontakte in die chemische Industrie dafür genutzt hat, um den aufgrund dieses Aufrufs gegründeten Verein „Recht und Wirtschaft" mit den erforderlichen Mitteln auszustatten. Diese Vermutungen können jedoch im Rahmen dieser Untersuchung nicht belegt werden. Eine Zusammenführung mit der Geschichte des „Vereins für Recht und Wirtschaft" und die Rezeption dieses Vereins durch Hedemann und Lehmann erschiene jedoch vielversprechend. Denn dieser Verein war eine im Programm entschieden moderne Bewegung höchstrangiger Persönlichkeiten aus Justiz und Industrie, und rund um den Verlag „Recht und Wirtschaft", die Jenenser Juristenfakultät in der Zwischenkriegszeit und Berliner Kontakte in den Spitzen bedeutender moderner Industriebranchen würden sich vermutlich viele bemerkenswerte Begebenheiten, Allianzen und Bekanntschaften finden lassen.

147 Isay, Rechtsnorm und Entscheidung, 1929, S. 60f.

Als ich als Referendar bei der Zivilkammer des Landgerichts[148] *beschäftigt war, kam eine Klage zur Verhandlung, die folgenden Tatbestand hatte. Ein Schüler der Volksschule hatte beim Spielen auf dem Schulhofe während der Schulpause mit einem Stein einen anderen Schüler so unglücklich ins Gesicht geworfen, dass dieser ein Auge verlor. Der Vater des Verletzten klagte auf Grund des Art. 1384 des damals geltenden Code Civil gegen den Vater des Täters.*

Die Beratung ergab zunächst die übereinstimmende Meinung des Kollegiums, dass in diesem Falle der Vater nicht verantwortlich gemacht werden könne, da der Junge während der Schulpause der Aufsicht des Lehrers unterstehe und Vater daher für diese Zeit keine Aufsichtspflicht und somit auch keine Verantwortlichkeit treffen könne. Dem entsprechend wurde die Urteilsformel niedergeschrieben, dass die Klage abgewiesen werde.

Bevor das Kollegium das Beratungszimmer verließ, um das Urteil zu verkünden, erkundigte sich der Vorsitzende, Landgerichtspräsident P., der fast alle Eingesessenen seines Bezirks kannte, und den deshalb der Fall auch menschlich interessierte, nach der Person des Vaters. Als ihm mitgeteilt wurde, der Vater sei schon 65 Jahre alt und habe erst vor 8 Jahren geheiratet, erklärte er entrüstet, wenn ein so alter Mann noch ein Kind in die Welt setze, dann müsse er auch dafür bezahlen, nahm das Blatt mit dem Urteilstenor, zerriß es und eröffnete die Beratung von neuem, mit dem Ergebnis, dass nunmehr der Beklagte verurteilt wurde.

Der Weg, auf dem hier eine Entscheidung entstand, ist nicht etwa ein ungewöhnlicher gewesen. Nur die explosive Art, in der sich die Entstehung kundgab, mag ungewöhnlich gewesen sein.

2. Selbstreflexion

a. Das Experiment

Als Ende der 1980er Jahre in einem Experiment 52 Zivilrichtern im OLG-Bezirk Frankfurt ein und derselbe Fall im Rahmen einer standardisiert simulierten Verhandlung zur Sachverhaltsaufklärung und Entscheidung vorgelegt wurde, kamen diese zu deutlich divergierenden Erkenntnissen. Freilich sie äußerten in einer Nachbefragung regelmäßig nicht nur die Vermutung, wie die Mehrheit geurteilt zu haben, sondern die meisten Richter waren der Ansicht, dass der von ihnen eingeschlagene Weg die einzig ‚richtige' Lösung sei. Sie sprachen von der ‚Eindeutigkeit' des Falles".[149]

Freiheit zeigte sich nach der Auswertung der Verhandlungsführung und der Entscheidungsbegründung darin,

---

148 Vermutlich Trier, Isays Heimatstadt: Isays Referendardiensts liegt zeitlich zwischen Herbst 1895 und 1900/1901 und örtlich im OLG-Bezirk Köln, Rossmanith 1975, S. 12.

149 Schmid/Drosdeck/Koch 1997, S. 24, 105.

dass die Richter den durch die Schriftsätze mitgeteilten Sachverhalt in Kernfragen ignorierten, indem sie die Informationen über die möglichen anspruchsbegründenden Tatsachen gerade nicht den Unterlagen entnahmen,

sondern unabhängig davon eine eigene „Verhandlungsstrategie" entwickelten. Mit dieser Strategie, also einer anhand der ersten Schriftsätze durchgeführten juristischen Vorstrukturierung des möglicherweise sich ergebenden Sachverhalts, verfolgte mehr als die Hälfte der beteiligten Richter den Zweck, aus den sich bietenden Möglichkeiten einen beweismäßig einfacheren Weg der juristischen Bewältigung des Falles einschlagen zu können. Dabei war den meisten dieser Richter sogar bewusst, dass durch diese Verfahrensgestaltung ein wichtiges Kriterium zur Bemessung der Anspruchshöhe der klagenden Partei von vornherein nicht Gegenstand der Verhandlung werden könnte.[150]

Beim vorgelegten Fall handelte es sich um eine Arzthaftungssache. Die Feststellung eines ärztlichen Kunstfehlers bei der Arzthaftung kann, wenn überhaupt, regelmäßig nur durch die Inanspruchnahme von Sachverständigen erfolgen; viel einfacher hingegen ist es, die Verletzung der Klägerin auf eine Verletzung der ärztlichen Aufklärungspflicht in Bezug auf die mit einem ärztlichen Eingriff verbundenen Risiken zu begründen. Hierfür reicht regelmäßig die Lektüre des entsprechenden, vom Patienten abzuzeichnenden Formulars aus. Ein Hinweis auf eine mögliche Aufklärungspflichtverletzung war im vorgelegten Fall im klägerischen Vorbringen jedoch überhaupt nicht enthalten.

Bei der Bewertung der maximal zwei Sachverständigengutachten, die die Richter während der Verhandlung einholen konnten, ergab sich kein einheitliches Bild: Zunächst kam überhaupt nur knapp die Hälfte der Richter in die Verlegenheit, Gutachten einholen zu müssen. Wo Gutachten eingeholt wurden, wirkten sie auf individuell sehr unterschiedliche Weise, wie die folgenden kontrastierenden Äußerungen zeigen: „Das chirurgische Gutachten war entscheidend [...]", bemerkte nach der Verhandlung einer der Richter, während ein anderer „das neurologische Gutachten, dagegen konnte man das chirurgische vergessen", für ausschlaggebend hielt.[151]

150 aaO S. 22.
151 aaO S. 175.

b. Hermann Isay und seine Erfahrungen

> *Liest doch nur jeder aus dem Buch s i c h heraus, sagt Göthe; so liest jeder Mensch und also auch jeder Richter sich selbst [...] aus dem Gesetz heraus und legt das Gesetz daher je nach seinem eigenen Standpunkt [...] aus.*[152]

Ein erfolgreicher und erfahrener Anwalt setzt sich nicht ohne Not der Gefahr aus, Behauptungen aufzustellen, für die er nicht irgendwelche Autoritäten benennen kann, so auch nicht der eben bereits zitierte Hermann Isay in seinem späten Werk „Rechtsnorm und Entscheidung" von 1929.

Die dort wiedergegebenen Aussagen über die Freiheit des Rechtsanwenders bringen uns direkt in den Untersuchungszeitraum, genauer in die Zeit zwischen Verabschiedung und Inkrafttreten des BGB.

aa. Isays Rezeption in der westdeutschen Rechtsphilosophie nach 1945

Vorab aber zur Frage, warum Isay überhaupt gehört werden soll, was denn seine wissenschaftliche[153] Bedeutung sei: heutzutage ist er schließlich weitgehend unbekannt.[154] Unmittelbar nach der Ermordung der Juden in Europa durch die Deutschen war die Erinnerung aber noch frisch: Helmut Coing, später Gründungsdirektor des Frankfurter Max-Planck-Instituts für Europäische Rechtsgeschichte, stimmte im Jahr 1950 in seinen „Grundzügen der Rechtsphilosophie" mit Isay darin überein, dass die gerichtliche Entscheidung ein schöpferischer Willensakt sei, der Richter die Entscheidung gefühlsmäßig treffe und sie später am Gesetz überprüfe.[155] Karl Engischs „Einführung in das juristische Denken", zuerst 1956, zuletzt zum elften Mal 2010 aufgelegt, reibt sich an Isay und wirft ihm „Psychologismus in Reinkultur" vor, er gehe an „spezifischen Problemen der normativen Logik vorbei".[156]

bb. Freiheit, Freirecht, Relevanz, Industrierecht

Die Freirechtsbewegung, oder umfassender beschreibend: die Methodendebatte vor dem Ersten Weltkrieg, ist in dieser Untersuchung lediglich insofern von

152 Berliner Freie Presse Nr. 63/1878, Leitartikel, Ausschnitt abgelegt in GStA PK, Rep. 84a, Nr. 40568, Bl. 119.

153 Zu den Lebensdaten und zur heute noch nachwirkenden Bedeutung für die juristische Ausbildung bereits oben Fn. 306.

154 Ausnahme die Werkbiografie Rossmanith 1975; von dort auch der Befund, dass Isay noch in patentrechtlicher Literatur, aber ohne inhaltliche Auseinandersetzung zitiert werde.

155 Coing, Grundzüge der Rechtsphilosophie, Berlin 1950, S. 248f.

156 Engisch, Einführung in das juristische Denken, 4. Aufl., Stuttgart 1968 S. 49.

Bedeutung, als die in den Kapiteln G., H. und J. dieser Arbeit dargestellten Ereignisse auch vor ihrem Hintergrund stattfanden. Die Methodendebatte war immer auch eine praxisbezogene Debatte, in der häufig berufliche Einsichten erfahrener Praktiker als Argument eingesetzt wurden. Und es bestehen sicherlich auch viele persönliche Berührungspunkte zwischen den hier publizistisch wirkenden Personen. Zu Isays akademischen Lehrern gehörten in Berlin die für die Entwicklung des „Industrierechts"[157] herausragend bedeutenden Josef Kohler[158] und der im Vergleich zu Isay nur acht Jahre ältere Paul Oertmann[159]; in Bonn belegte Isay ein Pandektenpraktikum bei Ernst Zitelmann, der wiederum mit seiner 1903 erschienen Schrift über die „Lücken im Recht" und die aus der Lückenhaftigkeit des Gesetzes folgenden Anforderung an den Richter, sich angesichts einer Gesetzeslücke nun eben selbst etwas einfallen lassen zu müssen, ein prominenter Stichwortgeber der Methodendebatte war. Isay hat sich an der Methodendebatte in ihrer Hochzeit nicht ausführlich literarisch beteiligt – neben seiner Erwerbsarbeit schrieb er einen Standardkommentar zum Patentrecht[160], mehrere Bücher

---

157 Der Begriff Industrierecht bezeichnet im Wesentlichen nicht mehr als die Fassung der neuen Sachverhalte der Hochindustrialisierung durch die hergebrachten juristischen dogmatischen Figuren; der Begriff ist damit genauso überflüssig wie etwa der Begriff „Internetrecht". Diejenigen Professoren, die sich vor dem Weltkrieg der Erfindung des Industrierechts rühmten, wählten später die Firma „Wirtschaftsrecht", die im heutigen Universitätsbetrieb üblicherweise in ihre Einzelteile zerlegt ist; der Begriff dient heute eher zur Tätigkeitsbeschreibung von Rechtsanwälten.

158 Kohler (1849–1919) stellt sich, frei von Bescheidenheit, in einem längeren Artikel im Berliner Tageblatt vom 19. Februar 1911 (S. 1 des zweiten Beiblatts) als geistiger Vorläufer eines zweckgerichteten und damit freieren Umgangs des Richters mit dem Gesetz hin. Er habe in seiner süddeutschen Praxis gelernt, wie mit „veralteten und unbequemen Gesetzen" umzugehen ist: „man ‚kommt' über gewisse Dinge eben in der einen oder andere Weise ‚hinaus'", der gesetzliche Buchstabe sei nicht „starre Masse", sondern „bewegliches Instrument", darauf habe er, Kohler, bereits 1884 in seiner Schrift „Shakespeare vor dem Forum der Jurisprudenz" hingewiesen, damals sei aber die „Zeit noch nicht gekommen gewesen".

159 zu Oertmann s. Brodhun, Rüdiger: Paul Ernst Wilhelm Oertmann (1865–1938): Leben, Werk, Rechtsverständnis sowie Gesetzeszwang und Richterfreiheit (=Fundamenta juridica 34), Baden-Baden 1999.

160 6 Auflagen 1903, 1911, 1920, 1926, 1931, Berlin: Vahlen. In der Rezension zur dritten Auflage wertet Rechtsanwalt Julius Magnus, JW 1921, 1517, das Werk sei einer der „großen Standardkommentare zum Patentrecht, ohne deren Benutzung in Deutschland kaum ein patentrechtlicher Fall gelöst werde".

und eine Vielzahl von Aufsätzen –, aber ausdrücklich für Ernst Fuchs und Eugen Ehrlich Partei ergriffen.[161]

cc. Prominente Zeugen

Im Jahr 1929, aus den guten Jahren der Zwischenkriegszeit auf die Zeit der Methodendebatte zurückschauend, hat Isay Selbstzeugnisse von hochrangigen Rechtsanwendern zusammengetragen, in denen eine wie die andere Juristenpersönlichkeit jeweils die Ansicht teilt, das Gesetz habe mit der Findung der Entscheidung recht wenig zu tun, stattdessen liefere es lediglich das Material für die Begründung der Entscheidung:

> *Der Reichsgerichtsrat Otto Bähr, von [Felix] Vierhaus als der größte praktische deutsche Jurist des 19. Jh. bezeichnet,[162] pflegte zu erzählen, in jedem schwierigen Falle habe ihm die Entscheidung alsbald klar vor der Seele gestanden. Wenn er dann an die Kontrolle durch eine methodische Prüfung des Falles getreten sei, so ist er immer zu dem gleichen Ergebnisse gelangt.[163]*
>
> *Vierhaus selbst […] äußert sich ähnlich: […] ‚Ich habe unter einem Senatspräsidenten Recht gesprochen, einem ganz vortrefflichen gemeinrechtlichen Praktiker, dessen Lieblingswendung […] es war: ‚Verlassen Sie sich darauf, so muß entschieden werden; die Gründe können mir die Herren nachher dazu machen!' Diese Gründe fanden sich denn auch nachher stets ohne Mühe ein…'[164]*
>
> *Der frühere Präsident des Österreichischen Reichsgerichts, Josef Unger, hat von sich bezeugt[165]: ‚Wird mir ein Rechtsfall zur Entscheidung vorgelegt, so bilde ich mir alsbald instinktiv ein Vorurteil im eigentlichen Wortsinn und suche erst hinterher nach der juristischen Rechtfertigung und der logischen Begründung. Diese Vorausahnung des zu fällenden Urteils täuscht selten.'*
> *Auf dem Berliner Kongreß 1910 der Internat[ionalen] Verein[igung] f[ür] Rechts- und Wirtschaftsphilosophie wiederholte Reichsgerichtsrat [Adelbert] Düringer die schon früher[166] von ihm gegebene Erklärung: ‚er habe jederzeit nach dem Grundsatz gehandelt,*

---

161 Isay GRUR 1910, 269, 273 ähnlich ders., Empfehlen sich Sondergerichtshöfe in Streitigkeiten aus dem Gebiet des gewerblichen Rechtsschutzes, in: Zeitschrift für technisches und gewerbliches Recht 1911, S. 6–10, 35.

162 Isay zitiert hier Vierhaus, Über die Methode der Rechtsprechung 1911, S. 41 und Vierhaus, Die Freirechtsschule und die heutige Rechtspflege, in: DJZ 1909, S. 1169–1175, 1174.

163 Vierhaus, Über die Methode der Rechtsprechung 1911, S. 72, auch zitiert z. B. bei Schröder, Methodendebatte, S. 363.

164 Vierhaus, Über die Methode der Rechtsprechung 1911, S. 72.

165 Unger, Joseph: Mosaik, 3., verm. Aufl. Leipzig 1911.S. 161ff.

166 Düringer, Richter und Rechtsprechung, Leipzig 1909 S. 7 – Zur Person die sehr lesenswerte Monographie von Wirth, Thomas: Adelbert Düringer: Jurist zwischen

zuerst sich ein Urteil aufgrund seines Rechtsgefühls zu bilden, und dann nach Entscheidungsgründen zu suchen.' [...]

[RA am RG JR Georg] Wildhagen[167] *erklärt es für hinlänglich bekannt, dass gerade von den anerkannten bedeutendsten Praktikern erzählt wird, wie sie zunächst selbständig aus sich die Entscheidung – auch in schwierigen Fällen – zu finden und erst hinterher die Gründe dafür zu ermitteln pflegen. Er berichtet, dass der Präsident des Oberlandesgerichts, unter dem er im Vorbereitungsdienst arbeitete, zu sagen pflegte, ‚Wenn Sie die Entscheidung nur erst haben, Gründe sind nachher wohlfeil wie Brombeeren', und fügt hinzu: ‚Er hatte recht'.*[168]

Isay lässt noch ein gutes Dutzend weitere deutsche, schweizerische und amerikanische Zeugen auftreten[169], die die Verantwortung des Rechtsanwenders für die Entscheidung bestätigen.[170] Allerdings konnte oder wollte die Mehrheit der Richterschaft die sich aus der Justizreformdebatte ergebende Möglichkeit, „die Richtermacht zu erweitern"[171] nicht wahrnehmen. „In der Deutung komplexer Lebensverhältnisse offenkundig unsicher geworden, verlangten sie nach materiellrechtlicher Gewissheit oder zumindest nach einer Methode, einer Metatheorie, die dem Gewissheitsverlust im juristischen Denken entgegenwirken konnte. Die neuen Methodenlehren boten aber das Gegenteil: Sie wollten richterliche Kompetenz gerade dort vergrößern, wo verunsicherte Instanzrichter ihr Heil in der strengen Deduktion suchten."[172]

Kaiserreich und Republik. (=Südwestdeutsche Schriften 6). Mannheim 1989 sowie SCHRÖDER, Methodendiskussion, S. 327, der in Fn. 15 den Lebenslauf DÜRINGERS umreißt.

167 WILDHAGEN, Der Bürgerliche Rechtsstreit 1912 S. 65ff.

168 ISAY 1929, S. 72.

169 Aus den USA ROSCOE POUND, BENJAMIN N. CARDOZO und JOHN F. DILLON, aus der Schweiz MAX GMÜR, sowie aus Deutschland die Oberlandesgerichtsräte ZACHARIAS-Hamburg (vgl. oben Fn. 280), JOHANN GEORG GMELIN-Stuttgart, K. SCHNEIDER-Stettin, die Senatspräsidenten HALLBAUER und DEGEN, beide Dresden, den ehemaligen vortragenden Rat im preußischen Justizministerium MÜGEL und Reichsgerichtsrat CZOLBE; ferner ERNST FUCHS, JOSEF KOHLER und HANS REICHEL.

170 aus SCHRÖDER, Methodendiskussion, S. 348, lässt sich noch ein weiteres Bonmot UNGERS (Der Kampf um die Rechtswissenschaft, in: DJZ 1906, S. 781–787, 785) hinzufügen, das den hergebrachten Interpretationsregeln nicht mehr Wert zumaß als den „Wetterregeln der Bauern".

171 RGR NEUKAMP, Der gegenwärtige Stand der Freirechtsbewegung, DJZ 1912, S. 44, 48, zitiert nach SCHRÖDER, Methodendebatte S. 350 m. Fn. 98.

172 SCHRÖDER, Methodendebatte S. 353.

C. Rechtsdogmatik

Es giebt wenige Theile des Rechtssystems, welche so oft in Anwendung kommen und in welchen es zugleich so sehr an festen und bestimmten Anhaltspunkten fehlt, als die Lehre von dem (sogenannten) Beweis durch Sachverständige[173]

Anlässlich des Inkrafttretens der Reichsjustizgesetze sah die Münchener juristische Fakultät sich veranlasst, eine Preisschrift über „Die Lehre von den Sachverständigen im Civilprozess nach dem bisherigen gemeinen Recht und nach der neueren Gesetzgebung, insbesondere der Civilprozessordnung für das Deutsche Reich" auszuloben, die preisgekrönte Schrift von Moritz Obermeyer aus dem Jahr 1880 dürfte nach wie vor die beste Behandlung dieser Materie in historischer Perspektive sein.[174] Für unsere Zwecke genügt der folgende Abriss einiger ausgesuchter Aspekte anhand der Literatur, schwerpunktmäßig aus der zweiten Hälfte des 19. Jahrhunderts.

Der Prokurator am kgl. Württembergischen Obertribunal Seeger stellt im Vorwort seiner 1841 erschienen Monographie zum „Beweisrecht im Verfahren mit Sachverständigen" fest, die Ursache für die praktische Unsicherheit im Sachverständigenverfahren liege „ohne Zweifel darin, dass die Gesetzbücher [...] über das Verfahren mit Sachverständigen nur dürftige Bestimmungen enthalten und dass daher fast alles der Doktrin überlassen blieb". Aber auch die Gelehrten hätten „den Gegenstand nicht in dem Umfange behandelt, dass alle sich aufdringenden wichtigeren Fragen erschöpft worden wären".[175] Dieser Befund scheint einen gewissen Ewigkeitswert zu haben, denn auch ein Autor aus dem letzten Drittel des 20. Jahrhunderts merkt an, dass „die Gerichte zuweilen ein eher unsicheres Verhältnis zum Sachverständigen haben und dass seine Rolle im Verfahren anhand der gesetzlichen Regeln nicht ohne Schwierigkeiten zu bestimmen ist".[176]

---

173 Seeger, Verfahren, 1841, S. III.

174 Obermeyer, Lehre von den Sachverständigen, 1880; vgl. noch folgende Arbeiten: Dilcher, Hermann: Der Beweis durch Sachverständige in der Geschichte, in: Der Sachverständige 2 (1975), S. 38–40; Dirk Olzen, Verhältnis, ZZP 93 (1980), S. 66–88; zur neueren Rechtsgeschichte, s. ders., Richter und Sachverständige, ZRG (GA) 1980, S. 163–23; Patermann, Freie Beweiswürdigung, 1970; Poppen, Enno: Die Geschichte des Sachverständigenbeweises im Strafprozeß des deutschsprachigen Raumes. (Göttinger Studien zur Rechtsgeschichte 16). Göttingen, 1984.

175 Seeger 1841, S. III; mit demselben Befund Langenbeck, Beweisführung in bürgerlichen Rechtsstreitigkeiten, 1861, S. 549.

176 Olzen ZZP 1980, S. 68.

I. Gemeinrechtliche Beweislehre und richterliche Beweiswürdigung

Ja gute Frau, durch zweyer Zeugen Mund Wird allerwegs die Wahrheit kund; Habe noch gar einen feinen Gesellen, Den will ich Euch vor den Richter stellen.[177]

Es ist seit langem üblich gewesen, formelle Regeln zur Feststellung der Wahrheit von Tatsachen, wenn nicht als Teufelswerk, so doch wenigstens als Ausgeburt spätmittelalterlicher Düsternis, die nun endlich und mit Recht überwunden seien, darzustellen.[178]

1. Die Zwei-Zeugen-Regel

Am Anfang der Geschichte der hier interessierenden „Countreys, that are govern'd by Laws" stand das Wort Gottes, des jüdisch-christlichen, das gerade eine Mehrheit von Zeugen, also wenigstens zwei Zeugen, anordnete.[179] Aus den einschlägigen Bibelstellen spricht eine tiefe Abneigung gegen vorschnelle Urteile. Ursprünglich handelte es sich um Angelegenheiten auf Leben und Tod – das wichtigste wird zuerst geregelt –, bei Mt 18, 16 geht es jedoch im Zusammenhang von Rangstreitereien, Verführung und Verachtung bereits um „jede Sache". Dieser Schutz des Verklagten vor kurzem Prozess war auch dem römischen Recht nicht völlig fremd,[180] Anzeichen für kanonische Regeln zur Feststellung der Wahrheit hat die Forschung jedoch nicht gefunden, man meint, in römischer Zeit seien die

---

177 Goethe, Faust, Verse 3013–3016, Der Nachbarin Haus, Mephisto zur Nachbarin.

178 Insbes. Baumbach/Lauterbach/Albers/Hartmann 2010, § 286 ZPO Rn. 1: „Der Grundsatz der freien Beweiswürdigung [...] ist [...] eine der wichtigsten Errungenschaften des modernen Prozessrechts [...] das Gericht [...] soll aber wirklich nur dem Gesetz und seinem Gewissen gehorchen"; unter Verweis auf die Gesetzgebungsmaterialien Musielak 2009, § 286 ZPO Rn. 1: „Im Vertrauen auf die ‚Bildung, Integrität und unabhängige Stellung' des Richters statuiert [§ 286 ZPO] Abs. 1 die freie Beweiswürdigung, so dass Abs. 2 die früher dominierenden gesetzlichen Beweisregeln zurückdrängen musste"; Zöller 2010, § 286 ZPO Rn. 1: „§ 286 statuiert als wesentlichen Verfahrensgrundsatz der ZPO die Freiheit der Beweiswürdigung. An die Stelle der weitgehend formellen Bewesierhebung nach Beweisregeln (gemeines und kanonisches Recht) tritt die freie Überzeugungsbildung des Gerichts [...]".

179 AT: Num 35, 30; Deut 17, 6; 19, 15. NT: Mt 18, 16; 2 Kor 13, 1; (zwei Zeugen): Joh 8, 17, Nachweise bei Schmoeckel, Humanität und Staatsraison, 2000, S. 206.

180 Ulpian D. 22, 5, 12; Nachweis bei Schmoeckel 2000, S. 206.

Richter in der Beweiswürdigung frei gewesen.[181] Im römisch-kanonischen (im technischen Sinne) Prozess galt die Zwei-Zeugen-Regel, naheliegenderweise aufgrund der eben zitierten Stelle Mt 18, 16. Bei widersprüchlichen Zeugenaussagen kam der Richter aber auch unter Geltung dieser Stelle um eine eigene Wertung nicht herum. In der frühen Neuzeit stellte eine nicht unbedeutende formelle Regel über die Durchführung dieser Wertung die Wertung eindeutig in das richterliche Ermessen, § 56 des Jüngsten Reichsabschieds von 1654.[182] Faktisch ist zu erwarten, dass in der Mehrzahl der üblichen Fälle die Wertung aber nach naheliegenden Kriterien durchgeführt wurde: Es ist eher dem Älteren als dem Jüngeren, eher dem Höheren als dem Niederen, eher dem Edlen als dem Nichtedlen, eher dem Mann als der Frau, eher dem Wahrheitsliebenden als dem Lügenhaften, eher dem Reichen als dem Armen zu glauben.[183]

Da die Zwei-Zeugen-Regel in buchstabengetreuer Anwendung praktischerweise nicht nur einen Mephisto zum Missbrauch und nicht erst Goethe zum Spott herausgefordert haben wird, und da sie dem Richter in vielen Fällen auch schlicht nicht weitergeholfen haben wird – man denke z. B. an Auseinandersetzungen zwischen einem Hohen Herrn und einer benachbarten Dorfgemeinschaft von Freien oder Halbfreien –, finden sich in der Literatur deutliche Zeichen für einen freieren praktischen Umgang der Gerichte mit dieser Regel und der Beweiswürdigung, und zwar ganz einfach durch Zusätze und Erweiterungen der Regel bei ausdrücklicher Anerkennung ihrer uneingeschränkten Gültigkeit.

2. Voller und halber Beweis

Kategorien des halben oder unvollständigen Beweises werden eingeführt, einige treiben diese Beweisarithmetik noch bis in kleinere Bruchteile, und natürlich ist es der Richter, der zu entscheiden hat, wo ein halber Beweis noch der weiteren Auffüllung zu einem vollen Beweis bedarf.[184] Im gemeinen Zivilprozess hatte der Richter in einem wohl weitaus größeren Maß als heute auch erst im Wege eines Beweisurteils selbst festzulegen, welche der Parteien denn nun eigentlich beweispflichtig sei. Damit kann er nach Gutdünken und Lebenserfahrung der einen oder anderen Partei einen einfachen oder unmöglichen Beweis auferlegen und so zu demjenigen Ergebnis gelangen, das er, der Richter, für richtig hält; ebenso

181 Walter, Freie Beweiswürdigung, 1979, S. 22.

182 zitiert nach Bülow/Fechler/Braun, Gemeines deutsches Zivilprozeßrecht, 1868/2003, S. 218.

183 Walter 1979, S. 38.

184 Patermann, Freie Beweiswürdigung, 1970, S. 18ff.; Walter 1979, S. 79.

konnte der Richter entscheiden, welcher Partei er es auferlegt, ihre Behauptung durch einen Eid zu bekräftigen.[185]

Bei all diesen Operationen war der Richter anscheinend nicht einmal dazu verpflichtet, die Gründe für seine Annahmen über die Tatsachen des Falls den Parteien offenzulegen; wenn er sich dazu doch einmal genötigt sah, bot die gemeinrechtliche Beweistheorie ausreichend Argumente, um das Entscheidungsverhalten des Richters nachträglich zu rechtfertigen.[186] Prominente Autoren machten keinen Hehl daraus, dass schlussendlich das „arbitrium judicis", gar nicht zu frei übersetzt also die richterliche Willkür, die letzte Entscheidungsinstanz war.[187] Man kam also auch ohne das formell ins Gesetz geschriebene Prinzip der freien Beweiswürdigung zu Ergebnissen, die die Richter vor sich selbst und vor ihrem jeweiligen Publikum vertreten konnten. Auch der gemeinrechtliche Richter war grundsätzlich gefordert, seinen praktischen Verstand einzusetzen. Insbesondere war das zu beobachten in Beweissituationen, in denen eine Überführung des oder der Täter naturgemäß schwierig war: Für die Feststellung des Ehebruchs im strengen Sinn der tatsächlichen Vollziehung des Geschlechtsverkehrs einer verheirateten Person mit einer anderen Person als der angetrauten Person soll es ausgereicht haben, wenn das Paar nackt und allein vorgefunden worden sei und jede andere Annahme als die des vollzogenen Aktes lächerlich erscheinen würde.[188]

3. Beweisregeln als Willkürkontrolle

Die gemeinrechtlichen Beweisregeln waren Mahnung an den Richter, nicht vorschnell zu handeln und hatten gleichzeitig die Funktion, beim rechtssuchenden Publikum das Gefühl zu vermeiden, der richterlichen Willkür ausgeliefert zu sein:

> *Ueberzeugung ist blos das subjektive Anerkenntniß von der Zureichendheit vorhandener Gründe für die Wahrnehmung einer Sache, wobei ganz dahingestellt bleibt, ob diese Gründe nach den allgemeinen Gesetzen des Denkens und den positiven Bestimmungen der Landesgesetze wirklich zureichend sind, oder nicht. Auch der blos Ueberredete ist überzeugt. Nicht die individuelle Ueberzeugung des Richters, sondern die äußere Gewissheit des Thatbestandes ist die Grundlage der richterlichen Bestimmung über das Rechtsverhältnis der Parteien.*[189]

---

185 Schmoeckel 2000, S. 212, 269f., 271; Walter aaO.

186 Keine Begründungspflicht: Schmoeckel 2000, S. 269 m. Fn. 579, Begründungsmöglichkeiten: ders. S. 274 m. Fn. 614, 440.

187 Zitate von Mascardus, Panormitanus, Baldus und Bartolus bei Schmoeckel 2000, S. 271ff. m. Fn. 597f., 601, 606, 608f.

188 Schmoeckel 2000, S. 447f. m. Fn. 227, 240, unter Berufung auf Panormitanus.

189 Grävell Bd. II 1826, S. 186, ähnlich S. 636. Maximilian Karl Friedrich Wilhelm Grävell (1781–1860) mehrfach unterbrochene Justiz- und Verwaltungskarriere in

In beweisrechtlich klaren Fällen – zwei glaubhafte Aussagen zweier glaubwürdiger Zeugen gegen einen Beklagten – gab es für richterliche Willkür wohl keinen Spielraum; insofern[190] waren diese Regeln starr und unflexibel. In einer solchen Situation ist aber auch nach freier Beweiswürdigung kein anderes Ergebnis zu erwarten, wenn ein Urteil zu sprechen ist. Erscheint „Mephisto" mit einem „feinen Gesellen", hängt auch hier die Entscheidung des Streits von Fähigkeit und Willen des Richters ab, sich den Fall und die Zeugen genau anzusehen. Dementsprechend meinte Adolph Wach (1843–1926)[191] bereits 1879/1896, die freie Beweiswürdigung sei nur eine „quantitative Steigerung der richterlichen Freiheit gegenüber dem vorliegenden Beweismaterial".[192]

4. Gegenbewegung Ende des 18. Jahrhunderts

Allerdings war die gelehrte Welt seit der zweiten Hälfte des 18. Jahrhunderts dieser Beweislehren überdrüssig, und so wurden sie eben mit der Zeit förmlich abgeschafft. Die Gründe dafür sind beliebig: Der französisch-revolutionäre Reformeifer wollte erklärtermaßen die Willkür des Richters ausschalten, in dem er 1791 in Strafsachen zunächst ein Geschworenengericht einführte; die Geschworenen sollten „suivant leur conscience et leur intime conviction" entscheiden. Ein weiser Gesetzgeber besann sich aber schon 1808 eines Besseren, schaffte die Geschworenen wieder ab, beließ es aber bei dieser Weisung. Anderen ging es wohl um die offensichtlichen Manipulationsmöglichkeiten, die sich einer geschickten

---

Preußen, 1833/34 Geheimer Justizrat unter Justizminister v. Kamptz, anschließend Austritt aus dem Staatsdienst, Veröffentlichung einer insgesamt 800seitigen „Geschichte meines Austritts aus dem Staatsdienste nach den Original-Actenstücken für Geschichte und Rechtswissenschaft, theils zur Charakteristik der Geschäftsführung preußischer Staatsbehörden, theils zur Läuterung der Vorstellungen und Begriffe von öffentlichen Beleidigungen" in Jena 1837. 1818 und 1829 kurze Haftstrafen wegen Beleidigung von Vorgesetzten und/oder preußischen Ministern, in der Nationalversammlung 1848/49 als Monarchist isoliert; umfangreiche schriftstellerische Tätigkeit, als Verfasser rücksichtslos langer Texte, aber scharfer Denker bekannt bei Teichmann in ADB Band 9, S. 613–615.

190 Zur heute herrschenden Meinungsverschiedenheit bei der wertenden Betrachtung der gemeinrechtlichen Beweistheorie (Extrempositionen: starrer Unfug vs. flexible Angemessenheit) s. Schmoeckel 2000, S. 292f. m. Fn. 747.

191 Gebürtig aus preußischem Gebiet, seit 1875 Professor Leipzig, zur Person Unger, Dagmar: Adolf Wach (1843–1926) und das liberale Zivilprozeßrecht (Schriften zur Rechtsgeschichte 120) Berlin 2005

192 Wach, Vorträge, 1896, S. 214 – die Vorträge wurden gehalten vor sächsischen Richtern im Frühjahr 1879.

Partei besonders dann ergeben haben mögen, wenn der Richter sich ängstlich oder aus Bequemlichkeit an die aufgeschriebenen Beweisregeln gehalten und sie nicht als Fundgrube rhetorischen Materials verstanden hat. In der neuen Zeit, sei sie nur aufgeklärt oder gar revolutionär, sollte auch endlich die „wirkliche" Wahrheit gefunden werden.[193]

Die vielleicht zuerst von Justus Möser in seinen „Patriotischen Phantasien" von 1780 so bezeichnete „formelle"[194] Wahrheit als das Ergebnis des justizförmigen Erkenntnisverfahrens mit Verhandlungsmaxime und v.a. mit den gesetzlichen Beweisregeln sollte verschwinden. Es erscheinen Schriften über das gemeinrechtliche Beweisrecht, die schon im Titel den Anspruch tragen, sich um die Wahrheit zu bekümmern und nicht mehr bloß Traktate über den Beweis oder den Zeugen im gerichtlichen Sinne sind: „Versuch einer Theorie der Wahrscheinlichkeit zur Gründung des historischen gerichtlichen Beweises"[195], oder kürzer: „Die Wahrheit vor Gericht"[196]; die Könige Friedrich und Friedrich Wilhelm, jeweils II., sperren in Preußen zu diesem Zweck die Advokaten aus dem Gericht aus[197] und geben es in ihren neuen Prozessgesetzen den Richtern auf, die Wahrheit selber zu erforschen – und zwar amtlich ermittelnd und damit unabhängig von den Tatsachen, die die Parteien ihm vorgetragen haben – und im Rahmen eines sogenannten Instruktionsverfahrens innerhalb des Gerichts über die festzustellenden Tatsachen zu streiten.[198]

---

193 Patermann, Freie Beweiswürdigung, 1970, S. 75ff., 77.

194 Von dem wichtigen Unterschied des würcklichen und förmlichen Rechts, in: Patriotische Phantasien Bd. IV (Berlin 1780) S. 98ff., zitiert nach Patermann 1970, S. 60, 77.

195 Globig 1806.

196 Reitemeier 1802.

197 Die Gegenbewegung hierzu, Einführung des Anwaltszwangs, fand bereits durch die Verordnung über das Verfahren in Zivilprozessen vom 21. Juli 1846, GS S. 291–302 statt. Diese ging freilich noch nicht so weit wie § 78 ZPO und die Advokaten waren seinerzeit nicht freiberufliche Rechtsanwälte, sondern „Justizkommissarien"; es wird aber klar, dass dem Souverän die Einsicht gekommen war, dass Anwälte so notwendig sind, dass das rechtssuchende Publikum in der Regel dazu gezwungen werden muss, sich ihrer zu bedienen. Diese Fälle waren folgende: Die rein schriftlichen Erwiderung auf die Klage vor der mündlichen Verhandlung, § 3, aktive und passive Berufungsanträge, § 21; nicht jedoch die Berufungserwiderung in katalogisierten Eilsachen, § 27 Abs. 4, und auch nicht für Streitigkeiten in vermögensrechtliche Bagatellsachen unter 50 Taler Streitwert, § 28.

198 dazu Ahrens, Prozessreform 2007, S. 83f, 121, 131.

II. Rechtsquellen und Gesetze

1. Gemeiner Prozess

Die Lage des Prozessrechts ist in Deutschland im 19. Jahrhunderts nur schwer überschaubar. Wo nicht französisches Prozessrecht vordrang, galt das gemeine Prozessrecht, also die informell rezipierten Lehren des römischen und kanonischen Prozessrechts, für das es keine zentrale Rechtssetzungsautorität gab. Reichsrecht wie der Jüngste Reichsabschied war in den deutschen Staaten ohnehin nur mit Blick auf den Rechtszug zum Reichskammergericht beachtlich gewesen, wo dieser Rechtszug durch kaiserliches privilegium de non appelandi zugunsten der landesherrlichen Obergerichte abgeschnitten war – dieses Privileg gehörte zu den Statussymbolen[199] der wichtigeren Herren im Reich –, stand es beiseite. Während die Neuordnung des Strafprozessrechts neben jener des Strafrechts seit dem 18. Jahrhundert als „eine der tiefgreifendsten Reformen der Rechtsgeschichte überhaupt" angesehen werden darf,[200] blieb das Zivilprozessrecht ein „Stiefkind des monarchischen Absolutismus".[201]

a. Partikulare Gesetzgebung

Über diesen Befund sollte auch nicht der Umstand hinwegtäuschen, dass in den großen Territorien – also Ländern, die mit Hilfe des kaiserlichen Privilegs ihren Untertanen den Rechtsweg zum Reichskammergericht abschnitten – eigene Kodifikationen zustande kamen. Allen voran ist hier Kursachsen zu nennen, dessen „Process- und Gerichts-Ordnung" von 1622 aufgrund ihrer eigenen Akzente als selbständige Interpretation des gemeinen Prozessrechts nicht nur über die sächsischen Länder hinaus, sondern auch weit ins 19. Jahrhundert hinein als „Leitgesetzgebung" angesehen wurde.[202] Demgegenüber stellte der „Codex Juris Bavarici Judiciarii" von 1753, der auch das Verfahren vor den Zivilgerichten kodifizierte und letztlich bis 1869 in Kraft blieb, ausdrücklich um Kontroversen der Gerichte und der Gelehrten zu unterbinden, allein eine Sammlung des gemeinrechtlichen

---

199 Zum absolutistischen Bestreben, den Einfluss des Reichskammergerichts zurückzudrängen, s. Schröder, Rezension zu Deter, S. 478.

200 Schmoeckel 2000, S. 293 mwN.

201 Dahlmanns, Verfahrensrecht Frankreich und Deutschland, 1982, S. 2645.

202 Dahlmanns aaO, S. 2659–2661; siehe auch Olzen, ZRG (GA) 1980, S. 176–179, der S. 182 zudem den Einfluss auf die österreichische Gerichtsordnung von 1781 hervorhebt.

Materials dar.[203] Das Projekt, ein neues und eigenständiges Prozessrecht zu entwerfen, wurde in Preußen in den letzten beiden Jahrzehnten des 18. Jahrhunderts unternommen.

b. Prozessrecht nach 1815

Nach dem Ende des Alten Reichs konnte gemeines Prozessrecht formal nur noch als Gewohnheitsrecht in das gerichtliche Verfahren eingebracht werden. Die Organisation der Zivilgerichte und ihre Prozessordnung zu gestalten, gehörte oft zu den primären Vorhaben der zu Beginn des 19. Jahrhunderts neu geschaffenen oder über ihre bisherige Größe weit hinausgewachsenen Länder. Hierbei bildete zu Beginn des Jahrhunderts der gemeine Prozess im gewissen Sinne einen „Bauplan", der jedoch aufgrund der Angriffe des justizpolitischen Liberalismus zunehmend zum negativen Schreckgespenst deformierte.[204] Positiv und fortschrittlich erschien hingegen das französische Recht, obwohl der Code de procédure civile seine Schwächen aufwies, da er im Grunde nur eine königliche Ordonnance von 1667 neu fasste.[205] Angesichts dieser Situation, den alten gemeinen Prozess nicht mehr zu wollen, ein neues praktikables Modell aber noch nicht zu besitzen, gibt es verschiedenste Versuche, eine den Ansprüchen der Zeit genügende Zivilprozessordnung zu schaffen; einige Gesetzestexte kamen indessen nicht über den Status eines heftig umstrittenen Entwurfs hinaus.[206]

---

203 DAHLMANNS aaO, S. 2634 f.; ebenso OLZEN, ZRG (GA) 1980, S. 180–182; speziell zu Sachverständigen: OBERMEYER 1880, S. 44 mit Fn. 8 und passim.

204 DAHLMANNS, Strukturwandel des deutschen Zivilprozesses, 1971, S. 16.

205 NÖRR, ZZP 1974, S. 281, hebt unter anderem die unterschiedlichen Konzepte von Mündlichkeit in der Ordonnance von 1667 und in den deutschen Entwürfen hervor. DAHLMANNS 1971, S. 31 f. mit Fn. 99 m. w. N.; neben Genf, das nach Ende der französischen Herrschaft zwar am französischen Recht festhielt, indessen sofort eine neue Zivilprozessordnung (1819) schuf (AHRENS 2007, S. 75–80), die sogleich für die Schweiz und Deutschland als vorbildlich galt (NÖRR aaO S. 207), ist hier auch Baden zu nennen, das ebenfalls den Code civil übernahm, aber den Code de procédure civile ablehnte (DAHLMANNS 1971, S. 32 mit Fn. 100).

206 Hierzu zählen beispielsweise zum einen Baden (1803) und das Königreich Westphalen (1807), in denen zügig neue Gesetze geschaffen wurden, siehe DAHLMANNS, Verfahrensrecht Frankreich und Deutschland, 1982, S. 2626–2632, 2665–2667, und zum anderen Bayern, wo nach mehreren Reformversuchen – zu denen auch der privat von NICOLAUS THADDÄUS GÖNNER publizierte Entwurf eines Gesetzbuchs über das gerichtliche Verfahren in bürgerlichen Rechtssachen, Erlangen, 1815–1817, gehört – erst 1869 eine neue Zivilprozessordnung in Kraft trat, siehe DAHLMANNS 1982, S. 2636–2641. Darüber hinaus ist hier Hannover erwähnenswert, wo zwar bereits 1827

Zwar enstanden im Anschluss an die Reichsverfassung von 1849 wiederum in mehreren Bundesstaaten erstmals oder wiederholt neue Zivilprozessordnungen, doch auch in dieser Phase verblieben manche Länder vom Schwung des Kodifizierens scheinbar unberührt bei ihrem bisherigen Rechtszustand.[207]

c. *Problematische Quellenlage*

Oskar Bülow klagte im Jahr 1900 rückblickend über die schwierige Situation, in der sich Prozessrechtsdogmatiker vor dem Inkrafttreten der ZPO befunden haben: Sie hätten „den Rechtsstoff erst aus einer bunten, ungeordneten Masse einzelner Rechtsbestimmungen, die zumeist aus verschiedenen, weit auseinanderliegenden Rechtsentwicklungsperioden stammten, herbeizuholen, zu sammeln, zusammenzufügen und fertig zu formen gehabt und hierauf einen unverhältnismässig grossen Theil ihrer Kraft verwenden müssen, oft genug, ohne zu einem irgend befriedigenden, genügend sicheren Ergebnisse zu gelangen".[208] Das negative Bild, das auch von einer deutsch-national und rechtseinheitlichen Sicht geprägt wurde, kann jedoch auch positiv gewendet werden, indem die Vielzahl der gedanklichen

---

eine Verfahrensordnung für die Untergerichte entstand, eine umfassende Kodifikation des Zivilprozesses in allen Instanzen und allen Provinzen aber erst 1847 gelang. Diese trat aufgrund der politischen Ereignisse 1848 nicht in Kraft. Stattdessen wurde 1850 eine grundlegend reformierte – und in der Nachfolge oft als vorbildlich angesehene – Prozessordnung in Kraft gesetzt, siehe aus zeitgenössischer Sicht Mittermaier, AcP 1850, S. 119–135; aus rechtshistorischer Sicht Ahrens 2007, S. 326; Dahlmanns, Strukturwandel des deutschen Zivilprozesses, 1971, S. 35–37, derselbe 1982, S. 2619–2623 und Drosdeck, Thomas: Die Ablösung der gemeinrechtlichen Beweisdoktrin im 19. Jahrhundert am Beispiel des Königreichs Hannover, in: André Gouron, Laurent Mayali, Antonio Padoa Schioppa und Dieter Simon (Hg.): Subjektivierung des justiziellen Beweisverfahrens (=Ius Commune Sonderhefte Band 64), Frankfurt am Main 1994, S. 113–143, S. 128–139 mwN.

207 Als Beispiel gehört hierhin Mecklenburg, wo die Landesregierung 1848 einen „Entwurf eines Gesetzes betreffend das Verfahren der Mecklenburger Gerichte erster Instanz im ordentlichen Prozess" erarbeiten ließ, der aber nie in Kraft trat, s. Dahlmanns 1982, S. 2669; ebenso wurde 1848 ein Entwurf in Schleswig-Holstein erarbeitet, der aufgrund der veränderten politischen Verhältnisse nicht verabschiedet wurde, siehe zum Entwurf Mittermaier, AcP 1850, S. 135–138. Beide Bundesstaaten beteiligten sich von 1862 an an der Erarbeitung eines Entwurfs für eine bundeseinheitliche Zivilprozessordnung, die jedoch wegen des Zerbrechens des Deutschen Bundes 1866 ebenfalls nie in Kraft trat, Dahlmanns, 1971, S. 50–52 mit Fn. 11.

208 Bülow, Die neue Prozessrechtswissenschaft und das System des Civilprozessrechts: Betrachtungen aus Anlaß von Richard Schmidts Lehrbuch des deutschen Civilprozessrechts ZZP 1900, S. 201–260, 205.

und gesetzgeberischen Experimente als Vielfalt der Lösungsansätze gelesen wird. Dementsprechend bedauerte Bülow zugleich, dass der in Gesetzesform fixierte Rechtsstoff „spröder“ geworden sei und nicht mehr über die „Biegsamkeit“ verfüge, „um sich der systematischen Gestaltung bequem zu fügen“.[209]

Selbst dort, wo nach der Klärung der großen Streitfragen des 19. Jahrhunderts, nämlich Mündlichkeit, Öffentlichkeit sowie Trennung von Verwaltung und Justiz[210] schließlich gültige Gesetzestexte existierten, waren diese nicht immer vollständig, verständlich oder praktikabel, so dass weiterhin die gerichtliche Praxis auf das überkommene gemeine Prozessrecht zurückgriff. Ein entsprechender Bestand an Fachbüchern kann zwar bei den Obergerichten erwartet werden, doch bei manchen Untergerichten darf als Bibliothek wohl nicht viel vorausgesetzt werden. Die Vermutung liegt nahe, dass verfahrensrechtliche Probleme vor diesem Hintergrund schlicht nach den vier Hauptsätzen der Rechtsanwendung gelöst worden sind.[211]

Ein schneller und umfassender Überblick über die Verfahrensregeln mit Sachverständigen nach gemeinem Recht in den jeweiligen Territorien ist daher ein Kunststück, das einer separaten Untersuchung wert wäre. Je nach Sichtweise lassen sich Unterschiede oder Gemeinsamkeiten in den juristischen Darstellungen betonen. Bülow weist in seiner Prozessrechtsvorlesung im Wintersemester 1868/69 darauf hin, das Zivilprozessrecht habe sich in den meisten Beziehungen in den deutschen Ländern übereinstimmend ausgebildet, mit mehr oder weniger Eigentümlichkeiten jedes Landes. Diese Eigentümlichkeiten hätten sich durch die Einführung der partikularen Prozessordnungen verstärkt.[212] Geht man hier ins Detail, landet man direkt im kleinstaaterischen Chaos, wie ein Blick in Achilles Renauds gemeinprozessrechtlichen Lehrbuch „mit Rücksicht auf die neueren Civilproceßgesetzgebungen“ von 1873 – zu einem Zeitpunkt, als bereits die reichseinheitliche ZPO in Arbeit war – zeigt; hier ein Beispiel über die Regelung der Zahl der Sachverständigen:

> *Freilich stellen die neueren Proceßordnungen unter dem Einflusse irriger Ansichten über das Wesen des in Frage stehenden Beweismittels hier theilweise eigenthümliche Bestimmungen*

---

209 Bülow aaO; diesen Aspekt lässt der Herausgeber der Vorlesungsmitschriften indessen unberücksichtigt, Bülow/Fechler/Braun, Gemeines deutsches Zivilprozeßrecht, 1868/2003, S. 41.

210 Überblicke geben Dahlmanns 1971, Strukturwandel des deutschen Zivilprozesses, S. 17–24, und Nörr, ZZP 1974, S. 277–283.

211 „1. Das haben wir schon immer so gemacht. 2. Das haben wir noch nie so gemacht. 3. Da kann ja jeder kommen! 4. Wo kommen wir denn da hin?“.

212 Bülow/Fechler/Braun S. 68 f.

auf, indem sie bald die Zahl der Sachverständigen bestimmen, welche der Beweisführer vorzuschlagen hat [Anm. 14: Regelmäßig „Einer" (Hannöv. Proc.=O. §. 275, Lippe'sches Ges. v. 12. April 1859 §. 49), oder „nicht mehr als zwei über denselben Punct" (Meining. Ges. v. 16. Juni 1862 Art. 95). – „Die Zahl der Sachverständigen muß eine ungleiche sein (Würtemb. Proc.=O. Art. 502).] und dem Gegner nur den Vorschlag einer gleichen Zahl gestatten [Anm. 15: Hannöv. Proc.=O. §. 275, Lippe'sches Ges. v. 12. April 1859 §. 49, Meining. Ges. Art. 95.], bald dem Richter die Bezeichnung weiterer Sachverständiger erlauben [Anm. 16: Belegstellen wie zuvor], bald eine gemeinschaftliche Ernennung derselben durch die Parteien und, in Ermangelung einer Vereinbarung, durch den Richter anordnen [Anm. 17: Bad. Proc.=O. §. 490. – Würtemb. Proc.=O. Art. 502. – Proc.=O. v. St. Gallen Art. 168.], bald dem Proceßgerichte schlechtweg diese Ernennung zuweisen [Anm. 18: Deutsch. Entw. §§. 339. 340.].[213]

Einen Überblick über alles, was in jedem Winkel Deutschlands gegolten haben mag, muss diese Arbeit nicht geben; mit unterschiedlich guten Gründen galt hier dies, dort das; dasselbe gilt für das reiche Schrifttum: Auch dort ist alles vertreten worden, was vertretbar war.

2. AGO/Preußischer Prozess

Diese eben geschilderte gemein- und partikularrechtliche Gemengelage ist jedoch immerhin ein gegebener Kontext zu den Meinungen, die in Preußen über das Verfahren mit Sachverständigen vertreten worden sind. In Christian Friedrich Kochs großer Monographie zum preußischen Zivilprozess[214] wird denn auch ausführlich Bezug genommen auf gemeinrechtliche Autoren außerhalb Preußens.[215] Dabei wird anzunehmen sein, dass diese Vielstimmigkeit umso weniger wahrgenommen worden sein wird, je weiter östlich man sich befand. An die preußische Provinz Westfalen grenzte im Westen mit der preußischen Rheinprovinz direkt der Geltungsbereich französischen Prozessrechts an, im Königreich Hannover, in den hessischen, thüringischen und sächsischen Staaten galten partikularrechtliche Kodifikationen, die im 19. Jahrhundert teilweise umfassend novelliert wurden. Beim weiteren Durchgang nach Osten kommen jedoch die nachbarschaftlichen Bezugspunkte für den juristischen Diskurs abhanden, da es für gelehrte, praktische Juristen in den preußischen Zentral- und Ostprovinzen kaum Bezüge zu juristischen Meinungen von außerhalb Preußens gegeben haben

213 Renaud, Gemeines deutsches Civilproceßrecht, 1873, S. 316 mit Fn. 14 bis 18.

214 Koch, Preußischer Civil-Prozess, 1855. Nach Ahrens 2007 S. 285 ist Kochs (1798–1872?) „Preußischer Zivilprozess", 1. Auflage 1848, die erste systematische Bearbeitung dieses Gegenstands gewesen.

215 Koch aaO, S. 506: u.a. Mittermaier, Seeger und Rivinus.

dürfte.[216] Inwieweit das durch die regelmäßigen Versetzungen des richterlichen Personals vom einen Winkel der Monarchie in den anderen relativiert worden ist, ist kaum zu sagen. Diese relativierende Wirkung dürfte sich jedoch wiederum dadurch verringert haben, dass es weder den Erwartungen des übrigen Justizpersonals noch den Erwartungen des jeweiligen Publikums entsprochen haben dürfte, wenn der neue Mann im Gericht plötzlich alles anders macht.

Das Preußische Recht ist seinerseits ein gegebener Kontext für die preußischen Praktiker gewesen, die am 1. Oktober 1879 nun auf einmal die ZPO anzuwenden hatten. Die Vorschriften über die Vernehmung von Sachverständigen waren sogar sofort anwendbar in den am 1. Oktober 1879 bereits laufenden Verfahren, die sonst noch nach altem Recht zu erledigen waren.[217] Da die ZPO nur recht wenige Regeln über den Ablauf des Verfahrens enthält, war es den Praktikern überlassen, sich mit dem „wüsten Verfahren“ und der „Regellosigkeit“ einzurichten. Das Ergebnis war kein „einheitliches Proceßrecht in Deutschland“, sondern in den ehemals französischrechtlichen Teilen Deutschlands eine „neue, aber verschlechterte Ausgabe des französischen Processes“ und in den hier interessierenden preußischen Zentralprovinzen sei die ZPO „kaum mehr als eine Coulisse, eine gemalte, erlogene Fassade“[218], insbesondere die von ihr geforderten Abweichungen vom bisherigen Verfahren wie der neuen durchgängigen Mündlichkeit. Die preußischen Praktiker haben vermutlich am 1. Oktober 1879 ungefähr dort weitergemacht, wo sie am 30. September 1879 aufgehört haben. Wenn wir eine Vorstellung davon haben wollen, was sie sich gedacht haben, wenn sie die ZPO angewendet haben, müssen wir uns also das Recht in den preußischen Zentralprovinzen ansehen: Nicht allein auf die parlamentarischen Gesetzgebungsmaterialien, sondern vor allem das „ältere Recht“ solle „zurückgegangen werden, soweit ersichtlich ist, dass sich die CPO an dieses angeschlossen“ habe. Selbstredend sei die ZPO eine „selbständige, eigenartige Schöpfung“ und „von dem gemeinen Civilprozessrechte wie von dem preußischen Rechts ist es, soviel auch im einzelnen aus diesen Quellen geschöpft wurde, seiner Grundrichtung nach verschieden.“ Aber:

---

216 Welches Recht im Baltikum galt, ist hier nicht bekannt; ebenso wenig das Recht der russisch besetzten Teile Polens. In der deutschen Prozessrechtsliteratur des 19. Jahrhunderts haben diese Rechte keine offensichtliche Spur hinterlassen.

217 § 3 des Gesetzes, betreffend die Uebergangsbestimmungen zur Deutschen Ciliprozeßordnung und Deutschen Strafprozessordnung vom 31. März 1879, GS S. 332.

218 Alle Zitate aus dem Tatsachenforschungsbericht von Otto Bähr 1885, wiedergegeben nach Schubert, Entstehung und Quellen, 1987, S. 30.

> *Immerhin stellte die CPO nur in sehr beschränktem Umfange ganz neue Grundsätze auf, die noch nirgends gegolten haben. Für die meisten Einrichtungen bot sich eine Anknüpfung an früher bestehendes Recht von selbst dar.*[219]

Vor der ZPO galt die Allgemeine Gerichts-Ordnung vom 6. Juli 1793.[220] Diese Prozessordnung ist bis zu ihrer Ablösung durch die Zivilprozessordnung für das Deutsche Reich im Jahr 1879 vielfach revidiert worden; vor allem wurde das umständliche Verfahren durch mehrere Verordnungen, insbesondere vom 1. Juni 1833 und vom 21. Juli 1846 geändert und vereinfacht.[221] Friedrichs II. angeblicher Ausspruch über den ersten Entwurf zum preußischen Allgemeinen Landrecht, es sei „sehr dicke", hätte auch zur AGO gepasst; sie ist ausgesprochen umfangreich und unübersichtlich.

Im 19. Jahrhundert wurde die AGO von einigen praktischen Juristen empfunden als „Lehrbuch" und „Dienstinstruktion" für Richter:[222] Man brauche sich die „Kantilene" der 13 unterschiedlichen besonderen Prozessarten der AGO nur anzusehen, um zu erkennen, „dass das eigentlich keine wahrhaft besonderen Prozessarten sind, in allen gelten dieselben allgemeinen Principien, und was dazu gesetzt ist, sind meist die Belehrungen unserer docierenden Proceß=Ordnung über so vieles, was ein einsichtsvoller Richter von selbst weiß",[223] ist 1852 in einer in Arnsberg/Westfalen erscheinenden Praktikerzeitschrift zu lesen. Der ungeordnete und unübersichtliche Eindruck, den das preußische Prozessrecht und seine Literatur bei der ersten Annäherung hinterlassen, wird von demselben Autor bereits im Jahr 1843 ausgesprochen anschaulich beschrieben: „Da wird es

219 alle Zitate Petersen/Anger, ZPO, 1899, S. XIX. – Julius Petersen (1835–1909), bayerischer Justizdienst seit 1866, RGR (1883 1. Strafsenat, 1886 II. Zivilsenat), MdR (Bayerische Fortschrittspartei) 1873, 1881–1883.

220 Zur nicht unkomplizierten Veröffentlichungsgeschichte und zu den erheblichen Veränderungen des räumlichen Geltungsbereichs s. Grävell Band I, 1825, S. 14, 29.

221 Verordnung über den Mandats-, den Summarischen- und Bagatell-Prozeß, GS 1833 S. 3 und Verordnung über das Verfahren in Zivilprozessen, GS 1846 S. 291. Vgl. zum Verlauf der Novellierungen und zu den einzelnen Veränderungen den Überblick bei Rintelen, Civilprozess auf Grund der Reichsgesetzgebung und der Preussischen Landesgesetzgebung, sowie der Vorschriften der Preussischen Landesjustizverwaltung, 1891, S. 813–818.

222 Ahrens 2007 S. 105, mit Fußnote 144 unter Berufung auf Grävell Band I, 1825, S. 11 und Koch, Preußischer Civil-Prozess, 1855, S. 107.

223 J.F.J. Sommer, Justizrat, Rezension zu Kreisgerichtsdirektor Joseph Evelt, Gerichtsverfassung und der Civil-Proceß in Preußen, 1855, S. 130, 132. (1843 war Evelt Stadt- und Landgerichtsdirektor Dorsten).

dem jungen Manne in seinem Kapitolium, als ginge ihm ein Mühlrad im Kopf herum, wie jenem Schüler im Faust."[224]

Durch die vielen Änderungen des Gesetzes wurde es mit der Zeit noch schwerer zu überschauen, wie im Immediatbericht des preußischen Staatsministeriums an den König vom 14. Februar 1861 vermerkt ist:

> *Die überaus große Reihe der zu der allgemeinen Gerichts-Ordnung innerhalb 70 Jahre ergangenen ergänzenden und abändernden Novellen – von denen die seit dem Jahre 1833 erlassenen fast sämtlich im direkten Gegensatze zu den Grundanschauungen und Prinzipien der allgemeinen Gerichts-Ordnung stehen–, haben auf dem Gebiete des Prozessrechts in Preußen einen Zustand geschaffen, wie er kaum anomaler gedacht werden kann, und welche für das rechtsuchende Publikum mit den größten Nachtheilen und für das rechtsprechende mit den größten Hemmnissen und Beschwerden verbunden ist.*[225]

Die in diesem großen Gesetzbuch weit verstreuten[226] Vorschriften über das Verfahren mit Sachverständigen wurden durch die Gesetzesänderungen jedoch nicht berührt.

Die einzig ausdrücklich auf das Verfahren mit Sachverständigen im Allgemeinen bezogenen Gesetzgebungsarbeiten nach Inkrafttreten der AGO finden sich bereits 1815 im anlässlich der Vergrößerung des preußischen Herrschaftsgebiets nach der Franzosenzeit herausgegebenen amtlichen Anhang zur AGO.[227] Hier wurden die bisherigen Vorschriften mehr erläutert als geändert.[228]

---

224 J.F.J. Sommer, Rezension zu Evelt, 1843, S. 331, 332f.

225 Zitiert nach Schubert, Norddeutsche Protokolle, Bd. 1, 1985, S. XIV; Preußen beteiligte sich nicht an dem seit Dezember 1859 auf Ebene des Bundesrats betriebenen Prozess der Abfassung einer Deutschen Zivilprozessordnung, begann stattdessen nach königlichem Erlass vom 25. Februar 1861 (JMinBl. S. 52) mit einem eigenen Entwurf, der für ganz Deutschland geeignet sein sollte, Gaupp, ZPO, 1890, S. XIXf.

226 Unter dem Stichwort „Sachverständige" finden sich in Mannkopffs Textausgabe von 1837–1839 schon mehr als vierzig Fundstellen (Registerband, 1839, S. 215ff.), anschließend wird der Rechtsanwender noch auf sieben weitere einschlägige Stichwörter weiterverwiesen. Im Urteil übereinstimmend Olzen ZRG (GA) 1980, S. 185.

227 Die in Wien gegebene königliche Verfügung vom 4. Februar 1815 findet sich bei Koch, Prozess-Ordnung nach ihrer heutigen Geltung, 1864, S. VIII bzw. 1871 S. VII sowie zeitgenössisch bei v. Kamptz, die Gesetz-Sammlung wurde 1815 noch nicht herausgegeben. Erklärter Zweck des Anhangs war eine kurze Zusammenfassung aller bisher eingetretenen Änderungen der AGO und ihre Einfügung „gehörigen Orts" in den sonst unveränderten Text des Gesetzes, Anlass war die Neuauflage wegen der „Wiedereinführung [des Gesetzbuches] in die von unserer Monarchie getrennt gewesenen, mit derselben wieder vereinigten Provinzen".

228 Die betreffenden §§ 64 und 65 des Anhangs beruhen auf einem Reskript vom 12. Juli 1806, abgedruckt bei v. Kamptz, Annalen der Preußischen Inneren

Welche Regeln wurden nun in Preußen auf das Verfahren mit Sachverständigen angewendet, wie lief das Beweisverfahren ab?

a. *Instruktionsverfahren*

Das von der AGO vorgesehene Instruktionsverfahren zur Tatsachenfeststellung war in vieler Hinsicht einzigartig und ausgesprochen umständlich.[229] Ziel dieses Verfahrens war, den wahren Sachverhalt von Amts wegen feststellen zu lassen. Dazu wurden dreierlei Mittel eingesetzt. Erstens der Ausschluss der Advokaten, zweitens die Verpflichtung des Gerichts auf die Erforschung des wahren Sachverhalts von Amts wegen (Amtsermittlung) und drittens die Teilung des Verfahrens bis zum Urteil in ein Instruktionsverfahren und ein Erkenntnisverfahren.

Dieses Erkenntnisverfahren zur Aufnahme des Sach- und Streitstands befand ein großer Teil der Literatur nach 1850 für nahezu absurd. Im Instruktionsverfahren wurde durch ein Mitglied des Gerichts, dem Instruenten oder „Deputirten", der Sach- und Streitstand[230] aufgenommen, zu den Akten gebracht

---

Staatsverwaltung, Bd. 8, S. 625. Diese und weitere Fundstellen über drei weitere bis 1837 erfolgte Klarstellungen der Verfahrensregeln bei Mannkopff 1837, Band I, S. 410ff.

229 Im Einzelnen Ahrens 2007, S. 83f und passim.

230 In den Worten der AGO: „status causae et controversiae"; dazu AGO I 10 §§ 58f mit Anhangs-§§ 102–104, ferner I 10 § 384 und Verordnung v. 2. Januar 1849, § 13, dazu Koch, Prozess-Ordnung nach ihrer heutigen Geltung, 1864, S. 191 f. – Der Begriff Sach- und Streitstand wird in der heutigen ZPO fünfmal gebraucht, in der ersten Fassung der ZPO allerdings nur ein einziges Mal. Wir sehen das als weiteren Beleg dafür an, dass wichtige Elemente der preußischen Prozesspraxis die Einführung der ZPO recht unbeschadet überstanden haben. Besonders der Vergleich von § 258 aF mit § 279 Abs. 3 lässt Zweifel aufkommen, wo die ZPO zwischen Verhandlungsgrundsatz und Amtsermittlung überhaupt steht. Im Einzelnen: §§ 91a Abs. 1 (Kosten bei beiderseitiger Erledigterklärung), 269 Abs. 3 Satz 3 (Kosten bei Klagerücknahme bei Wegfall des Anlaßes der Klageerhebung zwischen Anhängigkeit und Rechtshängigkeit) 278 Abs. 2 Satz 2 (Darstellung des Sach- und Streitstandes durch das Gericht zu Beginn der obligatorischen Güteverhandlung) 279 Abs. 3 (erneute Erörterung nach Abschluss der Beweisaufnahme) 313 Abs. 2 Satz 2 (Tatbestand des Urteils darf wegen der Einzelheiten auf Schriftsätze verweisen). Diese Regeln sind in der Ursprungsfassung der ZPO nicht enthalten: Bei § 91a ergibt sich die Nachträglichkeit der Einfügung bereits aus der Nummerierung, § 243 aF ZPO enthält keine Regelung für den Fall des § 269 nF Abs. 3 Satz 3; § 246 aF ZPO kennt keine Güteverhandlung (hier aber würde sie geregelt sein müssen, denn dem § 243 voraus gehen die Vorschriften über Klageerwiderung, Replik und Duplik §§ 244f. aF; vgl. aus der heutigen ZPO § 277); § 258 aF über

und förmlich vom Instruenten und den Parteien verabschiedet. Der Sach- und Streitstand enthielt auch die noch streitigen Tatsachen und die aktenmäßige Darstellung der dazu erhobenen Beweise.[231] Dieser Sach- und Streitstand geht also über eine rein aktenmäßige Relation, die noch keinen mündlichen Vortrag der Parteien enthält, bereits hinaus. Im nächsten Schritt wurde das Erkenntnisverfahren unter Ausschluss der Parteien durch einen weiteren Richter durchgeführt, der die Sache nur aus dem status causae et controversiae kannte; Rechtsfragen diskutierte der erkennende Richter hinter verschlossenen Türen mit zwei anderen Gerichtsmitgliedern, den Justizcommissarien, die für die jeweiligen Parteien streiten sollten. Diese Trennung des Verfahrens bis zum Urteil in zwei Abschnitte war im 18. Jahrhundert nicht so absurd, wie sie heute erscheint, denn auch das gemeinrechtliche Verfahren hatte eine Zäsur, nämlich das Beweisurteil, an das das Gericht grundsätzlich noch beim Endurteil gebunden war; es musste also eine noch vorläufige Auffassung über die Erheblichkeit von Tatsachen oder die Verteilung der Beweislast beibehalten. Auf das Beweisurteil wurde im gemeinen Prozess Beweis erhoben und anschließend ohne neue Verhandlung entschieden; diese Zäsur mit Bindungswirkung gab es in Preußen nicht.[232] Es lassen sich aus dem Vergleich mit der heutigen Rechtslage zwei Vorteile der Idee des Instruktionsverfahrens feststellen: Erstens schließt es zum einen Freiheiten des Gerichts aus, tatsächliche und rechtliche Aspekte des Falls autonom zusammenzufügen, denn der erste Richter geht nicht mit dem Recht um und der zweite mit den

den Fortgang des Verfahrens nach der Beweisaufnahme ist in § 279 Abs. 3 kaum wiederzuerkennen: haben dort „die Parteien unter Darlegung des Streitverhältnisses" „über das Ergebnis der Beweisaufnahme zu verhandeln", übernimmt hier das Richteramt die gesamte Angelegenheit: es „erörtert" den „Sach- und Streitstand" und das „Ergebnis der Beweisaufnahme". Einzig § 284 aF erzeugt einen direkten Wiedererkennungseffekt: Abs. 1 Nr. 3 gibt als Legaldefinition des „Thatbestands" an, es handele sich um eine „gedrängte Darstellung des Sach- und Streitstandes auf Grundlage der mündlichen Vorträge der Parteien" (heute: Tatbestand als Darstellung der Ansprüche und der Angriffs- und Verteidigungsmittel, § 313 Abs. 2 Satz 1 ZPO) und schließt in Abs. 2 ausdrücklich die Möglichkeit der Bezugnahme auf die Schriftsätze nicht aus. (Auf der Grundlage des Texts des Entwurfs der ZPO nach den Beschlüssen in zweiter Berathung, Aktenstück Nr. 60, Stenographische Berichte 1876, Bd. 3, S. 588 ff.).

231 Grävell Bd. II 1826, S. 196 zu I 10 § 58, 59, Regulierung des status causae et controversiae.

232 Grävell Bd. II 1826, S. 196 zu I 10 § 57; zur (gemeinrechtlichen) HPO, die dieses „als unzweckmäßig angesehene" Rechtsinstitut vorsah, und zur abweichenden Regelung der ZPO Petersen/Anger, ZPO, 1899, S. XIX.

Tatsachen nur insoweit sie nach Beweisaufnahme noch streitig sind und nicht in ihrer ganzen Mannigfaltigkeit, das kann als Willkürbegrenzung verstanden werden. Zweitens war es den Parteien möglich, den Status vor Eintritt in das Erkenntnisverfahren förmlich anzufechten und so den ersten Richter dazu zu zwingen, „die Gründe seiner Wissenschaft", also seiner Auffassung der Sachlage darzulegen und „dieselben aktenmäßig [zu] machen."[233] Dies erscheint uns von der Idee her möglicherweise als Schutz gegen überraschende Entscheidungen aufgrund origineller Auffassungen des Gerichts von den relevanten Tatsachen des Falls zu sein, gegen die heute das Verbot der Überraschungsentscheidung da ist. Dieses Verbot wirkt aber nicht präventiv, sondern ein gerichtlicher Verstoß dagegen eröffnet lediglich die nächste Instanz. – Der klare Nachteil des Instruktionsverfahrens ist, dass dafür wenigstens drei Richter mehr als bei üblichen Verfahren erforderlich sind, nämlich der erste Richter, der den Status aufnimmt – der Instruent oder Deputierte des Gerichts – und die beiden Richter, die mit dem erkennenden Richter über die Beweis- und Rechtsfragen verhandeln – die Justizcommissarien. Allein aus den Aktenlaufzeiten innerhalb der Gerichte wird sich eine ungeheure Verlangsamung des Verfahrens, aus den zusätzlichen Schreibarbeiten eine Verteuerung ergeben haben; zusätzlich wird das unter Ausschluss der Parteien stattfindende Erkenntnisverfahren nicht dazu beigetragen haben, das Vertrauen des Publikums in die Gerichte zu fördern.

b. Reformierter Prozess

Das Instruktionsverfahren wurde daher in zwei Schritten mit den oben zitierten Novellen von 1833 und 1846 abgeschafft. Die Zweiteilung des Verfahrens entfiel und die Verhandlung erfolgte direkt „zu den Ohren des e r k e n n e n d e n Richters".

Die mündliche Verhandlung, die in Bagatellsachen, also Sachen mit sehr niedrigem Streitwert[234] ohne vorherige schriftliche Klageerwiderung des Beklagten angesetzt wurde, begann mit der Einführung in den Sach- und Streitstand durch ein Mitglied des Gerichts. In der Verhandlung konnten die Parteien mit oder ohne Sachwalter erscheinen oder sich durch einen Sachwalter vertreten lassen.[235]

233 Zitate und Darstellung des Verfahrensablaufs nach Grävell Bd. II 1826, S. 195f. zu I 10 § 56, über notorische Tatsachen.

234 Nach Ansicht von § 511 Abs. 2 Nr. 1 ZPO liegt die „Bagatell"-grenze heute bei EUR 600, Jessnitzer/Frieling/Ulrich, Der gerichtliche Sachverständige, 2007 berichten S. 17 m. Fn. 11 von Urteilen, die auch Beträge über EUR 700 noch als Bagatelle ansehen.

235 Evelt, Gerichtsverfassung und der Civil-Proceß in Preußen, 1855, S. 201.

Nach Einführung in den Sach- und Streitstand aus Sicht des Berichterstatters des Gerichts aufgrund der bisherigen Schriftsätze gibt das Gericht den Parteien das Wort.[236] Es handelt sich also um ein schriftliches Verfahren mit mündlicher Schlussverhandlung,[237] wenn Beweis erhoben werden muss, wird die Sache auf einen neuen Termin vertagt.[238]

In Sachen mit höherem Streitwert wurde nach Klageschrift und schriftlicher oder mündlicher Klagebeantwortung, nötigenfalls noch Replik und Duplik,[239] ohne Austausch von weiteren Schriftsätzen und unter Ausschluss neuen Vortrags über den Inhalt der Schriftsätze mündlich verhandelt.[240] Damit verschwindet für die Masse alltäglicher Prozesse die preußische Extravaganz des Instruktionsverfahrens; im allgemeinen Beweisrecht sei die AGO im Urteil von Arens ohnehin nicht sehr vom gemeinen Recht abgewichen.[241]

Epochemachend war auch die Einführung der Öffentlichkeit der Verhandlung mit Verordnung vom 2. Januar 1849.[242] Die Wirkung dieser Verordnug kann heute in jedem deutschen Gericht besichtigt werden. Damit war ein Verfahren geschaffen – der sog. „preußische Prozess"[243] –, das im äußeren Erscheinungsbild viel Ähnlichkeit hat mit dem heutigen Verfahren vor den Amtsgerichten. Unterschied im Regelbestand ist, dass heute der Schriftsatzwechsel theoretisch unbeschränkt ist, denn der ZPO sind die Schriftsätze „als Mittel der Vorbereitung des Urtheils" gleichgültig[244] – sie regelt nur einen absoluten Mindestinhalt

236 Struckmann/Koch, ZPO, 1879, S. III.

237 Ahrens 2007, S. 83.

238 Struckmann/Koch, ZPO, 1879, S. III.

239 Replik ist der Schriftsatz der Klägerin in Beantwortung der Klageerwiderung, Duplik ist der Schriftsatz der Beklagten in Beantwortung der Replik: Jede Partei darf zwei Mal schreiben, dann wird in der Regel mündlich verhandelt.

240 Ahrens 2007, S. 185ff.

241 Ahrens 2007 S. 144; zu den Beweisregeln im Einzelnen AGO I 13 § 10, dazu Grävell Bd. II 1828, S. 640f.

242 GS 1849, 1. Beachte die prominente Stellung dieser Verordnung im Bezug auf den Zeitpunkt der Verabschiedung und die Positionierung innerhalb der Gesetz-Sammlung; es handelt sich um die Umsetzung des § 45 der Deutschen Grundrechte vom 27. Dezember 1848. Zur Einzelrichterzuständigkeit in der ersten Instanz bei Bagatellsachen §§ 20, 22; zur Öffentlichkeit des Gerichts § 32.

243 vgl. Schubert, Norddeutsche Protokolle, Bd. 1, 1985, S. 12–15.

244 Otto Bähr, Der deutsche Civilprozess in praktischer Bethätigung, Jena 1885, zitiert nach Schubert, Entstehung und Quellen, 1987, S. 30. – Otto Bähr (1817–1895) Nationalliberal, MdR 1867–1880; 1875/1876 Mitglied der Justizkommission; MdAbgH; stammt aus Hessen-Kassel (Kurhessen), 1848 Mitarbeit an der dortigen ZPO, 1863 Oberappelationsgerichtsrat in Kassel, 1867 in Berlin, 1879–1881 Reichsgerichtsrat.

und gewisse Technikalitäten der Zustellung. Es kann also theoretisch beliebig oft und viel geschrieben werden, praktisch und aufgrund Regeln über die Rechtzeitigkeit des Tatsachenvortrags ist jedoch spätestens nach dem zweiten Schriftsatz in sehr vielen Fällen bereits alles gesagt.

Wie sehr nun noch das Amtsermittlungsprinzip galt oder die Verhandlungsmaxime, ist schwer zu sagen. Langenbeck meint in seiner Betrachtung von außerhalb Preußens im Jahr 1858, in Preußen gelte noch stets die Amtsermittlung; Arens meint in seiner dogmengeschichtlichen Rückschau, der Grundsatz der Amtsermittlung sei nach 1846 in Preußen nicht mehr gültig gewesen. Fest steht jedenfalls, dass das Gericht ein Fragerecht hatte,[245] und die Beweisaufnahme fand, wie heute auch, von Amts wegen statt.[246] Auch hier hat sich durch die ZPO nach dem Tatsachenbefund von Bähr 1885 wenig geändert, der bemerkt, die Feststellung des Streitstoffs werde auch unter der ZPO de facto „statt durch die Parteien durch den Richter" erledigt.[247]

Der reformierte preußische Prozess wurde bis zur Einführung der ZPO nicht mehr angerührt;[248] freilich konnte es im Einzelfall schwierig sein, durch einen Blick ins Gesetzbuch herauszufinden, ob und welcher Teil der AGO oder die Novellen oder gar gemeinrechtliche Argumente gelten sollten. Das zeigt zum einen die Tatsache, dass das Justizministerium das Fragerecht des Richters durch quasiamtlichen Aufsatz im Justizministerialblatt allen Gerichten im Jahr 1849 besonders ans Herz legte,[249] und zum anderen eine amtliche Klarstellung aus

245 Ahrens 2007 S. 279f. Dieses Recht des Richters wurde amtlich festgestellt und kundgetan, s. Reinhard, Die Verhandlungsmaxime und das Fragerecht des Richters. Mit besonderer Rücksicht auf die Verordnungen vom 1. Juni 1833 und 21. Juli 1846, JMinBl. 1849, S. 272–277.

246 Gaupp, ZPO, 1890, S. XIV, Struckmann/Koch, ZPO, 1879, S. III.

247 Bähr 1885, zitiert nach Schubert aaO (Fn. 3 zurück), S. 30.

248 Rintelen, Civilprozess auf Grund der Reichsgesetzgebung und der Preussischen Landesgesetzgebung, sowie der Vorschriften der Preussischen Landesjustizverwaltung, 1891, lobt S. 823 die „Promptheit und geringe Kostspieligkeit" des „neueren Preußischen Prozeßverfahrens". Er konzediert aber S. 816, dass wegen der Neuerung des Verfahrensrechts „sich mancherlei Unsicherheit in Bezug auf das Fortbestehen vieler Vorschriften des in der [AGO] enthaltenen Allgemein Prozeßrechts" ergeben habe. Ebenso Ahrens 2007, 310: „halbschriftliches Verfahren eingerichtet […] Die zweifellos bestehenden systematischen Mängel waren eher theoretischer Natur als praktisch fühlbar."

249 Reinhard, Die Verhandlungsmaxime und das Fragerecht des Richters. Mit besonderer Rücksicht auf die Verordnungen vom 1. Juni 1833 und 21. Juli 1846, JMinBl. 1849, S. 272–277.

dem Jahr 1845, die Regeln der AGO über den Sachverständigenbeweis seien auch nach den Novellen noch anzuwenden, auch wenn sie dort weder wiederholt noch in Bezug genommen seien.[250]

3. Reichs-CPO

> *Freilich wird viel geredet von einer bald erscheinenden neuen Prozess=Ordnung, von einem neuen Himmel und von einer neuen Erde, auf der alles bisher Dagewesene nicht mehr gilt, allein nach sichern Berichten ist das doch so nahe und so leicht auch nicht.*[251]

Eine völlige Erneuerung des Normbestandes fand dann beginnend mit den 1859 einsetzenden Bemühungen um die Schaffung eines einheitlichen Zivilverfahrens für alle Staaten des Deutschen Bundes statt. Diese waren auch der Auslöser für den eben zitierten Bericht des Staatsministeriums an den König, denn Preußen wollte einen eigenen Entwurf vorlegen. 1877 mündeten die Reformbestrebungen nach weiteren Entwürfen in der Verabschiedung der ZPO und der übrigen Reichsjustizgesetze.[252]

Die Beratungsprotokolle der großen Kodifikation dienen im Folgenden als Quelle für unsere Beschreibung der Rechtszustände vor der Vereinheitlichung. Denn die dort gebrachten Diskussionsbeiträge können sich aus nichts anderem speisen als aus den Einsichten und Erfahrungen, die Mitglieder der Kommissionen aus ihrer eigenen Sicht der Praxis gewonnen haben. Aufgrund ihrer Darstellungsweise sehen wir die Protokolle als die ideale Quelle für die hier herzustellende summarische Übersicht über die Rechtslehren an. Denn: „Aus der Aeusserung der bei der Gesetzgebung mitwirkenden Personen lässt sich nicht selten entnehmen, in welchem Sinn gewisse Worte gebraucht worden sind und welche Absichten bei der Aufstellung der Entwürfe vorwalteten."

Die Regeln über das Verfahren mit Sachverständigen der ZPO sind im Untersuchungszeitraum nicht geändert worden. Allerdings ergab sich eine Verschiebung der Zählung der Paragraphen des einschlägigen Titels von §§ 367–379 nach §§ 402–414 im Zuge der Einführung des BGB.[253]

---

250 Allgemeine Verfügung vom 31. März 1845, JMinBl. S. 72.

251 J.F.J. Sommer, Rezension zu Evelt, 1843, S. 331, 332f.

252 Rintelen 1891, S. 822–826 und Struckmann/Koch, ZPO, 1879, Einleitung, geben Abrisse über die Stationen der Diskussion und des Verfahrens aus preußischer Sicht; eine mehr süddeutsche Perspektive gibt Gaupp, ZPO, 1890, Bd. 1 S. XV–XXVII. Umfassend nacherzählt hat diese Ereignisse Ahrens 2007.

253 Neufassung der CPO vom 17. Mai 1898. Wenn nicht anders angegeben, beziehen sich Verweise auf „ZPO aF" auf die bis 31. Dezember 1899 gültige Fassung.

III. Vier Gegensätze

Im Folgenden betrachten wir die Dogmatik des Sachverständigen anhand der folgenden vier Fragen zu den Rechtsverhältnissen zwischen dem Gericht, den Parteien und dem Sachverständigen.

(1) Prozessuale „Herrschaft" im Sachverständigenverfahren: Beweismittel der jeweiligen Partei oder Gehilfe des Richters?
(2) Das „Urteil" des Sachverständigen: Freie richterliche Beweiswürdigung oder Bindung an das Gutachten?
(3) Kann das Gericht den Antrag auf Sachverständigengutachten ablehnen?
(4) Welche Freiheit hat das Gericht bei der Auswahl des Sachverständigen im Einzelfall?

1. Ist der Sachverständige Beweismittel oder Richtergehilfe?

> *Wie wir, meine Herren, im ganzen Staatsleben bemüht sind, die freie Selbstthätigkeit des Bürgers an allen Stellen hervorzurufen, so können wir auch nur ein Prozeßverfahren gebrauchen, welches den Bürger in seinen eigenen Angelegenheiten möglichst auf die eigenen Füße stellt und ihm möglichst wenig durch Staatsfürsorge Heil und Segen zu bereiten sucht.*[254]

Gilt der Verhandlungsgrundsatz als leitendes Prinzip und damit, dass die Parteien durch ihren Vortrag allein bestimmen, welche Sachfragen im Gericht verhandelt werden, ist ein Sachverständigengutachten typischerweise als Beweismittel zu denken. Folgt man diesem Gedanken, die Sachverständigen seien Beweismittel, ist ihr Gutachten eine Art Zeugenaussage und unterliegt daher den Regeln des Zeugenbeweises.

Die gegenläufige Auffassung, der Sachverständige sei Gehilfe des Richters bei seiner Amtsausübung, passt eher zum Amtsermittlungsgrundsatz. Denn nur, wenn das Gericht ein eigenes Interesse an der Wahrheit hat, muss es ihr überhaupt selbst hinterherforschen und sich dabei helfen lassen. Sonst kann es sich ja ganz auf die Parteien verlassen und, wenn der Richter etwas nicht verstanden hat, durchblicken lassen, dass es nach dem Vortrag der beweisbelasteten Partei und ihres Sachverständigen nicht von der Wahrheit der behaupteten Tatsache überzeugt sei. Bei Amtsermittlung und Richtergehilfen steht es dem Gericht

---

254 Peter Kloeppel (1840–1902), OLG-Anwalt, seit 1872 Leiter der „Rheinischen Zeitung", MdR 1873–1877 (Fortschrittspartei) in der ersten Beratung des ZPO-Entwurfs im Reichstag, Stenographische über die Verhandlungen des Deutschen Reichstages, 2. LP, II. Session 1874/75, 19. Sitzung vom 27. November 1874, S. 356 rechte Spalte oben. K. wurde 1883 JR und 1887 RA am RG.

frei, sich nach Ermessen aber auch selbst die nötige Sachkunde zuzutrauen und davon abzusehen, einen Sachverständigen anzuhören. Der Begriff des Sachverständigen als „Gehilfen" des Richters macht es dem Richter natürlich auch möglich, eine freie Würdigung des Sachverständigengutachtens zu pflegen,[255] denn das Maß, in dem Gehilfen in Anspruch genommen werden und ihrem Urteil gefolgt wird, muss der Entscheidungsträger schließlich selbst zu bestimmen haben. Mit dem Sprachbild des Gehilfen kann schließlich auch ein auf Vernehmung eines Sachverständigen gerichteter Parteiantrag abgelehnt werden mit dem Hinweis, eines Gehilfen bedürfe das Gericht aufgrund seiner eigenen Sachkunde nicht.

Praktisch ist die Unterscheidung in Beweismittel oder Richtergehilfen aber insofern, als sich aus der Zuordnung zu der einen oder andere Seite Argumente für die Entscheidung von Rechtsfragen ableiten lassen. Für die Fragen z. B. der Würdigung der Gutachten, der Pflicht des Gerichts zu Anhörung der Sachverständigen, des Rechts der Parteien zur Ablehnung eines Gutachters, also die Frage, wer überhaupt Sachverständiger sein kann, lassen sich hier Argumente gewinnen.

Die Hinzuziehung von Sachverständigen durch die Parteien einerseits oder das Gericht andererseits waren sowohl nach gemeinrechtlichen Schriften wie auch noch nach der ZPO vorgesehen.

Dennoch kann immer wieder mit der Behauptung, es gelte nur das eine oder nur das andere, Streit angefangen werden. Angefangen hat der Streit spätestens 1801 mit Nikolaus Thaddäus Gönners Handbuch des deutschen gemeinen Prozesses, das nach Olzens Urteil die erste rechtsdogmatische Behandlung des Sachverständigenbeweises enthält.[256]

---

255 Gaupp, ZPO, 1890, § 369 Note I (Bd. I, S. 705): Freie Würdigung „folgt aus der Auffassung des Sachverständigen als Gehilfen des Richters".

256 Olzen, ZRG (GA) 1980, S. 192, S. 193 f. und, ZZP 1980, S. 69 f. mit Fn. 18 – Vom „Gehülfen des Richters" schreibt Gönner, Handbuch 1801, auf S. 428 und passim. – Gönner (1764–1827) unterrichtete Privat-, später Staatsrecht in Bamberg, dann in Landshut und 1800 bis 1811 in Ingolstadt, ab 1811 wirkte er als Mitglied der bayrischen Gesetzgebungskommission am Entwurf eines neuen Strafgesetzbuchs mit und war ab 1812 Direktor des Appellationsgerichts des Isarkreises in München, 1817 wechselte er ins dortige Justizministerium; zur Wirkung seiner „Theorie vom Richtergehülfen" vgl. unter anderem das Zitat von Bielitz 1817, S 157 (Zitat im Wortlaut zu Beginn des folgenden Abschnitts); s. a. Schubert, Norddeutsche Protokolle, 1985, Band 2, S. 751 f.

a. *Exkurs: Gegenwart und Rechtsvergleich*

Der Streit, ob Sachverständige entweder Beweismittel oder Richtergehilfe seien, kann schon deswegen nicht zur Ruhe kommen, weil die Frage nicht richtig gestellt ist. Wir stehen hier keineswegs vor einer Alternative, denn es gibt Sachverständige richtigerweise in der einen wie in der anderen Form. Auch heute noch kommt es vor, dass ein Gericht sich auf eigene Faust Sachkunde verschafft, indem der Richter einen ihm bekannten Sachverständigen informell antelefoniert[257] und sich von ihm helfen lässt, und es kommt genauso auch heute noch vor, dass Parteien Beweis antreten nicht durch Gutachten des im gerichtlichen Beweisbeschluss genannten Gutachters, sondern durch einen von ihnen selbst beauftragten Privatgutachter.[258] Das ist freilich in der deutschen Praxis eine Ausnahme, da es für die Kosten des Privatgutachters nicht einmal dann Ersatz gibt, wenn das Verfahren gewonnen wird, denn Kosten werden nur im erforderlichen Maß erstattet, und ein Privatgutachter sei, so die Annahme, nicht erforderlich, da das bessere Gutachten ja stets von dem vom Gericht ausgewählten Sachverständigen komme.[259] Absurd, aber folgerichtig ist die Tatsache, dass die beweisbelastete Partei das Sachverständigengutachten auch dann zu bezahlen hat, wenn das Gericht feststellen sollte, dass die Tatfrage mit diesem Gutachten nicht oder noch nicht abschließend behandelt worden ist.

In der englischsprachigen Prozesstradition, die in einem vergleichbar komplexen Umfeld zurechtkommen muss und letztendlich genauso auf römischem Prozessrecht beruht wie die deutsche, ist demgegenüber die Lage so, dass die Sachverständigen „expert witnesses" sind und „expert evidence" liefern.[260] Die

257 Die Form des Telefonanrufs wird von JESSNITZER/FRIELING/ULRICH, Der gerichtliche Sachverständige, 2007 S. 4 ausdrücklich sanktioniert. Es handele sich um den heute sog. „Freibeweis".

258 JESSNITZER/FRIELING/ULRICH, Der gerichtliche Sachverständige, 2007, S. 15 m. Fn. 53, S. 19 m. Fn. 81, Rn. 692: Es handele sich im technischen Sinn hier nicht um ein Beweismittel im technischen Sinn, sondern um „urkundlich belegten Parteivortrag"; es scheint nicht einmal ganz sicher zu sein, dass der Richter sich mit etwaigen Widersprüchen des auf gerichtliche und des auf ParteiverAnlaßung angefertigten Gutachtens auseinandersetzen muss.

259 aaO., Rn. 1043. Angelegt ist diese Abneigung gegenüber schriftlich eingereichten Privatgutachten, den sog. Pareres, auch schon in der AGO, Teil I Titel 30 § 8. Anders dort noch die Behandlung von sachkundigen Parteibeiständen, die zum Termin mitgebracht werden und deren Aussage zu Protokoll genommen wird, s. GRÄVELL Bd. IV, 1828 S. 176 m. Fn. 47 zum Gutachten im Merkantilprozess, AGO I 30 §§ 3–6.

260 Die letzte deutsche Dissertation zum Rechtsvergleich des Sachverständigenbeweises scheint die von TIWISINA, DANIEL: Sachverständigenbeweis im deutschen und englischen Zivilprozess. (Schriften zum internationalen Privatrecht und zur

Sachverständigen sind also als Beweismittel in der Hand der Parteien. Das wird zwar in Deutschland gelegentlich als „Lösungsweg“ für die vielfältigen Probleme mit dem Sachverständigenbeweis empfunden.[261] Das gegenwärtige deutsche Verfahren, nach dem der „gerichtliche“ Sachverständige in der Regel in keiner Weise mit einer der Parteien verbunden und nur dem Gericht gegenüber verantwortlich ist, um so zu gewährleisten, dass von den Parteien absichtsvoll als Beweismittel präsentierte „junk science“ aus dem Gerichtssaal ferngehalten werden kann.[262] Das Heil kann nicht darin liegen, zu einem der beiden Extreme zu greifen, daher wird man kaum sagen können, ob das gegenwärtige deutsche Verfahren besser oder schlechter ist als das nach der englischen Tradition gepflegte.[263]

b. Gemeines Recht

aa. Woher stammt die Alternative?

„Gemeinrechtlich besteht schon von den Glossatoren her eine lebhaft verhandelte Kontroverse, ob die Sachverständigen als Richter bzw. Gehülfen des Richters oder als Beweismittel, nämlich als Zeugen anzusehen sind“; so heißt es in der Kommentierung der ZPO bei Johannes Struckmann und Richard Koch.[264] Auch wenn der Disput der Gelehrten noch nicht endgültig entschieden scheint, so stelle sich doch die ZPO nach Ansicht ihrer Kommentatoren bei diesem Streit

Rechtsvergleichung 22) Göttingen, 2005, Zugl.: Osnabrück, Univ., Diss., 2004, zu sein.

261 So der Titel von Hemmerling, Guenter: Sachverständigenbeweis und freie richterliche Beweiswürdigung – Lösungswege des amerikanischen Verfahrensrechts, 1982, Freiburg (Breisgau), Univ., Rechtswiss. Fak., Diss. 1983; s.a. Trilsch, Jürgen: Die Stellung des Sachverständigen gegenüber dem Gericht im deutschen und englischen Zivilprozeßrecht, Hamburg, Univ. Diss., 1994.

262 Jasanoff, Sheila: Beyond Epistemology: Relativism and Engagement in the Politics of Science, in: Social Studies of Science, 26 (1996), S. 393–418., S. 404.

263 Im Ergebnis ebenso Smith/Wynne (Hg.): Expert Evidence, 1989, S. 8.

264 Struckmann/Koch, ZPO, 1879, Vor § 367 ZPO, S. 313 – Johannes Struckmann (1829–1899) begann seine Laufbahn als hannoverscher Obergerichtsassessor; 1862–1864 war er als Sekretär der in Hannover einberufenen Kommission der Bundesstaaten am Entwurf einer bundeseinheitlichen Zivilprozessordnung beteiligt; 1874–1878 MdR (nationalliberal) Mitglied der Justizkomisson 1874–76, zu dieser Zeit Obertribunalsrat, 1879 Oberverwaltungsgerichtsrat. (Struckmann/Koch, ZPO, 1879, S. VII f. mit Fn. 35, S. XII mit Fn. 55). – Richard Koch (1834–1910) gehörte 1868–1870 als Protokollführer der in Berlin einberufenen Kommission des Norddeutschen Bundes zum Entwurf einer Zivilprozessordnung an; 1879 kaiserlicher Oberfinanzrat, Reichsbankjustiziar und Mitglied des Reichsbankdirektoriums (ebenda, S. IX mit Fn. 39).

auf den „Standpunkt der neuen gemeinrechtlichen Prozeßtheorie“ und betrachte die Sachverständigen als Gehilfen des Richters.[265] Die These von den Richtergehilfen ist Ende des 19. Jahrhunderts herrschend; wer sie zitiert, verweist als Beleg auf das „System des ordentlichen Civilprocesses“ von Georg Wilhelm Wetzell, der in einer Fußnote die „Hauptquelle“ dieser Lehre „in der italienischen Doctrin“ sieht[266] und sich in seinen rechtshistorischen Ausführungen wiederum auf einen Zeitschriftenbeitrag von Walther aus dem Jahr 1843 bezieht.[267]

Wie sehr es sich bei der These von der Entstehung und Verortung der Kontroverse über den Status des Sachverständigen als Richtergehilfen oder Zeugen im gemeinen Recht um eine Rückprojektion zeitgenössischer Positionen ins vergamgene Zeiten handelt, zeigt dann die Lektüre des Aufsatzes von Walther. Von „wirklicher Verwendung von Kunst- und Sach-Verständigen im Civilrecht“ handelten seiner Ansicht nach nur fünf Textstellen des römischen Rechts; und zudem bezögen sich diese allein auf „Geometer und Schreibverständige“. Die von ihm nicht, aber in älteren Schriften noch zitierten römischrechtlichen Belegstellen gehörten „mehr oder weniger in das Geschäftsleben der Verwaltungsbehörde“.[268] Dass das römische Recht wenig „Stoff für unsere Lehre“ biete, erklärt er nicht mit den einfacheren Lebensverhältnissen der Antike.[269] Vielmehr folge die Achtlosigkeit des römischen Rechts für die Sachverständigen aus dem Umstand, dass

265 So ausdrücklich Gaupp, ZPO, 1890, Bd. I, Vor § 367 ZPO, Note I, S. 702; ebenso Struckmann/Koch, ZPO, 1879, Vor § 367 ZPO, S. 313.

266 Wetzell, System, 1878, S. 528 f. Fn. 11 am Ende; Obermeyer, Lehre von den Sachverständigen, 1880, S. 27 f., greift diese Bemerkung auf.

267 aaO. S. 528–530 mit Fn. 10–16, die er hauptsächlich mit den von Walther, Zur Lehre vom sogenannten Beweis durch Kunst- und Sach-Verständige, insbesondere aber über deren von Amtswegen verfügte Beiziehung im Civilprozeß AcP 1843, S. 86–100 zusammengestellten Nachweisen füllt; Wetzell hebt in Fn. 10 besonders hervor, es handele sich bei Walthers in Rudolstadt, also im Geltungsbereich des sächsischen Rechts enstandener Schrift um eine „gründlich gearbeitete Abhandlung“. – Sowohl Struckmann/Koch (1879, Vor § 367 ZPO, S. 313), als auch Gaupp, 1890, Bd. I, Vor § 367 ZPO, Note I, S. 702 verweisen auf diesen Abschnitt bei Wetzell. – Dass seine Darstellung des gemeinen Prozessrechtes „allen voran“ zu den „großen Systeme[n]“ zähle, wird bis in die Gegenwart vertreten, so beispielsweise Ahrens 2007, S. 13 mit Fn. 14.

268 Walther, AcP 1843, S. 87–90; einen verbleibenden Nachweis ordnet er dem Strafrecht zu (S. 90); seine rücksichtslose Kritik richtet sich gegen die viel ausführlichere Belegliste von Seeger 1841, S. 24–29, §§ 33–39. Den geringen Quellenbestand bedauert im Ergebnis bereits Globig 1806, S. 204 mit Anm.

269 So der von Walther, AcP 1843, S. 92, vorgeführte Seeger 1841, S. 3, § 5, der jedoch zugleich die mangelnde Lebensnähe gelehrter Richter betont (S. 2 f., §§ 4 f.).

die streitenden Parteien sich nicht an einen der Gesetzgebung unterstehenden Richter wandten, sondern vorrangig das Urteil eines im jeweiligen Erwerbszweig fachkundigen Schlichters suchten,[270] also eben nicht ein Gericht, sondern eine Geschäftserledigung durch die „Vewaltungsbehörde".

bb. Die Entdeckung des Richtergehilfen

Im kanonischen Recht sei ebenfalls „die Ausbeute keine glücklichere"; hingegen wird Walther bei den „italienischen Rechtsgelehrten des Mittelalters" fündig, die er chronologisch vorstellt.[271] Während die älteren Autoren ihm keine Anhaltspunkte bieten,[272] verdiene seiner Ansicht nach Durantis[273] „den Namen des Begründers der Theorie dieser Lehre", der das Beiziehen von Sachverständigen sowohl von Seiten des Richters als auch der Parteien kenne.[274] Dieser doppelte Gebrauch von Experten sei auch ein Jahrhundert später bei Nikolaus de Tudeschis[275] zu finden, der sich „aber über die eigentliche Bedeutung derselben

---

270 Walther, AcP 1843, S. 91 f.; ebenso Endemann 1860, S. 243.

271 aaO. S. 93 f., nennt fünf Fundstellen für das kanonische Recht; seine Darstellung der mittelalterlichen Texte findet sind ebenda, S. 94–100.

272 aaO. S. 95–97; Obermeyer 1880, S. 29 Fn. 30, kritisiert Walthers Zitate von Azo und Tancredus, die keinen Bezug zum Thema hätten, was jedoch Walthers These belegt, dass dort eben keine Belege zu finden seien.

273 Guilelmus Durantis (um 1230–1296), aus der südfranzösischen Diözese Béziers stammend studierte er kanonisches Recht in Lyon und Bologna; kurzzeitig lehrte er in Modena und diente anschließend der Kurie in verschiedenen Richterämtern; 1271–1276 verfasste er in einer ersten und 1289–1291 in einer zweiten Fassung das Werk „Speculum iudiciale"; zur Person Lepsius, HRG I, 2008, S. 1168–1170 m. w. N. Zum Werk siehe Nörr, Literatur 1973, S. 394: „Das Speculum gehört zu den Hauptwerken der europäischen Rechtskultur – weniger, weil sein Verfasser ein origineller und geistreicher Kopf, sondern weil er ein erschöpfender Kompilator war. […] Das Speculum wird so zur Autorität, die stagnierend wirkt."

274 Walther, AcP 1843, S. 97, für seine exakte Arbeitsweise spricht sein Hinweis (Fn. 10), welche Ausgabe des Werkes „Speculum iudiciale" von Durantis, nämlich Basel 1574, er benutzt habe; ihm folgen beispielsweise Strippelmann 1858, S. 35 f., 76 und Renaud, Gemeines deutsches Civilproceßrecht, 1873, S. 286. Demgegenüber vertritt Obermeyer 1880, S. 29 f., ohne seine Quelle genauer zu bezeichnen (Fn. 30), die Ansicht, dass die Textstelle bei Durantis sich nur auf die Konsultation Rechtskundiger beziehe. Nach Seeger 1841, S. 9 f., § 14, der die Ausgabe Frankfurt 1592 zitiert (S. 5), gehe es bei Durantis allein um die Aussage, dass Richter bei fehlender Fachkenntnis in ihrem Kollegium einen Sachverständigen hinzuziehen dürften.

275 Nikolaus de Tudeschis (1386–1445), Beiname Panormitanus, 1434 Erzbischof von Palermo. Studierte kanonisches Recht in Bologna, wo er seit 1412 als

durchaus nicht im Klaren" sei, benenne er doch deren Gutachten mit unterschiedlichen Begriffen.[276] Diese einfache These von Walther, dass an dieser Stelle die Möglichkeit beschrieben werde, Sachverständige sowohl von richterlicher als auch parteilicher Seite hinzuzuziehen, wird eine Generation später bei Moritz Obermeyer zur These in einer preisgekrönten Dissertation[277] zu der Ansicht, dass Nikolaus de Tudeschis „zuerst die grundsätzliche Trennung der Sachverständigen in ‚testes' (parteiliche Beweismittel) und ‚boni instructores' (Richtergehülfen)" durchgeführt habe.[278] Neben der Übersetzung von „boni instructores" mit „Richtergehülfen" – für die jeglicher Nachweis in der Literatur fehlt – dient als Beleg für diese neue Position allein die Behauptung, dass diese Unterscheidung „mit der neueren von Beweismittel und Gehülfen" übereinstimme.[279] Und somit ist die Theorie von der seit „den Glossatoren [...] lebhaft verhandelten Kontroverse" über das Wesen der Sachverständigen etabliert,[280] während doch die von Walther präsentierten historischen Befunde sich dahin interpretieren lassen, dass es je nach Lage der Dinge – also eben nicht als dogmatische Alternative im Hinblick auf den eigentlichen Begriff des Sachverständigen – den Sachverständigen mal als Parteibeweismittel und mal als direktes Mittel zu richterlicher Erkenntnis bzw. Entscheidung durch sachverständige Richter gegeben haben mag.

Rechtslehrer tätig war, später wechselte er nach Parma und Siena. Nörr, Die kanonistische Literatur 1973, S. 367 f., 381; Lepsius, Zweifel 2003, S. 368 mit Fn. 134 m. w. N.

276 Walther, Zur Lehre vom sogenannten Beweis durch Kunst- und Sach-Verständige, insbesondere aber über deren von Amtswegen verfügte Beiziehung im Civilprozeß, AcP 1843, S. 99 f., das Gutachten bezeichne Nikolaus de Tudeschis „bald mit judicium, bald mit attestatio oder testimonium", formuliere jedoch „auch wieder, dass dieselben nur tanquam testes deponiren".

277 „Von der juristischen Fakultät der Universität München gekrönte Preisschrift", heißt es auf dem Titelblatt bei Obermeyer 1880; es handelt sich um eine Überarbeitung der juristischen Dissertation „Ueber die Stellung des Richters im Civilprocess zum Beweis durch Sachverständige, historischdogmatisch erörtert", München 1879. Der ursprüngliche Titel hebt deutlich den Blickwinkel der Monographie hervor, nämlich den Umgang des Richters mit den Sachverständigen.

278 So Obermeyer 1880, S. 30; ihm folgt kritiklos Olzen, ZRG (GA) 1980, S. 174.

279 Obermeyer 1880, S. 30 Fn. 34, das Zitat im ganzen Wortlaut: „Diese Unterscheidung trifft überein mit der neueren von Beweismitteln und Gehülfen, während im Gegensatz in Bezeichnung der Sachverständigen als testes und judices mit letzterem Ausdruck nur die der richterlichen gleichartige geistige Tätigkeit, nicht die Stellung im Process hervorhebt."

280 Struckmann/Koch, ZPO, 1879, Vor § 367, S. 313; siehe oben am Anfang des Abschnitt zum Zusammenhang dieses Zitates.

cc. Kritik

Warum benutzt Obermeyer in einem zeitgenössischen Gelehrtenstreit für seine zeitgenössische Lösung diese – wie dargestellt nicht zwingenden – Argumente aus der Geschichte des gemeinen Rechts? Ein Rezensent seiner Preisschrift, Otto v. Völderndorff[281] erklärt sich das, nicht ohne Herablassung, mit dem Bedürfnis „idealer angelegter Naturen" zu zeigen, dass sie „auch Etwas gelernt haben" und „nicht umsonst Gelehrte geworden" seien.

Völderndorff weist – gegen das Historisieren – darauf hin, dass die Vielzahl der historischen Rechtstexte wenig übrig ließe vom geltenden Recht, „das mit uns geboren ist, das heißt im Reichstage zu Berlin fabriziert wurde".[282]

Der Reichstag – und nicht die Verwaltung – erscheint hier als Geburtsstätte des Gesetzes, sie ist die politische Fabrik, das Erzeugnis selbst eine moderne Massenware. Derart fabrizierte Produkte bedürften keiner historischen Bezugnahme, denn „werthvolle Resultate zieht der Moderne nicht aus Bartolus und nicht aus Baldus oder ihren Collegen".[283] Da er als hoher Beamter an der Gesetzgebung selbst beteiligt war,[284] wirkt die Kritik des Rezensenten Völderndorff, dass sich aus den historischen Schriften der Rechtsgelehrten „werthvolle Resultate" nicht ziehen ließen, besonders eindrucksvoll.

Der Berg historischer Belegstellen ist nicht nur für die rechtsdogmatische Bearbeitung des Themas fruchtlos, vielmehr versperrt er zugleich die zeitgenössische Sicht. Mit dem Berufen auf mittelalterliche Autoritäten geht parallel einher die

---

281 Otto Freiherr von Völderndorff und Waradein (1825–1899), geboren in Zweibrücken, bayerischer Richter und Spitzenbeamter, publizierte unter anderem mehrere juristische Kommentare, so zum Allgemeinen Deutschen Handelsgesetzbuch und zur Konkursordnung, sowie regelmäßig als „Harmlose Plaudereien" bezeichnete Zeitungsartikel; siehe Böhm, ADB 54, 1908, S. 758–764, Schärl 1955, S. 96, 109 f., 345 f., 353, 354 f.

282 So die Kritik Völderndorffs, in: Krit. Vjschr. 1881, S. 364; das vollständige Zitat lautet: „Aber andere idealer angelegte Naturen, die auch Etwas gelernt haben, wollen nicht umsonst Gelehrte geworden sein, und so erleben wir andererseits eine Bearbeitung des neuen Stoffes voll gutgemeinter Anknüpfungen an Römisches, Altdeutsches, Mittelitalienisches, Französisches und Englisches Recht, wobei nur von dem Rechte, das mit uns geboren ist, das heißt im Reichstage zu Berlin fabriziert wurde, kurios wenig mehr zu Tage tritt, manchmal nur die Bezugnahme auf den Titel und ein am Schlusse angehängter Abdruck der betreffenden Paragraphen der Reichsgesetze."

283 aaO. S. 365.

284 Er wirkte unter anderem an Entwürfen des Zivilgesetzbuches sowie der Gesetze zu der Reform des Adels, der Reichsratskammer und des Auslieferungsverfahrens mit, siehe Böhm, ADB 54, 1908, S. 762.

„Leugnung der Eigenleistung“, die letztlich auf dem Unvermögen beruht, die „Verantwortung für das Recht“ übernehmen zu können.[285] Die tradierten Rechtstexte isolieren zudem vor den Gefahren einer Selbstschau, die Unzulänglichkeiten des juristischen Entstehungsaktes enthüllen könnte. Das Unbehagen vor dem Blick auf die Herkunft der eigenen Geschöpfe, das die Rechtswissenschaft das gesamte 19. Jahrhundert über plagte, scheint auch bei Obermeyer zu bestehen, wenn er den modernen „Vater der Theorie vom ‚Richtergehülfen'“ – nach Völderndorffs Ansicht nämlich Gönner–, nur beiläufig erwähnt und in einer Reihe mit mehreren Autoren aufzählt.[286]

Wie sehr und wie ausdrücklich Gönners Ansicht, der Richtergehilfe sei kein Beweismittel, sich von den bis zum Anfang des 19. Jahrunderts erschienen juristischen Schriftstellen unterscheidet, verdeutlicht bereits der erste Satz seiner Abhandlung „Von Augenschein und Kunstverständigen“ in seinem Handbuch des deutschen gemeinen Prozesses.[287]

> *Nicht als Mittel, die Wahrheit eines Umstandes zu b e w e i s e n , aber doch als Mittel die Wahrheit zu e r k e n n e n , kommen Augenschein und Kunstverständige im Prozesse sehr häufig vor.*[288]

Von den Beweisen die Mittel des Augenscheins und der Sachverständigen zu trennen, ergibt sich für Gönner nach seinem vernunftrechtlichen Verständnis aus der Art des Beweises, der „nur H a n d l u n g e i n e r P a r t e i seyn“ könne, und deren Zweck darauf ziele, „den Richter von der Wahrheit seines faktischen Vorbringens zu überzeugen“.[289] Beweismittel können mithin „nur in äusseren

---

285 Luhmann, Niklas: Positivität des Rechts als Voraussetzung einer modernen Gesellschaft 1970, in: Gesellschaftsstruktur und Semantik: Studien zur Wissenssoziologie der modernen Gesellschaft, Frankfurt am Main, 1999, S. 120 f., spricht an dieser Stelle allein vom Naturrecht. Siehe auch ders., Recht der Gesellschaft, 1993, S. 513, zum Verknüpfen von „gesetzgeberischen Entscheidungen“ mit „Erfahrungsgrundsätzen der Rechtspraxis“.

286 Obermeyer, Lehre von den Sachverständigen, 1880, S. 41 f. – Das Wort vom „Vater der Theorie“ stammt v. Völderndorff, Krit. Vjschr. 1881, S. 366.

287 Gönner, Handbuch, 1801, Abhandlung XXXV, S. 403–458.

288 Gönner, Handbuch, 1801, S. 403.

289 Gönner, Handbuch, 1801, S. 290, Einfügung vom Verf.; dieser Zweck, den Richter überzeugen zu sollen, „bestimmt den U n t e r s c h i e d zwischen Beweis und andern gerichtlichen Handlungen der Parteien“ (ebenda); um einen Beweis handele es sich eben nur, „wo der Richter einen Thatumstand, von welchem die Anerkennung des streitigen Rechts abhängt, n i c h t a n d e r s für wahr annehmen kann, als wenn ihm n e u e Gründe für die Wahrheit desselben vorgelegt werden“ (S. 289 f.). Gönners Beweisverständnis ist enthalten in Abhandlung XXXII „Revision des

Gründen bestehen, wodurch ein streitender Theil in einer neuen Handlung den Richter von der Wahrheit seines Vorbringens zu überzeugen sucht", was bei „Urkunden, Zeugen, Eidesdelation" vorliege; hingegen seien „bisher Augenschein, Kunstverständige, Schlüsse und Vermuthungen mit Unrecht als Beweismittel behandelt" worden.[290]

dd. „Richtergehilfe" als Argument zur Stärkung der Macht des Gerichts

Augenschein und Sachverständigen nicht als Beweismittel zu behandeln, folgt für Gönner aufgrund seiner vernunftrechtlichen Interpretation des gemeinen Prozesses aus der notwendigen Teilung eines Rechtsstreits zum einen in „eine Untersuchung über die Merkmale eines Factums, worüber die Parteien streiten", und zum anderen in „eine Prüfung der Identität dieser Merkmale mit den Merkmalen eines im Gesetze entschiedenen Falls".[291] Aus dieser Spaltung verbunden mit der „Verhandlungsmaxime",[292] die den gemeinen Prozess präge, entstehe „die große Scheidewand zwischen Objekten der Verhandlungen von Seite der Parteien und zwischen Objekten der Reflexion des Richters".[293] Während die Parteien im einen Bereich vollständig frei bei der Wahl und dem Einsatz ihrer Verteidigungsmittel seien, gelte im anderen der Grundsatz:

> *Alles, was von der Reflexion des Richters abhängt, ist der Willkühr der Parteien entzogen.*[294]

Begriffs vom Beweise, mit den daraus abzuleitenden allgemeinen Grundsätzen", S. 283–346.

290 aaO. S 313 f. Wenn er an anderer Stelle (S. 133 Fn. a) formuliert, dass Augenschein und Sachverständige „zu den Beweismitteln im eigentlichen Sinne nicht gehören", sollte daraus nicht geschlossen werden, dass GÖNNER sie zu den Beweismitteln in einem „weiteren" Sinne zähle; hiergegen spricht seine unten zitierte deutliche Aussage (S. 428).

291 aaO. S. 105.

292 Ausführlich zur „Maximenschöpfung" GÖNNERS siehe BOMSDORF, FALK: Prozeßmaximen und Rechtswirklichkeit: Verhandlungs- und Untersuchungsmaxime im deutschen Zivilprozeß; vom gemeinen Recht bis zur ZPO. (Schriften zum Prozeßrecht 19) Berlin 1971, S. 121–150, der GÖNNERS Position jedoch grundsätzlich negativ bewertet; positiver wertet NÖR, KNUT WOLFGANG: Naturrecht und Zivilprozeß: Studien zur Geschichte des deutschen Zivilprozeßrechts während der Naturrechtsperiode bis zum beginnenden 19. Jahrhundert. (Tübinger rechtswissenschaftliche Abhandlungen 41), Tübingen 1976, S. 43 f.

293 GÖNNER, Handbuch 1801, S. 105.

294 GÖNNER, Handbuch 1801, S. 106.

Als Teil der Reflexion des Richters habe das Hinzuziehen von Experten mit dem Augenschein gemeinsam, dass bei beiden die richterliche „Ueberzeugung von den Verhältnissen einer Streitsache aus der Anschauung der Sache selbst" hervorgehe.[295] Sie unterschieden sich allerdings in ihrem Zweck, so ziele Augenschein auf „Erkennung und Beschreibung der am Streitgegenstand wahrzunehmenden Merkmale", wobei die Sachverständigen zum einen „als Mittelspersonen vorkommen" könnten, „durch welche eigentlich der Richter die Merkmale des Streitgegenstandes" erkenne. Zum anderen könnten „sie als Subjekte vorkommen, welche über den Gegenstand eines Streits urtheilen, so weit das Faktum nur durch die Anwendung von Regeln einer besonderen Kunst beurtheilt werden kann".[296] Beispielsweise handele es sich, wenn der Richter die Leiche eines Gewaltopfers betrachte, um „Augenschein ohne Kunstverständigen"; wenn der Richter sich die Größe und Tiefe der Wunden zeigen lasse, um „Augenschein mit Kunstverständigen"; wenn der Richter sich berichten lasse, ob und welche Wunden tödlich gewesen seien, um „Kunstverständigen ohne Augenschein, – Beurtheilung durch Kunstverständige".[297] Weil also Augenschein „immer nur Sache der Wahrnehmung" sei und „alles, was zur Reflexion" gehöre, außerhalb des Bereichs des Augenscheins liege, müssen folglich „Kunstverständige, wenn von Beurtheilung eines Gegenstandes nach Kunstregeln die Rede ist, als Gehülfen der richterlichen Reflexion nach den Grundsätzen abgemessen werden, welche über die Reflexion des Richters gelten".[298]

---

295 GÖNNER, Handbuch 1801, S. 403. Zwar behandeln auch andere vernunftrechtliche Autoren Augenschein und Sachverständige gemeinsam, ordnen sie aber den Beweismitteln zu, so GROLMAN 1800, § 84, S. 115 f., und MARTIN 1800, § 155, S. 182–184. Eigenständig im Rahmen der Beweismittel beschreiben sie hingegen CLAPROTH, Einleitung in den ordentlichen bürgerlichen Proceß, 4. Aufl. 1817, 18. Hauptstück, S. 495–529, und DANZ, zuerst 1781, hier 4. Aufl. 1806, 1. Teil, 2. Abschnitt, 5. Hauptstück, Abschnitt E., §§ 350–357, S. 517–527; ebenso GLOBIG 1806, S. 203–218.

296 GÖNNER, Handbuch 1801, S. 404 f.; im Ergebnis auch GROLMAN, KARL LUDWIG WILHELM VON: Theorie Des Gerichtlichen Verfahrens In Bürgerlichen Rechtsstreitigkeiten: Nach De[n] Gemeinen Deutschen Gesetzen Entworfen. Giessen; Darmstadt, 1800 (Heyer); Darmstadt, 1800 (Meyfarth), § 84, S. 115 f.; und MARTIN, CHRISTOPH: Lehrbuch des teutschen gemeinen bürgerlichen Processes, Göttingen 1800, § 155, S. 183.

297 GÖNNER, Handbuch 1801, S. 405 f.

298 GÖNNER, Handbuch 1801, S. 407; hierbei betont er den „Unterschied zwischen Wahrnehmung und Beurtheilung" als Leitlinie seiner weiteren Analyse, kann aber die Unschärfe bei seinem Begriff von richterlicher Reflexion nicht

Nichts war schädlicher, als dass man Kunstverständige für ein B e w e i s m i t t e l ansah, und die Kunstverständigen als Z e u g e n behandelte, weil sie dritte Personen sind, deren Aeusserungen auf den Ausgang eines Streits einen wichtigen Einfluß haben.[299]

Dieser Negation ihrer Einordnung als Zeugen folgt erst im nächsten Absatz eine positive Wendung:

Kunstverständige sind immer G e h ü l f e n d e s R i c h t e r s, und sie haben gar nichts an sich, welches uns berechtigte, sie in die Klasse der Beweismittel zu stellen.[300]

Indem Gönner die Sachverständigen gegen die gemeinrechtliche Tradition aus den Beweismitteln ausgliedert,[301] rückt er die Experten vom Zeugenstand an den Richtertisch, wo sie dem Richter als Gehilfen zur Verfügung stehen, die in Tatsachenfragen „einen Theil der richterlichen Reflexion als Iudices facti [machen]"[302].

ee. Es siegt: Der Richtergehilfe

Allem Anschein nach war die Mehrheit der gemeinrechtlichen Stimmen um die Mitte des 19. Jahrhunderts dementsprechend der Ansicht, die Sachverständigen seien keine Beweismittel, sondern Richtergehilfen. Puchta vertrat, Sachverständige dürften nur vom Richter, nicht von den Parteien benannt werden,[303] dementsprechend sei der Einsatz von Sachverständigen im Verfahren keine Beweisführung.[304] Gaupp und Struckmann/Koch behaupten in ihren Kommentaren jeweils, das sei der Stand der „neueren gemeinrechtlichen" Theorie gewesen, auf den sich dann die ZPO-Kommission gestellt habe.[305]

Demnach habe es, so Langenbeck, eine Berechtigung, diesen Entscheider über die Tatsachen wie Gönner als „judex" zu bezeichnen und ihn in vielerlei

verdecken; Bomsdorf, Prozeßmaximen und Rechtswirklichkeit. 1971, S. 143, sieht hier allein „widerspruchsvolle Vernunftrechtelei".

299 Gönner, Handbuch 1801, S. 427. – Hingegen beginnt beispielsweise Claproth, Einleitung in den ordentlichen bürgerlichen Proceß, 4. Aufl. 1817, § 303, S. 496 f., mit der Abgrenzung von Sachverständigen und Zeugen.

300 Gönner, Handbuch 1801, S. 428.

301 Nach Bomsdorf, Prozeßmaximen und Rechtswirklichkeit, 1971, S. 145, schiebt Gönner damit schlicht die gemeinrechtliche Praxis beiseite.

302 Gönner, Handbuch 1801, S. 319.

303 Wiedergabe nach Langenbeck 1861, S. 557, S. 60 eines von Langenbeck leider nicht benannten Werkes Wolfgang Heinrich Puchtas.

304 Wetzell, System, 1878, S. 530, A. Heusler AcP 62 S. 243ff., 261ff., 264ff., 268ff.

305 Gaupp, ZPO, 1890, Vor § 367 ZPO Note I (Bd. I S. 702); Struckmann/Koch, ZPO, 1879, Vor § 367 ZPO (S. 313).

Hinsicht prozessual so zu behandeln wie den Richter.[306] Trotzdem „erscheint der Sachverständigen-Beweis doch überall praktisch als eine dem Zeugenbeweise analoge Art des B e w e i s e s“[307] – nur ist dieser der Willkür der Parteien weit weniger zugänglich als der Zeugenbeweis.

c. *AGO/Preußischer Prozess*

> *Es gehört allerdings zu den praktischen Irrthümern, das Gutachten der Sachverständigen mit den Zeugenaussagen in eine Kategorie zu setzen, wie unter anderem Gönner in seinem Handbuch […] sehr gründlich gezeigt hat, allein wenn nur die Bestimmungen über die Wahl der Sachverständigen, über ihre Zuziehung, über die Abgabe ihres Gutachtens und über die Kraft desselben hinlänglich genau sind, so schadet dieser praktische Irrthum im wesentlichen nichts. Im Preußischen werden die Sachverständigen zwar ebenfalls mit den eigentlichen Zeugen vermischt, aber im übrigen sind alle die gedachten Punkte sehr vollständig bestimmt.*[308]

Die Vermischung der beiden Beweismittel in der AGO ist besonders in den Vorschriften über den Zeugeneid zu erkennen. Hier (Teil I Titel 10 § 202) wird neben der Eidesformel für Zeugen zwar eine besondere Eidesformel für Sachverständige normiert, doch wird durch diese Nebeneinanderstellung nach der Gesetzessystematik der Sachverständige damit zu einer besonderen Art Zeuge.

Weiteres systematisches Argument ist, dass ein Abschnitt mit allgemeinen Regeln über den Beweis durch Sachverständige fehlt, während die Beweise durch Urkunden, Zeugen, Eid und Augenschein je in eigenen Abschnitten (Teil I Titel 10 §§ 82–390) geregelt sind.[309] Die Allgemeinklausel über die Zuziehung von Sachverständigen, I 9 § 38 AGO spricht aber nur von der Zuziehung eines Sachverständigen von Amts wegen, so dass man meinen kann,[310] dass man sich hier einen Richtergehilfen vorstellen muss. Andererseits sieht AGO I 3 § 21 klar vor, dass auch die Parteien Sachverständige mitbringen dürfen:

---

306 Langenbeck 1861 S. 558, Mittermaier AcP Bd. 2 S. 119.

307 Struckmann/Koch, ZPO, 1879, Vor § 367 (S. 313) unter Verweis auf die Bayerischen und Württembergischen PO sowie den hannoverschen, den preußischen und den norddeutschen Entwurf der ZPO.

308 Bielitz 1817, S. 157. Das Buch wollte den vormals in sächsischen Diensten stehenden Justizbeamten in den 1815 zu Preußen gekommenen ehemals sächsischen Territorien ihr neues Prozessrecht näherbringen. Die Idee des Richtergehilfen scheint also auch unter der Geltung der AGO operationalisierbar gewesen zu sein.

309 Stollberg, Verfahren bei der Instruction der Processe, 1839 S. 88, 90 jeweils Fn. 3, Grävell Bd. II 1826, S. 365.

310 Struckmann/Koch, ZPO, 1879, § 367 (S. 314).

Außer dem Rechts-Beistande ist jeder Partei erlaubt, auch noch andere Personen in den Terminen mit vor Gericht zu bringen, von welchen sie entweder wegen der ihnen beiwohnenden genaueren Bekanntschaft mit den, im Prozesse vorkommenden Thatsachen, oder wegen ihrer technischen und Kunstkenntnisse in Fällen, wo es darauf ankommt, Rath und Beistand sich verspricht.[311]

Diese Unklarheit in der Frage Beweismittel oder Richtergehilfe ließ sich 1879 bei Außerkrafttreten der AGO wie folgt auf den Punkt bringen: „Schwankend ist der Standpunkt des preußischen Rechts und der Praxis."[312]

Klar ist jedenfalls, dass der Sachverständige, wenn er als Richtergehilfe gesehen wurde, deutlich in einem untergeordneten Vehältnis zum Gericht steht, die Verfahrensleitung ist Sache des Gerichts.[313]

d. ZPO

Die meisten der einschlägigen Regeln sind in der ZPO bei den Regeln über die verschiedenen Beweismittel eingeordnet worden, also im Zweiten Buch der ZPO. Allerdings gestattet die ZPO im Ersten Buch, §§ 136aF/144, dem Richter die Zuziehung eines Sachverständigen auch dann, wenn die Parteien den Richter nicht durch einen entsprechenden Beweisantrag darum gebeten haben. Das „rechtliche Wesen" des Sachverständigen ist in den Fällen der §§ 3, 144, 287, 419 ZPO kein Beweismittel, weil er in diesen Fällen nicht von einer der Parteien in den Streit eingeführt worden ist. Er ist dort „Gehülfe des Richters", so der Gedanke des Gesetzgebers.[314]

Für die Tatsache, dass der Gesetzgeber hier bewusst die Figur des Richtergehilfen gewählt hat, obwohl das bestehende Prozessrecht in Teilen den Sachverständigen als Beweismittel gesehen hat, spricht neben der Systematik des Gesetzes auch noch sein Wortlaut: Danach ist es nicht der Regelfall, dass das Gericht sich mit bloß einem Sachverständigen begnügen „kann" (§ 369aF/404nF Abs. 1 Satz 2), denn in Satz 1 ist noch klar von den „zuzuziehenden Sachverständigen" in der Mehrzahl die Rede, und auch der dritte Satz des zitierten § nennt sein Regelungsobjekt wieder in der Mehrzahl. Es macht dem Gericht viel Arbeit, mehrere Gutachten unterschiedlicher Gutachter zusammenzulesen und sich

---

311 Grävell Bd. IV 1828, S. 176, Bd. I 1825, S. 399.

312 Struckmann/Koch, ZPO, 1879 vor § 367 ZPO (S. 313).

313 Grävell Bd. II 1826, S. 198.

314 RegE ZPO, in: Stenographische Berichte über die Verhandlungen des Deutschen Reichstags, 2. LP, II. Session 1874/75, Dritter Band, Anlagen zu den Verhandlungen des Deutschen Reichstags, Berlin 1875, Nr. 6, S. 334–595, 496.

daraus eigene Erkenntnis zu bilden. Dieser Aufwand, der natürlich auch einen mehrfachen Kostenaufwand für die Parteien bedeutet, entfällt, wenn es den Sachverständigen nur als einen Richtergehilfen gibt. Warum sollte ein Richter zwei Sachverständige befragen, wenn er sich mit dem ersten zufrieden geben kann, dem er in aller Form vertrauen kann? Es ist angesichts der klaren Einordnung der überwiegenden Zahl der Vorschriften über den Sachverständigenbeweis in das Beweisrecht der ZPO Ende des 19. Jahrhunderts noch durchaus vertreten worden, Sachverständige seien Beweismittel.[315] Das Argument gegen diesen deutlichen systematischen Befund bleibt dann die juristische Fiktion: Sachverständige „gelten“ als „Gehilfen des Richters“, die beweisrechtlichen Regelungen kümmerten sich „nur um das Verfahren“, „so dass daraus für die entgegengesetzte Auffassung nichts gefolgert werden“ könne.[316]

Der Auffassung des Sachverständigen als Beweismittel entsprechend scheint Langenbeck sogar vertreten zu haben, § 135aF/144 ZPO sei dahin zu verstehen, das Gericht dürfe sich mit einer solchen, von Richter aus eigenem Antrieb angeordneten Begutachtung lediglich Klarheit über den Inhalt der Parteianträge verschaffen. Es sei dem Gericht aber nicht erlaubt, selbst den Sachverhalt zu ermitteln. Allerdings ist diese Ansicht zur Jahrhundertwende endgültig marginalisiert: „A.M. nur Langenbeck aaO. [nicht auffindbar] und Foerster [nicht auffindbar]. Vgl. dag. Seuffert [...] Ude [...] Wach [...].“[317]

2. Darf das Gericht das Gutachten frei würdigen oder ist es an das Gutachten gebunden?

Vor dem Hintergrund des „Kampfs“ um die freie richterliche Würdigung der Beweise[318] und der Möglichkeit, Sachverständige als Beweismittel zu verstehen, ist nun zu klären, ob der Richter an das Gutachten des Sachverständigen gebunden ist.

315 Wach, System 1896, Bd. II S. 267.
316 Petersen/Anger, ZPO, 1899, Nr. 1 vor § 402.
317 Petersen/Anger, ZPO, 1890 Bd. I, § 135 ZPO, (S. 287f).
318 C.I.4.

a. Gemeinrechtliche Lehren

Der Richter soll niemals einem Gutachten zu folgen verpflichtet sein, das ihn nicht überzeugt hat,[319] meint Ludwig Hugo Freiherr von Jagemann 1841.[320] Damit bringt er sich in Gegensatz zum gemeinrechtlichen Lehrsatz: peritis in arte credendum est,[321] dementsprechend bereits das Gutachten nur eines einzigen Sachverständigen den vollen Beweis erbringt.[322] Die Anwendung dieses Lehrsatzes wird jedoch in mindestens zwei Fällen schwierig, nämlich beim Vorliegen mehrerer Gutachten mit unterschiedlichen Ergebnissen und beim Vorliegen eines einzigen Gutachtens, das aber ein offensichtlich unpassendes Ergebnis hat.

aa. Problem 1: Mehrere Gutachten, unterschiedliche Ergebnisse

Für den Fall der widersprechenden Gutachten war umstritten, was ausschlaggebend sein sollte: die Stimmenmehrheit der Gutachter oder die Entscheidung des Richters, die Gründe eines der Gutachten, gegebenenfalls sogar gegen die Mehrheit der anderen Gutachten „für besser zu halten“.[323]

Die Hannoversche Bürgerliche Prozessordnung von 1847 band den Richter an das Gutachten einer Mehrheit der Meinungen von z. B. drei Sachverständigen, es sollte aber dem Richter, wenn er das Minderheitsgutachten für besser begründet oder dessen Verfasser für glaubwürdiger hält, erlaubt sein, durch die

319 Jagemann, Lehre vom gerichtlichen Augenschein, in: Zeitschrift für deutsches Strafverfahren (1), 1841, S. 330, 374.

320 (1805–1853), zeitweilig badischer Justizminister, gab zusammen mit Friedrich Nöllner und Jodocus Donatus Theodorus Temme von 1841–1849 die in eben zitierte Zeitschrift für deutsches Strafverfahren heraus.

321 Bartolus (1313–1357), studierte in Perugia und Bologna, lehrte in Pisa und Perugia, zitiert nach Susanne Lepsius 2003, S. 135 m. Fn. 138. Lepsius meint Fn. 140, Gönner habe als Richtergehilfen nur den sachverständigen Zeugen und nicht den Sachverständigen gesehen, mag dahinstehen, auch, ob Gönner überhaupt einen Begriff vom „sachverständigen Zeugen“ im heutigen Sinn hatte, da zu Gönners Zeit der Zeuge dogmatisch bereits vom Sachverständigen unterscheidbar war, diese Erkenntnis aber noch nicht dazu geführt hatte, dass ausdrückliche Rechtsfolgen für den Fall der Anwesenheit eines Sachverständigen im Prozess hatte. Unbelegt bleibt die apodiktisch und (S. 134) gleich zweimal aufgestellte Behauptung, nach Bartolus sei gegen den Ausspruch *eines* Sachverständigen *in keinem Fall* ein Gegenbeweis zulässig gewesen.

322 Obermeyer, Lehre von den Sachverständigen, 1880, S. 117f, unter Berufung darauf auch Wach System Bd. II 1896, S. 276.

323 Patermann, Freie Beweiswürdigung, 1970, S. 60.

Hinzuziehung weiterer Sachverständiger die Mehrheitsverhältnisse zu beeinflussen; Art. 133 Abs. 1.[324]

bb. Problem 2: Umgang mit offensichtlich unpassenden Sachverständigengutachten

Unter „negativer Beweiswürdigungsfreiheit" versteht man eine in den 1830er Jahren von Mittermaier entwickelte gemeinrechtliche Theorie, wonach der Richter die Freiheit hatte, Beweise als unglaubwürdig abzulehnen, die nach der gesetzlichen Beweistheorie an sich als ordentlich erbrachte Beweise anzusehen gewesen wären. Unter formaler Beibehaltung der gesetzlichen Beweistheorie wurde dem Richter so die Macht gegeben, aufgrund seiner inneren Überzeugung einen Beweis zu verwerfen.

Ob und inwieweit diese Lehre in der gemeinrechtlichen Diskussion mehrheitsfähig geworden ist, ist schwer zu sagen.[325] Eine völlige Unterordnung des Richters unter ein offensichtlich falsches Gutachten war jedoch wohl in letzter Konsequenz nicht gewünscht. Gönner sprach dem Richter die Kompetenz zur Beurteilung eines Sachveständigengutachtens ab, und zwar selbst dann, wenn er ausnahmsweise Experte im einschlägigen Sachgebiet sein sollte: Es „ist [dem Richter] gleichgültig, ob das formelle Weiß nicht würkliches Schwarz ist. Wer kann es dem Richter als Fehler anrechnen, wenn er eine Sache so behandelt, wie sie ihm von der Mehrheit der Sachverständigen dargestellt wird."[326] Konsequenterweise wollte Gönner das von den Sachverständigen als Richter über die Tatsachen erstattete Urteil unabhängig außerhalb des Verfahrens vor dem rechtsgelehrten Gericht in drei rein sachverständigen Instanzen überprüfen lassen.[327] Da eine solches Verfahren praktisch schwer vorstellbar ist, fand sich folgende Argumentation gegen schlechthin unakzeptable Gutachten: Zwar fehle den Richtern vielleichtdie Fähigkeit zur fachlichen Überprüfung der Gutachten, doch sollten sie bei Verstößen gegen die Logik und die allgemeine Vernunft einschreiten dürfen[328] – das leuchtet ein, denn in diesen Gebieten (Logik und allgemeine Vernunft)kann der Richter dem Sachverständigen (wenigstens) auf Augenhöhe begegnen. „Um 1840 hatten sich die Gegner der formellen Theorie endgültig durchgesetzt".[329]

---

324 Olzen ZRG (GA) 1980, S. 209.

325 Patermann 1970, S. 61; fehlende Durchsetzung der Lehre auch nach Olzen ZRG (GA) 1980, S. 193, beide mit umfangreichen Nachweisen.

326 Gönner, Erörterungen über den gemeinen Prozeß: ein Zusatz zu den Grundsätzen des Herrn Prof. Danz. Bamberg 1799, S. 96.

327 Olzen ZRG (GA) 1980, S. 192 mN auch der ablehnenden Stimmen.

328 Patermann, Freie Beweiswürdigung, 1970, S. 62 mN.

329 aaO, S. 63.

Außerhalb Preußens setzte sich in den 1860er Jahren ein der preußischen Praxis – bei sich widersprechenden Gutachten eigene Bewertung der Gründe durch den Richter oder nach seinem Ermessen die Bestellung weiterer Gutachter – ähnliches Verfahren durch.[330] Die oben wiedergegebene Ansicht über das logische Prüfungsrecht wurde von gemeinrechtlichen Obergerichten ausgefüllt zu einer Befugnis des Richters, die Ausführungen der Sachverständigen auf ihre Schlüssigkeit und auf die Zugrundelegung zutreffender Ausgangstatsachen prüfen zu können.[331]

cc. Zwei Schlaglichter

Gesetzliche Beweisregeln können Ausdruck eines Misstrauens gegen den Richter und Schutzvorschriften gegen richterliche Willkür[332] sein:

> *Wo die Gesetzgebung den Parteien die Sicherheit geben will, dass weder nach bloß subjektiver Ansicht und Meinung, noch unter dem Vorgeben der Ueberzeugung nach Willkühr geurtheilet werden darf, da darf nicht die Ueberzeugung, als ein blos innerlich erkennbarer Zustand, sondern es muss die Wirkung äußerlich erkennbarer Gründe die Entscheidung bewirken. Es muß Jedermann, dem die Akten vorliegen und die Gesetze bekannt sind, eben so gut, als der Richter, wissen, was als wahr rechtlich gelten müsse, es ist also auf eine äußere Gewissheit abgesehen.*[333]

Gerade weil Grävell dabei klar ist, dass menschliches Erkenntnisvermögen seine Grenzen hat, will er das Gericht auf die menschliche Gewissheit beschränken, also auf das, was der Mensch für gewiss hält. Gewissheit ist also nicht die „Erkenntnis der Wahrheit selbst", sondern „Erkenntnis des zureichenden Grundes des Fürwahrhaltens, des Urtheiles, dass eine Vorstellung wahr sey."[334] Damit geht Grävell bereits 1828 von der formellen Wahrheit weg, hin zu einer richterlichen Erkenntnis der Qualität von Gründen, aufgrund derer etwas für wahr gehalten werden kann; ein Prozess, den Grävell freilich dem Gebiet der „subjektiven Ansicht und Meinung" entzogen sehen will.

Die Wendung hin zu einem ausdrücklichen Vertrauen allein auf die richterliche Überzeugung vollzog am deutlichsten Wilhelm Endemann[335], der in

---

330 Vgl. die Nachweise bei Olzen ZRG (GA) 1980, S. 198. mit Fn. 248 bis 250.

331 OAG Dresden, Erkenntnis vom 20. April 1865, SeuffA 22 Nr. 96, OAG Jena vom 6. Februar 1857 SeuffA 12 Nr. 106, zitiert nach Olzen ZRG (GA) 1980 S. 198.

332 Ahrens 2007, S. 31.

333 Grävell Bd. II 1828, S. 636.

334 Grävell aaO.

335 (1825–1899), MdR (1867–1874, nationalliberal), 1862 Dr. h.c. und Professor in Jena, später in Bonn und Halle, Mitglied der Bundeskommission für den Zivilprozess, umfangreiche Veröffentlichungen zum Wirtschaftsrecht.

der Auseinandersetzung um die freie Beweiswürdigung eine prominente Rolle einnahm,[336] meinte dagegen, dass die Absicherung gegen Willkür auf anderem Wege erreicht werden könne[337] und forderte bereits in seiner „Beweislehre des Zivilprozesses" im Jahr 1860, der Richter müsse das Gutachten der Sachverständigen in jeder, auch fachlicher Hinsicht prüfen dürfen, er habe sich nicht auf die „allgemeine Logik" zu beschränken.[338]

> *Sind denn Richter keine verständigen und gewissenhaften Männer? Kann man nicht erwarten, dass sie mit der Prüfung nach innern logischen Gründen treu und einsichtig verfahren werden?*[339]

Auf dem 4. Deutschen Juristentag 1863 fanden die Vorschläge Endemanns die Mehrheit, und die freie Beweiswürdigung wurde in § 286 nF der Reichs-ZPO von 1877 verwirklicht.[340]

b. AGO/Preußischer Prozess

aa. Weicht die AGO vom gemeinen Recht ab?

Rintelen schildert aus der Perspektive des Jahres 1891 die „Gränzen der Wirksamkeit"[341] des Richters in Bezug auf die Feststellungen der Sachverständigen wie

336 dazu Patermann, Freie Beweiswürdigung, 1970, S. 125ff.

337 Endemann, [Wilhelm]: Die freie Beweiswürdigung im Civilprozesse, AcP 41 (1858), S. 92, 96.

338 Endemann, Beweislehre des Civilprozesses, 1860, S. 250–252.

339 aaO S. 637.

340 Patermann, Freie Beweiswürdigung, 1970, S. 125ff., und Jan Schröder, Gesetzesauslegung und Gesetzesumgehung, Paderborn 1985, S. 79f.

341 Vgl. den Titel von Zentner 1840: Zur Lehre über die Gränzen der Wirksamkeit des Criminalrichters in Beziehung auf die Gutachten der Kunstverständigen, in: Hitzig's Annalen 1840, Heft 1. Sehr ähnlich Benedict, Friedrich August: Vollständige Nachweisung der Widersprüche, in welchen die kursächsischen Prozeßordnungen von 1622 und 1724, mithin aber auch der gemeine deutsche Prozess, mit ihrem Grundprinzip, der Verhandlungsmaxime, stehen, Eine gekrönte Preisschrift. Ilmenau 1829, S. VII. s. a. ders. Benedict, Handbuch der gerichtlichen Würderungskunde: Zum Gebrauch für Richter und Advokaten bei gerichtlicher Abschätzung aller Arten von Grundeigenthum und Gerechtigkeiten, bei Ermittelung des nothwendigen Beilasses und bei Beurtheilung der, über dergleichen Geschäfte aufgenommenen Verhandlungen, Leipzig 1829.

folgt. Die AGO habe auf „der Maxime der bestimmten Beweisregeln" beruht und diese sei auch bei den Novellierungen der AGO „bestehen geblieben".[342]

Vor dem Hintergrund der eben dargestellten Flexibilität des gemeinen Beweisrechts und des Normbestands der AGO, der nun zu betrachten ist, kann diese Aussage kaum geteilt werden.

Die Grundnorm zum Verfahren mit Sachverständigen, I 9 § 38, spricht davon, dass der Richter nach „dessen Rath und Gutachten [...] verfahren soll." Eine ausführlichere Regelung findet sich in I 13 § 10. Allgemein wird hier zunächst verordnet, eine Tatsache gelte als „bis zur völligen Ueberzeugung [...] ausgemittelt", „wenn hinlängliche, glaubwürdige und unter sich in keinem Widerspruch stehende Beweismittel vorhanden sind." Anschließend werden Beweisregeln aufgezählt:

> *Ohne das richterliche Ermessen in zu enge Schranken einzuschließen, lassen sich nur folgende Fälle auszeichnen, in welchen eine Thatsache für völlig erwiesen anzusehen ist.*

Als nicht zu enge Schranke für das richterliche Ermessen bezeichnet das Gesetz in I 13 § 10 Nr. 3 die Zwei-Zeugen-Regel. Weiter gilt, dass die Aussage eines „in Eid und Pflicht stehenden Offizianten in Sachen, welche sein Amt unmittelbar betreffen"[343] oder das Gutachten eines „vereideten Künstlers oder Sachverständiger in Sachen, welche seine Kunst oder sein Gewerbe betreffen" für sich allein genommen den Beweis erbringt, soweit die Parteien keine oder keine für begründet gefundene Einwendungen gegen die Voten der Sachverständigen erhoben haben, vgl. Nrn. 6, 7. Für das Sachverständigenverfahren findet sich in den besonders geregelten Verfahren in kaufmännischen Angelegenheiten (Teil I Titel 30 AGO) und Bausachen ebenfalls (I 42) keine ausdrückliche Bindung an das Sachverständigengutachten.[344]

„Auf ein solches Gutachten soll [...] bei Entscheidung des Rechtsstreits geachtet werden, insofern es mit vernünftigen, der Sache angemessenen, und in

342 Rintelen, Civilprozess auf Grund der Reichsgesetzgebung und der Preussischen Landesgesetzgebung, sowie der Vorschriften der Preussischen Landesjustizverwaltung, 1891, S. 813, 816.

343 Einem unzulässigerweise auf den Amtseid genommenen Gutachten mangelt die Beweiskraft nicht völlig, Erkenntnis des pr Obertribunals, IV. Senat v. 15. November 1859, in: Striethoff's Archiv Bd. 37, S. 33 Nr 5, zitiert in: v. Rönne: Ergänzung der allgemeinen Gerichts-, Hypotheken- und Deposital-Ordnung, 4. Ausg. Bd. 3, Berlin 1860, S. 255, Anm 2 c zu I 10 § 203.

344 Eine Liste der sonstigen besonderen Verfahrensarten der AGO, die nur ausnahmsweise gewerblich-technische Sachverhalte betreffen dürften, findet sich bei v. Daniels, Handbuch 1839, S. 483, Fn. 1.

kaufmännischen Gebräuchen und Erfahrungen beruhenden Gründen belegt ist".[345] Also sei „klar, daß es nicht Absicht der Gerichtsordnung ist, die Aussprüche der vernommenen Sachverständigen für Orakel zu nehmen, daß sowohl den Partheien, als dem Richter unbenommen, dem letzteren sogar zur Pflicht gemacht ist, diese Gründe zu prüfen."[346]

August Wilhelm Heffter bemerkt in seiner Abhandlung über den Prozess nach der AGO von 1856 zu diesen Vorschriften, der Umgang mit einem Sachverständigengutachten sei „Sache der richterlichen Erwägung": In „Fällen abweichender Begutachtungen wird das Richteramt, wenn keine Verständigung unter den vernommenen Fachmännern selbst noch zu erlangen wäre, zu seiner Aufklärung und Unterstützung einen Fachmann zuziehen dürfen."[347] Heffter beschreibt also, dass zunächst eine Verständigung der bisher gehörten Fachmänner zu suchen gewesen sei; dies entspricht der Regel des I 13 § 16 iVm I 10 § 207 AGO über Zeugen, der nach der Systematik des Gesetzes sinngemäß für Sachverständige gelten kann. Erst wenn die von den Parteien mitgebrachten sachverständigen Beistände sich nicht auf eine gemeinsame Sicht verständigen konnten, sieht Heffter „das Richteramt" berufen, sich einen eigenen Sachverständigen hinzuzuziehen. Dem entspricht die Auskunft von Grävell, dass die Parteien sich jeweils einen sachverständigen Beistand mitbringen dürfen, und dass dann der „amtlich [vom Richteramt] zugezogene Sachverständige seiner Stellung nach von selbst als Obmann" fungieren wird[348] – diesen Obmann sieht der dann auf einer Stufe mit dem Richter[349] – nicht als Gehilfen.

Vor einem preußischen Gericht würde, wenn der Richter nicht selbst zwischen den zwei Gutachtermeinungen entscheiden kann oder will, spätestens in der zweiten Instanz ein Obergutachter den Richter instruieren, AGO I 14 § 60:

> *Uebrigens muß [...] der in zweiter Instanz sprechende Richter gehörig beurtheilen, welche von den verschiedenen Angaben der Sachverständigen mit den besten Gründen unterstützt seien, und also den Vorzuge verdienen. Wie ihm dann auch, wenn er nicht Anlaß genug,*

---

345 Grävell Bd. IV 1828, S. 176 zum Gutachten im Merkantilprozess (AGO I 30 §§ 3–6).

346 Grävell Bd. II 1826 S. 189 zu I 10 §§ 58–59, ebenso aaO S: 642 zu I 13 10 Nr. 7: Bindung, wenn die Gründe des Gutachtens „weder von den Parteien widerlegt, noch vom Richter unzureichend befunden worden sind".

347 Heffter, Civil-Process im Gebiete des Allgemeinen Landrechts, 1856, S. 164.

348 Grävell Bd. IV 1828, S. 176 zum Gutachten im Merkantilprozess (AGO I 30 §§ 3–6).

349 Das gilt auch für das Verfahren nach der preußischen AGO, vgl. Daniels, Handbuch, 1839, S. 484 Fn. 5 unter Berufung auf Grävell Bd. II 1826, S. 123.

hierüber zu bestimmen, in den Akten vorfindet, unbenommen bleibt, einen dritten Sachverständigen zu ernennen.[350]

Die Entscheidung mit der Mehrheit der Sachverständigen dürfte jedenfalls auch nach alter gemeinrechtlicher Praxis legitim gewesen sein.

bb. Blick in die Praxis

„Eine unbedingte Bindekraft hat kein fachmännisches Gutachten für den Richter, aber er kann sich davon nur wegen solcher Zweifel und Verstöße davon entfernen, welche der gewöhnlichen Logik zugänglich sind."[351]

Was verstanden die preußischen Praktiker unter der von Heffter „gewöhnlichen Logik" bei der richterlichen Würdigung von Sachverständigengutachten?

Aus der Praxis der ersten Hälfte des 19. Jahrhunderts berichtet Christian Friedrich Koch, schon die Formulierung der Fragestellung an den Sachverständigen und die damit notwendig verbundene Einführung des Sachverständigen in den zu beurteilenden Sachverhalt sei „ein meist sehr vernachlässigtes Geschäft".[352] Vorsichtig ist Koch auch, da „die bei weitem größte Zahl" der Richter „von der Gewerbkunde gar nichts" verstehe, „nicht einmal die technischen Ausdrücke" kenne und „deshalb nicht fähig" sei, „die Begründung eines technischen Gutachtens zu beurtheilen." Dazu sei der Richter auch „nicht berufen", „vielmehr soll er, wenn er unsicher ist, welchen Gründen bei mehreren Gutachten der Vorzug zu geben", einen Obergutachter ernennen.

Nach dem Wortlaut des Gesetzes steht die eigene richterliche Prüfung der Gutachten aber vor der Bestellung eines Obergutachters. Dementsprechend konstruierte das Preußische Obertribunal in einer Entscheidung von 1857 ein richterliches Prüfungsrecht in Bezug auf Inhalt und Begründung des Gutachtens unabhängig von einer vorliegenden Uneinigkeit der Gutachter.[353] Damit war der Richter zu freier Beweiswürdigung berechtigt und folglich auch verpflichtet.

c. *ZPO*

Die grössere Freiheit ist, wie überall, auch hier eine Steigerung der Lebensaufgabe.[354]

---

350 Für Merkantil- sowie für Grenz- und Bausachen galt dasselbe, I 30 §§ 7, 8 bzw. I 42 § 39.

351 Heffter, Civil-Process im Gebiete des Allgemeinen Landrechts, 1856, S. 164.

352 Koch, Preußischer Civil-Prozess, 1855, S. 511.

353 Erkenntnis vom 3. Juli 1857, Archiv für Rechtsfälle aus der Praxis der Rechtsanwälte des Königlichen Ober-Tribunals Bd. 26, S. 87.

354 Wach, Vorträge, 1896, S. 215.

aa. Freiheiten und Grenzen

Nach harten Auseinandersetzungen (Prot Bd. VII S. 2358) statuierte der in Hannover ausgehandelte ZPO-Entwurf für die Staaten des Deutschen Bundes in § 367 die freie Würdigung der Sachverständigengutachten, entsprechendes gilt für den zeitgleich enstandenen preußischen Entwurf, § 508. Der 1870 publizierte Entwurf einer ZPO für den Norddeutschen Bund, der sich wiederum am Hannoverschen Bundesstaatenentwurf orientierte, verordnete in § 556, das Gericht habe „das Ergebnis des Beweises durch Sachverständige nach freier Ueberzeugung zu würdigen; es ist selbst an das einstimmige Gutachten aller Sachverständigen nicht gebunden." Die ZPO enthielt diese ausdrücklichen Vorschriften nicht mehr, aber nach den Motiven des Regierungsentwurfs, der in diesem Punkt von der Justizkommission des Reichstags nicht angegriffen worden ist, war die Sache klar im Sinne des Entwurfs von 1870 zu sehen.[355]

Aber auch jetzt herrschte noch keine vollständige Einigkeit: ein Mitglied der Kommission forderte, dass für den Fall, dass der Richter durch das Gutachten nicht überzeugt sei, ein Obergutachten „eines anderen Sachverständigen oder einer höheren wissenschaftlichen oder technischen Behörde einzuholen sei".[356] Ein ähnlicher Antrag wurde in der Justizkommission des Reichstags erneut gestellt und erneut abgelehnt. Im Fall eines ungenügenden oder mehrerer einander widersprechender Gutachten sollte der Richter eine weitere Begutachtung anzuordnen haben, wenn „wissenschaftlich technische Kenntnisse nothwendige Voraussetzung der Begutachtung" seien, dieser Vorschlag sei aber mit Rücksicht auf das Prinzip der freien Beweiswürdigung abgelehnt worden.[357]

Die Tatsache, dass in den zitierten Entwürfen der ZPO zusätzlich zur allgemeinen Regel über die freie Beweiswürdigung noch ausdrücklich darauf hingewiesen wird, dass der Richter auch in Bezug auf die Sachverständigengutachten frei sei, erweckt den Eindruck, dass dieser Hinweis wohl von seinen Verfassern als besonders erforderlich angesehen worden ist,[358] das gilt insbesondere vor dem Hintergrund der nicht von der Hand zu weisenden Einsicht, dass die gesetzlichen

---

355 RegE ZPO, in: Stenographische Berichte über die Verhandlungen des Deutschen Reichstags, 2. LP, II. Session 1874/75, Dritter Band, Anlagen zu den Verhandlungen des Deutschen Reichstags, Berlin 1875, Nr. 6, S. 334–595, 496.

356 Schubert, Norddeutsche Protokolle, 1985, Bd. 2 S. 758. Welches Kommissionsmitglied welche Position bezogen hat, ist aus den Norddeutschen Protokollen nicht ersichtlich.

357 Bericht nach Struckmann/Koch, ZPO, 1879 § 377 ZPO Anm. 1 (S. 322).

358 Olzen ZRG (GA) 1980, S. 227 gelangt unter Bezug auf die norddeutschen Protokolle zur selben Schlussfolgerung.

Beweisregeln zwar ihre „rechtliche Bedeutung verloren" hätten, aber dennoch den „Werth wichtiger Erfahrungssätze" behielten.[359]

Die Möglichkeit und damit die Bürde der freien Beweiswürdigung wird in den praktischen Kommentierungen des neuen Prozeßrechts auch nur sehr begrenzt nachvollzogen. Statt den Richter auf eigene Gedankenarbeit im Falle widersprüchlicher Gutachten zu verweisen, wird ausführlich erläutert, dass widersprüchliche Gutachten im Sinne § 377aF/412 Abs. 1 ZPO ungenügende Gutachten sind mit der Folge, dass der Richter dann ein weiteres Gutachten anordnen kann.[360] Aber, wie in der Kommissiom besprochen: „Eine Verpflichtung des Gerichts, bei Widerstreit der Ansichten ein neues Gutachten einzuholen, oder ein Recht der Parteien, dies zu verlangen, besteht nicht."[361]

bb. Eigene Würdigung oder Obergutachten durch eine Behörde? Zwei Momentaufnahmen von 1890 und von 1902

Dass das Obergutachten auch unter Geltung der ZPO in Preußen tatsächlich noch nicht erledigt war, zeigt ein der Staatsregierung vorgelegter Vorgang aus dem März 1890. Es teilt dort das Ministerium der geistigen, Unterrichts- und Medicinalangelegenheiten (Kultusministerium) dem Justizministerium mit, das Medicinalkollegium, also das höchste die Regierung beratende Fachgremium in medizinischen Angelegenheiten, sei vom Oberlandesgericht Breslau in einer Zivilsache um ein Obergutachten gebeten worden. Aus diesem Anlass bittet das Kultusministerium um „Äußerung", „ob nach Lage der gegenwärtigen Gesetzgebung die Einholung des Sachverständigengutachtens einer Behörde seitens der Gerichte im Civilprozeß – soweit nicht Bestimmungen in Spezialgesetzen enthalten sind – überhaupt noch stattzufinden hat."

Der Text der ZPO lege, gerade im Vergleich mit StPO §§ 83, 91, 92, 255, eine Verneinung der Frage nahe.[362] Das – überzeugende, aber vom Kultusministerium nicht in aller Deutlichkeit ausgeführte – Argument ist, dass § 412 ZPO und § 83 StPO sich in Absätzen 1 und 2 gleichen. § 83 StPO hat aber noch einen Absatz 3, der anordnet, „in wichtigeren Fällen" könne „das Gutachten einer Fachbehörde eingeholt werden". § 412 ZPO hat hingegen nur 2 Absätze. Das Kultusministerium ist taktvoll genug, dabei nicht den Kommentar von Gaupp zu zitieren, der bereits 1880 darauf hinweist, dass solche Kollegialbehörden nicht

---

359 DZPO-Entwurf 1, 1871, S. 315f.

360 Delius, M.: Die Deutschen Prozeßordnungen, Leipzig 1877, Seite 92; Petersen/Anger, ZPO, 1899, Rn. 1 zu § 412.

361 Gaupp 1880 Bd. 2 S. 321 unter Berufung auf RT-Kommissionsprotokolle S. 150.

362 KM an JM, 21. März 1890, GStA PK, Rep 84a, Nr. 4824, Bl. 101.

Sachverständige im formellen Sinne sein könnten,[363] was eine erstklassige Begründung wäre, sich die Gutachtertätigkeit ersparen zu können.

In seiner Antwort[364] bringt das Justizministerium das Argument auf den Punkt und wischt es dann mit der Behauptung von Besonderheiten des Straf- im Gegensatz zum Zivilprozess vom Tisch; diese Behauptung wird nicht an den Gesetzgebungsmaterialien oder Kommentaren oder sonst begründet. Ferner habe das Gericht immer die Möglichkeit, von Amts wegen eine Begutachtung anzuordnen – was nach § 144 ZPO zutrifft –, daraus ergebe sich auch die Möglichkeit, Behördengutachten einzufordern, was nicht weiter begründet wird. Diese Begründung ist nach unserer Ansicht etwas kurz, denn § 144 verweist in Abs. 2 Satz 2 in die Vorschriften über den Beweis durch Sachverständige, wo sich die Frage, ob das Gutachten eines Kollegiums oder einer Behörden zulässig sei, genauso wenig beantwortet wird wie in § 144. Das Justizministerium zitiert dazu noch zwei aktuelle, in Berlin erscheinende Kommentare (Struckmann/Koch und v. Wilmowski/Levy), Daubenspecks Anleitungsbuch für Referendare „Referat, Votum und Urtheil" und Obermeyers Preisschrift von 1880; der Kommentar von Gaupp kommt nicht vor. In welchem Ausmaß und in welchen OLG-Bezirken die Gerichte immer noch gern die Fachbehörden als Obergutachter konsultiert haben, kann diese Momentaufnahme nicht zeigen.

Eine zweite Momentaufnahme aus dem Jahr 1902 zeigt eine Anweisung an alle Oberlandesgerichtspräsidenten und Oberstaatsanwälte, die Mitglieder der Medizinaldeputation nicht mehr zu Gutachten heranzuziehen wegen der Belastung der Dienstgeschäfte. Sofern ein Obergutachten erforderlich sei, könne ein Mitglied der Deputation nur dann gutachten, wenn das Erstgutachten nicht von einem anderen Mitglied der Deputation verfasst sei.[365]

3. Ist das Gericht an den Parteiantrag auf Hinzuziehung eines Sachverständigen gebunden?

a. Gemeines Recht

Nach Nikolaus de Tudeschis, in der Wiedergabe von Langenbeck, soll der Richter das „judicium" der „peritorum, z. B. der Doctoren, Agrimensoren und

363 In diesem Sinne Gaupp, ZPO, 1880, Bd. 2, S. 317 und ders., ZPO, 1890, jeweils Note III zu § 375: Kollegien könnten nicht Gutachter sein, ausgenommen das Patentamt nach § 18 PatG.

364 JM an KM, 8. April 1890, GStA PK, Rep 84a, Nr. 4824, Bl. 101.

365 GStA PK, Rep 84a, Nr. 4825, Bl. 483, Anweisung an alle OLGPräs und OStA, 15. August 1902.

Matronen (beim Streite de virginitate) in Anspruch nehmen", wenn er „fachlich nicht genügend unterrichtet sei, und sich selbst deshalb keine Aufklärung verschaffen könnte (wie bei der Frage der Schwangerschaft, Jungfernschaft)."[366]

Die gemeinrechtliche Lehre ging – wie eben gezeigt, ohne große Wirkung auf die Rechtsprechung – seit der ersten Hälfte des 19. Jahrhunderts davon aus, dass die Hinzuziehung eines Sachverständigen auf besonderen Fachgebieten die Pflicht des Richters sei.

Denselben Standpunkt hatten auch die Motive der Hannoverschen Prozessordnung von 1847/50, „eine der letzten Zusammenfassungen des gemeinen Rechts"[367], eingenommen, nach dem die eigene Fachkunde des Richters diesen nicht von der Vernehmung von Sachverständigen entbindet.[368]

b. AGO/Preußischer Prozess

Die AGO ordnet in Teil I Titel 9 § 38 folgendes an:

> *Wenn nach dem Vortrage der Parteien und den bis dahin verhandelten Akten sich ergiebt, dass bei dieser Erörterung solche Tatsachen vorkommen, deren zuverlässige Beurtheilung nähere Kenntnis und Uebung in einer gewissen Kunst oder Wissenschaft voraus setzt; so muß das Gericht von Amts wegen die Verfügung treffen, dass seinem Kommissarius – ein Sachverständiger beigegeben werde, mit dessen Zuziehung er dergleichen streitige Tatsachen instruieren, und nach dessen Rath und Gutachten sowohl bei der Auseinandersetzung der Sache – als bei der Aufnehmung der Beweismittel verfahren soll.*

Die Entscheidung, ob die Bewältigung der Tatsachen des Rechtsstreites besondere Kenntnisse voraussetzt, liegt nach dem Wortlaut dieser Vorschrift also beim Gericht: „Was der Richter selbst kennt und weiß, dazu bedarf er keiner anderweiten Unterweisung oder Bestätigung wo nicht das Gesetz ausdrücklich die Zuziehung besonderer Techniker anordnet. Auch hat der Richter nicht nöthig, sich darüber auszuweisen, woher er seine Kenntnisse hat, und wie weit sie gehen", es muss ihm „auf sein Wort" geglaubt werden, dass er in einem „Fach menschlicher Kenntnisse oder Fertigkeiten hinlänglich bewandert sey, um darin ohne Mißverstand und Irrthum einen Gegenstand verhandeln zu können".[369]

Allerdings gibt es in der AGO und auch im ALR eine Anzahl von Fällen, in denen die Beiziehung eines Sachverständigen, manchmal sogar mehrerer

366 Langenbeck 1861 S. 554; eine Belegstelle gibt Langenbeck nicht an.
367 Olzen ZRG (GA) 1980, S. 207.
368 Olzen ZRG (GA) 1980, S. 209 unter Berufung auf die 1848 von Leonhardt herausgegebenen Motive, dort S. 100.
369 Grävell Bd. II 1826, zu I 9 §§ 39–41, S. 126.

Sachverständiger, vorgeschrieben ist.[370] Von diesen besonderen Vorschriften für die Zuziehung von Sachverständigen in den besonderen Prozessarten sind durch die Novelle von 1846 und aus anderen Gründen einige weggefallen.[371]

Streitigkeiten zwischen Kaufleuten um die Qualität von Waren fielen aber unter die Verpflichtung des Gerichts, im „Merkantilprozess" stets Sachverständige beizuziehen, I 30 § 3. Dies galt auch nach der Novelle von 1833, wie das Justizministerium im Jahr 1845 per Allgemeinverfügung vom 31. März[372] klarzustellen sich veranlasst gesehen hat:

> *Die Allg. Gerichts=Ordnung Thl. I Tit. 9 § 38 schreibt vor, dass, wenn bei einem Rechtsstreite Thatsachen vorkommen, deren zuverlässige Beurtheilung nähere Kenntniß und Uebung in einer gewissen Kunst oder Wissenschaft voraussetzt, der Richter alsdann von Amtswegen Sachverständige zuziehen und nach deren Rath und Gutachten bei der Instruktion verfahren soll.*
>
> *Die Anhangs=Paragraphen 64 und 65 bestimmen das nähere über Auswahl und Vorladung solcher Sachverständigen. Insbesondere ist aber bei kaufmännischen Prozessen, welche Handlungsgeschaefte zum Gegenstand haben, im Titel 30 der Prozess-Ordnung §. 3 und folg. auch an Orten, wo eigene Handelsgerichte mit kaufmännischen Assessoren nicht bestellt sind*[373]*, die Zuziehung solcher Sachverständiger als Beisitzer des Gerichts oder als*

---

370 Nachweis bei Grävell Bd. II 1826, S. 119 Fn. 38 (AGO I 30 §§ 3, 8 u. 10; I 38 § 6; I 41 §§ 34 u 76; I 43 § 1; I 44 §§ 7, 38 u 48; I 45 §§ 7 und 17 u. I 46 § 36, II 6 § 4) und S. 124 Fn. 63. (ALR I 2 § 116, I 11 § 64, I 14 § 434).

371 Wegfall folgender Sonderfälle nach Koch, Prozess-Ordnung nach ihrer heutigen Geltung, 1864: I 41 Unterthanenprozess (Streitigkeiten des Herrn mit untertänigen Bauern um Dienst- und Zinspflichten, obsolet wegen Aufhebung der Privatuntertänigkeit/„Bauernbefreiung"); §§ 34 u 76, S. 647, auch schon Grävell Bd. IV 1828, S. I; I 42, Grenz- und Bausachen §§ 9 (Feldmesser) u. 35 (vereidete Sachverständige), S. 849, 851;
I 43 Gemeinheitstheilungen (Auflösung von Miteigentums- und Nutzungsgemeinschaften an Äckern, Wiesen und Wäldern zum Zweck der Schaffung von Privateigentum), S. 852, auch schon Grävell Bd. IV 1828 S. 488ff., abgeschafft durch G vom 7. Juni 1821, GS 1822 S. 54;
I 44, Miet- und Pachtsachen §§ 7, 38 u. 48; §§ 7 und 38 fallen weg, S. 860. § 48 betrifft landwirtschaftliche Sachverständige, allerdings jedoch mehr ihre formale Qualifikation als die Frage, wann sie zwingend zuzuziehen sind, Grävell Bd. IV 1828 S. 336 mit Rückverweis auf die allgemeinen Ausführungen im Band II zu I 9 § 38, S. 121.

372 Allgemeine Verfügung vom 31. März 1845, JMinBl. S. 72.

373 Solche Gerichte bestanden nur in Danzig und in Königsberg mit Außenstelle in Pillau. In Stettin bestand eine besondere Abteilung des Kreisgerichts, der „vier kaufmännische Mitglieder mit berathender Stimme hinzutreten", ebenso in Memel, mit allerdings nur einem kaufmännischen Mitglied, Evelt, Gerichtsverfassung und der

Assistenten des Deputirten verordnet. Auf ihren Rath soll bei der ganzen Instruktion des Prozesses Rücksicht genommen und ihr Gutachten bei Entscheidung der Sache gehörig beachtet werden.

Der Justiz-Minister hat wahrgenommen, dass diese Bestimmungen nicht immer vorschriftsmäßig gehandhabt werden. Auch ist wohl daraus, dass in der Verordnung vom 1. Juni 1833 über den Mandats-, den summarischen und den Bagatell-Prozess (Gesetz-Sammlung S. 37) die Zuziehung von Sachverständigen zum Klagebeantwortungs-Termine und zur mündlichen Verhandlung nicht besonders angeordnet ist, unrichtig gefolgert worden, dass eine solche Zuziehung mit dem Verfahren nach der gedachten Verordnung nicht vereinbar und die Anwesenheit von Sachverständigen in den Sitzungen der Deputation für summarische Sachen unstatthaft sei.

Der Justiz-Minister sieht sich daher veranlaßt, die Beachtung jener Vorschriften der Allg. Gerichts-Ordnung, namentlich bei den in großer Anzahl zur Verhandlung in summarischen Prozeßverfahren geeigneten kaufmännischen Prozessen hiermit im Allgemeinen den Gerichtsbehoerden der Landestheile, in welchen die Allgem. Gerichts-Ordnung Gesetzeskraft hat, in Erinnerung zu bringen und fordert auch die betreffenden Landes-Justiz-Kollegien auf, die zur Ausführung der gedachten Vorschriften noch erforderlichen Anweisungen an die Untergerichte ihrer respektiven Departements zu erlassen.

Während das Justizministerium die Richter dazu anhält, ihre eigenen Fachkenntnisse nicht zu überschätzen, wird auf der Grundlage des Textes der AGO an der Freiheit des Richters gearbeitet: Es sei eine förmliche Feststellung eines Sachverständigengutachtens nicht erforderlich, wenn der Richter den Sachverständigen

---

Civil-Proceß in Preußen, 1855, S. 108. Diese Gerichte stammten aus der Zeit vor Inkrafttreten der AGO. Das Gesetz über die Einrichtung von Handelsgerichten vom 3. April 1847 brachte nach Evelt aaO keine Änderung. Die Berliner Kaufmannschaft sah für ein Handelsgericht in Berlin keinen Bedarf, da die Handelsgerichte „strenge an die einer längst verflossenen Zeit angehörige Gesetzgebung [also das AGO-Verfahren] gebunden sein würden, die erfahrungsgemäß dem Wesen des Verkehrs, wie derselbe in der Gegenwart besteht, nicht angemessen ist“ (Druckschrift der Aeltesten an die Herren Mitglieder der Corporation v. 25. Januar 1847, Geschäftsbericht über das Jahr 1846, GStA PK, Rep. 120 Nr. 9245, Bl. 83v) und bekräftigen im Geschäftsbericht über das Jahr 1848 v. 12. März 1849, dass dieses Gesetz, „nach unserer Ueberzeugung, eine dem Zweck erfüllende Einrichtung eines solchen Gerichts in Berlin nicht“ zugelassen habe, aaO, Bl. 131v. Dass aus den „Ministerial-Conferenzen, über diesen Gegenstand [Änderung des Gesetzes über Handelsgerichte], zu denen wir Deputierte entsendet haben“, anschließend etwas geworden wäre, ist jedoch nicht überliefert. Die kaufmännischen Beisitzer der Gerichte waren nicht etwa stimmberechtigte Mitglieder des Spruchkörpers, sondern „ihre Wirksamkeit [...] beschränkt sich auch hier auf Gutachten über Handelsgebräuche und Verhältnisse des Handels am Orte“, Evelt aaO, S. 108f.

als „lebendiges Wörterbuch über die vorkommenden technischen Gegenstände zu seiner Aufklärung und zur richtigen Auffassung der Sache" benutze, „weil es ganz gleich ist, ob der Richter die ihm abgehenden Sachkenntnisse aus irgend einem Schriftsteller, oder aus einem lebenden Mund zieht",[374] erst wenn der Richter vom Sachverständigen gefällte Urteile über im Fall erhebliche Tatsachen übernehme, müssen diese Sachverständige formell beeidigt werden.

Dass der Richter sich auch auf seine eigene Sachkunde verlassen und damit die von einer Partei angeregte Vernehmung eines Sachverdständigen absehen kann, stellt das höchste preußische Gericht 1861 fest.[375]

---

374 Grävell Bd. II 1826 S. 122. – Bei Grävell ist die heute übliche Beschreibung der drei Einsatzbereiche von Sachverständigen schon angelget. Die drei Einsatzbereiche sind: Mitteilung von Erfahrungssätzen, Tatsachenfeststellung und Beurteilung von Tatsachen, vgl. Jessnitzer/Frieling/Ulrich, Der gerichtliche Sachverständige, 2007, S. 3 und Hegler 1904, S. 162–220. Da für Grävell jedoch kein Zweifel daran besteht, dass eine Feststellung von Tatsachen immer auch ein Urteil enthält, das Gesehene oder sonst sinnlich wahrgenommene unter Zuhilfenahme der menschlichen Urteilskraft für wahr halten zu wollen, bringt er die Tatsachenfeststellung/Befunderhebung in eine Kategorie mit der Beurteilung von Tatsachen. Der Unterschied zwischen Befunderhebung und Tatsachnbeurteilung sei, so Hegler 1904, S. 207, 217, kein logischer, sondern der „erkenntnistheoretische Schwerpunkt" liege einmal eher in der Denkopteration, einmal mehr in der Wahrnehmung. Bereits in den 1820er Jahren differenziert Grävell auf dieser Grundlage deutlich, für die Mitteilung von Erfahrungssätzen könne auch ein Wörterbuch zur Hand genommen werden. Hierfür brauche man kein förmliches Verfahren – Hegler 1904, S. 200f. m. Fn. 126 nennt eine solche Verfahrensweise anscheinend ohne Spiel mit Etymologie und Pleonasmus eine „formlose Information" – denn Wörterbuchwissen sei offenkundig, egal ob das Wörterbuch nun richtig sei oder nicht, denn menschliche Wissenschaft sei nun einmal nicht gegen Irrtümer gefeit; darum müsse das Gericht sich nicht kümmern. Gegen die Bezeichnung einer Tatsache als offenkundig durch das Gericht können die Parteien Gegenbeweis antreten; dann sei über die Frage der Offenkundigkeit Beweis zu erheben, so auch Wach 1896. In dem Fall, dass in der Fachwelt umstritten ist, ob ein Erfahrungssatz richtig sei oder nicht, muss der Richter dann eben entscheiden, ob bereits eine Übereinstimmung von 80% der relevanten Fachkreise von Rechts wegen eine Offenkundigkeit ergibt oder nur eine Übereinstimmung von 99% in den Fachkreisen. Der Vorteil bei dieser Betrachtung von Offenkundigkeit ist, dass das Gericht auf diese Weise nicht in die Verlegenheit kommt, selbst irgendwelche Richtigkeitsurteile über Antworten auf fachwissenschaftlich umstrittene Fragen zu Fällen, sondern die das Gericht interessierende Beweisfrage nach abstrakten Regeln beantwortet bekommt.

375 Erkenntniß des königlichen Ober-Tribunals vom 13. November 1861, JMinBl 1863, S. 66; ebenso für die Schätzung von Schäden: Sogar in einem Fall, wo das

c. ZPO

Der zwischen 1867 und 1870 verhandelte Entwurf einer Zivilprozeßordnung für den Norddeutschen Bund (ndE ZPO) enthält Regelungen, die denjenigen der ZPO bereits weitgehend entsprechen.[376]

Von der Textfassung der ZPO abweichend ist das Gericht nach § 538 ndE ZPO ausdrücklich „befugt, dem Antrage auf Aufnahme des Beweises durch Sachverständige nicht stattzugeben, wenn es sich selbst die erforderliche Sachkunde beimißt."[377] Eine entsprechende Vorschrift war auch im preußischen (§ 501) und im Bundesstaatenentwurf (§ 351) enthalten. Diese Vorschrift wurde nicht in die ZPO für das Deutsche Reich aufgenommen und in den Motiven für „teils entbehrlich, teils bedenklich" erachtet.[378] Aus § 286, der den Richter dazu verpflichtet, sich aus dem gesamten Inhalt der Verhandlung ein eigenes Bild von der Wahrheit und Unwahrheit der behaupteten Tatsachen zu machen, sei zu entnehmen, dass die Entscheidung über die Zuziehung des Sachverständigen im Ermessen des Richters stehe[379] und dass dementsprechend „der Richter nach Ermessen den Gehülfen bei Seite schieben" könne.[380]

---

einschlägige Spezialgesetz die Einholung eines Gutachtens über den Schaden zwingend vorschrieb, aber – oder: und dementsprechend? – keine der Parteien einen Antrag auf Einholung eines Gutachtens zur Schadenshöhe gestellt hat, mit Verweis auf Erkenntniß des königlichen Ober-Tribunals vom 13. Oktober 1859, JMinBl. v. 16. Dezember 1859.

376 Die in §§ 144, 286, 272 und 402 ZPO enthaltenen Regelungen finden sich im norddeutschen Entwurf im Wesentlichen wortgleich in §§ 315, 455, 495, und 537.

377 Norddeutsche Protokolle, hg. von Schubert, Bd. 2, S. 753f.

378 RegE ZPO, in: Stenographische Berichte über die Verhandlungen des Deutschen Reichstags, 2. LP, II. Session 1874/75, Dritter Band, Anlagen zu den Verhandlungen des Deutschen Reichstags, Berlin 1875, Nr. 6, S. 334–595, 496, wo davon die Rede ist, der Richter sei „thatsächlich genöthigt", einen Sachverständigen zuzuziehen, wenn Kenntnisse erforderlich seien, die einem Richter „regelmäßig nicht beiwohnen". Die Motive zum DZPO-Entwurf 1 1871 S. 336 ordnen im Widerspruch zum Norddeutschen Entwurf ebenfalls an, der Richter müsse einen Sachverständigen hinzuziehen, wenn besondere Kenntnisse erforderlich seien.

379 RegE ZPO, in: Stenographische Berichte über die Verhandlungen des Deutschen Reichstags, 2. LP, II. Session 1874/75, Dritter Band, Anlagen zu den Verhandlungen des Deutschen Reichstags, Berlin 1875, Nr. 6, S. 334–595, 496.

380 Wortwahl durch den Kritiker an dieser Ansicht, Louis von Bülow 1879, S. 253; für diese Ansicht Struckmann/Koch, ZPO, 1879 § 368 Anm. 2 (S. 314) („ergibt sich aus der grundsätzlichen Behandlung des Sachverständigen als Gehilfen des Richters"); Gaupp 1880 Bd. 2, S. 305 und unverändert 1890 Bd. 1, S. 702 sowie zu § 135

Dementsprechend ist ein Beweisantritt auf Zuziehung eines Sachverständigen nach dem Wortlaut der folgenden Passage nicht mehr als eine „Anregung“ an das Gericht, die sich das Gericht genauso gut oder vielleicht noch besser kurzerhand selbst geben kann:

> *Die Anregung zur Aufnahme von Sachverständigenbeweis kann ohne Antrag der Parteien von dem Gerichte ausgehen (§ 3, 129, 250); dieselbe kann auch durch Beweisantritt der Parteien gegeben werden (§ 355). Die Stellung des Gerichts gegenüber solchem Beweiserbieten regelt sich nach allgemeinen Grundsätzen. Einen positiven Zwang zur Beiziehung von Sachverständigen spricht der Entwurf im § 571 für den Entmündigungsprozeß aus.*[381]

Dies ist von der Kommentarliteratur dann genauso deutlich verstanden worden, wie die Kommission es anscheinend gemeint hat: „Eine Vorschrift, dass das Gericht die Vernehmung von Sachverständigen ablehnen dürfe, falls es sich die erforderliche Sachkunde selbst beimesse, wurde nicht getroffen, weil sie einesteils entbehrlich, anderenteils bedenklich sei. Sie war in der That überflüssig, weil sich der Satz schon aus der Stellung des Sachverständigen als Richtergehilfen ergiebt.“[382]

Das Reichsgericht folgte der ersten Ansicht des Gesetzgebers. In einem strafrechtlichen Leitsatz von 1881 stellte es die Frage „Hat der Richter in Bezug auf technische Fragen Sachverständige zuzuziehen und zu hören?“.[383] Die

---

ZPO Bd. 1, S. 288; v. Wilmowski/Levy S. 308; Endemann 1860, S. 243. – 1872 war auch Wach noch dieser Meinung, Wach 1872 S. 336f, deutlicher Meinungsumschwung nach 1879.

381 RegE ZPO, in: Stenographische Berichte über die Verhandlungen des Deutschen Reichstags, 2. LP, II. Session 1874/75, Dritter Band, Anlagen zu den Verhandlungen des Deutschen Reichstags, Berlin 1875, Nr. 6, S. 334–595, 496.

382 Petersen/Anger, ZPO, 1899, Nr. 4 vor § 402; s.a. Gaupp, ZPO, 1890 § 368, Bd. I, S. 704: „Als Beweisantretung kann der Antrag auf Beiziehung von Sachverständigen nur in einem uneigentlichen Sinn bezeichnet werden [...] Anregung richterlicher Amtspflicht“; vor § 367 Note I, Bd. I, S. 702: Ein Unterschied zwischen der von Amts wegen angeordneten und der von den Parteien verAnlaßten Zuziehung von Sachverständigen ist „in der That [...] beseitigt“. Dagegen Wach System 1896 Bd.II S. 271, der mehr als eine Anregung an das Gericht erkennen will. Wenn die Partei auf die Überzeugungsbildung des Richters einwirken wolle, und nicht der Richter sich selbst ein Bild von der Glaubwürdigkeit des ihm dargebotenen Stoffs machen will, handele es sich um „Parteibeweisantretung“.

383 Urt. v. 5 Januar 1881, RGSt 3, 176. Es ging um die „technische“ Frage, ob ein wegen Kreditwuchers verurteilter Pfandleiher – 36% Zins auf 6 Monate bei sicherem Pfand zzgl. Bearbeitungsgebühr – die Unerfahrenheit einer Kundin ausgenutzt habe, was zum Tatbestand des Wuchers, seinerzeit § 302a StGB, gehört. Das Landgericht Hamburg hatte die Kundin nicht vernommen, wohl aber zwei Zeugen dafür, dass

Frage stellen hieß sie beantworten, und zwar 1882 in einer Zivilsache wie folgt: „Eine Einschränkung des Richters auf die Kenntnis und Lebenserfahrung eines Mannes von allgemeiner Bildung ist nicht begründet“,[384] entschied es und blieb bis zum Weltkrieg bei dieser Auffassung.[385] Jedes Gericht konnte also behaupten, den jeweils vorliegenden Fall aus eigenem Wissen entscheiden zu können. Der Richter ist frei in der Verwertung seines privaten Wissens an beliebigen Erfahrungssätzen,[386] die Kenntnis dieser Erfahrungssätze kann er sich auch ad hoc bei der Bearbeitung eines Falls aneignen: ihm steht es frei, Fachbücher zu lesen, um generelle Erfahrungssätze zu ermitteln.

Für eine Bindung des Richters an den Wunsch einer der Parteien, einen Sachverständigen zu hören, traten Wach und v. Bülow ein: Ein Richter, welche seine „vermeintliche, vielleicht nur dilettantische besondere Privatsachkunde mit hereinzieht“ macht sich nach Wach des Missbrauchs der freien Beweiswürdigung verdächtig, „gerade so wie der Richter, welcher seine Privatkenntnis nicht offenkundiger Tatsachen benutzen wollte“, denn im Ergebnis maßt er sich „ein Urtheil über den Beweiswert seiner eigenen Aussage an“.[387] Der Richter sei „juristischer

---

die Kundin weder richtig verstanden hatte, wie hoch der Zinssatz sei, obwohl das klar auf dem Pfandschein stand, noch, dass ihr klar war, warum der Angeklagte einen Betrag „von einer Mark“ als Bearbeitungsgebühr einbehalten hatte. Angesichts dieser Prozessgeschichte und Sachlage hatte das Gericht eigentlich gar keinen Anlaß zu folgenden, das Urteil nicht tragenden Aussprüchen: Selbst „in den Fällen, wo eine besondere Sachkunde zur Erforschung der Wahrheit erforderlich ist“ sei das Gericht durch die damals noch keine zwei vollen Jahre lang gültige StPO „nicht verpflichtet worden, Sachverständige zuzuziehen und zu hören; endlich ist das Gericht in keinem Falle gehalten, seine Überzeugung in Fragen sachverständigen Ermessens auf das Gutachten der gehörten Sachverständigen zu gründen; vielmehr liegt demselben auch in solchen Fällen ob, sich eine eigene Überzeugung zu bilden, und ist es hierbei gesetzlich von den Gutachten der Sachverständigen ganz unabhängig.“

384 RG v. 9. Dezember 1882, Gruchot XXVII, 1104, 6. Dezember 1884, JW 1885, 26; 24. November 1885, JW 1886, 12; 9. März 1887, Gruchot XXXI, 692; ebenso Gaupp, ZPO, 1890, Bd. I S. 703; Wilmowski-Levy 5. Aufl. 1889, Vorbemerkung u S. 535; Struckmann/Koch 5. Aufl. 1887, § 368 N. 2; teilw. Anderer Meinung Planck, LB d dt. ZPrR Bd. I, 1887 S. 445.

385 Mezger 1919 führt an die Urteile RG JW 1915, S. 581 Nr. 15, RG bei Sörgel Rspr. 1916 S. 522 Nr. 51 und 52 sowie Gaupp/Stein vor § 402 I 3.

386 Mezger 1919, S. 182 unter Berufung auf RG, IV. ZS, 7. November 1910.

387 Wach System 1896 Bd. II S. 268f m. Fn. 13. Er bringt den griffigen Fall eines „mit chemischen Liebhabereien beschäftigten Amtsrichters, der eine schwierige chemische Analyse selbst“ durchführt und auf dieser Grundlage urteilt. Wach sieht sich selbst deutlich in der Defensive. – Virtuos sein Argument aus §§ 3, 144, 287, 372,

Techniker, in anderen Fächern [...] Dilettant" und dürfe sich daher nicht darauf verlassen, zufällig über die erforderlichen Kenntnisse zu verfügen.[388]

Allerdings: Offenkundiges bedarf auch für Wach keines Beweises: Man stelle sich vor, „der Richter wollte ignoriren, was er jedem Konversationslexikon entnehmen kann. Undenkbar."[389] Auch gegen Druckschriften, Stadtpläne und dergleichen hat Wach keine Einwände, auch nicht dagegen, dass die Parteien dem Richter klarmachen, dass eine Tatsache offenkundig sei. Es sei also vom Richter durchaus zu verlangen, sich selbsttätig Kunde zu verschaffen von dem, was offenkundig ist.

Noch 1925 streitet der Berliner Rechtsprofessor James Goldschmidt mit Eifer[390] gegen die herrschende Ansicht[391], die Entscheidung über die Hinzuziehung von Sachverständigen oder[392] die Einnahme des gerichtlichen Augenscheins stehe im freien Ermessen des Gerichts: „Sie geht [...] auf die gemeinrechtliche Auffassung zurück, nach der Zuziehung von Sachverständigen keine Beweisführung sei. Und sie beruht auf dem Gedanken, dass der Sachverständige [...] entbehrlich sei, wo [der Richter] sich selbst genügende Sachkunde zutraut. Aber gerade dieser Gedanke ist ebenso falsch wie gefährlich. [...] [Er] kann den schlimmsten Dilettantismus zum Schaden der Parteien zur Geltung bringen."[393] Diese Stellungnahme Goldschmidts zum Dilettantismus der Richter ist aber gerade zunächst von gemeinrechtlichen Schriftstellern, allen voran Gönner, formuliert worden, was nichts anderes zeigt als die Austauschbarkeit von Argumenten und die Verselbständigung von Begriffen. Goldschmidt nannte es 1925 „die gemeinrechtliche Auffassung", Sachverständige seien keine Beweismittel; wie oben

---

419 und der dort implizierten Befugnis des Richters, auch aus eigener Sachkunde urteilen zu können: Wenn das die allgemeine Regel wäre, hätte es ja nicht extra angeordnet werden müssen.

388 Bülow, Louis von, Die Civilprozeß-Ordnung und ihre Nebengesetze, Hannover 1879, S. 253.

389 Wach Vorträge 1896, S. 209.

390 „Es ist einfach nicht wahr, dass der Richter gegenüber dem Antrag auf Einnahme eines Augenscheins, [...] den Wert des angebotenen Beweises [...] schon vorher beurteilen könne (so [RGSt. 14, 278; 21, 227])"; Goldschmidt, Prozess als Rechtslage, 1925, S. 437.

391 Stein, Friedrich: Die Zivilprozeßordnung für das Deutsche Reich. Zehnte Auflage des von L. Gaupp begründeten Kommentars. Erster Band, Tübingen 1911, Nr. III 1 vor § 402.

392 Goldschmidt, Prozess als Rechtslage, 1925, S. 439 mit Fn. 2306 behandelt beide in Bezug auf die Entscheidungsfreiheit des Richters als einander entsprechend.

393 Goldschmidt, Prozess als Rechtslage, 1925, S. 439 f.

C.III.1.b. gezeigt, hat es im Gemeinen Recht diese Auffassung zwar gegeben, gleichzeitig mit ihr wurde aber auch die genau gegenteilige Auffassung vertreten und auch die vermittelnde Auffassung, nach der Sachverständige mal unparteiischer Richtergehilfe, mal parteiliches Beweismittel ist.

Die Frage, unter Einhaltung welcher Begründungsanforderungen das Gericht sich diese Sachkunde auch zutrauen darf, ist erst nach Ende des Untersuchungszeitraums Gegenstand höchstrichterlicher Rechtsprechung geworden. Die ersten einschlägigen Revisionsurteile sind anscheinend in Strafsachen ergangen.[394]

Nach dieser Rechtsprechung darf sich das Gericht eigene Sachkunde nur dann zutrauen, wenn es „diese nach der Erfahrung des Lebens auch haben kann".[395] Ob aber der Richter über diese Sachkunde verfügt, muss er selbst entscheiden und die Gründe für eine bejahende Entscheidung in den Urteilsgründen mitteilen.[396]

---

394 Eines der frühesten in diesem Zusammenhang zitierten Urteile betrifft jedoch weniger die Berufung auf eigenen Sachverstand, den das RG als Möglichkeit ausdrücklich eröffnet, sondern eher ein Verstoß gegen Denkgesetze im Erkenntnisverfahren bzw. die Nichtgewährung rechtlichen Gehörs: Das RG stellt im Urteil vom 23. November 1917, RGSt 52, 61, 62, den Begründungszwang an einem ganz anderen Sachverhalt fest: Es geht um den Diebstahl eines nach der Fällung zur Abholung noch im Wald liegenden Baumstamms. Der Angeklagte hatte sich mit der Behauptung verteidigt, der von ihm ins Sägewerk gelieferte Baumstamm sei nicht länger als drei Monate vor der Anlieferung im Sägewerk gefällt worden, während der dem Geschädigten abhanden gekommene Baumstamm ein Jahr vor diesem Zeitpunkt gefällt worden war. Er hatte beantragt, den Sägemüller als sachverständigen Zeugen darüber zu befragen, ob nach seinem Urteil der von dem Angeklagten angelieferte Baumstamm länger als drei Monate vor Anlieferung gefällt worden sei. Diesen Antrag hatte das Landgericht Lyck (Ostpreußen) angesichts der seiner Ansicht nach völlig glaubwürdigen Aussage des Geschädigten abgelehnt. Dazu das RG: „Traute sich also das Landgericht die erforderliche Sachkunde zu, um zunächst die Frage beantworten zu können, ob aus dem Zustand eines gefällten Baumes zu einem bestimmten Zeitpunkt rückwärts auf den Zeitpunkt seiner Fällung geschlossen werden könne, und bejahendenfalls, ob der Zustand des vom Angeklagten in die M.'sche Schneidemühle gebrachten Kiefernstamms die Annahme zulasse, dass er länger als 3 Monate vor dem Oktober 1916 und schon im Herbst 1915 gefällt worden sei, so brauchte es sich bei Entscheidung dieser Frage der Hilfe eines Sachverständigen nicht zu bedienen. Es durfte sie aber nicht unbeantwortet lassen."

395 RGSt 61, 273 – Beantwortung der Frage, ob ein bestimmtes chemisches „Rezept" ein Betriebsgeheimnis oder allgemein bekannt gewesen sei –, seitdem fest. Mayer 1954 S. 470 Fn. 1 zitiert noch RG JW 28, 2989 m. Anm. Alsberg sowie RG JW 31, 1493 m. Anm. Alsberg 2495, JW 32, 2619.

396 Marburger, Sachverstand und richterliche Entscheidung im Zivilprozess, 1986, S. 38f, Fn. 61 mit Nachweisen aus der Nachkriegsliteratur und -rechtsprechung.

Dabei steht es dem Richter frei, sich selbst durch die Fachliteratur eigene Kenntnisse von allgemeingültigen Erfahrungssätzen anzueignen. „So entsteht eine große Unsicherheit für den Tatrichter, der nicht wissen kann, ob ihm das Revisionsgericht später die eigene Sachkunde glauben wird oder nicht.“[397] Sicherheitshalber also folgt der Richter dem Sachverständigengutachten, das erspart ja auch viel eigene Arbeit, was folgendes instruktives Beispiel zeigt:

> *Der Sachverständige war hier herbeigeholt, um festzustellen, ob der neue Mantel 17 cm länger sei als der alte, und ob die Zutaten gute seien. […] In vielen Fällen ist der Richter selbst Sachverständiger. Es ist gut, wenn der Richter es ist und sich nicht auf andere zu berufen braucht. Leider zu oft ist in der Praxis der Richter geneigt, da, wo er nur ein wenig selbst zu überlegen oder wo er sich nur ein wenig umzuschauen braucht, zur Herbeiziehung von Sachverständigen seine Zuflucht zu nehmen. Auch in unserem letzten Fall, wo es sich darum handelte, ob der gelieferte Mantel 17 cm länger sei als der alte, wäre ein Sachverständiger keineswegs nötig gewesen; der Mantel war vorgelegt, sonst hätte ja der sachverständige Schneidermeister nicht über ihn befragt werden können; wenn der Kläger ein Metermaß mitgebracht hätte, konnte ohne alle Schwierigkeit auf dem Gericht der Mantel gemessen werden, und zwar ohne jeden Sachverständigen.*[398]

4. Ist das Gericht bei der Auswahl der Sachverständigen frei?

a. *Gemeiner und Preußischer Prozess*

Das Gemeinrechtliche Schrifttum berichtet wenig über die erforderliche Qualifikation gewerblicher oder technischer Sachverständiger. Vorbehaltlich eingehenderer Forschung können wir berichten, dass in den Gebieten des Handwerks es selbstverständlch gewesen zu sein scheint, zur Begutachtung einen Meister, nicht aber Gesellen oder gar Lehrlinge zuzuziehen.

Die AGO trifft in ihrem eigentlichen Text keine Regelung über die Frage, wer als Sachverständiger beizuziehen ist und wann die Sachverständigen der Zuziehung Folge zu leisten haben. Daher wurden diese Fragen in zwei Justizministerialreskripten von 1796 und 1806 geregelt. Der Inhalt dieser Reskripte wurde 1815 im amtlichen Anhang der AGO publiziert.[399]

---

397 Mayer 1954, S. 470.

398 Stölzel, Adolf: Schulung für die zivilistische Praxis, Berlin 1898, zitiert nach der 11. Auflage, neu bearbeitet von Friedrich Steuber, Berlin 1936, S. 147f. Der Bearbeiter Steuber wird uns unten H.VI.4 als in der Sachverständigenfrage federführender Beamter im JM noch begegnen, s. u. bei Fn. 752.

399 Zu Anhang § 65 s. Grävell, Bd. II, 1826 S. 120 und Daniels, Handbuch, 1839, S. 484: Die Vorschrift geht zurück auf ein Ministerialreskript v. 12. September 1796. Daniels weiter: „Der Vorschlag der vorgesetzten Amtsbehörde ist für das

§ 64

In Absicht der Vorladung der bei der Erörterung zuzuziehenden oder sonst zu vernehmenden Sachverständigen findet folgendes Verfahren statt: zuvörderst hat es dabei sein Bewenden, dass die ein- für allemal als Sachverständige bei den Gerichten angestellten und vereidigten Personen zugezogen werden.

In deren Ermangelung und in so fern sich die Parteien über die Sachverständigen nicht vereinigen können, ist deshalb mit demjenigen Kollegium, welchem Personen dieser Art in Amtssachen untergeordnet sind, Rücksprache zu nehmen. Diejenigen, welche die Amtsbehörde benennt, können sich nicht entziehen, das Geschäft des Sachverständigen bei den Gerichten zu übernehmen.

Tritt dagegen der Fall ein, dass sich die Parteien über solche Sachverständige vereinen, welche nicht in dieser Eigenschaft bei den Gerichten angestellt und nicht ein- für allemal vereidet, auch nicht von den ihnen vorgesetzten Behörden, sondern von den Parteien selbst vorgeschlagen sind; so muß der Vorgeschlagene, falls seine Kunst oder Wissenschaft ihn ernährt, z. B. wenn er Lehrer, Professor, Arzt, Künstler oder Handwerker ist, sich als Sachverständiger der unmittelbaren Aufforderung seiner Obrigkeit gemäß, gestellen und eidlich vernehmen lassen.

Ist er dagegen in einem öffentlichen Amtsverhältnisse, so muß das Gericht vorläufig mit der ihm vorgesetzten Amtsbehörde, Rücksprache halten, und nur nach deren Bewilligung mit seiner Vorladung verfahren.

§ 65

Die Auswahl der Sachverständigen unter mehreren entweder dem Gericht bekannten, oder von der Amtsbehörde genannten, gehört, in Ermangelung einer Vereinigung der Parteien, zur Kompetenz des den Prozess dirigierenden Gerichts.

Diese Vorschriften gehen davon aus, dass es bei den einzelnen Gerichten möglicherweise einen Bestand von „ein- für allemal als Sachverständige [...] angestellten und vereidigten Personen" gebe und dass diese in erster Linie für die Begutachtung heranzuziehen sind, § 64 Abs. 2. Dieser Annahme über die tatsächlichen Verhältnisse entspricht die Spezialvorschrift AGO I 10 § 166 über die Prüfung kaufmännischer Bücher.[400] Einigen sich die Parteien auf eine Person außerhalb

---

Gericht nicht bindend, und es kann dieses ohne Rücksprache mit derselben verfahren, wenn ihm andere qualificirte Personen unmittelbar bekannt sind, welche sich entweder freiwillig der Assistenz unterziehen, oder welche ohne die Konkurrenz einer Dienstbehörde (also ohne das behördliche Recht, die Sachverständigenvernehmung eines Beamten nicht zu gestatten) zu derselben adhibirt werden können".

400 Danach können „Aelteste oder Gildemeister der Kaufmannschaft" für die Zwecke der Prüfung von Handelsbüchern ein für allemal beeidigt werden, Grävell Bd. II 1826 S. 120. Beweis von Forderungen durch Vorlegung der Handelsbücher nach

dieses Kreises von Sachverständigen, kann sie sich der Pflicht zur Erstattung eines Gutachtens nicht entziehen, wenn sie mit ihrem besonderen Expertentum ihr Geld verdient, § 64 Abs. 3. Ein Beamter darf – egal ob aufgrund der Einigung der Parteien oder aufgrund der Entscheidung des Gerichts – nur als Sachverständige geladen werden, wenn sein Vorgesetzter zustimmt, § 64 Abs. 4.

Wer die Qualifikation und Tauglichkeit der Sachverständigen sicherstellen soll, ist nicht geregelt. Das Justizministerium schreibt am 28. Februar 1831 „[i]n Absicht der Vorladung der bei der Instruktion zuzuziehenden oder sonst zu vernehmenden Sachverständigen" folgende richtige Worte: „Es ergiebt sich aus der Sache selbst, dass es bei den Sachverständigen hauptsächlich darauf ankommt, dass dieselben wirklich Sachverständige sind, und dass es nicht von der Partei abhängen kann, sie willkührlich als solche zu bezeichnen. Es muß daher entweder ein Einverständniß über deren Vernehmung in der gedachten Qualität zwischen den beiden streitenden Parteien gegeben sein, oder es muß der Richter selbst nach näherer Bestimmung des Gesetzes eingreifen."[401] Im Folgenden werden unterschiedliche Typen von Sachverständigen für den gerichtlichen Einsatz vorgestellt, die in den eben zitierten Vorschriften erwähnt werden.

aa. Fachbehörden

Mit den in § 64 Abs. 2 benannten Kollegien sind wohl kollegiale Fachbehörden gemeint.[402] Zu denken ist zunächst an die Königliche Medicinal-Deputation, die auch

---

Grävell Bd II. S. 353 zu AGO I 10 § 166: Das Gericht muss, wenn der Beklagte Einwendungen gegen das Buch hat, dieses „alsdann den Aeltesten oder Gildemeistern der Kaufmannschaft die Bücher vorlegen lassen, und von diesen ein pflichtgemäßes Gutachten über die gemachten Ausstellungen auf ihren Amtseid erfordern, welches bei dem künftigen Erkenntnisse über die Erheblichkeit dieser Ausstellungen zu Grunde zu legen ist. Wo keine Kaufmanns-Gilde besteht, müssen zu diesem Geschäfte andere angeseßne Kaufleute als Sachverständige zugezogen, und besonders verpflichtet werden. – Die Regeln der AGO I 10 §§ 89–168 wurden außer Kraft gesetzt durch Art. 22 pr EGADHGB v. 24. Juni 1861, GS S. 459 und ersetzt durch Art. 38 ADHGB, Koch, Prozess-Ordnung nach ihrer heutigen Geltung, 1864 S. 234 m. Fn. 11.

401 Text nach v. Rönne Bd. 3 1865, S. 230.

402 An Handelskammern ist schon deswegen nicht zu denken, weil es 1815 im Anwendungsbereich der AGO keine einzige Handelskammer gab. Auch die im Geltungsbereich der AGO in den Jahren 1820–1825 errichteten acht Kaufmännischen Korporationen können in dem Text von 1815 noch nicht gemeint gewesen sein. Zur Geschichte der offiziellen kaufmännischen Vertretungen in Preußen s. unten C.I.1.

tatsächlich als Obergutachterin tätig geworden ist,[403] allerdings musste das Justizministerium 1826 seine Gerichte noch eigens per Reskript auf die Existenz dieses Kollegiums hinweisen.[404] Auch für den Bausektor und für die Angelegenheiten des Gewerbes gab es Fachkollegien, nämlich die Ober-Baudeputation und die Technische Deputation für Gewerbe, die beide dem Finanzminister unterstanden.[405] Für die beide Deputationen wurde 1840 per Justizministerialreskript[406] angeordnet, sie dürften „in solchen Fällen, in welchen es sich lediglich um Streitfragen zwischen Privatpersonen ohne irgend eine Betheiligung fiskalischen Interesses handelt, als Sachverständige nicht vorgeschlagen und vernommen werden". Damit fällt – selbst in dem aus rein praktischen Gründen räumlich wohl eng umgrenzten zentralen Bereich Preußens, in dem überhaupt an eine Heranziehung dieser königlichen und wohl in Berlin und Umgebung ansässigen Fachleute zu denken war – der Sachverstand der Staatsbeamten für die Fälle von Handel und Gewerbe, Industrie und Technik fort. Wer kümmert sich also um die Beurteilung von Manufakturwaren oder anderen Handelswaren an einem Ort, wo ein besonderes Handels-, Wett- oder Seegericht[407] nicht besteht oder nicht zuständig ist? Ein Weg ist es, in

403 vgl. S[igismund] E[duard] Loewenhardt, Kritische Beleuchtung der medizinisch-psychischen Grundsätze nebst den darauf basierten Ober-Gutachten der Königlichen Wissenschaftlichen Deputation für das Medicinal-Wesen in Preussen: für Aerzte und Juristen; mit einem Anhange über die in praktisch-medizinischer und forensicher Hinsicht brauchbarste Einteilung und Untersuchungsmethode Seelengestörter. Berlin, Springer (Winkelmann) 1867.

404 21. April 1826, in v. Kamptz Jahrbuch Bd. LIV, S. 283, hier zitiert nach Grävell, Kommentar, Nachtragsband 1831 S. 36, mit dem Hinweis an die Gerichte, „in Medizinal-Angelegenheiten nicht die Regierungen, sondern die Provinzial-Medizinalkollegien anzugehen".

405 Beide Deputationen wurden bei der förmlichen Einrichtung des Ministeriums für Handel und Gewerbe durch Erlass vom 17. April 1848, GS S. 109 dem Handelsminister unterstellt.

406 24. Juli 1840, JMinBl. S. 236. Es wird zunächst auf Anhangs-§ 64 Abs. 2 und 5 hingewiesen und dann der eigentliche Inhalt wie folgt eingeleitet: „Diese Bestimmung ist von einzelnen Gerichten durch unmittelbare Aufforderung der Königllichen Ober-Bau-Deputationen zur Abgabe sachverständiger Gutachten in Prozessen außer Augen gesetzt worden, und wird deshalb auf den Antrag des Herrn Finanz-Ministers, als vorgesetzten Departements-Chefs jener Deputation, Folgendes zur Nachaachtung eröffnet".

407 Solche Gerichte waren in der AGO nicht generell vorgesehen; wo solche bestehen, regelt sie nichts, vgl. I 30 § 2. Es „bleibt bei der diesfallsigen Verfassung und den, solchen Gerichten ertheilten, besondren Reglements und Instruktionen", Grävell Bd. IV 1828, S. 174.

besonders dringenden Fällen Einzelfallgesetze zu erlassen, wie etwa geschehen für die Beurteilung der Streitigkeiten der schlesischen Weber mit ihren Aufkäufern.[408]

bb. Von der Kaufmannschaft vorgeschlagene Sachverständige

Diejenigen Fälle der Streitigkeiten um die Qualität von Waren, die unter Kaufleuten stattfanden, wurden im Merkantilprozess nach Teil I Titel 30 der AGO ausgetragen. Hierzu gibt Grävell 1828 an, der zuzuziehende Kaufmann solle „wegen seiner Ehrlichkeit und Rechtschaffenheit in gutem Ansehen stehen". Sodann fährt er, ohne Bezugnahme auf den Anhangs-§ 64 fort, es werde „jeden Orts nach Bewandniß der Umstände besonders bestimmt", ob „hierzu ein für allemal gewisse Personen als beständige Beisitzer des Gerichts für die Verhandlung solcher Sachen anzusetzen und zu verpflichten, ober ob in jedem besonderen Falle aus dem Mittel der Kaufmannschaft des Orts, allenfalls nach dem Vorschlage der Aeltesten der Gilde, als Sachverständige zuzuziehen sind", und verweist für diesen Fall auf § 75 des Statuts der Aeltesten der Kaufmannschaft zu Magdeburg.[409] In seiner Behandlung des kaufmännischen Gutachtens in der zweiten Instanz – die allgemeine Vorschrift zum zweitinstanzlichen Gutachten ist AGO I 14 § 60 – erwähnt Grävell dann für den Fall, dass erst- und zweitinstanzliche Gutachten einander widersprechen, die Möglichkeit der Zuziehung der „förmlichen, vom Staate bestätigten Gilden oder Korporationen der Kaufmannschaft, deren Aelteste oder Vorsteher zur Erstattung von Gutachten mitberufen sind" als Obergutachter. Es unterliege „keinem Zweifel, dass ein solches von ihnen, anstatt eines Obmanns, oder auch schon in der ersten Instanz, eingeholt werden kann, und dass einem solchen öffentlicher Glaube nicht zu versagen ist."[410] Der Grund dafür, dass nur das Magdeburger Statut auch den Vorschlag von geeigneten Gutachtern an das Gericht im Unterschied zur Erstattung des Gutachtens durch den Vorstand der Kaufmannschaft vorsieht, liegt möglicherweise darin, dass das Magdeburger Statut das jüngste der Statuten der acht in Preußen bestehenden kaufmännischen

---

408 Einrichtung besonderer Schauämter zur Schlichtung der zwischen den Leinwebern in Schlesien und deren Abnehmern aus dem Leinwandhandel entspringenden, ingleichen der Streitigkeiten, welche aus der Geschäftsführung der Stempelmeister zwischen denselben und den Leinwandhändlern erwachsen, Verordnung v. 2. Juni 1827 § 48, GS 1828, S. 87.

409 Grävell Bd. IV 1828, S. 175 zu AGO I 30 §§ 7–8.

410 Grävell Bd. IV 1828, S. 177 zu AGO I 30 §§ 7–8 unter Berufung auf die Statuten der 8 Korporationen der Kaufmannschaft in den altpreußischen Gebieten (Berlin § 36, Stettin § 39, Danzig § 54, Memel § 57, Tilsit § 53, Elbing § 54 und Magdeburg § 75) Zu den Korporationen sogleich ausführlich D.I.2.

Korporationen[411] war und es sich erwiesen haben mag, dass die Heranziehung zu Gutachten für das ganze Kollegium der angesehensten Kaufleute einer Stadt doch recht lästig war. Die Gutachtertätigkeit der Vorstände der Korporation entwickelte sich in der Praxis Berlins und Magdeburgs dahin, dass die Vorstände Gutachten erstatteten über das Bestehen und den Inhalt von Handelsgebräuchen.[412]

cc. Obrigkeitlich konzessionierte Gewerbetreibende

Für eine Vielzahl von Gebieten besonderer Sachkunde teilt Grävell mit, es dürften von den Gerichten nur diejenigen Personen von den Gerichten hinzugezogen werden, „welche durch die vorschriftsmäßigen Atteste der Verwaltungsbehörden beglaubigt sind, als Sachverständige von den Gerichten zugezogen werden."[413] Grävell listet hier solche Gewerbe auf, die bei Einführung der Gewerbefreiheit 1810/1811 unter eine Konzessionspflicht gestellt wurden.

---

411 Zu den Korporationen ausführlich unten D.I.2.

412 Handelsgebräuche in diesem Sinne sind Fragen der Standard-Qualität – vgl. den Ausdruck „mittlere Art und Güte" in § 360 HGB oder in § 243 Abs. 1 BGB – und Standard-Verpackung, zu Kosten von Versand und Verpackung, Geschwindigkeit der Geschäftsabwicklung, genaue Ausgestaltung handelsrechtlicher Rügeobliegenheiten des Käufers, aber auch Fragen der Arbeitsbedingungen der Handlungslehrlinge und -gehilfen. Aus dieser Position ergab sich in Magdeburg später im 19. Jahrhundert die Festlegung von allgemeinen Bedingungen z. B. im Zuckerhandel. Hier liegt eine reiche und anscheinend in historischer Perspektive noch nicht ausgeschöpfte Quelle des Rechts der allgemeinen Geschäftsbedingungen und der autonomen Rechtssetzung, vgl. ferner die veröffentlichten Gutachten der Ältesten der Kaufmannschaft von Berlin über Gebräuche im Handelsverkehr, sieben Bände von 1899–1914 und Korporation der Kaufmannschaft zu Magdeburg, Handelsgebräuche im Grosshandel und Schiffahrtsverkehre in Magdeburg, Magdeburg 1893 und die Einzelveröffentlichungen in den Jahresberichten der Korporation der Kaufmannschaft bzw. ab 1900 der Handelskammer zu Magdeburg sowie allgemein den Bericht des OLG Königsberg an JM v. 17. Dezember 1866, GStA PK, Rep 84a, Nr. 4823, Bl. 203.

413 Grävell Bd. II 1826, S. 121f. Es handelt sich um: „öffentliche Lehrer, Schauspiel-Direktoren, Aerzte, Wundärzte, Apotheker, Laboranten, Thierärzte, Hebammen, Mechaniker, Architekten, Mühlenbaumeister, Schiffszimmerleute, Zimmerleute, Maurer, Röhr- und Brunnenmeister, Töpfer und Ofen-Fabrikanten, Schornsteinfeger, Schiffer und Steuermänner, Mäkler, Dispacheurs, und Schiffsabrechner, Güterbestätiger, Schaffner und Schauer, Markscheider und Berggeschworene, Dollmetscher, Schreib- und Rechenmeister, Kommissionärs, Juwelirer, Gold- und Silberprobirer, Kunsthändler, Buchdrucker und Antiquare."

„Gewerbe, bei deren ungeschicktem Betriebe gemeine Gefahr obwaltet, oder welche eine öffentliche Beglaubigung der Unbescholtenheit erfordern,“[414] durfte nur ausüben, wer dafür eine besondere Erlaubnis von den zuständigen Behörden erhalten hatte. Hier reichte es nicht, lediglich einen steuerpflichtigen Gewerbeschein zu lösen.[415] Nach der Allgemeinklausel in § 113 des Gewerbepolizei-Edikts 1811 stand es unter dem Vorbehalt der Konzession durch die zuständige Behörde, gewerblich die Quantität und Qualität der Waaren oder deren richtige Verpackung zu bekunden“. Das Edikt macht keine Einschränkung, ob entsprechende Bekundungen bzw. Gutachten nun gerichtlich oder außergerichtlich stattfinden. Im systematischen Zusammenhang der Regeln des Gewerbepolizei-Edikts ergibt sich, dass der Gesetzgeber des Gewerbepolizei-Edikts sich den Einsatz der dort geregelten Experten auch durch die Gerichte vorstellen konnte. Denn nach den Regeln über die Handelshilfspersonen (§§ 110–117) folgen die Feldmesser (§ 118), die Landwirtschaftsexperten (§ 119) und schließlich die Dolmetscher, Schreib- und Rechenmeister, die zu konzessionieren sind ausdrücklich „Behufs gerichtlicher und gewerblicher Geschäfte“ (§ 121).[416] Diese Experten für den gerichtlichen wie für den gewerblichen Gebrauch finden sich auch schon im Gewerbesteuer-Edikt 1810, das in §§ 20 und 21 die einzigen ursprünglich vorgesehenen Ausnahmen von der Gewerbefreiheit regelt.[417]

---

414 § 21 Gewerbesteuer-Edikt vom 2. November 1810, GS S. 79 und § 82 Gewerbepolizei-Edikt vom 7. September 1811 § 82, GS S. 263.

415 „All they had to do was to purchase a cheap tax permit“, SCHRÖDER, Lessons, S. 182 mwN.

416 § 120 verfügt, dass Markscheider und Berggeschworene nur als Staatsbeamte von den Oberbergämtern angestellt werden.

417 „§. 20

Der Handel mit Salz, Spielkarten und Stempelpapier, die Haltung von Privatposten und Privatlotterien bleibt ferner abhängig von der Genehmigung der competenten Behörden. Auch duerfen Aerzte nicht Arzeneien dispensieren, Apotheker nicht die Arzneikunst ausüben und Maekler nicht selbst Handel treiben.

§. 21

Zu Gewerben, bei deren ungeschicktem Betriebe gemeine Gefahr obwaltet, oder welche eine oeffentliche Beglaubigung der Unbescholtenheit erfordern, koennen nur dann Gewerbescheine erteilt werden, wenn die Nachsuchenden zuvor den Besitz der erforderlichen Eigenschaften auf die vorgeschriebene Weise nachweisen. Zu diesen gehören jedoch nur

1. Abdecker,
2. Aerzte und Wundarzte aller Art,
3. Apotheker und Laboranten,
4. Berg=Geschworene,

Grävell nimmt freilich nicht ausdrücklich Bezug auf die Gewerbe-Gesetzgebung. Es war nicht aufzuklären, ob und in welchem Maß die Gerichte bei der allgemeinen Beeidigung von Sachverständigen besonders diese konzessionierten Gewerbetreibenden berücksichtigt haben. Jedoch ist das Institut des gewerberechtlich konzessionierten Gewerbetreibenden dasjenige Institut, aus dem im weiteren Verlauf das Institut des öffentlich bestellten Sachverständigen geworden ist.

---

5. Dollmetscher und Uebersetzer, Behufs gerichtlicher und gewerblicher Geschaeftc,
6. Feldmesser. Nivellirer und Markscheider,
7. Gast- und Schaenk=Wirthe aller Art, einschließlich derer die gewerbweise meublirte Zimmer halten, Schlafstellen vermieten und sitzende Gaeste haben,
8. Gesindemaekler,
9. Gueterbestaetiger und Schaffner
10. Hebammen,
11. Justiz-Commissarien, Notarien, Procuratoren,
12. Juwelirer, Gold- und Silberprobirer,
13. Lohnlakaien,
14. Lootsen,
15. Maekler, Dispacheurs und Auctionatoren,
16. Marionettenspieler,
17. Maurer,
18. Messer, Waeger, Braker, Schauer, Stauer, ueberhaupt alle die bestellt sind die Quantität, Qualität und richtige Verpackung von Waaren zu constatiren,
19. Muehlenbaumeister,
20. Oekonomie-Commissarien,
21. Personen, welche mit Thieren und andern Sachen zur Schauausstellung umherziehen,
22. Personen, die ein Gewerbe daraus machen, Leichen zu reinigen und anzukleiden,
23. Schauspiel=Direktoren
24. Schiffer und Steuerleute für Schiffe,
25. Schornsteinfeger,
26. Schreib- und Rechenmeister, in so fern ihre Atteste ueber die Identitaet oder Verfaelshung einer Schrift oder die Richtigkeit einer Rechnung oeffentlichen Glauben haben sollen,
27. Schweine-, Vieh- und Pferde-Castrirer,
28. Seeschiffs-Zimmerleute,
29. Seiltaenzer, Equilibristen, Taschenspieler,
30. Todtengraeber,
31. Vieh- und Roß-Aerzte,
32. Verfertiger chirurgischer Instrumente,
33. Vorsteher von Privat-Irrenhaeusern,
34. Zimmerleute."

b. ZPO

§ 369 aF/404 nF ZPO regelt, dass in erster Linie das Gericht entscheidet, wen das Gericht als Sachverständigen zuzuziehen hat, Absatz 1. Absätze 2 bis 4 regeln dann gewisse Bindungen.

> *Die Auswahl der zuzuziehenden Sachverständigen*[418] *und die Bestimmung ihrer Anzahl erfolgt durch das Prozessgericht […]*
>
> *Sind für gewisse Arten von Gutachten Sachverständige öffentlich bestellt, so sollen andere Personen nur dann gewählt werden, wenn besondere Umstände es erfordern.*
>
> *Das Gericht kann die Parteien auffordern, Personen zu bezeichnen, die geeignet sind, als Sachverständige vernommen zu werden.*
>
> *Einigen sich die Parteien über bestimmte Personen als Sachverständige, so hat das Gericht dieser Einigung Folge zu geben; das Gericht kann jedoch die Wahl der Parteien auf eine bestimmte Anzahl beschränken.*

Diese Fassung hat die Regelung erst nach der ersten Lesung des Regierunsgentwurfs durch die Justizkommission des Reichstags erhalten; im ersten Entwurf 1871 und im zweiten Entwurf von 1872[419] sind die Regeln des § 369 aF/404 nF Abs. 2 und Abs. 4 ZPO), die das Gericht auf die vorrangige Bestellung von öffentlich bestellten Sachverständigen verpflichten (Abs. 2) und die das Gericht an die Einigung der Parteien über die Person des zu berufenden Sachverständigen binden (Abs. 4), genauso wenig enthalten wie im Regierungsentwurf.[420] Zu der Frage der öffentlichen Bestellung (Abs. 2) verhält sich die regierungsamtliche Begründung demgemäß mit keinem Wort.

Die Justizkommission des Reichstags, an die die Regierungsvorlage in der ersten Lesung überwiesen worden war, hat die Absätze 2 und 4 eingefügt.[421] Ein

---

418 Georg Friedrich Christian Uebel, königlich bayerischer Appelationsgerichtsrat in Zweibrücken stellt unwidersprochen, aber auch als anscheinend einziger jur. Schriftsteller in seinem 1878 erschienen ZPO-Kommentar fest, auch „Frauen, Minderjährige, Ausländer“ dürften ernannt werden; S. 345, Anm. 8 zu § 367.

419 Entwurf einer Deutschen Civilprozeßordnung nebst dem Entwurfe eines Einführungsgesetzes, Berlin: Decker 1872.

420 RegE ZPO, in: Stenographische Berichte über die Verhandlungen des Deutschen Reichstags, 2. LP, II. Session 1874/75, Dritter Band, Anlagen zu den Verhandlungen des Deutschen Reichstags, Berlin 1875, Nr. 6, S. 334–595, 355.

421 In: Stenographische Berichte über die Verhandlungen des Deutschen Reichstags, 2. LP, IV. Session 1876, Dritter Band, Anlagen zu den Verhandlungen des Deutschen Reichstags, Berlin 1876, Nr. 6, S. 76–210, 130; vgl. zum Ergebnis der zweiten Beratung aaO Nr. 60, S. 613.

guter Grund für die Einführung des Absatzes 4 ist, dass im Fall der Einigkeit der Parteien über die Person des Sachverständigen weder Weitläufigkeit noch Verteuerung eintritt und daher dieses Zugeständnis an den Verhandlungsgrundsatz gemacht werden konnte.[422]

Der Antrag zur Festlegung des Gerichts auf die öffentlich bestellten Sachverständigen durch Abs. 2 stammte vom Abgeordneten Zinn.[423] Die Justizkommission ging davon aus, dass der betreffende Sachverständige innerhalb des jeweiligen Gerichtsbezirks bestellt ist, was im Interesse der Wirtschaftlichkeit und Sparsamkeit mit Blick auf die Reisekosten liege.[424] Sie dachte vornehmlich an Gerichtsärzte und Gerichtstierärzte; also gerade nicht an die uns interessierenden neuen Sachverständigen, sondern an eine bereits umfassend regulierte Klasse von Sachverständigen, die wohl auch fast überall in ausreichender Zahl zur Verfügung gestanden hat. Wenn diese dann in Preußen auch nicht „Gerichts-" Arzt/Tierarzt geheißen haben mögen, sondern Kreisphysikus o. dgl.[425], dann wird das wohl kein Gericht davon abgehalten haben, zunächst einmal diese öffentlich angestellten Ärzte beizuziehen, denn bei diesen besteht eine amtlich geprüfte „größere Garantie der Tüchtigkeit"[426]. Ausnahmen sah die Justizkommission in den Fällen, in denen ein besser geeigneter Spezialist als der Gerichtsarzt am selben Ort verfügbar sei oder wenn der Gerichtsarzt bereits in so vielen Sachen gleichzeitig bestellt sei, dass er die Aufgaben nicht mehr sinnvoll wahrnehmen könne.[427] Es handelte sich also um reine Zweckmäßigkeitsaspekte im Hinblick auf Altetabliertes; die Bedürfnisse des Handelsstandes hatte man hier nicht im Blick; für den

---

422 Struckmann/Koch, ZPO, 1879, § 369 Anm 5 (S. 371). Gaupp, ZPO, 1890 § 369 Note IV (Bd. I, S. 706) – Der Antrag stammte vom Otto Bähr. Struckmann/Koch aaO. versäumen nicht den Hinweis auf die entsprechende Regelung in der AGO.

423 Nach Struckmann/Koch, ZPO, 1879, § 369 Anm. 2, S. 315. Dr. Friedrich Karl August Zinn, Geheimer Sanitätsrat (geb. 1825, MdR 1874–1881) stammte aus der bayerischen Pfalz und war seit 1872 Direktor der Brandenburgischen Provinzial-Irrenanstalt in Eberswalde.

424 Nach Wach, Vorträge, 1896 S. 279 sei zu wählen der „ohne übermäßige Kosten und Beschwerde erreichbare beste Sachverständige".

425 Die Criminalordnung ordnet in §§ 147, 157 die Besichtigung bzw. Sektion eines Leichnams im Beisein des Untersuchungsrichters in der Regel durch den „Kreisphysikus" und den „Kreischirurgus" an; diese beiden werden in §§ 157, 162, 163, 165, 168, 169, 171, 172 ausdrücklich als „Sachverständige" bezeichnet.

426 Struckmann/Koch, ZPO, 1879, § 369 Anm. 2 (S. 315).

427 Zitat von Uebel, ZPO, 1878, Anm. 2 zu §§ 369 und 370, S. 347 aus den Protokollen der Justizkommission des Reichstags, S. 140–142.

Handelsstand hatte man ja soeben nach einigem Unwillen auch die Handelsgerichte wieder in die Entwürfe der Justizgesetze hineingenommen.[428]

Die Justizkommission machte sich keine Gedanken darüber, ob für die Entscheidung, einen anderen als den öffentlich bestellten Sachverständigen hinzuzuziehen, Gründe anzugeben seien. Gaupp meint 1890, eine solche Begründung sei nicht erforderlich. Danach war das Gericht völlig ungebunden in seiner Entscheidung, wen es als Sachverständigen zuzuziehen hat, der Richter hatte noch die Möglichkeit, eine „technische Behörde“ um die Benennung eines geeigneten Sachverständigen zu ersuchen. Die Parteien haben keine anderen Gründe zur Ablehnung eines Sachverständigen als diejenigen wenigen, die zur Ablehnung eines Richters berechtigen würden, also insbesondere nicht den Einwand der fehlenden Sachkunde.[429] Ein Richter müsste sich also fragen, ob dem Sachverständigen überhaupt diejenige Sachkunde zuzutrauen ist und dazu sollte er „beachten seinen Lebensberuf [...], die von ihm abgelegten Proben und erworbenen Zeugnisse, die erlangten Anstellungen und Aemter, das ihm in engeren und weiteren Kreisen gezollte Zutrauen und Ansehn“.[430] In der Praxis bedeutete das: Das Gericht hat im Regelfall „bei der Auswahl freie Hand“[431], insbesondere steht es den Parteien nicht zu, den vom Gericht gewählten Sachverständigen wegen fehlender Sachkunde abzulehnen.[432]

---

428 Und zwar sollten die mit zwei Kaufleuten und einem Juristen besetzten Gerichte für kaufmännische Streitigkeiten über „Gegenstände, zu deren Begutachtung eine kaufmännische Begutachtung genügt [...] aufgrund eigener Sachkunde und Wissenschaft entscheiden“. Zum Streit zwischen den Regierungen und dem Reichstag über die Beibehaltung bzw. Gestaltung der Handelsgerichte in den Justizgesetzen überhaupt s. Schubert, Entstehung und Quellen, 1987, S. 25.

429 Struckmann/Koch, ZPO, 1879 § 371 Note 2 (S. 317), die als „Ausweg“ die Befugnis des Gerichts nennen, den Sachverständigen nach § 408 Abs. 1 Satz 2 von seiner Pflicht zu entbinden. Dieser Ausweg ist freilich nur gangbar, wenn das Gericht dazu bereit ist, einen Fehlgriff einzugestehen; Gaupp, ZPO, 1890 § 369 Note II und III mit Fn. 1, Bd. I S. 705f. Wach, System 1896 Bd. II Seite 280 m. Fn. 67 weist darauf hin, dass, wenn die ZPO den Sachverständigen ernsthaft als Richtergehilfen auffassen wolle, statt des Ablehnungsantrags der Partei nach § 406 ZPO eine Ablehnung, ggf. Unwirksamkeit des Gutachtens „und des darauf gebauten Urteils“ von Amts wegen eintreten müsste.

430 Wach, System, 1896, Bd. II S. 272.

431 Petersen/Anger, ZPO, 1899, Nr. 1 zu § 404 unter Verweis auf RG, Urteile v. 14. April 1891, und v. 3. April 1897, Bolze Die Praxis des Reichsgerichts in Civilsachen Bd. 13 Nr. 678 und Gruchot Bd. 38 S. 1227.

432 Petersen/Anger, ZPO, 1899, Nr. 1 zu § 406 unter Verweis auf RG 11. März 1886, 29. Juli 1893, 12. Mai 1897, Gruchot Bd. 30 S. 1028, JW 1893, S. 425, JW 1897, 345.

D. Interessen des Handels

Konflikte im Handelsverkehr können gerichtlich wie außerhalb der Gerichte reguliert werden. Regelung von Konflikten außerhalb des Gerichts sehen wir zum Beispiel bereits da, wo die genaue Masse einer Getreide- oder Wolllieferung von einem öffentlich bestellten Wäger festgestellt wird,[433] denn dies schneidet jeden Streit über die gelieferte Menge ab. Hoch kompliziert wird es, SI LEVANDEA NAVIS GRATIA JACTUS MERCIUM FACTUS EST[434], genau zu bemessen, was der Anteil eines jeden Ladungsbeteiligten und dem Schiffseigner entstandenen Verlust ist, wenn das Schiff in Seenot geraten ist und z. B. die auf Deck liegende Ladung über Bord geworfen und ein Mast gekappt werden musste, um das Schiff und den Rest der Ladung in Sicherheit zu bringen (sog. große Havarei/Havarie). Hier wäre es ungerecht, wenn derjenige Kaufmann, dessen Ladung tief unter Deck gelegen hat, schadlos bliebe, denn ohne den Schaden am Schiff und der auf Deck liegenden Ladung müssten ja alle Ladungsbeteiligte ihre Ladung abschreiben.

Für den Rechtsanwender ist es hier schon eine interessante Herausforderung, die örtlichen Zuständigkeiten und das anwendbare Recht sicher zu klären, während er an den Tatsachenfragen sicher verzweifeln würde; viel einfacher ist es, wenn sich hiermit ein im voraus dafür bestellter und vereidigter Sachverständiger, ein Dispacheur, befasst, der alle gegenseitigen Ansprüche verbindlich feststellt (also die sog. „Dispache" „aufmacht"). Wer bestellt nun diesen Streiterlediger, wer überwacht ihn; wer bestellt den öffentlichen Wiegemeister, welche Instanz ist diejenige, die – wenn man so will: unter Einsatz ihres sozialen Kapitals – verbürgt, dass der nichtrichterliche und nichtjustizielle Steiterlediger, dem sich die eine Entscheidung suchenden Kaufleute mehr oder weniger freiwillig unterwerfen, des in ihn gesetzten Vertrauens[435] würdig ist?

---

433 Rohwolle und Getreide waren im Merkantilismus die beiden bedeutendsten Rohstoffe Preußens: AUGUST SKALWEIT, Die Getreidehandelspolitik und Kriegsmagazinverwaltung Preußens 1756–1806: Darstellung mit Aktenbeilagen und Preisstatistik, in Acta Borussica: Getreidehandelspolitik, Bd. 4. Berlin 1931, S. 23. Zur Benutzung Gewichtsmaßen für Wolle im nord- und nordostdeutschen Raum FRITZ VERDENHALVEN, Alte Meß- und Währungssysteme, Neustadt/Aisch 1993, S. 69, 87.

434 Paul. D, 14, 2, 1 de lege Rhodia de iactu.

435 Zum Vertrauen als Bedingung geschäftlicher Beziehungen s. z. B. die bei BIGGELEBEN, Berliner Kaufmannschaft, 2006, S. 50 m. Fn. 103–105 nachgewiesene Literatur.

I. Kaufmännische Interessenvertretungen

Die Bestellung von Wägern war in Preußen nach 1811 die Sache entweder der kommunalen Organe oder der örtlichen Kaufmannschaft.[436] Um die Rolle der Kaufmannschaften als staatlich sanktionierte Vertretungen kaufmännischer Interessen und ihren Einfluss auf das Sachverständigenwesen rechtshistorisch erklären zu können, muss zunächst ein Blick in die Geschichte der kaufmännischen Interessenvertretungen geworfen werden.

Die Geschichte der heutigen Industrie- und Handelskammern und der vor ihnen bestehenden kaufmännischen Interessenvertretungen ist von der Wirtschaftsgeschichtsforschung intensiv bearbeitet worden.[437] Um die Wende vom 18. zum 19. Jahrhundert gab es in Deutschland neben den auf je bestimmte Handelszweige beschränkten kaufmännischen Gilden bereits Formen von allgemein kaufmännischen Vertretungen, nämlich zum einen aus Kaufleuten gebildete und von einem Vorstand geleitete kaufmännische Korporationen und zum anderen von staatlichen oder städtischen Behörden zusammengerufene und von Beamten geleitete Gremien zur Beratung und Unterstützung der Staatstätigkeit auf dem Gebiet der Wirtschaftsverwaltung und -förderung, wobei diese Gremien jedoch auch die Gestalt reiner Beamtenkonferenzen annehmen konnten.[438]

---

436 Die Berliner Korporation der Kaufmannschaft beispielsweise betrieb zwischen 1863 und 1900 ein „Wägeamt" für Korn, dessen Personal der Disziplinargewalt des Vorstandes der Korporation unterstand, KKB-Festschrift 1920, S. 411f. Wo die Kaufmannschaft nicht organisiert war, wird die Kommune zuständig gewesen sein, an Orten ohne kaufmännischen Handelsverkehr dürfte sich das Problem des Wägens kaum gestellt haben und im Lauf des 19. Jahrhunderts durch das staatliche Eichwesen erledigt worden sein.

437 Zeyss, Entstehung der Handelskammern, 1907; Grabski, Handelskammern bis 1848, 1907; Eckert, Stellung der Handelskammern 1922, S. 5–7; Facius, Friedrich: Wirtschaft und Staat: die Entwicklung der staatlichen Wirtschaftsverwaltung in Deutschland vom 17. Jahrhundert bis 1945. (Schriften des Bundesarchivs 6. Boppard) 1959; Fischer, Unternehmerschaft, 1964, S. 11–26; van Eyll, Klara: Die Geschichte einer Handelskammer: dargest. am Beispiel d. Handelskammer Essen 1840 bis 1910, Köln 1964, S. 13–42; aus rechtshistorischer Perpektive, allerdings wenig ergiebig, Huber, Ernst-Rudolf: Die Selbstverwaltung der Wirtschaft, Stuttgart 1956, S. 24.

438 Die Bestimmung des rechtlichen Wesens dieser Erscheinungen anhand einer Einordnung in die heutigen rechtlichen Kategorien (privatrechtlicher Verband oder Behörde; rechtsfähig oder nicht-rechtsfähig) ist für die Zwecke dieser Arbeit ohne Belang. „Die staatsrechtliche Stellung der Handelskammern […] blieb im Fluß", Eckert, Stellung der Handelskammern, 1922, S. 7; Seidel, Karl: Die Handelskammer-Gesetzgebung der wichtigeren deutschen Länder, Borna-Leipzig 1929, zugl. Leipzig,

Die Entwicklung der kaufmännischen Interessenvertretungen in Preußen nach 1815 lief auf diesen beiden Gleisen.

1. Handelskammern

In den Territorien des alten Reichs, die seit 1801 zu Frankreich gehört hatten, waren 1802/1803 chambres de commerce eingerichtet worden; anscheinend wurden entsprechende Kammern später auch im Gebiet des Königreichs Westphalen, z. B. in Osnabrück, gegründet. Nach dem Wortlaut des zugrundeliegenden Erlasses[439] waren diese Kammern reine Konsultativorgane der lokalen staatlichen Regierungen mit dem préfet (bzw. in dessen Vertretung dem maire) als geborenem Vorsitzenden. Die Mitglieder dieser Kammer wurden nicht von der Gesamtheit der ortsansässigen Kaufleute, sondern durch ein von der Regierung zusammengerufenes Wahlmännergremium gewählt. Für Köln und Mainz ist belegt, dass die dortigen chambres in personeller Hinsicht eine Fortführung von bereits bestehenden Handelsvorständen waren. Daher beschränkten sie ihre Tätigkeit faktisch nicht auf die Beratung staatlichen Handelns, sondern sie betrieben aktive Interessenpolitik und scheuten dabei auch nicht die offene Konfrontation mit ihren vom Staat gestellten Vorsitzenden.[440]

Von 1815 an lagen diese Kammern auf dem Gebiet der neuen preußischen Rheinprovinz. Nach den Akten des Handelsministeriums stand man in Berlin den Kammern jahrzehntelang sehr reserviert gegenüber. 1816 hatte man in Berlin eher zufällig vom Bestehen der Kammern erfahren[441] und war nach bald von den zuständigen Bezirksregierungen eingeforderten Berichten zu einem „abfälligen Urteil“ gekommen, denn man favorisierte das eigene, preußische Korporationsmodell,[442] das andere Modell kaufmännischer Interessenvertretung in Preußen im 19. Jahrhundert. Aber man ließ die Kammern unangetastet

---

Diss 1929, diskutiert insgesamt acht Möglichkeiten, das „rechtliche Wesen“ der Handelskammern auf den Begriff zu bringen.

439 Arrête portant établissement de chambres de commerce dans plusieurs villes du 3. Nivôse XI (24. Dezember 1802), in: Bulletin des lois, IIIe Série 238, No. 2225, vgl. Zeyss, Entstehung der Handelskammern, 1907 S. 10, 13aE.

440 Fischer, Unternehmerschaft, 1964, S. 15ff.

441 Die Kammer von Köln, das neuerdings die größte Handelsstadt der preußischen Monarchie war, sandte den nach französischem Recht der französischen Regierung geschuldeten Bericht mangels französischer Regierung an die neuen Herren in Berlin, wie in seiner von Gustav Schmoller betreuten Dissertation Grabski, Handelskammern bis 1848, 1907 S. 11, 35 berichtet.

442 aaO S. 16.

weiter bestehen, „bis etwas Allgemeines in der Repräsentationssache des Handels geschehen könne".[443] Das Handelsministerium scheint sich in den ersten knapp anderthalb Jahrzehnten nicht sehr für die Kammern interessiert zu haben, jedenfalls gehe aus den Akten „klar hervor, dass an den leitenden Stellen vollständige Unklarheit über die Organisation der Handelskammern herrschte, und diese Einrichtung ohne weiteres mit den kaufmännischen Korporationen identifiziert wurde."[444]

Den chambres weitgehend entsprechend[445] wurden in der Rheinprovinz beiderseits des Rheins zwischen 1830 (beginnend mit einer gemeinsamen Kammer für Elberfeld und Barmen) und 1840 zehn neue Handelskammern nach dem Elberfeld-Barmener Modell gegründet. Kompetenzen zur Bestellung von Handelshilfspersonen oder zum Betrieb von Handelshilfsinstitutionen waren ihnen nicht beigelegt, obwohl das Finanzministerium zunächst die Absicht verfolgt hatte, das altpreußische Korporationsmodell nach Westdeutschland zu exportieren. Wegen der großen Unterschiede zwischen preußischer und rheinischer Rechtsordnung nahm man aber im Verlauf der Gründung der Elberfeld-Barmener Kammer im Ministerium Abstand von diesem Vorhaben.[446] Im Jahr 1845 erfolgten dann die ersten Kammergründungen außerhalb des Rheinlandes (Erfurt, Halle a/S und Hagen/Westf.).[447] Gemäß ihrer Bestimmung als Konsultativorgane der staatlichen Verwaltung konnte „ihnen die Beaufsichtigung derjenigen öffentlichen Anstalten und Anordnungen übertragen werden, welche auf den Handel und die Schiffahrt Bezug haben".[448] Dieses ohnehin nur fakultative Aufsichtsrecht kommt dem Recht der kaufmännischen Korporationen, entsprechende öffentliche Anstalten als Eigenbetriebe zu führen, nicht gleich.[449]

---

443 Schreiben des Ministeriums für Handel und Gewerbe an die Regierung zu Düsseldorf v. 30. Januar 1818, Grabski, Handelskammern bis 1848, 1907, S. 18.

444 aaO S. 24.

445 aaO S. 26–28 und 32, 34f.

446 Grabski, Handelskammern bis 1848, 1907, S. 31, s.a. S. 19, 22f.

447 Zu den Kammergründungen s. Grabski, Handelskammern bis 1848, 1907, S. 35 und Fischer, Unternehmerschaft, 1964, S. 26–29, 32.

448 Nach Zeyss, Die Entstehung der Handelskammern und die Industrie am Niederrhein, 1907, S. 240f war dieser Satz, der in den Statuten der neuen Handelskammern typischerweise enthalten (vgl. Statut der Handelskammer für die Stadt Düsseldorf vom 23. Mai 1831, in: Amtsblatt der Regierung zu Düsseldorf, Nr. 54/1831) fast wörtlich zurückzuführen auf ein Rundschreiben des franzöischen Innenministers Chaptal vom 12. Fructidor XI (30. August 1803).

449 Eckert, Stellung der Handelskammer, 1922, S. 6; vgl. Zeyss aaO, S. 227, der aus Osnabrück berichtet: „Die Kammer [französischen Stils] verteidigte [von ihrer

Entsprechendes gilt für die Anstellung von Handelshilfspersonen: Hier hatten die Handelskammern kein Auswahl- und Vorschlagsrecht, sondern sich darauf zu beschränken, den zuständigen Behörden über die „zur Verwaltung öffentlicher Anstalten für Handel und Gewerbe zu ernennenden Personen ihr Gutachten abzugeben." (§ 5 der Verordnung über die Errichtung von Handelskammern vom 11. Februar 1848[450]). Das Recht zur Auswahl der zu bestellenden Personen lag beim Staat; eine Präsentationswahl durch die Handelskammern mit anschließender staatlicher Bestätigung der gewählten Personen fand also nicht statt.

Rechtlich blieb es für die Handelskammern bis 1897 dabei, dass sie hier generell lediglich Beratungs- und – nach besonderer behördlicher Ermächtigung – auch Aufsichtskompetenzen hatten. Dieser Kompetenzrahmen wurde in der Verordnung über die Errichtung von Handelskammern[451] in §§ 4 Abs. 2 und 5 festgeschrieben. Für die Betrachtung der bestimmenden Entwicklungstendenzen in der Bestellung von Sachverständigen bis zur Novelle des Handelskammergesetzes von 1897, s. dazu unten G.IV., sind damit die in Preußen bestehenden Handelskammern nicht relevant.

2. Kaufmännische Korporationen

Die kaufmännischen Korporationen der acht altpreußischen Handelsstädte (neben Berlin und Magdeburg die Ostseehandelsplätze Stettin, Danzig, Elbing, Königsberg, Tilsit und Memel) waren eine Veranstaltung der örtlichen Kaufleute; die Gründung stand freilich unter staatlicher Anteilnahme und Vermittlung.

Aus eigener Macht konnten sich die Korporationen in Ermangelung des erst spät im Verlauf des 19. Jahrhunderts gewährten allgemeinen Rechts, rechtsfähige Vereine oder „Gesellschaften" (dieser Begriff in § 2 des Berliner Statuts von 1820)[452] zu gründen, jedoch nicht etablieren; ihre Statuten erlangten erst durch ein vom König verliehenes Privileg Gültigkeit. Diese königlichen Bestätigungen erfolgten, beginnend mit Berlin, zwischen 1820 und 1825.[453]

Gründung im Jahr 1812 an] die Aufrechterhaltung einer öffentlichen Kontrolle der Qualität und des Maßes der zum Verkauf kommenden Leinengewebe, die seit altersher dem Osnabrücker Warenschauamt, der sogenannten ‚Legge', bestanden hatte." – ZEYSS war Syndikus der HK Krefeld.

450 GS S. 41ff.

451 aaO.

452 Abgedruckt in: KKB-Festschrift 1920, S. 621f.

453 Stettin 1821, Memel und Danzig 1822, Königsberg (hier war bereits 1811 vorläufig eine Korporation gegründet worden) und Tilsit 1823, Elbing 1824 und Magdeburg 1825, Daten im Einzelnen bei GRABSKI, Handelskammern bis 1848, 1907, S. 18.

Die Korporationen nannten sich „Korporation der Kaufmannschaft“, ihre Vorstände bezeichneten sich als „Aelteste“, „Vorsteher“ oder „Vorsteheramt der Kaufmannschaft“. Bereits durch die Namensgebung ist also klargemacht, dass sie sich als Zusammenschlüsse der Kaufleute zum Verfolg kaufmännischer Interessen verstanden,[454] was aber nichts daran ändert, dass sie vom preußischen Staat mit vielerlei hoheitlichen Befugnissen, bis hin zur Gewerbesteuerveranlagung, ausgestattet wurden.[455] Die Bezeichnung als „Kammer“ blieb den Abteilungen der Staatsverwaltung überlassen, die Korporationen verstanden sich auf diese Weise ausdrücklich auch nicht als Deputation oder Commission einer staatlichen oder kommunalen Behörde.

Der Staat verstand die Korporationen aber, ganz im Gegensatz zu deren Selbstverständnis, funktional als Behörden, die im Fall Berlins dem Magistrat und zusätzlich dem Ministerium für Handel und Gewerbe – üblicherweise vertreten durch die örtlich zuständige Regierung zu Potsdam – unterstellt waren. Dementsprechend schrieb Handelsminister v. Bülow[456] an die Berliner Korporation: „Ein Hauptzweck [...] der Korporationen der Kaufmannschaft ist, sie als Organ des Ministeriums für die Leitung des Handels im allgemeinen zu benutzen und durch sie mit der Beschaffenheit und der augenblicklichen Lage und den Bedürfnissen desselben in Bekanntschaft zu bleiben“, und er fügte hinzu, dass „eben diese direkte Mitteilung auch bereits zu gleichem Zwecke mit den Handelskammern in den Rheinprovinzen (deren Wirkungskreis in Hinsicht auf den Handel eben derselbe als der der Kaufmannskorporationen ist) [...] stattfindet“.[457]

Während also Kammern und Korporationen den Regierungsorganen gleichermaßen als Informationsquelle dienen sollten, war den Korporationen im Unterschied zu den Kammern[458] nicht nur ausdrücklich zugestanden, die „Interessen

---

454 Bezeichnungen in § 44 I HKG 1897 und bei Lusensky, Franz: Gesetz über die Handelskammern. (=Guttentag'sche Sammlung Preußischer Gesetze Nr. 21), Berlin 1909, S. 260–263. – In der Wertung der „bezeichnend[en]“ Eigenbenennungen der Korporationen wie hier Most, Selbstverwaltung, 1927 S. 23.

455 Fischer, Unternehmerschaft, 1964, S. 21f.

456 Ludwig Friedrich Viktor Hans Graf von Bülow (1774–1825), Finanzminister 1813–1817, Minister für Handel und Gewerbe 1817–1825. Das Ministerium wurde anlässlich seiner Demission als Finanzminister gegründet sowie 1825 anläßlich seiner Demission vom Posten des Ministers für Handel und Gewerbe auch wieder aufgelöst. Es wurde erst Mitte April 1848 wieder eingerichtet.

457 KKB-Festschrift 1920, S. 103.

458 Zu den Kompetenzen der Kammern s. Grabski, Handelskammern bis 1848, 1907, S. 5, 14f. und den dort zitierten Bericht der Regierung zu Düsseldorf über die

des hiesigen Handels in allen seinen Zweigen" wahrzunehmen (§ 8 des Berliner Korporationsstatuts von 1820), sondern sie sollten nach dem Willen der Regierung auch mit der „Unterhaltung und Verbesserung der für einen wirklichen Handelsplatz unentbehrlichen Hilfsinstitute" betraut sein.[459] Bei diesen Hilfsinstituten (§ 9) handelt es sich nicht nur um Speicher, Stapelplätze und Waagen, sondern auch um Versicherungsgesellschaften (z. B. die Elbschiffahrtsversicherungsgesellschaften in Berlin (gegründet 1822)[460] und Magdeburg) und Börsen. Vor allem der Betrieb der Börsen für „Producte", also landwirtschaftliche Rohprodukte, hauptsächlich Getreide und Rohwolle, und für Effekten brachte der Berliner Korporation ein Vermögen ein. In den 1890er Jahren bezifferte die Korporation ihren Vermögensbestand auf über 8 Millionen Mark,[461] die jährlichen Einnahmen aus der im Verlauf des Jahrhunderts immer bedeutender werdenden Effekten-(also: Wertpapier-)börse betrugen 1878 – also noch während der auf den „Gründerkrach" von 1873 folgenden großen Depression – fast eine Viertelmillion Mark,[462] die Korporation selbst war also wirtschaftlich mächtig, nicht nur die in ihr organisierten Börsenbesucher und Großkaufleute.

---

dortige Kammer an das Handelsministerium aus dem Jahr 1816: Alles, „was mit vorübergehendem Nachteil oder mit bleibenden Folgen für den Flor des Handels wirken" könne, würden die Kammern der „Regierung anzeigen und bei ihr Einrichtungen und Anordnungen in Vorschlag bringen", um Abhilfe zu schaffen, und zwar in unverbindlicher Form: „Ohne eigene Befugnis zu handeln, zu entscheiden und vorzuschreiben, müssen sie sich in solchen Angelegenheiten an die Regierung wenden und hinwiederum das Organ derselben werden".

459 Immediatbericht des Finanzministers Graf von Bülow an den König v. 1. September 1815, in: KKB-Festschrift 1920, S. 66, 55.

460 Beiträge zur Geschichte des Berliner Handels 1870, S. 59/60. Ab 1834 bestand auch eine Oderschiffahrts- und Strom-Assekuranzgesellschaft.

461 Übersicht 1870 bis 1894, KKB-Festschrift 1895, S. 61. Zum Vergleich: Acht Millionen Mark waren das Zweieinhalbtausendfache der jährlichen Besoldung eines Amts- oder Landrichters während der ersten acht Dienstjahre (nach Schröder 1983, S. 239) und mehr als das Achttausendfache der Jahreseinkünfte von mehr als 75% der preußischen Bevölkerung (Stand 1896, Nipperdey, Thomas: Deutsche Geschichte 1866 - 1918. München 199, S. 289). Biggeleben, Berliner Kaufmannschaft, 2006 S. 141 mN nennt andere Zahlen: 5 Millionen im Jahr 1901, Apt, Max: 25 Jahre im Dienste der Berliner Kaufmannschaft, Berlin 1927, S. 100 meint jedenfalls, es sei die Berliner Korporation „die reichste" „nicht nur in Deutschland, sondern auch, so weit ich sehen kann, auf der ganzen Welt" gewesen.

462 KKB-Festschrift 1920, S. 273: 245.656,00 Mark; dabei lag der Gesamtwert, der gehandelten Aktien Ende 1878 nur bei gut 45% des entsprechenden Wertes Ende 1872, s. KKB-Festschrift 1895, eigene Berechnung anhand der Angaben S. 8f.

Zu den aufgezählten Hilfsinstituten des Handels sind auch die mit öffentlichem Vertrauen ausgestatteten Hilfspersonen des Handels zu rechnen (§ 10 aaO), die jeder Handeltreibende in Anspruch nehmen konnte mit der begründeten Hoffnung, dass sie sich zuverlässig, unparteiisch und redlich verhalten würden, da sie für ihre jeweiligen Tätigkeiten vereidigt und von der Kaufmannschaft in Hinsicht auf ihr Geschäftsgebaren und ihre allgemeine Lebensführung beaufsichtigt wurden. Diese Kompetenz kam den Handelskammern nicht zu.

II. Schaffner, Braker & Co. – die Hilfspersonen des Handels

1. Rechtsgrundlagen und Begriffe

Einen Blick in die Vielfalt dieser Hilfspersonen gewähren die Gesetze, die die Grundlage für Überwachung der Aufnahme und Ausübung der von ihnen im Interesse aller Handeltreibenden öffentlich ausgeübten Gewerbe bildeten. Von 1811 bis zur preußischen Allgemeinen Gewerbeordnung von 1845[463] galt hier das Edikt über die polizeilichen Verhältnisse der Gewerbe, das in §§ 110 bis 117 die einschlägigen Regelungen enthält. Dieses zusätzliche Gesetz war eine Nachbesserung des Gewerbesteueredikts von 1810[464], das vornehmlich zur Steigerung der Staatseinnahmen erlassen worden war. „Damit die Einführung dieser neuen Steuer jedoch als weniger lästig und unangenehm empfunden würde, verkündete [Hardenberg] gleichzeitig, sozusagen als Rechtfertigung und Trostpflaster zugleich, die Freiheit der Gewerbe und erfüllte dadurch einen Herzenswunsch der liberalen Reformbürokratie.“[465] Diese Liberalisierung jedoch war weder bei der Berliner Wirtschaft noch beim Berliner Magistrat gern gesehen, und die tradierten Organisationsformen der Wirtschaft erwiesen sich unmittelbar nach der

463 Allgemeine Gewerbeordnung vom 17. Januar 1845, GS S. 41ff.

464 Edikt über die Einfuehrung einer allgemeinen Gewerbe=Steuer. Vom 28sten Oktober 1810 [Veröffentlicht am 2. November 1810], GS S. 79–94.

465 Mieck, Auswirkungen der Reformen, 1987, S. 52. – Vgl. auch die Präambel des Gesetzes: „In dem Edikt ueber die Finanz=Verwaltung vom 27. v. M. haben Wir Unseren getreuen Unterthanen die Nothwendigkeit eroeffnet, in der Wir Uns befinden, auf eine Vermehrung der Staatseinnahmen zu denken. Unter den Mitteln zu diesem Zweck hat uns die Einfuehrung einer allgemeinen Gewerbesteuer fuer Unsere getreuen Unterthanen weniger laestig geschienen, besonders da Wir damit die Befreiung der Gewerbe von ihren drückendsten Fesseln verbinden, Unseren Unterthanen die ihnen beim Anfange der Reorganisation des Staats zugesicherte vollkommene Gewerbe=Freiheit gewaehren und das Gesammtwohl derselben auf eine wirksame Weise befoerdern koennen“.

Einführung der Gewerbefreiheit wenigstens kurzfristig als widerstandsbereit: das gilt insbesondere für die Zünfte, aber auch die Berliner Kaufleute bedurften staatlichen Drucks, damit sie ihre nach Branchen geordneten Kaufmannsgilden aufgaben und die branchenübergreifende Korporation der Kaufleute gründeten.[466] Die Frage der Wiederabschaffung der Gewerbefreiheit verschwand erst mit dem Erlass der Gewerbeordnung von 1845 von der Agenda der wirtschaftspolitischen Diskussion.[467]

Die Regelungen des Gewerbepolizei-Edikts geben Zeugnis für das auf unterschiedlichen Rechtsgebieten stattfindende intrikate Zusammenspiel staatlicher, städtischer[468] und kaufmännisch-korporativer Institutionen bei der Aufrechterhaltung einer guten Gewerbepolizei.[469]

§ 110
Mäkler, Dispacheurs und Schiffs- Abrechner dürfen den Gewerbeschein nur auf Zeugnis der Regierung erhalten, dass sie gesetzlich zum Betreibe ihres Gewerbes befugt sind.

§ 111
Diese gesetzliche Befugnis beruht entweder auf der zeitigen Anstellung und Unbescholtenheit, oder auf neuer Ansetzung.

§ 112
Die letztere geschieht künftig durch die Wahl der Kaufmannschaft des Orts und die Bestätigung der Regierung. In den Provinzen, wo Handlungs-Commissionen bestehen, übernehmen diese im Auftrag der Regierung die Prüfung der gewählten Personen; wo keine solche Commissionen vorhanden sind, bleibt den Regierungen belassen, sich auf andere angemessene Art von der Qualifikation der Gewählten zu überzeugen.

§ 113 Güterbestätiger, Schaffner, Messer, Wäger, Braker, Schauer, Stauer, überhaupt alle, welche öffentlich bestellt sind, die Quantität und Qualität der Waaren oder deren richtige Verpackung zu bekunden, dürfen nur auf Qualifikations-Atteste der örtlichen Polizeibehörde Gewerbescheine erhalten.

---

466 Die erste Anforderung des Staats an prominente Kaufleute, sich Gedanken über eine „angemessene Verfassung“ zu machen, erging 1810; königlich sanktioniert wurde der Statutenentwurf erst 1820, Biggeleben 2006, S. 68–70.

467 Mieck, Auswirkungen der Reformen, 1987, S. 53, auch 57: Die Gewerbefreiheit sei von der Obrigkeit „unnachgiebig aufrechterhalten“ worden.

468 Eine ausdrückliche städtische Kompetenz für Gewerbeangelegenheiten ergab sich erstmals aus der Städteordnung von 1808.

469 Grabski, Handelskammern bis 1848, 1907, S. 22f. stellt anhand von Akten des Ministeriums für Handel und Gewerbe aus dem Jahr 1830 das Ineinandergreifen von Handels- und Bürgerlichen Recht sowie Kommunalverfassungs- und Gewerbepolizeirecht fest.

§ 114
[Übergangsvorschrift]

§ 115
Künftig werden solche Personen zu ihren Gewerben geeignet, durch die Wahl der Kaufmannschaft und die Bestätigung der örtlichen Polizeibehörde.

§ 116
Wo Stadtwaagen bestehen, die nicht vornehmlich für den Großhandel bestimmt sind, da setzt der Magistrat den Wäger ein.

§ 117
Doch darf der Stadt von ihm kein Wäger aufgedrungen werden, gegen den die Stadtverordneten Versammlung protestirt.

Während die gewerbliche Tätigkeit von Messern oder Wägern auch nach der Wende zum 21. Jahrhundert noch durchaus allgemein als vorstellbar vorausgesetzt werden kann, gilt das nicht für die anderen hier erwähnten Gewerbe. Daher soll hier zunächst eine summarische Erläuterung der im Gewerbepolizei-Edikt von 1811 verwendeten historischen Begrifflichkeiten gegeben werden.

a. Dispacheure

Die Dispacheure waren dazu berufen, die bei der Havarie eines Schiffes entstandenen Schäden auf den Schiffseigner sowie die Eigner der Ladung und die Frachtunternehmer zu verteilen,[470] also die gegenseitigen Ersatzansprüche potentiell vieler Beteiligter festzustellen. „Große Havarei" bedeutet dabei nicht bloß einen Schaden an Schiff oder Ladung, sondern sie bezeichnet die absichtliche Beschädigung von Schiff oder Ladung durch den Kapitän zur Abwendung einer Gefahr,[471] also z. B. das Leichtern eines Schiffs in Seenot durch Überbordwerfen von Teilen der Ladung oder das Kappen eines Masts.[472]

---

470 Meyers Lexikon, Siebente Auflage 1925, Bd. 3.

471 Behrend, Artikel „Havarie", in: Holtzendorff, Franz von (Hg.), Encyklopädie der Rechtswissenschaft, Zweiter Teil, Rechtslexikon, zweiter Band, Dritte Auflage Leipzig 1881, S. 300f; Meyers Lexikon, Siebente Auflage 1926, Bd. 5.

472 Heute geregelt in §§ 700–733 des Handelsgesetzbuchs für das Deutsche Reich vom 10. Mai 1897, insbesondere § 729: „Im Gebiete dieses Gesetzbuches wird die Dispache durch die ein- für allemal bestellten oder in deren Ermangelung durch die vom Gerichte besonders ernannten Personen (Dispacheure) aufgemacht." Für die Binnenschiffahrt: §§ 78–91 des Gesetzes über die privatrechtlichen Verhältnisse der Binnenschiffahrt v. 15. Juni 1895, dessen § 87 Abs. 2 dieselbe Regelung gibt wie die im Seehandel gültige.

b. *Schiffsmäkler*

Die Schiffsmäkler übernahmen gewerbsmäßig für die Reeder den Abschluss und die Durchführung von im See- bzw. Binnenschiffsverkehr üblichen Verträgen beispielsweise mit den Handelshilfspersonen, die für das Be- und Entladen zuständig waren. Hinzu kommen die Beantragung der Anfertigung einer Dispache und sonstiger Aufstellungen über Beschädigungen des Frachtgutes sowie die Vertretung des Reeders bei den dazu erforderlichen Besichtigungen; ferner die Aufstellung der – für den Reeder dann verbindlichen – Frachtrechnungen, die Anzeige der Ladebereitschaft des Schiffes an den Befrachter, die Bestimmung über Ort und Zeit der Beladung, die Einziehung der Frachtgelder, die Verhandlung über die Auslieferung der Ladung und die Prüfung der von den Frachtempfängern vorgelegten Konnossemente – also der Ladescheine, die ihren jeweiligen Inhaber als Eigentümer der Fracht ausweisen – sowie in fremden Häfen die aktive Vertretung des Reeders oder Schiffers vor Gericht gegenüber den anderen hier genannten potentiellen Gegnern.[473]

c. *Güterbestätiger, Schaffner, Braker, Schauer und Stauer*

Die weiter erwähnten „Güterbestätiger, Schaffner […], Braker, Schauer und Stauer" vermittelten an den Handelsplätzen den Verkehr zwischen Kaufleuten und Fuhrunternehmern. Welches Gewerbe für welche Tätigkeiten zuständig war, lässt sich angesichts der lokalen Vielgestaltigkeit der Handelspraxis und der Unterschiede zwischen See-, Fluss- und Straßentransport kaum allgemein ausmachen. Die Stauer übernahmen das sachgerechte Ab- und Aufladen der Waren.[474] Inwieweit die Schaffner rechtsgeschäftlich für Kaufleute und Transportunternehmer tätig wurden, ist nicht ganz klar,[475] zumindest in den altpreußischen Gebieten scheinen die Schaffner umfangreiche Dienstleitungen bei Organisation und Abwicklung von Transporten angeboten zu haben. Dafür spricht neben dem etymologischen Befund[476] die Form der Aufzählung in § 113 des Gewerbepolizeiedikts, die sich als Stufenfolge von den geistige Beweglichkeit auch im Umgang mit Menschen

---

473 Brandis, Seerecht 1908, S. 76f.

474 Brandis, Seerecht 1908, S. 80f.

475 Meyers Lexikon, Siebente Auflage 1926, Bd. 5, setzt Güterbestätiger, Güterbestätter, Güterschaffner, Verlader und die Hamburgischen Litzenbrüder gleich. In Einzelheiten wiederum anders, möglicherweise bedingt durch seine bayerische Perspektive, von Landmann, Gewerbeordnung, 1897, Anm. 5 zu § 36 (S. 352).

476 Bei Kluge, Wörterbuch, 1999, ist der „Schaffner" ein „Anordner, Aufseher, Verwalter".

erfordernden Handelshilfstätigkeiten der „Güterbestätiger[n], Schaffner[n]" über die eher mechanische Tätigkeit der „Messer, Wäger" bis hin zur auch körperlichen Verladearbeit der „Braker, Schauer, Stauer" lesen lässt. Da die richtige Verstauung der Waren im Schiff aber Voraussetzung nicht nur dafür ist, dass die Waren möglichst schadlos ankommen, sondern auch dafür, dass die Sicherheit des Schiffs nicht durch z. B. verrutschendes Schüttgut oder umkippende Aufstapelungen gefährdet wird, geht es auch hier um wichtiges Spezialwissen und -können.

Das Tätigkeitsfeld der Güterbestätiger, die zur Qualitäts- und Wertbestimmung von Handelswaren berufen waren,[477] ist in der Literatur allerdings auch gleichbedeutend neben das Tätigkeitsfeld der Schaffner gestellt worden;[478] letztendlich muss hier aber nicht geklärt werden, welche genauen und wechselnden Bedeutungen die Begriffe im Verlauf des 19. Jahrhunderts hatten. Denn gemeint ist generell jeweils eine Person, deren spezielle Dienste von allen Handeltreibenden für die Besorgung wichtiger Angelegenheiten gleichermaßen in Anspruch genommen werden konnten und die für alle Handeltreibenden kraft Präsentationswahl und staatlicher Sanktionierung gleichermaßen als vertrauenswürdig galten.

d. Praktische Aspekte

Einen gewissen Einblick in die Praxis der im Gewerbepolizei-Edikt erwähnten Gewerbetreibenden erlauben zwei historische Arbeiten über die Handelskammergeschichte in Hamburg bzw. Lübeck. Es bestehen sowohl bezüglich der Gewerbe wie auch bezüglich der jeweiligen Interessenlage der Kaufleute und der Behörden keine prinzipiellen Unterschiede zwischen den Freien Städten und den preußischen Handelsplätzen,[479] und da Hamburg im 18. Jahrhundert „Vermittler des preußischen Im- und Exports"[480] war, erscheint es wahrscheinlich, dass der Blick nach Hamburg und Lübeck auch eine ungefähre Vorstellung von den Berliner Verhältnissen liefern kann.

In Hamburg wie in Lübeck machten die Handelshilfspersonen stets einen recht kleinen Personenkreis aus. So gab es in beiden Städten jeweils nur einen

---

477 Vgl. AK 1850, dort S. 312 wird unter der Rubrik „Güter-Bestätiger" nur auf die „Waaren-Taxatoren", also Personen, die zur Bestimmung des Wertes von Waren berufen sind, verwiesen.

478 Vgl. KKB-Festschrift 1920, S. 97.

479 Für die Lübecker Handelskammer, Mitte des 19. Jahrhunderts gegründet, berichtet Most, Selbstverwaltung, 1927, S. 27 von einer weitgehenden Entsprechung mit den „kaufmännischen Korporationen des [preußischen] Ostens".

480 Kaufhold, Preußischer Merkantilismus und Berliner Unternehmer, 1987, S. 24.

Dispacheur,[481] für Lübeck wird von drei Wägern berichtet, und in Hamburg gab es nach 1882 ganze sechs „nautische Sachverständige", die im Falle von Warenschäden nach Schiffstransport über die Qualität der Verpackung der betroffenen Waren zu urteilen hatten.[482]

Für Berlin wird für die erste Jahrhunderthälfte von maximal drei Schaffnern für Wasser- und vier für Landfrachten berichtet; 1860 verwaiste dieses Amt[483] aufgrund der Dominanz des Eisenbahntransports.

Die Festschrift anlässlichdes 50jährigen Bestehens der Korporation der Berliner Kaufmannschaft im Jahr 1870 liefert uns ein Bild vom Berliner Schaffnergewerbe: „Um eine einigermaßen regelmäßige und sichere Versendung und Herbeischaffung der Güter zu erzielen, unvollständige Ladungen zu completiren, gleichartige Frachtlöhne für die Waaren verschiedener Versender zu ermöglichen, die nothwendigen Schriftstücke für die Ladungen und die steuerliche Abfertigung an den Grenzen der Territorien, in welche die Waaren gingen, auszustellen, wurde 1822 das Institut der vereideten Land- und Wasserschaffner seitens des Aeltesten-Collegiums der Kaufmannschaft in das Leben gerufen. Sie waren damals „ganz unentbehrliche Mittelspersonen bei Versendungen wie bei Uebergabe der Waaren an den hiesigen Empfänger".[484]

Veränderungen der institutionellen Struktur der Handelshilfsgewerbe waren wegen der Bestellung dieser Gewerbetreibenden auf Lebenszeit – in Preußen gem. § 129 des Gewerbepolizei-Edikts 1811 – üblicherweise nur dann möglich, wenn die betreffenden Institutionen bzw. Ämter durch Tod oder Rücktritt der bisherigen Stelleninhaber vakant geworden waren,[485] denn eine Änderung der Rechtsgrundlagen zu Lebzeiten eines der Amtsinhaber hätte ja dessen wohlerworbenes Recht auf sein Amt beeinträchtigt.

---

481 Baasch, Handelskammer zu Hamburg 1665–1915, S. 805, 809, Kühl, Kaufmannschaft und Handelskammer zu Lübeck im 19. Jahrhundert, 1993, S. 191.

482 Kühl aaO, Baasch, Handelskammer zu Hamburg 1665–1915, S. 798–800.

483 KKB-Festschrift 1920, S. 97, vgl. AK 1848, S. 362: drei „Güter-Bestätiger für die Schiffahrt" und einer für „Landfrachten".

484 KKB-Festschrift 1870, S. 58, s.a. KKB-Festschrift 1920, S. 94.

485 Für das Dispachewesen sowie die Schifferalten als Vorgängerinstitut der nautischen Sachverständigen Baasch, Handelskammer zu Hamburg 1665–1915, 1915, S. 809 bzw. 800; für das Dispachewesen Kühl, Kaufmannschaft und Handelskammer zu Lübeck im 19. Jahrhundert, S. 252.

2. Zuständigkeit und Verfahren

Alle der in § 113 des Gewerbepolizei-Edikts erwähnten Gewerbetreibenden gehörten nach der Ansicht der Staatsregierung zu den „für einen wirklichen Handelsplatz unentbehrlichen Hilfsinstitute[n]", für deren Unterhaltung und Verbesserung das dafür damals sachlich zuständige preußische Finanzministerium die zu etablierenden kaufmännischen Korporationen auserkoren hatte.[486] Eine nähere Betrachtung des Gewerbepolizei-Edikts gibt Auskunft über die bei dieser „Unterhaltung und Verbesserung" der Handelshilfsgewerbe Beteiligten und die zu befolgende Verfahrensweise: §§ 110, 113 und 116/117 zählen die zu regulierenden Gewerbe auf, §§ 112, 115 und 116/117 enthalten die Kompetenzzuweisungen.[487] Wer die betroffenen Gewerbe nach 1811 neu aufnehmen wollte, hatte sich dem in §§ 112 bzw. 115 (vgl. jeweils den ersten Satz dieser §§) geregelten Verfahren der Präsentationswahl zu unterwerfen: Die den staatlichen Behörden (im Fall des § 112 der Regierung, im Fall des § 115 der Polizeibehörde) zur Prüfung zu präsentierenden Kandidaten wurden von der Kaufmannschaft gewählt.

Dass der Staat in diesem Verfahren als Königliche Regierung oder als Polizeibehörde auftreten kann, berührt nicht die Form der Beteiligung der Kaufmannschaft. Ob und in welchem Maße überhaupt eine ausdrückliche Kompetenzzuweisung stattgefunden hat, ist für Berlin fraglich, denn in Berlin regierte im 19. Jahrhundert bekanntlich der Polizeipräsident auch gern im Geschäftsbereich des Magistrats. Über die Gründe der Aufteilung der staatlichen Kompetenzen auf Regierung einerseits und Polizei andererseits können nur Spekulationen angestellt werden: Der Schiffstransport hatte wegen seiner größeren Leistungsfähigkeit in Bezug auf Tonnage, Geschwindigkeit und Reichweite eine größere wirtschaftliche Bedeutung als der Landtransport – daher war im preußischen Binnenland im 18. Jahrhundert ein lebhafter Kanalbau betrieben worden[488] – was sich erst mit dem verstärkten Chausseebau in Preußen ab den 1830er Jahren zu ändern begann, noch bevor die Eisenbahn die Transportrevolution auslöste. Ferner war die Wirksamkeit des Staates auf See und außerhalb der Häfen noch begrenzter als an Land, so dass der seegestützte internationale Schmuggelhandel

486 Immediatbericht des Ministers an den König v. 1. September 1815, in: KKB-Festschrift 1920, S. 66.

487 Die Kompetenzzuweisungen in §§ 110 und 113, die sich allein an Regierung bzw. Polizeibehörde richten, beziehen sich lediglich auf die im Jahr 1811 bereits in den jeweiligen Gewerbezweigen tätigen Personen.

488 Kaufhold, Preußischer Merkantilismus und Berliner Unternehmer, 1987, S. 24.

eine ständige Versuchung für Kaufleute darstellte.[489] Die geregelte Verteilung von Transportkapazitäten und die gleichmäßige Abrechnung von Schäden an der Ladung, die den Handelsverkehr erleichterten, sollten daher aus staatlicher Sicht optimalerweise nur staatlich genehmigten Handelsgütern zukommen. Wo der Staat sich nicht selbst um diese Verteilung und Abrechnung kümmert, muss er wenigstens von der Zuverlässigkeit derjenigen Personen überzeugt sein, die diese Geschäfte gewerbsmäßig erledigen. Und für die damit notwendige Überprüfung der Zuverlässigkeit der Verteiler und Abrechner scheinen die preußischen Zentralbehörden die regionalen Regierungen für besser geeignet gehalten zu haben als die örtlichen Polizeibehörden,[490] die jedoch grundsätzlich für die Erteilung aller Gewerbescheine zuständig waren, vgl. §§ 4, 6 des Gewerbesteueredikts 1810.

Dort und auch im Gewerbepolizei-Edikt 1811 ungeregelt ist die Zuständigkeit für die Vereidigung der präsentierten und geprüften Kandidaten; auch in der entsprechenden Stelle des Statuts der Berliner Kaufmannschaft von 1820 findet sich in § 10 nur ein Globalverweis zur „kompetenten Behörde“ ohne konkrete Benennung; also war es wohl nicht die Korporation selbst. Der Autor der Festschrift zum hundertjährigen Bestehen der Kaufmannschaft überliefert die Information, dass die Vereidigung der Handelshilfspersonen in Berlin durch den Magistrat erfolgt ist, freilich ohne genaue zeitliche Eingrenzung und ohne hierfür eine gewerbegesetzliche Vorschrift zu zitieren,[491] wir vermuten daher, dass die Kaufmannschaft und der Magistrat hier schlicht nach § 77 des Statuts von 1820 verfahren sind, da der Magistrat die vorgesetzte Behörde der Kaufmannschaft war.

---

489 Die „Ausführung der Gesetze und Verordnungen gegen den Schleichhandel“ gehörte dementsprechend zu den Aufgaben der französischen Handelskammern, Grabski, Handelskammern bis 1848, 1907, S. 5. – Vom üblichen Schmuggel auf der Kurischen Nehrung erzählt das Kapitel „Im Schmugglerkrug“ der 1863 von J. D. H. Temme (1798–1881) verfassten Erzählung „Schwarzort“. Temme war so produktiv, dass er neben seiner umfangreichen straf- und prozessrechtswissenschaftlichen Publizistik noch Zeit genug hatte, zu einem der Pioniere der Detektivgeschichte in Deutschland zu werden. Die örtlichen Gegebenheiten mag Temme als Richter am Land- und Stadtgericht Tilsit kennengelernt haben, an dem er nach einer Strafversetzung von 1844 bis 1848 tätig war, Temme/Gödden/Kessemeier 2004, S. 123–137.

490 Deren Anteilnahme am Schmuggel ist bei Temme der dominierende Erzählstrang. Im Züricher Exil lebend schildert er in seiner wohl vor 1812 spielenden Geschichte, wie ein Polizei- und ein Zolloffizier sich konkurrierend auf die Lauer legen, um eine erwartete Lieferung verbotener englischer Güter im Namen des Königs zu beschlagnahmen und anschließend auf eigene Rechnung zu verkaufen.

491 KKB-Festschrift 1920, S. 95, 97.

Diese Zuständigkeiten und Verfahrensregeln sind 1811 bis 1900 wenigstens fünfmal[492] vom Staat bestätigt[493] worden, insbesondere durch §§ 51–53 der preußischen Gewerbeordnung von 1845[494] und durch § 36 Abs. 1 der Gewerbeordnung für den Norddeutschen Bund von 1869[495], deren örtlicher Anwendungsbereich

---

492 Nämlich 1820 durch die entsprechende Kompetenznorm in § 10 des staatlich genehmigten Statuts der Berliner Kaufmannschaft (und die entsprechenden Normen in den Statuten der übrigen preußischen Korporationen), 1845 und 1869 durch die gewerbepolizeilichen Vorschriften der jeweils neuen Gewerbeordnungen, 1870 durch die entsprechende Kompetenznorm in Art. 14 des revidierten, staatlich genehmigten Statuts der Berliner Kaufmannschaft, die dem Wortlaut des § 36 der Gewerbeordnung nachgebildet ist: „Die Corporation wählt und präsentirt zur Bestätigung diejenigen zum besten des Berliner Handels öffentlich angestellten Personen, deren Wahl ihr nach den Gesetzen zusteht oder noch eingeräumt werden möchte, insbesondere die Handelsmakler, Güterbestätiger, Schaffner, Messer, Wäger, Schauer, Stauer, überhaupt alle Personen, die öffentlich bestellt sind, um die Quantität und Qualität der Waaren und deren richtige Verpackung zu beurkunden." Amtsblatt der Königlichen Regierung zu Potsdam für 1870, S. 84ff., abgedruckt in: KKB-Festschrift 1920, S. 631ff., 634, und schließlich 1900, als nicht nur eine weitere Klasse von Sachverständigen, nämlich die Buchprüfer, hinzugefügt, sondern die gesamte Gewerbeordnung auch in einer alle bisherigen Änderungen berücksichtigenden Fassung neu bekanntgemacht und damit als ganze vom Gesetzgeber bestätigt wurde, RGBl. 1900 S. 871ff.

493 Schröder, Lessons, S. 184, wertet, der Staat habe durch die laufenden Neufassungen der Gewerbeordnung im Verlauf des 19. Jahrhunderts unter Beibehaltung der wesentlichen Inhalte die Gewerbefreiheit „confirmed".

494 Allgemeine Gewerbeordnung vom 17. Januar 1845, GS S. 41ff.
„§ 51 Die Geschäfte der Baukondukteure, Feldmesser, Nivellirer, Markscheider, Auktionatoren, See- und Binnenlotsen, Mäkler, Dispacheurs und Gesindevermiether dürfen nur von denjenigen Personen betrieben werden, welche als solche von den verfassungsmäßig dazu befugten Staats- oder Kommunalbehörden oder Korporationen angestellt oder konzessioniert sind.
§ 52 Ein Gleiches (§ 51) gilt von denen, welche den Feingehalt edler Metalle oder die Beschaffenheit, Menge, oder richtige Verpackung von Waaren irgend einer Art feststellen, von Güterbestätigern Schaffnern, Wägern, Messern, Braakern Schauern, Stauern, u.s.w., sowie von denjenigen, welche ein Gewerbe daraus machen, Leichen zu reinigen und anzukleiden, oder die zur Bestattung von Leichen erforderlichen Geräthschaften und Wagen zu halten.
§ 53 Die bisherigen Vorschriften über die Befähigung der in den §§ 51 und 52 bezeichneten Personen, über die Zahl, sowie den Umfang der Befugnisse und Verpflichtungen derselben bleiben ferner in Kraft. Jedoch wird den Ministerien vorbehalten, die nöthigen Abänderungen und Ergänzungen zu treffen."

495 Gewerbeordnung für den Norddeutschen Bund vom 21. Juni 1869, BGBl. S. 245; Gesetzgebungsmaterialien und preußische Durchführungbestimmungen zu § 36

nach der Reichsgründung nach und nach auf das ganze Reich ausgedehnt wurde.[496] Es finden sich stets sinngemäße Wiederholungen des Gewerbepolizei-Edikts von 1811:

§ 36
Das Gewerbe der Feldmesser,[497] Auktionatoren,[498] derjenigen, welche den Feingehalt edler Metalle[499] oder die Beschaffenheit, Menge oder richtige Verpackung von Waaren irgend einer Art feststellen, der Güterbestätiger, Schaffner, Wäger, Messer, Bracker, Schauer, Stauer u.s.w. darf zwar frei betrieben werden, es bleiben jedoch die verfassungsmäßig dazu berufenen Staats- oder Kommunalbehörden oder Korporationen auch ferner berechtigt, Personen, welche diese Gewerbe betreiben wollen, auf die Beobachtung der bestehenden Vorschriften zu beeidigen und öffentlich anzustellen.

Ein letztes prominentes Beispiel für die Beteiligung der Polizeibehörde an der Bestellung von Handelshilfspersonen auf Vorschlag der Kaufmannschaft ist 1894 das „Regulativ für den Geschäftsbetrieb der Oeffentlichen Conditionir-Anstalt

---

bei Kletke, G. M: Gewerbe-Ordnung für den Norddeutschen Bund vom 21. Juni 1869: Nebst den Entwurf dieses Gesetzes u. dessen Motiven, 2. Aufl. Berlin, 1870, S. 17, 116, 157, 207. Parlamentarische Beratung in StenBer BT: 2. Lesung: Sitzung 19, S. 377–386; 3. Lesung: Sitzung 46, S. 1086–1090.

496 S. dazu v. Landmann, Gewerbeordnung, 1897, S. 6–9.

497 Zu den Feldmessern s. bereits § 118 des Gewerbepolizei-Edikts von 1811: „Feldmesser und Nivellirer können Gewerbscheine nur auf ein Zeugnis der Regierung erhalten, dass sie gesetzlich als solche angestellt sind. Ihre Anstellung geschieht, wie bisher, nach vorgaengiger Prüfung der technischen Ober=Bau=Deputation."

498 Durch Gesetz vom 30. Juni 1900 (RGBl. S. 321 ff.) wurde hinter „Auktionatoren" noch das Wort „Bücherrevisoren" eingefügt. Davon abgesehen blieb die Vorschrift bis zur „Zweiten [Not-] Verordnung des Reichspräsidenten zur Sicherung von Wirtschaft und Finanzen" [aufgrund von Art. 48 der Weimarer Reichsverfassung] vom 5. Juni 1931 (RGBl. I S. 279ff., 313) unverändert; die „Vierte Notverordnung" vom 8. Dezember 1931 (RGBl. I S. 699ff., 716) enthielt bereits ein Gesetz, das die Reichsregierung „ermächtigt[e]", u.a. § 36 der Gewerbeordnung unter Zustimmung des Reichsrats „zur Anpassung des Gewerbepolizeirechts an die Entwicklung in Technik und Wirtschaft zu ändern oder durch neue Vorschriften zu ergänzen". – Zur Erlaubnispflichtigkeit des Auktionsgewerbes s. bereits § 121 des Gewerbepolizei-Edikts von 1811.

499 § 123 des Gewerbepolizei-Edikts von 1811: „Juwelirer, Gold= und Silberprobirer sollen kuenftig nur auf den Grund einer Prüfung ertheilt werden, welche bei den nächsten einzurichtenden Ajustirungsbehoerden zu Berlin, Koenigsberg in Preußen oder Breslau angestellt wird. Die Atteste der Juwelirer werden dagegen bloß auf die moralische Ueberzeugung von ihrer vollkommensten Rechtschaffenheit ausgestellt."

zu Berlin",[500] das für den Betrieb einer Untersuchungsstelle für die Qualität von Textilfasern in § 2 vorschrieb, deren Direktor werde „von den Aeltesten der Kaufmannschaft gewählt, von dem Königlichen Polizei-Präsidium bestätigt, und dessen Name öffentlich bekannt gemacht". Das Ende der Polizeikompetenz markiert im März 1902 eine Verfügung des Ministers für Handel und Gewerbe an den Polizeipräsidenten von Berlin und an alle Regierungspräsidenten in Preußen, bei ihren nachgeordneten Dienststellen darauf hinzuwirken, dass diese keine Sachverständige bestellen, soweit die Handelskammern für die Bestellung von Sachverständigen zuständig sind.[501]

3. Bedeutung für die Gerichte

Wie oben (C.III.4.) gezeigt, durfte nach Ansicht von Grävell als gerichtlicher Sachverständiger nur bestellt werden, wer die besondere Gewerbeerlaubnis zur Beurteilung der Qualität, Quantität oder Verpackung von Waren auf den jeweiligen Fachgebieten hatte. Ein praktisches Beispiel für den gerichtlichen Einsatz dieser Handelshilfspersonen liefert Christian Friedrich Koch in seiner lebendig geschriebenen „Anleitung zur preußischen Prozeßpraxis mit Beispielen" von 1860. Dargestellt wird eine Klageschrift wegen teilweisen Rücktritts von einem Kaufvertrag.[502] Vereinbart war die Lieferung von „40 Ctr. bester rother Kleesat jüngster Ernte (von 1859)", geliefert wird in 20 Colli à 2 Zentner. Am Tag nach der Lieferung, so erzählt die Klageschrift, „eröffneten wir ein Collo und fanden darin" eine Ware die, „zur Saat auf Äckern untauglich und als Saatgut nicht geeignet" war. „Wir ließen den hiesigen Gütermäkler B. und den Samenhändler

---

500 Vom 28. August 1894, aufgestellt vom Polizeipräsidenten. LAB, A Rep 200–01, K 594, Bl. 100–103.

501 Verfügung des HM an alle Regierungspräsidenten und den Polizeipräsidenten in Berlin v. 25. März 1902, Ministerialblatt der Handels- und Gewerbeverwaltung 1902, S. 140, auch in: Gewerbe-Archiv für das Deutsche Reich, 1, (1902). S. 650f.; auch in: GStA PK I. HA Nr. 4825 Bl. 363; s.a. unten G.I.2.b zur Bestellung von „polizeilichen" Chemikern. Mit der Handelsministerialverfügung vom 25. März 1902 erreichten die Handelskammern die exklusive Kompetenz zur öffentlichen Bestellung und Vereidigung von Sachverständigen; das Justizministerium freilich wollte zu diesem Zeitpunkt diese Handelskammersachverständigen noch nicht als gerichtliche Sachverständige akzeptieren und erließ tagesgleich eine Verfügung, die sehr wahrscheinlich dazu geführt hat, dass die Justiz diese Sachverständigen weitgehend ignoriert hat, s.u. H.V.3.c.

502 KOCH, CHRISTIAN FRIEDRICH: Anleitung zur preußischen Prozeßpraxis mit Beispielen, Berlin 1860, S. 353.

C. herbeirufen und durch diese die übrigen 19 Colli öffnen und untersuchen. Es stellte sich heraus, dass nur 10 Colli kontraktmäßige Waare" enthielten. „Die Hälfte der Sendung ist also unbrauchbar. Hierüber berufen wir die genannten beiden Personen zu Sachverständigen und Zeugen." In dem Beispielsfall wird also die Handelshilfsperson „Gütermäkler", der als Mäkler und nicht als Sachverständiger bestellt ist, ganz ohne weiteres von der klagenden Partei als gerufener sachverständiger Zeuge in den Prozess eingeführt. Dies zeigt, wie eng nach der Natur der Sache der Zusammenhang zwischen den Handelshilfsgewerben und den gerichtlichen Sachverständigen ist; die Falllösung behandelt dann die Abwicklung des teilweisen Rücktritts, und problematisiert es nicht, dass ein Mäkler nicht formell bestellter Sachverständiger ist.

Da aber ein Mäkler nach genau demselben Verfahren zu bestellen und zu beeidigen ist wie die im Gewerbepolizei-Edikt und den Nachfolgenormen regulierten Sachverständigen und kann möglicherweise aus diesem Grund dasselbe Vertrauen in Anspruch nehmen.

E. Kompetenzfrage I: Stettin 1866/67

I. Das ADHGB und die „öffentlich bestellten Sachverständigen“

Der durch die Begrifflichkeit der ZPO gemachte Unterschied zwischen den „im allgemeinen beeidigt[en]“ (§ 410 Abs. 2) und den „öffentlich bestellten“ (§ 404 Abs. 2) Sachverständigen ist, wie eben gezeigt, in der preußischen Rechtswirklichkeit auffindbar: Einerseits vereidigen die Gerichte Sachverständige für gerichtliche Gutachten, andererseits werden durch Kaufmannschaften und Staatsverwaltung sachverständige Handelshilfspersonen öffentlich bestellt. Die einen sind eine Angelegenheit der Gerichte, die anderen sind eine Angelegenheit der kaufmännischen Korporationen unter Mitwirkung von staatlichen und, für die Vereidigung, kommunalen Verwaltungs-(nicht: Justiz-)behörden. Das deutliche begriffliche Nebeneinander der eben zitierten Vorschriften der ZPO findet sich jedoch in den preußischen Gesetzen erst im Allgemeinen Deutschen Handelsgesetzbuch (ADHGB) von 1861, das in Preußen seit dem 1. März 1862 in Kraft war.[503]

Dieses Gesetzbuch war als Musterentwurf von Kommissionen des Deutschen Bundes entworfen und dann von den einzelnen Mitgliedsstaaten des Bundes als je eigenes Gesetz erlassen worden. Es brachte eine Vereinheitlichung des Handelsrechts in Deutschland, wobei in Bezug auf die Behörden und Institutionen, die zur Unterstützung des Handels in den jeweiligen Staaten eingerichtet waren, keine Vereinheitlichung, sondern lediglich eine gesetzliche Klarstellung der Funktionen der jeweils bestehenden und unterschiedlich strukturierten Einrichtungen stattfand.

Den Begriff des Sachverständigen erwähnt das ADHGB in seinem Vierten Buch „Von den Handelsgeschäften“ und dort in Artikel 348 (Warenmängel beim Kauf), auf den wiederum die Artikel 365, 387 und 407 (Mängel des Kommissions-, Speditions- oder Frachtguts) verweisen. In den im Vierten Buch geregelten Fällen ist der Sachverständige „vom Gericht zu ernennen“. Im Fünften Buch, „Vom Seehandel“, das von einer anderen Kommission entworfen worden ist als das Vierte Buch, regelt Art. 609 das Verfahren zur Feststellung von Warenmängeln nach Seetransport. Dort ist von „amtlich bestellten Sachverständigen“ die Rede:

503 Einführungsgesetz zum ADHGB v. 24. Juni 1861, GS S. 449.

Art. 348

Wenn der Käufer die von einem anderen Orte übersendete Waare beanstandet, so ist er verpflichtet, für die einstweilige Aufbewahrung derselben zu sorgen.

Er kann, wenn sich bei der Ablieferung der Waare oder später Mängel ergeben, den Zustand der Waare durch Sachverständige feststellen lassen. Der Verkäufer ist in gleicher Weise berechtigt, diese Feststellung zu verlangen, wenn ihm der Käufer eine Anzeige gemacht hat, dass er die Waare wegen Mängeln beanstande.

Die Sachverständigen ernennt auf Antrag des Betheiligten das Handelsgericht und in dessen Ermangelung der Richter des Orts.

Die Sachverständigen haben das Gutachten schriftlich oder zu Protokoll zu erstatten. [...]

Art. 609

Bevor der Empfänger die Güter übernimmt, kann sowohl der Empfänger als der Schiffer, um den Zustand oder die Menge der Güter festzustellen, ihre Besichtigung durch die zuständige Behörde oder durch die zu diesem Zwecke amtlich bestellten Sachverständigen bewirken lassen.

Bei diesem Verfahren ist die am Orte anwesende Gegenpartei zuzuziehen, sofern die Umstände es gestatten.

Art. 610

Ist die Besichtigung vor der Übernahme nicht geschehen, so muß der Empfänger spätestens am zweiten Werktage nach dem Tage der Übernahme die nachträgliche Besichtigung der Güter nach Maßgabe des Art. 609 erwirken, widrigenfalls alle Ansprüche wegen Beschädigung oder teilweisen Verlustes erlöschen. [...]

Folgende Unterschiede lassen sich zwischen den Sachverständigen im land- und im seegestützten Handel ausmachen: Im Fall des Art. 348 wird der Sachverständige vom Gericht ernannt, während im Fall des Art. 609 das sachverständige Votum, je nach den örtlichen Gegebenheiten, von der zuständigen Behörde oder den amtlich bestellten Sachverständigen abzugeben war.

Als materieller Unterschied zwischen den beiden Rechtsnormen ist zu benennen, dass Art. 348 lediglich eine Beweiserleichterung für den Käufer enthält: Er kann die Qualität der Waren durch einen gerichtlichen Sachverständigen begutachten lassen, auch ohne dass schon ein gerichtlicher Streit anhängig gemacht wäre. Das kann zum einen den Beweis gegen nachträgliche Veränderungen der Ware – und auch gegen die gegnerische Behauptung einer solchen nachträglichen Veränderung – sichern, zum anderen ist es möglich, aufgrund des erstatteten Sachverständigengutachtens mit dem Gegner zu einer außergerichtlichen Lösung zu kommen. Anders im Fall des Art. 609: Wenn der Empfänger der Ware Mängel wahrnimmt und die Ware nicht spätestens innerhalb von zwei Werktagen sachverständig begutachten lässt, dann ist ihm in einem eventuellen späteren Prozess die Berufung auf diese Mängel von vornherein abgeschnitten (Präklusion), Art. 610. Es geht also nicht um eine Erleichterung des Verfahrens durch den Sachverständigen, sondern das Tätigwerden des Sachverständigen gestaltet unmittelbar das zwischen den Parteien bestehende Rechtsverhältnis. Wird er tätig, behält der Empfänger seine Einwendungen, wird er nicht gerufen, muss der Empfänger sich so behandeln lassen, als sei die Ware makellos gewesen. Damit drängt sich die Frage auf, wie die Verfasser des ADHGB den Begriff des „amtlich bestellten Sachverständigen“ (Art. 609) im Gegensatz zum gerichtlich „ernannten“ Sachverständigen (Art. 340 Abs. 3) verstanden haben wollten.

Ein naheliegender Grund für die Unterschiedlichkeit der Begriffe ist die Tatsache, dass das Fünfte Buch des ADHGB, das Seehandelsrecht, von einer gesonderten, in Hamburg tagenden Kommission verhandelt wurde. „Dem Bestreben, den wirtschaftlichen Bedürfnissen der Handelswelt gerecht zu werden, verdankt unser Seerecht seine Ausführlichkeit und Neigung zur Kasuistik gegenüber der knapperen Fassung des übrigen [AD]HGB, wo man auf seit Jahrhunderten bebautem Rechtsboden fußen konnte“.[504] Es könnte also sein, dass die Hamburger Kommission im Fünften Buch des ADHGB gar nichts anderes sagen wollten als das, was die Verfasser der ersten vier Bücher sagen wollten. Daher muss hier auf die Gesetzgebungsmaterialien zurückgegriffen werden.

Den Beratungen der Seehandelskommission zugrunde lag ein preußischer Entwurf, der eine „gerichtliche oder obrigkeitliche Besichtigung“ vorsah. Diese Formulierung wurde beanstandet und es wurde

> *geltend gemacht, die Verweisung der in Rede stehenden Waarenbesichtigungen vor die Gerichte sei bei dem Landtransporte sehr wohl statthaft, wo sie nur seltener vorkämen, und auch die nöthigen Sachverständigen sehr oft nicht ein für alle mal hiezu bestellt und verpflichtet seien. Anders verhalte sich die Sache bei dem Seetransporte; hiebei kämen dergleichen Besichtigungen so häufig vor, dass die Gerichte unmöglich damit behelliget werden könnten; es seien aber an sehr vielen Seeplätzen zur Vornahme solcher Besichtigungen nicht nur gewisse andere technische Behörden berufen, sondern häufig auch eine bestimmte Anzahl Sachverständiger ein für alle Male angestellt und verpflichtet, welche die Besichtigung ohne gerichtliche oder obrigkeitliche Leitung vorzunehmen hätten. Wenn demnach auch kein Zweifel bestehen könne, dass die Gerichte die Vornahme der fraglichen Besichtigungen […] nicht ablehnen dürften, wenn keine Behörde und keine verpflichteten Sachverständigen hierfür vorhanden seien, so sei doch auf der anderen Seite kein Grund vorhanden, die Besichtigung den bisher damit betrauten Behörden oder den dazu amtlich*

---

504 Brandis, Seerecht, 1908, S. 14. Die Ersetzung des ADHGB durch das HGB für das Deutsche Reich vom 10. Mai 1897 zum 1. Januar 1900 hat das Seerecht unangetastet gelassen. Geändert wurde lediglich die Zählung der Bücher (Seerecht nun nicht mehr als fünftes, sondern als viertes Buch), und die Nummerierung der Artikel, die nun als Paragraphen firmieren, hat sich im hier interessierenden Teil um eine Zahl nach vorn verschoben, aaO S. 15.

bestellten Sachverständigen abzunehmen. Der Entwurf, indem er nur der gerichtlichen oder obrigkeitlichen Besichtigung gedenke, bedürfe deshalb, um jedes Mißverständnis auszuschließen, einer Ergänzung.[505]

Dementsprechend wurde die „gerichtliche oder obrigkeitliche" Besichtigung durch eine Besichtigung „durch die zuständige Behörde oder durch die zu diesem Zwecke amtlich bestellten Sachverständigen" ersetzt. Damit ist klar, dass das ADHGB hier durchaus Sachverständige meint, die eben nicht von den Gerichten bestellt sind und direkt auf diejenigen Sachverständigen zugreift, die traditionell an den Seehandelsplätzen ohnehin mit diesen Begutachtungsaufgaben betraut waren.

II. Justizintern unterschiedliche Lesarten

Da allerdings ein einmal geschriebener und veröffentlichter Text nicht mehr der Kontrolle des Verfassers unterliegt und das Verständnis und die Interpretation des Textes die Sache des Lesers ist, konnte auch Art. 609 ADHGB anders verstanden werden. Abhängig davon, welche Institution dieses abweichende Verständnis entwickelt, kann sich daraus auch eine Änderung des Rechts ergeben: Recht ist eben nicht, was man im Gesetz lesen kann, sondern Recht ist, was der letzte zuständige Entscheidungsträger für Recht befindet. In Preußen wurde vom Justizministerium eine Lesart des Art. 609 ADHGB durchgesetzt, die für die Zwecke des Art. 609 auf eine Gleichsetzung der amtlich bestellten mit den gerichtlichen Sachverständigen hinauslief und damit die Kompetenzen der korporativen kaufmännischen Strukturen zugunsten der staatlichen Justiz beschnitt.

1. Anstoß: Eingabe des Appellationsgerichts Stettin, Oktober 1866

Dies geschah wie folgt: Im Oktober 1866 wandte sich das Appellationsgericht für die Provinz Pommern in Stettin an das Justizministerium. Es berichtete, dass im Falle des Art. 609 sich Parteien an die vom Stettiner Kreisgericht ein für allemal bestellten Sachverständigen gewandt hätten. Das Appellationsgericht stand jedoch auf dem Standpunkt, dass diese „gewöhnlichen" Sachverständigen nicht Sachverständige im Sinnedes Art. 609 waren, sondern dass Sachverständige im Sinne des Art. 609, die „zur selbständigen Feststellung der Beschaffenheit pp der Waaren" „ohne Mitwirkung des Gerichts" bestellt seien, nach seiner Lesart nur

505 Kommission zur Berathung eines Allgemeinen Deutschen Handelsgesetzbuches, Lutz (Hg): Protokolle der Kommission zur Berathung eines Allgemeinen Deutschen Handelsgesetzbuches, Offizielle Ausgabe, Würzburg, Theil 1.1857(1858) - 9.1861(1863) = Protokoll 1–589, V. Theil 1861, S. 2302.

solche Sachverständige seien, die „von der zuständigen Behörde ausdrücklich zu diesem Zweck bestimmt worden sind"; dabei verwies das Gericht auf die eben zitierte Protokollstelle der Gesetzgebungskommission.[506] Dieser Rechtsauffassung folgend hatte das Gericht in zwei Urteilen vom 13. Oktober 1866 gemäß Art. 610 auf den Verlust der Einwendungen wegen Mangelhaftigkeit der Ware erkannt, da ja die jeweiligen Empfänger der Waren sich nicht der richtigen Sachverständigen bedient hatten.[507] Das Appellationsgericht sah sich gezwungen, die Kaufleute auf die „oft zeitraubende Mitwirkung der Gerichte"[508] bei der Besichtigung der Waren zu verweisen. Diese mussten also im Konfliktfall innerhalb von zwei Tagen ein Mitglied des örtlichen Gerichts zur Besichtigung der Waren veranlassen – und also genau dasjenige Verfahren wählen, welches die Gesetzgebungskommission für unpraktisch gehalten hatte. Allerdings hielt auch das Appellationsgericht die Möglichkeit, die Gerichte aus den Besichtigungen herauszuhalten, für erstrebenswert. Deswegen „haben wir das hiesige Königliche Kreisgericht verlanlaßt, die Bestellung und Vereidigung von Sachverständigen im Sinne des Artikels 609 cit in Erwägung zu ziehen". Die gewöhnliche gerichtliche allgemeine Beeidigung nach den Vorschriften der AGO wurde bei dieser Erwägung jedoch von beiden Gerichten nicht als ausreichend angesehen. „Es frägt sich daher", welche denn nun die zuständige Behörde sei.

Ausdrückliche Anordnungen zu dieser Frage lassen sich in der preußischen Gesetzgebung nicht finden. Auch in den Gesetzen der übrigen Staaten, die das ADHGB in Kraft gesetzt hatten, wird diese Frage nicht ausdrücklich behandelt.[509] Entweder wurde die Frage übersehen oder sie stellte sich gar nicht erst, weil die Gesetzgeber davon ausgehen konnten, dass die von Kaufleuten und Bürgern geschaffenen „Behörden" i.S.d. Art. 609 sowohl den Marktteilnehmern als auch den Juristen bekannt sein würden. Dies wird mutmaßlich in den freien Hansestädten der Fall gewesen sein; die im Binnenland liegenden Bundesstaaten hatten erst Recht kein Problem mit der Anwendung der Vorschriften über den Seehandel. Einzig Mecklenburg-Schwerin traf eine ausdrückliche Regelung: diese wies die Kompetenz für die Besichtigungen exklusiv den Handelsgerichten zu, die in jedem einzelnen Fall einen Sachverständigen zu „ernennen" habe, so dass

---

506 Bericht des Appellationsgerichts Stettin an das Justizministerium vom 30. Oktober 1866, in: GStA PK, Rep. 84a, Nr. 4823, Bl. 197.

507 Dieser Umstand ergibt sich aus einem Schreiben des Ministeriums für Handel und Gewerbe an das Justizministerium vom 5. Juni 1867, in: GStA PK, Rep. 84a, Nr. 4823, Bl. 231.

508 Wertung des Handelsministeriums aaO.

509 Salpius, Ergänzungen und Landesgesetze, 1870, S. 220.

sich die Frage nach der für die besonderen Sachverständigen zuständige Behörde gar nicht erst stellte. Wer als Sachverständiger zu ernennen sei, regelt das Gesetz nicht.[510] Das unterstellt der Gesetzgeber auch hier wiederum als bekannt oder aber er hat die Frage übersehen; in jedem Fall liefern diese Regelungslücken ein Indiz dafür, dass der Gutachtermarkt recht reibungslos funktionierte.

Aus dem deutschen Bund zurück ins preußische Stettin: Das Appellationsgericht schlägt dem Ministerium die Stettiner Kaufmannschaft als zuständige Behörde vor. Allerdings beruht dieser Vorschlag zunächst nicht auf §§ 110ff. des Gewerbepolizei-Edikts von 1811 und §§ 51–53 der Allgemeinen Gewerbeordnung von 1845, sondern auf einer analogen Anwendung von § 39 a) des Statuts der Stettiner Kaufmannschaft vom 15. November 1821[511], der die Kaufmannschaft ermächtigte, gemäß den Vorschriften der AGO über das schiedsgerichtliche Verfahren Schiedsrichter einzusetzen. Diese Schiedsrichter kamen durch Präsentationswahl der Kaufmannschaft, Bestätigung durch den Magistrat und Vereidigung durch das örtliche Gericht in ihr Amt. Obwohl das Appellationsgericht also dem Wortlaut des ADHGB entnimmt, dass die gewöhnlichen gerichtlichen Sachverständigen i.S.d. § 64 Abs. 2 des Anhangs zur AGO hier nicht ausreichend sind, möchte es dennoch den Schritt zu einer völligen Entkoppelung des vom Standpunkt der Gerichte aus wahrgenommenen Sachverständigenwesens von den Gerichten nicht gehen: Die Schiedsrichter wurden ja immerhin noch von den Gerichten beeidigt, während die Handelssachverständigen der Gewerbeordnung bei ihrer Bestellung und Vereidigung keinerlei Kontakt mit den Justizbehörden haben mussten.[512]

---

510 § 39 der Verordnung zur Publication des Allgemeinen Deutschen Handelsgesetzbuches vom 28. Dezember 1863, Beilage zu Nr. 4 des Regierungs-Blatts für das Großherzogthum Mecklenburg-Schwerin von 1864 (zwischen S. 36 und 37): „Die für die in dem Art. 609 des Handelsgesetzbuches erwähnte Besichtigung zuständige Behörde ist im Inlande das Handelsgericht des Ortes. Dasselbe hat die Sachverständigen in jedem einzelnen Falle zu ernennen." zitiert nach Salpius 1870 S. 42, 220.

511 GS S. 202.

512 Dieser Vorschlag deckt sich mit einer späteren hamburgischen Praxis, wie aus dem Seerechtskommentar des Hamburger Oberlandesgerichtsrates Rudorff zu ersehen ist: als für die Besichtigung selbst bzw. die Bestellung der Sachverständigen zuständig bezeichnet er die Handelskammer, in: Knitschky, Wilhelm Ernst; Rudorff, Otto: Die Seegesetzgebung des Deutschen Reiches: unter Berücksichtigung der Entscheidungen des Reichsoberhandels- und des Reichsgerichts, des Hanseatischen Oberlandesgerichts und der Seeämter, 5., verm. u. verb. Aufl. bearb. von Rudorff. (Guttentagsche Sammlung deutscher Reichsgesetze 19) 1913, S. 763 (§ 608 Anm. 3).

Wie groß der Ärger und das Kopfzerbrechen über diese Verhältnisse in Stettin gewesen sein muss, lässt sich daran ermessen, dass alle zwölf Richter des Appellationsgerichts diesen Bericht unterschrieben und das Justizministerium um Klärung der Angelegenheit „allenfalls nach vorgängiger Communication mit dem Herrn Handelsminister“ baten. Nach den sonst in den Akten versammelten gerichtlichen Berichten an das Justizministerium zu urteilen, unterzeichnete sonst nur der ranghöchste Richter eines Gerichts bzw. ein von diesem dazu beauftragter Vertreter, und Vorschläge, welche anderen Ministerien das Justizministerium denn vor einer Bescheidung zu konsultieren habe, wurden dem Ministerium von nachgeordneten Behörden üblicherweise nicht unterbreitet.

2. Erwiderung: Justizministerium, November/Dezember 1866

Das so angegangene Justizministerium beschaffte sich zunächst Informationen. Es schrieb an die ebenfalls von Art. 609 betroffenen Appellationsgerichte, nämlich an das Königliche Ostpreußische Tribunal zu Königsberg und das Appellationsgericht für die Provinz Westpreußen in Marienwerder, dort mit der ausdrücklichen Aufforderung, Erkundigungen aus den Seeplätzen Danzig und Elbing einzuholen.[513] Die vorgelegte Frage, ob die Bestellung von Sachverständigen im Sinne des Art. 609 durch die Gerichte irgendwelchen Bedenken unterliege, lässt wegen ihrer suggestiven Formulierung den Schluss zu, dass das Justizministerium gegenüber der Stettiner Position von vornherein eine ablehnende Haltung einnahm; interne Vermerke finden sich allerdings in der Akte nicht. Auf die Anfrage des Ministeriums jedenfalls überreichte einer der Richter des Appellationsgerichts in Marienwerder „in Urschrift die Berichte des Kommerz- und Admiralitäts-Collegii [des Handelsgerichts, Verf.] in Danzig und des Kreisgerichts in Elbing mit dem ganz gehorsamsten Bemerken, dass auch wir keine Bedenken tragen, uns der Ansicht anzuschließen, dass wie in den Artt. 348, 365, 407 HGB gedachten Fällen, so auch in dem Art. 609 daselbst vorgesehenen Falle die Bestellung der Sachverständigen zur Zuständigkeit der Handelsgerichte, in deren Ermangelung der ordentlichen Gerichte, gehören“.[514] Eine etwas ausführlichere Stellungnahme ging aus Königsberg ein. Danach seien Sachverständige nach Art. 609 weder beim Kommerz- und Admiralitätskollegium in Königsberg noch bei den Kreisgerichten der anderen Hafenstädte Ostpreußens bestellt worden. In Königsberg würden die Besichtigungen im Fall des Art. 609 durch die Beamten des Gerichts selbst durchgeführt; eine Praxis, die, wie das Gericht selbst erwähnt, dem preußischen Seerecht vom

513 Schreiben vom 13. November 1866, GStA PK, Rep. 84a, Nr. 4823, Bl. 203.

514 Schreiben vom 30. November 1866, GStA PK, Rep. 84a, Nr. 4823, Bl. 205.

„14. August 1727" entspreche, woraus das Königsberger Gericht die alleinige Zuständigkeit der Gerichte für die Besichtigung von Warenschäden herleitet. In Anbetracht der Tatsache, dass dieses Seerecht von 1727 spätestens mit Inkrafttreten des ADHGB in Preußen im Jahr 1862, also vier Jahre vor den hier beschriebenen Vorgängen, außer Kraft gesetzt wurde, ist diese Rechtsauffassung einigermaßen überraschend; im praktischen Ergebnis hält sich das Staunen hierüber dennoch in Grenzen, da nach den oben zitierten Protokollen zum ADHGB „kein Zweifel darüber bestehen könne", dass die Gerichte im Falle der Abwesenheit besonderer Sachverständiger oder Behörden noch stets zur Vornahme der Besichtigungen berechtigt und verpflichtet seien. Seine Auffassung untermauert das Ostpreußische Tribunal noch durch die Berufung auf die örtlichen Kaufleute: Auch das „Vorsteher-Amt der Kaufmannschaft [der Vorstand der kaufmännischen Korporation zu Königsberg, Verf.] hat [es] abgelehnt, zur Bestellung besonderer Sachverständiger, welche die Einwirkung des Gerichts erübrigen, Schritte zu tun, und [...] selbst die technischen Räthe des Kollegiums[515] [sind] mit denselben nicht einverstanden".[516]

Ein gewisses Misstrauen diesen Formulierungen gegenüber drängt sich jedoch auf: Die Anfrage aus dem Ministerium könnte von den Adressaten sowohl in Marienwerder als auch in Königsberg als Aufforderung verstanden worden sein, der in der Frage suggerierten Rechtsauffassung des Ministeriums beizutreten. Denn wenigstens die Königsberger Richter können sich den von den Stettiner Richtern angedachten Weg der Bestellung von Sachverständigen durch die Kaufmannschaft ebenfalls vorstellen und teilen dies auch mit:

> *Eventualiter halten wir gehorsamst dafür, dass zwar die Auswahl selbständig fungirender Sachverständigen dem Vorsteher-Amt der Kaufmannschaft gebührt [...]*

Daraufhin schreibt das Justizministerium nach Stettin zurück (Reskript vom 27. Dezember 1866, das nachrichtlich auch nach Königsberg und Marienwerder gesendet wird), besondere Anordnungen über die Bestellung von Sachverständigen im Sinne des Art. 609 seien nicht zu treffen.[517] Während der Entwurf zu einem preußischen HGB, der bei der Hamburger Seerechtskonferenz zugrunde gelegt wurde,[518] für den Fall des späteren Art. 609 ADHGB nur „die gerichtliche oder obrigkeitliche Besichtigung [der Waren] unter Zuziehung von Sachverständigen" erlaubte, habe man in Hamburg diese Vorschrift erweitert. Zusammen mit einigen

515 Nach heutiger Terminologie: die kaufmännischen Beisitzer des Handelsgerichts. Zum Begriff „technisch" s. oben A.IV.

516 Schreiben vom 17. Dezember 1866, GStA PK, Rep. 84a, Nr. 4823, Bl. 207.

517 GStA PK, Rep. 84a, Nr. 4823, Bl. 211.

518 Brandis, Seerecht, 1908, S. 14.

weiteren Argumenten begründet das Ministerium seine ablehnende Haltung wie folgt:

> *Man erwog [in den Hamburger Beratungen über das Seerecht des ADHGB,] derartige Besichtigungen seien so lästig, dass die Gerichte unmöglich stets damit behelligt werden dürften [und daher könne man es gewissen Spezialbehörden oder den im voraus beeideten Sachverständigen anvertrauen, die Besichtigung] ohne gerichtliche oder obrigkeitliche Leitung vorzunehmen […]. [Die Entstehungsgeschichte der Art. 609] ist aber auch zugleich für die Frage wichtig, von welcher Behörde die darin bezeichneten Sachverständigen in Preußen zu bestellen seien. [Sachverständige im allgemeinen sind Helfer bei der Beweisaufnahme.] Ihre Verrichtungen fallen näher betrachtet [diese letzten beiden Worte wurden nachträglich eingefügt] in das Gebiet der Beweiserhebung zum ewigen Gedächtnis [heute: selbständiges Beweisverfahren; es geht, wie oben zum zitierten Art. 348 ADHGB ausgeführt, um die Sicherung der Beweismittel vor der gerichtlichen Anhängigkeit eines Streits, Verf.] und wenn ihre Thätigkeit unmittelbar mit Umgehung der Gerichte und also ohne deren Mitwirkung in Anspruch genommen werden darf [zwecks Entlastung der Gerichte und Kostenersparnis der Parteien] ergibt sich hieraus zunächst, dass die Bestellung von Sachverständigen, weil ihr Beruf nur die Rechtspflege und überwiegend sogar die Gerichtsbarkeit in streitigen Rechtsangelegenheiten betrifft, zu den Justizangelegenheiten gehört und nach den Grundsätzen des Preußischen Staats in Ermangelung einer das Gegentheil verordnenden Bestimmung den Verwaltungsbehörden nicht zustehen kann. Insbesondere lässt sich die Zuständigkeit der Verwaltungsbehörde aus den § 110.116 des Edikts über die polizeilichen Verhältnisse der Gewerbe vom 7. September 1811, der damit in Verbindung stehenden Bestimmungen der Statuten der Kaufmännischen Korporationen […] so wie aus den § 51–53 der Gewerbeordnung vom 17. Januar 1845 nicht herleiten; denn die dortgenannten Personen sind sammt und sonders in erster Reihe Gewerbetreibende während die Sachverständigen des Art 609 [ADHGB] durch Ausübung des ihnen zugewiesenen Berufs allein genauso wenig ein Gewerbe treiben, als andere Sachverständige, welche bei den Gerichten zur Erstattung von Gutachten in prozessualischen Angelegenheiten ein für allemal bestellt sind. Die Ansicht, die Bestellung von Sachverständigen des Art 609 [ADHGB] gehöre zu den nur den Justizbehörden zustehenden Angelegenheiten der Rechstpflege, wird noch durch einen anderen Grund gerechtfertigt, welcher auch über die für die Bestellung zuständige Justizbehörde keinen Zweifel lässt.*
>
> *Unbedenklich können die Sachverständigen des Art 609 zu den Beamten nicht gezählt werden. Schwerlich würden in dieser Beziehung noch Zweifel enstanden sein, wenn nicht [für die Sachverständigen des Art. 609 Besonderheiten gelten würden,] welche bei den übrigen ein für allemal bestellten Sachverständigen vermißt werden. [Sachverständige können im Fall des Art. 609 nämlich von den Parteien ohne gerichtliche Leitung und Überwachung zugezogen und ohne Protokoll ihr Gutachten erstatten, aber dieser letzte Punkt gilt auch für die Sachverständigen der Artt. 348, 365, 407] deren Eigenschaft als […] gerichtliche Sachverständige unbestritten ist. [Art. 16 des Einführungsgesetzes zum ADHGB[519] hat für*

519 Art. 16 pr. EGADHGB (GS 1861, S. 449ff.) lautet: „In den Fällen der Art. 348, 365 und 407 des HGB. ist eine besondere Ernennung von Sachverständigen nicht erforderlich,

diese Sachverständigen gestattet, dass sie ein für allemal beeidet werden können,] wodurch sie den Sachverständigen des Art 609 noch mehr genähert, wenn nicht völlig gleichgestellt sind. [...] Zugleich erklärt sich, warum Art 16 [EGADHGB] den Art 609 unerwähnt lässt. [...]

Aus dem vorstehenden erhellt, dass zu besonderen Anordnungen, um die Bestellung von Sachverständigen im Sinne des Art 609 für die Stadt Stettin zu ermöglichen, ein Anlaß nicht vorliegt.

Was hier unter Heranziehung von ausgesuchten einzelnen Aspekten der Entstehungsgeschichte und unter Strapazierung sogar der juristischen Logik (wenn Art. 16 EGADHGB die Fälle der Artikel 348, 365, 407 ausdrücklich aufzählt und Art. 609 unerwähnt lässt, dann heißt das in der Lesart des Justizministeriums, dass Art. 16 EGADHGB auch den Art. 609 meint, es aber nicht ausspricht) gesagt wird, lässt sich auf eine kurze Formel bringen: Für Streitigkeiten ist die Justiz zuständig, und zwar ausschließlich. Das ist „Grundsatz des preußischen Staats" – ein besseres Argument war wohl nicht zu finden. Die Justiz ist demnach auch dann zuständig, wenn es um die präventive Regulierung von Streitigkeiten geht. Denn „näher betrachtet" ist diese präventive Regelung ein selbständiges Beweisverfahren und damit eine streitige Rechtsangelegenheit. Nach moderner Rechtstechnik würde man eine Streitbeilegung ohne Beteiligung der Gerichte freilich als Fall der „freiwilligen Gerichtsbarkeit" und damit gerade nicht als Angelegenheit der Gerichte konstruieren. Dabei muss der Begriff der freiwilligen Gerichtsbarkeit freilich so schillernd verstanden werden, wie er ist und war. Er reicht von den Verfahren, die der moderne Gesetzgeber im FamFG, dem ehemaligen FGG, regelt, über ebenfalls dort geregelte, für die Parteien freiwillige Verfahren der Konfliktbeilegung vor öffentlichen Notaren bis hin zur freiwilligen Unterwerfung von Parteien unter ein nicht-staatlich geregeltes Verfahren der Konfliktbeilegung, etwa sachverständige Schiedsgerichte oder Sachverständige als Schiedsgutachter. Die Frachtschadensfeststellung mit bindender Wirkung für die Parteien der jeweiligen Kauf- und Frachtverträge nach HGB-Seerecht ist eine staatliche Rechtsvorschrift; die Unterwerfung der Parteien unter die Feststellungen des Sachverständigen beruht hier also nicht auf freiwilliger Unterwerfung der Parteien unter diese Art der Streitentscheidung.

---

wenn solche Sachverständige ein für alle mal im voraus von dem Handelsgerichte bestellt sind. In dem Bezirke des Appelationsgerichtshofes zu Köln ist in den bezeichneten Fällen für die Ernennung von Sachverständigen der Vorsitzende des Handelsgerichts zuständig." S. SALPIUS, Ergänzungen und Landesgesetze, Berlin, 1870, S. 192.

3. Replik: Kategorische Unterscheidung, 30. April 1867

Auf diese Weisung des Ministeriums hin entwickelten die Stettiner Richter nochmals ihre abweichende Rechtsauffassung. Unter dem 30. April 1867, also gemächliche vier Monate nach dem Justizministerialreskript, erstatteten sie dem Ministerium den verlangten Bericht, wiederum mit zwölf Unterschriften.[520] Dieses Mal ist der Brief in einer Schönschrift geschrieben, die in dieser Akte ihresgleichen nicht findet. Nach Meinung des Stettiner Appellationsgerichts unterscheiden sich die ein für allemal beeideten gerichtlichen Sachverständigen von den anderen, ad hoc vom Gericht beeidigten Sachverständigen „nur dadurch [...], dass sie nicht in jeder einzelnen Sache den bereits generell geleisteten Eid noch besonders abzuleisten haben". Demgegenüber bestünden zwischen den gerichtlichen Sachverständigen, seien sie nun allgemein oder nur für den Einzelfall beeidigt, und den Sachverständigen für den Fall des Art. 609 ganz andere Unterschiede. Im Falle der Artt. 347, 365, 407 sei

> *die Besichtigung und Feststellung an keine Frist gebunden [...], [die] Ernennung [der Sachverständigen] und eventuelle Vereidigung so wie die Vernehmung dieser als von der Gerichtsbehörde in gewöhnlicher Art ausgehend vorausgesetzt [...], während die Feststellung nach Art 609 an die im Art 610 bestimmte kurze präklusivische Frist gebunden ist, und deshalb ein erleichternder Ausweg zweckmäßig erschien, welcher die Feststellung ohne die Mitwirkung der Gerichtsbehörde gestattet [...] [Schließlich und endlich ist] dieser Ausweg nach S. 2302 der Hamburger Berathungs-Protokolle dahin getroffen [...]: dass außer den Gerichten andere technische Behörden oder ein für allemal angestellte und verpflichtete Sachverständige die Feststellung ohne gerichtliche oder obrigkeitliche Leitung vornehmen können. Unter den hier erwähnten angestellten Sachverständigen kann der Civil-Senat nicht die an den Gerichten ein für allemal vereideten gewöhnlichen Sachverständigen, sondern besonders zu diesem Zweck ausgewählte und von der höheren Ressortbehörde authorisierte Sachverständigen [...] verstehen.*

Der Bericht fährt damit fort, dass die von der Kaufmannschaft beim Kreisgericht beantragte allgemeine gerichtliche Vereidigung von 68 Personen für die Zwecke des Art. 609 abgelehnt worden sei, da „[u]nter diesen Personen [...] nach der uns vorliegenden Liste die Mehrzahl dem gewöhnliche Handwerkerstande an[gehöre]. Dass diese den in Art 609 vorausgesetzten Erfordernissen nicht entsprechen, erscheint uns nicht zweifelhaft."

Stattdessen habe man das Kreisgericht angewiesen, die fälligen Besichtigungen wieder selbst vorzunehmen und also so zu verfahren wie in Königsberg.

Die vom Gericht geäußerten Zweifel an der mangelnden Qualifikation der „gewöhnlichen Handwerker" lassen sich jedoch aus dem Wortlaut des Art. 609

---

520 GStA PK, Rep. 84a, Nr. 4823, Bl. 223ff.

ADHGB nicht rechtfertigen. Diese Zweifel sind umso überraschender, als das Appellationsgericht im gleichen Schreiben die Stettiner Kornträger als Beispiel für die „von der höheren Ressortbehörde authorisierten Sachverständigen" bezeichnet. Der Sachverstand der Träger besteht darin, dass sie nach den für sie geltenden Vorschriften zentnerschwere Kornsäcke über schwankende Planken und in hohe Speicherhäuser tragen können; daneben verlangt die Dienstanweisung „Lesen, Schreiben und Rechnen" und ferner, sich „anständig, nüchtern, ruhig und höflich gegen Jedermann" zu verhalten.[521] Dies sind keine Erfordernisse, die nicht offensichtlich auch von Menschen des „gewöhnlichen Handwerkerstandes" zu erfüllen wären, die allgemeine Schulpflicht jedenfalls bestand in Preußen zu diesem Zeitpunkt bereits seit knapp 150 Jahren. Ein Grund für die Ablehnung der „Handwerker" könnte darin liegen, dass sie eben nicht die im Gewerbepolizeirecht aufgezählten Handelshilfspersonen sind. Denn das hauptsächliche Gewerbe eines Handwerkers ist eben sein Handwerk und nicht die oben beschriebenen Tätigkeiten einer Handelshilfsperson.

4. Duplik: „Öffentliche Bestellung" durch gerichtliche Vereidigung

Das Justizministerium wies auf dieses Schreiben hin am 23. Mai 1867 das Appellationsgericht an, die gerichtliche Vereidigung von Sachverständigen nach Art. 609 „in Betracht zu ziehen" und stellte das Vorgehen im Einzelnen in das Ermessen des Gerichts[522] – nach der Absicht des Ministeriums bezog sich das eingeräumte Ermessen allerdings nur auf die Zahl der zu vereidigenden Sachverständigen und nicht auf die grundsätzliche Frage, ob überhaupt von seiten des Gerichts Sachverständige zu bestellen seien.[523] Die amtlich-höflichen Formulierungen des Ministeriums verstanden die Stettiner Richter allerdings so, wie sie wollten: Sie unternahmen nichts und sahen auch von einem weiteren Bericht ab. Am 13. Juli – der Entwurf in der Akte trägt den Eilvermerk „Cito!" – folgt darauf ein ungewöhnlich knappes und deutliches Schreiben der vorgesetzten Behörde: „Das Appellationsgericht Stettin wird angewiesen, sofort zu berichten, was in Folge [des Schreibens vom 23. Mai wegen der] bei dem Kreisgericht daselbst

521 § 11 der „Verordnung [des Ministers für Handel und Gewerbe vom 23. Dezember 1865], betreffend die Anstellung und den Geschäftsbetrieb der vereideten Kornträger zu Stettin", in: Amtsblatt der Regierung zu Stettin pro 1866, S. 3–5. Ob und in welchem Maß das Handels- und das Justizministerium sich über diese beiden Vorgänge ausgetauscht haben ist aus den Akten des JM nicht ersichtlich.

522 GStA PK, Rep. 84a, Nr. 4823, Bl. 227.

523 Dies stellte das Ministerium später in einem weiteren Schreiben am 7. August 1867 klar, GStA PK, Rep. 84a, Nr. 4823, Bl. 247.

zu bewirkenden Anstellung von Sachverständigen dort veranlaßt worden ist.“[524] Hierauf antworteten elf Stettiner Richter (dass es nicht alle zwölf waren, mag auf die unmittelbar bevorstehende Sommerpause zurückzuführen sein) am 17. Juli, dass sie, „da [ihres] Erachtens selbständige Sachverständige in Handelsangelegenheiten nicht von den Justizbehörden angestellt werden können und [ihrer] Entschließung überlassen worden ist, in wie fern [sie] die in Anregung gebrachte Bestellung von Sachverständigen [iSd Art 609] noch für angemessen erachten, [sich] dafür entschieden haben, etwas Weiteres […] nicht zu veranlassen“.[525]

5. Nebenintervention: Das Ministerium für Handel und Gewerbe

Mit dieser impertinenten Verweigerung brachte das Appellationsgericht das Justizministerium gegenüber dem Ministerium für Handel und Gewerbe in Verlegenheit. Denn die Stettiner Korporation der Kaufmannschaft hatte sich in der Zwischenzeit am 2. Mai an dieses Ministerium gewendet. Sie wollte sich nicht allein auf das Justizministerium verlassen angesichts ihrer Not, dass sich die Stettiner Kaufleute nicht in effektiver Form gegen mangelhafte Lieferungen wehren konnten. Am 5. Juni 1867 wandte sich dann das Ministerium für Handel und Gewerbe mit der ausdrücklichen Bitte um „geneigte baldmögliche Rückäußerung“ an das Justizministerium und führte aus:

> *Dass es im Interesse des Handels sehr wünschenswerth ist, den Schiffern und den Fracht-Empfängern die Möglichkeit zu gewähren, die im Art 609 erwähnten Feststellungen durch direkt requirirte Sachverständige, ohne die oft zeitraubende Mitwirkung der Gerichte, ausführen zu lassen, dürfte anzuerkennen sein. [Am 13. Oktober 1866 hat das Stettiner Appellationsgericht zwei Urteile gefällt, worin es] die Qualifikation der gerichtlich ein für allemal vereidigten Sachverständigen noch nicht für ausreichend [erachtet], um die letzteren zu der vorgedachten Funktion zu befähigen. Das vorgenannte Gericht verlangt vielmehr außerdem, dass die betreffenden Sachverständigen durch die kompetente Behörde selbst zur Vornahme derartiger Untersuchungen ausdrücklich bestellt seien. Die wegen Bestellung solcher Warenbesichtiger (Schauer) erforderlichen Anordnungen zu treffen, liegt nach §.§. 52. 53 der Allgemeinen Gewerbe Ordnung innerhalb meiner Kompetenz. […]*
>
> *Bevor ich jedoch in diesem Sinne – zunächst für Stettin – Bestimmungen treffe, erlaube ich mir, zumal mit Rücksicht darauf, dass an anderen Plätzen Mißstände sichtbar nicht hervorgetreten sind und dass ein Urteil des höchsten Gerichts [also des Königlichen Ober-Tribunals in Berlin, Verf.] über die Auslegung [des Art 609] überhaupt noch nicht vorliegt, Eure Excellenz um Mittheilung Ihrer erlauchtesten Ansicht über die Angemessenheit solchen Vorgehens ganz ergebenst zu ersuchen. Es kommt mir namentlich darauf an [ob das*

524 GStA PK, Rep. 84a, Nr. 4823, Bl. 239.
525 GStA PK, Rep. 84a, Nr. 4823, Bl. 241.

Ministerium die Auslegung der Worte] ‚zu diesem Zweck öffentlich bestellten Sachverständigen‘ [des Art. 609 durch das AppG Stettin] für richtig halten und ob Ihres Erachtens anzunehmen ist, dass ein event. aufgrund der allegirten Bestimmungen der Gewerbe Ordnung von mir zu treffende Einrichtung zu Beseitigung der Bedenken des Appellationsgerichts zu Stettin genügen würde.

Das Ministerium für Handel und Gewerbe bezog damit eine Position, die derjenigen des Stettiner Appellationsgerichts recht nahe kam. Jedenfalls unterschied sich diese Position diametral von der des Justizministeriums: Bestand das Justizministerium auf die Herrschaft der Justiz über das Sachverständigenwesen, machte das Handelsministerium nun deutlich, dass es das kaufmännische Sachverständigenwesen, soweit es ein kaufmännisches Hilfsgewerbe wie z. B. eben das Kornträgeramt ist, durchaus als seine eigene Angelegenheit betrachten könne. Für den Fall, dass das Justizministerium den von der Stettiner Kaufmannschaft gerügten Zustand nicht in Ordnung zu bringen in der Lage wäre, machte das Ministerium für Handel und Gewerbe deutlich, dass es sich aufgrund der Vorschriften der Gewerbeordnung zu eigenem Handeln befugt ansah.

Damit scheint schon zu diesem Zeitpunkt der vom Jahr 1900 an offener zu Tage tretende Konflikt zwischen dem Handels- und dem Justizministerium auf. Allerdings ist das Handelsministerium hier noch bereit, auf die Durchsetzung der gesetzlichen Kompetenzen des Handelsministeriums bzw. der kaufmännischen Korporationen zu verzichten. Dies freilich nur unter der Bedingung, dass das Justizministerium sich bereit und in der Lage zeigte, „sichtbar“ hervortretende Missstände abzustellen.

Ein erster Entwurf eines Antwortschreibens an das Handelsministerium vom 12. Juli 1867 wurde vom Justizministerium nicht abgesendet. In dem Entwurf wurde der Inhalt des Ministerialreskripts vom 27. Dezember 1866 wiedergegeben und mitgeteilt, dass auch die Appellationsgerichte Marienwerder und Königsberg entsprechend angewiesen worden seien, die Sachverständigen selbst allgemein zu beeidigen. Ferner gab das Justizministerium seiner Erwartung Ausdruck, dass ferner das letztinstanzliche Gericht die Rechtsauffassung des Stettiner Appellationsgerichts verwerfen und der Auffassung des Justizministeriums beitreten werde.

6. Erledigung

Nach der Sommerpause fand das Justizministerium zunächst deutliche Worte gegenüber den Stettiner Richtern. Unter dem 7. August 1867 wurde klargestellt,[526]

526 GStA PK, Rep. 84a, Nr. 4823, Bl. 247.

dass durch den letzten Bericht vom 17. Juli die Ministerialverfügung vom 23. Mai 1867 „nicht für erledigt“ erachtet werden könne. Mit dieser Verfügung sei das Gericht im Hinblick auf die „amtlich bestellten Sachverständigen“ i.S.d. Art. 609 ADHGB

> *ermächtigt worden, diese Anstellung in der Art vorzunehmen, dass das Vorsteher-Amt der Kaufmannschaft dieselben zu wählen, das Appellationsgericht aber, nach Anhörung des Gutachtens des Handels- oder des Ortsgerichtes, die Gewählten zu bestätigen und ihre Vereidigung zu veranlassen habe.*

Nachdem das Justizministerium die davon abweichende Rechtsauffassung des OLG Stettin bereits im Dezember 1866 verworfen habe, komme es nur noch darauf an, ob ein Bedürfnis für die Anstellung von Sachverständigen vorliege – wenn die 68 von der Kaufmannschaft präsentierten Personen zu viele seien, seien eben weniger zu vereidigen. Das mit der Verfügung vom 23. Mai eingeräumte Ermessen, wie genau bei der Bestellung von Sachverständigen zu verfahren sei, habe sich nur auf diese Entscheidung über das zahlenmäßige Bedürfnis bezogen und nicht auf die Frage, ob überhaupt Sachverständige durch das Gericht zu bestellen seien. Dies sei aber bisher nicht erfolgt.

> *In dieser Lage kann die Sache jedoch nicht verbleiben, da das Bedürfnis zur Anstellung von Sachverständigen durch den an den Herrn Minister für Handel pp. gerichteten, dem Justizministerium mitgetheilten motivirten Antrag der Kaufmannschaft dargethan ist.*
>
> *Das Appellationsgericht zu Stettin wird daher angewiesen, auf den in der Verf. vom 23.5. [anni] c[urrentis] angedeuteten Wege die Anstellung der Sachverständigen [...] in Ausführung zu bringen, und über die Erledigung dieser Verfügung binnen sechs Wochen zu berichten.*

Unter demselben Datum – der Entwurf findet sich auch auf demselben Kanzleibogen – ging dann die vom Handelsministerium erbetene „baldmögliche Rückäußerung“ des Justizministeriums zur Post. Zwar hatte es zwei Monate gedauert, aber nun konnte das Ministerium mitteilen, dem „hervorgetretenen Bedürfnisse“ abgeholfen zu haben. Weitere Anordnungen aus dem Ministerium für Handel und Gewerbe „zugunsten der Stettiner Kaufmannschaft“ hätten sich damit erübrigt.

Damit war die Sache im Prinzip erledigt. Bei der Durchführung der Beeidigung zeigten die Stettiner Richter jedoch immer noch hinhaltenden Widerstand: Statt nach sechs Wochen berichteten sie ein erstes Mal erst nach acht Wochen, und auch zu diesem Zeitpunkt war noch kein einziger Sachverständiger für den Fall des Art. 609 ADHGB vereidigt. Der Schriftverkehr zieht sich bis zum Dezember 1867. Wo immer das Ministerium dem Gericht eine Frist zum Bericht setzte, schöpfte das Gericht diese Frist aus oder überschritt sie, und eine endgültige Vollzugsmeldung ist nicht bei den Akten.[527] Allerdings findet sich ein Bericht der Ostpreußischen Tribunals in Königsberg aus dem Jahr 1868, nach dem das dortige „Kommerz- und Admiralitäts-Kollegium zur Vermeidung der Vervielfältigung der Eide eine Anzahl von Sachverständigen, welche für Fälle der Besichtigung in Gemäßheit des Art. 609 des Handelsgesetzbuches besonders ernannt werden, ein für allemal als solche vereidigt hat".[528] Das bedeutet, dass die vom Justizministerium für Stettin verfügte Praxis im weiteren zeitlichen Verlauf wohl grundsätzlich auch in den anderen preußischen Hafenstädten geübt worden ist.

III. Ergebnis

Das Justizministerium hat keine weiteren aktenmäßigen Wahrnehmungen über die Organisation des kaufmännischen Sachverständigenwesens gemacht. Daraus lässt sich schließen, dass sich seit diesen Ereignissen die Praxis in den Hafenstädten an der in den Schreiben des Justizministeriums vorgegebenen Richtlinie orientierte: Die kaufmännischen Korporationen führten eine Präsentationswahl durch und die erstinstanzlichen Gerichte, also grundsätzlich das Kreisgericht und, wo vorhanden, das Handelsgericht/Kommerz- und Admiralitätskollegium vereidigten die Sachverständigen. Diese Praxis ist angesichts des Wortlauts der eben diskutierten Vorschriften des ADHGB, der Verhandlungsprotokolle der Hamburger Seerechtskonferenz zur Ausarbeitung des ADHGB und der gewerberechtlichen Vorschriften (§§ 51–53 der Allgemeinen Gewerbeordnung) angreifbar. An die Stelle des gesetzlich normierten Weges der Sachverständigenbestellung durch die kaufmännischen Korporationen im Zusammenwirken mit dem städtischen Magistrat – dieses Verfahren hätte das Handelsministerium de jure durchsetzen können – setzte das Justizministerium im Verordnungswege ein Verfahren, das nicht im Gesetz vorgesehen war, nämlich Präsentation durch die Kaufmannschaft und Vereidigung durch die Gerichte als „öffentliche Bestellung".

Damit hatte die Justiz ihre Hoheit über die Auswahl der Sachverständigen im Widerspruch zur Rechtslage durchgesetzt.

527 Schreiben des Appellationsgerichts vom 10. September 1867, GStA PK, Rep. 84a, Nr. 4823, Bl. 253; Schreiben des Ministeriums vom 14. Oktober 1867, Bl. 255; Schreiben des Appellationsgerichts vom 21. Oktober 1867, Bl. 257 und vom 3. Dezember 1869, Bl. 259, Schreiben des Justizministeriums (sinngemäße Wiederholung des Inhalts des Schreibens vom 23. Mai 1867) vom 14. Dezember 1867, Bl. 261.

528 GStA PK, Rep. 84a, Nr. 4824, Bl. 15.

F. Kompetenzfrage II: Berlin 1879–1882

I. Neue Begrifflichkeiten in der ZPO

Ein Vergleich der zivilprozesualen Rechtslage vor und nach dem 1. Oktober 1879, dem Inkrafttreten der ZPO, ergibt, dass sich in Bezug auf die Sachverständigen keine Änderung ergeben hat. Wie oben (C.III.4) dargestellt, lag die Entscheidung darüber, wer als Sachverständiger vom Gericht zuzuziehen ist, nach wie vor dem Inkrafttreten der ZPO in Abwesenheit einer Einigung beider Parteien über eine bestimmte Person, beim Gericht (Anhangs-§ 65 zur AGO, § 369 Abs. 1 ZPO aF). Die vom Gericht zu treffende Auswahl sollte nach der ZPO im Regelfall unter den „öffentlich bestellten" (ZPO) Sachverständigen erfolgen und nach der AGO unter den „ein- für allemal als Sachverständige bei den Gerichten angestellten und vereidigten Personen" (AGO).

Diese begriffliche Veränderung (AGO: „bei Gericht angestellt und vereidigt", ZPO: „öffentlich bestellt") bemerkt der Syndikus der Kaufmännischen Korporation von Berlin in einem internen Vermerk im Spätsommer 1880: „Was unter ‚öffentlich bestellten' Sachverständigen zu verstehen sei, ist nicht näher bestimmt", es sei nur zu sehen, „dass man an die Bestellung von Sachverständigen innerhalb eines Gerichtsbezirkes gedacht hat" und dass die Materie bisher in Anhang § 64 zu Teil I Titel 9 AGO geregelt gewesen sei.[529] Auch die Zuständigkeit zur Bestellung von Sachverständigen sei unter dem neuen Recht nicht geregelt.[530]

In der Berliner Praxis hat sich mit Inkrafttreten der ZPO also nichts geändert; die Gerichte vereidigten die vor Gericht auftretenden Sachverständigen.

II. Kaufmannschaft gegen Justiz

1. „… es ist bei uns Klage geführt worden…"

Das führte in einigen Branchen des Berliner Handels zu Unzufriedenheit. So berichtete unter dem 11. November 1879 der Syndikus[531] der Berliner Korporation

529 Das entspricht den Verhandlungen der Justizkommission des Reichstags, vgl. oben C.III.4.b.

530 LAB, K 434, Bl. 54 ff. Diese Rechtsansicht wurde etwa nach Verabschiedung des BGB später auch vom JM geteilt, s. zu den Bemühungen des JM um Abhilfe unten H.V.2.a.bb.

531 „Syndikus" ist nach Bülow/Fechler/Braun, Gemeines deutsches Zivilprozeßrecht, 1868/2003, S. 143 die nach den Statuten einer juristischen Person zur Prozessführung

der Kaufmannschaft an das Aeltesten-Collegium, den Vorstand der Korporation der Kaufmannschaft:[532]

Die Tuchhändler und Tuchfabrikanten klagen, dass die gerichtlich vereideten Sachverständigen der Wollenbranche von der Tuchfabrikation und dem Tuchhandel nicht genügend Kenntnis haben so dass sie zur Abgabe von Gutachten über Tuch sich häufig erst bei Dritten erkundigen müssen. [...]

Da im § 369 der Civil Proceßordnung dem Gericht die Auswahl der zuzuziehenden Sachverständigen überlassen, und vorgeschrieben ist das wenn für gewisse Arten von Gutachten Sachverständige öffentlich bestellt sind, [nur dann andere Sachverständige zugezogen werden können,] wenn besondere Umstände es erfordern, so gewinnt die Frage der Qualification der gerichtlich vereideten Sachverständigen immer mehr an Bedeutung.

So dürfte sich dringend empfehlen, dass die Gewerbekommission [einer der ständigen Ausschüsse der Korporation, Verf.] von dem bisherigen Bestand gerichtlich vereideter Sachverständiger Kenntnis nimmt und von jeder Branche eine gutachtliche Äußerung über das etwa vorliegende Bedürfnis nach Bestellung neuer vereideter Sachverständiger erfordert.

Auf der Sitzung des Aeltesten-Collegiums am 18. November wird dann berichtet, dass sich auch die Dachpappefabrikanten in ähnlicher Weise beschwert hätten; das Collegium beschließt daraufhin, „an den Magistrat über die weitverbreiteten Klagen über die vorstehenden Verhältnisse zu schreiben“[533], was unter dem 26. November 1879 auch geschieht. Eine Abschrift dieses Schreibens bezüglich der „Qualifikation“ der gerichtlichen Sachverständigen erhält auch der Präsident des Landgerichts mit der Bitte um Überlassung des bestehenden Sachverständigenverzeichnisses.[534]

An den Magistrat der Haupt und Residenzstadt Berlin.

Von Seiten verschiedener Zweige des Handels und der Industrie ist in neuerer Zeit bei uns darüber Klage geführt worden, dass manche der ein für allemal gerichtlich vereideten Sachverständigen die für Abgabe von Gutachten erforderlichen Spezialkenntnisse nicht haben und die stetig fortschreitende Entwicklung der Technik in den einzelnen Branchen der Industrie und des Handels, deren Verhältnisse den in anderen Spezialitäten erfahrenen

---

ermächtigte Person. Den Posten bekleidete seit Anfang 1878 Robert Beisert, zur Person s. unten noch Fn. 577. Das Dienstverhältnis seines Vorgängers GehJR Dr. F. Hinschius – bei Biggeleben, Berliner Kaufmannschaft, 2006 S. 98 falsch Hirschius genannt – war durch den Tod beendet worden. Dies zeigt die Korporation der Kaufmannschaft Herrn JM Leonhardt am 31. Januar 1878 an, GStA PK, Rep. 84a, Nr. 9246.

532 LAB, A Rep 200-01, Nr. 434, Bl. 1.

533 aaO, Bl. 2.

534 aaO, Bl. 3.

oder in der Hauptbranche arbeitenden Gewerbetreibenden nicht genügend bekannt sein können.

Da die neue Civilprozeßordnung im § 369 die Einwirkung der Parteien auf die Auswahl der Sachverständigen nur in beschränktem Maaße zuläßt, und vorschreibt, dass andere als die für gewisse Arten von Gutachten öffentlich bestellten Sachverständigen vom Gericht nur dann gewählt werden sollen, wenn besondere Umstände es erfordern, so erscheint es uns geboten, die Mittel aufzuzeigen, durch welche [diesen] Klagen abgeholfen werden kann. Wir erlauben uns deshalb, den Magistrat um Prüfung dieser Frage ergebenst zu ersuchen [und sind zur Bildung einer gemeinsamen Beratungskommission bereit].

2. Hintergrund: Gärung in der Kaufmannschaft

Die von der Kaufmannschaft behauptete Änderung in Folge der Einführung der „neuen" ZPO hatte aber, wie eben gezeigt, gar nicht stattgefunden; unter der AGO wie unter der ZPO war es das Gericht, das allein entschied, wen es als Sachverständigen beizog. Die begriffliche Veränderung (AGO: „bei Gericht angestellt und vereidigt", ZPO: „öffentlich bestellt") war noch ohne Auswirkungen geblieben, nach wie vor bestimmten die Gerichte darüber, wen sie zum Sachverständigen bestimmten.

Innerhalb von sechs Wochen nach Inkrafttreten der ZPO hatten zwei Branchen jeweils eine kollektive Beschwerdeführung organisiert und innerhalb nur einer weiteren Woche die amtliche Vertretung der wirtschaftlichen Interessen in Berlin zu einer externen Stellungnahme gegenüber dem Magistrat der Stadt bringen können. Innerhalb von sechs Wochen nach Inkrafttreten eines neuen Prozessgesetzes wird kaum jemand, der einen Ruf zu verlieren hat, dazu bereit sein, aufgrund der in diesem Zeitraum gemachten Erfahrungen bestimmte Meinungsäußerungen über praktische Erfahrungen mit einem geänderten Recht abzugeben.

Statt in einer Änderung der Rechtslage oder -praxis liegt die Ursache für die plötzlich auftretende Aktivität der Kaufmännischen Korporation eher innerhalb der Korporation selbst. Denn wie viele Handelskammern stand auch die Berliner Korporation in der Phase der Hochindustrialisierung vor dem Problem der Integration der kleineren[535] und größeren Gewerbetreibenden und der Industriellen – die Handelskammern waren eben noch Handelskammern im

535 Zum Problem der Behandlung der Kleinhändler (Detaillisten) z. B. Stumpf, F: Bericht über die am 9. Dezember 1895 zu Osnabrück gepflogenen Verhandlungen Deutscher Handels-Körperschaften betreffend die Bedrängnisse des Kleinhandels und die Mittel zur Abhülfe derselben, herausgegeben von der Handelskammer zu Osnabrück, Osnabrück 1896.

wörtlichen Sinn. Erst im Frühjahr 1918 lag dem preußischen Abgeordnetenhaus ein Gesetzentwurf vor, der sie auch dem offiziellen Namen nach zu „Industrie- und Handelskammern“[536] gemacht hätte; dieses Gesetz wurde aber nicht verabschiedet. Die Umbenennung wurde erst Mitte der 1920er Jahre Gesetz.

Der Grund für die plötzliche Aktivität der Berliner Korporation der Kaufmannschaft im Hinblick auf das Sachverständigenwesen liegt in diesen internen Problemen der Verfassung der kaufmännischen Interessenvertretung in Preußen, die sich aus den Problemen der Integration der Kleinkaufleute und inbesondere der Industriellen ergab, wie im Folgenden dargestellt wird.

aa. Keine Gesamtvertretung der Berliner Kaufleute und Industriellen

Eine Entwicklung der kaufmännischen Korporationen hin zu einer Gesamtvertretung von Handel und Industrie im Sinne der heutigen IHKs war im letzten Viertel des 19. Jahrhunderts noch nicht abzusehen. Schließlich wäre es auch denkbar gewesen, für die Industrie ein eigenes Kammersystem zu errichten. In Berlin ging es in den 1870er Jahren also zunächst um eine Repräsentation der Gewerbetreibenden bzw. Industriellen sowie derjenigen Zweige des Handels, die nicht die klassischen, börsenmäßig gehandelten landwirtschaftlichen Rohprodukte oder reine Geldgeschäfte betrafen, sondern mehr unternahmen als reinen Warenumsatz. Zwar waren auch „Fabrikanten“ Kaufleute im Sinne des ALR,[537] da aber Handwerker sicher keine Kaufleute in diesem Sinn waren, stellte sich hier das – auch wirtschaftshistorisch oder handelsrechtlich[538] kaum lösbare – Problem, zwischen Handwerksbetrieb einerseits und Fabrik als kaufmännischem Geschäftsbetrieb andererseits scharf abzugrenzen.

Die Korporation der Kaufmannschaft war von ihrem Beginn an, s. o. D.I.2., eine Organisation der Groß- und Börsenhändler, unter Einschluss großer Textilunternehmer.[539] Die Wirtschaftsentwicklung nach Gründung der Korporation 1820, also vor allem der Aufstieg des Maschinenbaus zu einem bedeutenden Wirtschaftszweig in Berlin, fand in ihrer internen Machtverteilung so gut wie

536 Anlagen zu den Berichten des preußischen Abgeordnetenhauses, 22. Legislaturperiode, III. Session, Nr. 797 A, B, C. Zum Gesetzbegungsverfahren ausführlich Heréus 1922, S. 119–127.

537 ALR II 8 §§ 483f.

538 Vgl. die Schwierigkeiten des handelsrechtlichen Kaufmannbegriffs und seine Attribuierungen (Kann-Kaufmann, Schein-Kaufmann usw.) unter dem im 20. Jahrhundert gültigen HGB.

539 Biggeleben, Berliner Kaufmannschaft, 2006, S. 60–73.

keinen Niederschlag,[540] stattdessen geschah Naheliegendes: die Gründungsmitglieder blieben unter sich.[541]

Das führte zu Problemen, wie sich der Festschrift der Berliner Korporation zu ihrem 100jährigen Bestehen im Jahr 1920[542] entnehmen lässt, die von den „Kämpfen der Jahre 1877 und 1878 um eine stärkere Vertretung von Industrie und Warenhandel" erzählt. Die lose organisierten Berliner Gewerbetreibenden außerhalb der Korporation verlangten in jenen Jahren per Eingabe beim Handelsministerium eine Reform der Korporation der Kaufmannschaft, da diese „lediglich die Interessen der Börse und des Börsenhandels" vertrete – von der Vertretung von gewerblichen oder industriellen Interessen war im neuen, 1870 genehmigten Statut der Kaufmannschaft ebenfalls noch keine Rede, dort wurde lediglich „das Interesse des Handels in allen seinen Zweigen" zur Angelegenheit der Korporation erklärt (Art. 13 Nr. 1).[543] Sei eine solche Reform nicht möglich, so die Gewerbetreibenden in einer Eingabe an das Ministerium für Handel und Gewerbe, möge man zusätzlich zur Korporation eine weniger exklusive Handelskammer nach dem neuen preußischen Handelskammergesetz vom 24. Februar 1870 gründen; sei dies mit dem Staat nicht zu machen, werde man eben ohne ihn eine „kaufmännische Genossenschaft" ins Leben rufen. Der hinhaltende Widerstand sowohl der Behörden als auch der Korporation führte dazu, dass zur Vertretung der neuen Handelszweige und des produzierenden Gewerbes der „Verein Berliner Kaufleute und Industrieller" gegründet wurde, der dann schließlich im Jahr 1898 die staatlich sanktionierte Gründung einer Handelskammer für Berlin erreichte, die bis zur Auflösung der Korporation Anfang der 1920er Jahre neben der Korporation existierte.[544] 1877/1878 wählten die Kritiker mangels staatlicher Unterstützung den vereinsrechtlichen Weg zur Reform der Korporation. Man veranstaltete einen Masseneintritt und erzwang eine Hauptversammlung zur Satzungsänderung,[545] die dann auch nicht zu Ende ging, ohne dass die Auszählung der Stimmen durch die unterlegen gebliebenen Neumitglieder lautstark kritisiert worden wäre. Um

540 Biggeleben 2006, S. 40f.

541 Biggeleben 2006, S. 110 und S. 75 mit Nachweisen für Kooptation und Verwandschaftsbeziehungen zwischen den Aeltesten.

542 KKB-Festschrift 1920, S. 271ff., das Zitat findet sich auf S. 328.

543 Abgedruckt in: KKB-Festschrift 1920, S. 631ff.

544 Insofern ist es nur bei einer sehr summarischen Betrachtung zutreffend, wenn Fischer, Preußische Residenz, 1987, S. 61 die Korporation als „Vorläuferin der Industrie- und Handelskammer" bezeichnet.

545 Versammlung vom 2. Dezember 1878, Einzelheiten im stenographischen Bericht in Nr. 2 des ersten Jahrgangs der Correspondenz.

den Kritikern der Korporation entgegenzukommen, die nicht nur eine stärkere Vertretung der neuen Wirtschaftszweige, sondern auch mehr Transparenz gefordert hatten, begann die Korporation schon 1878 mit der Herausgabe einer Zeitschrift, der „Correspondenz der Aeltesten der Kaufmannschaft von Berlin". Statt mit der geforderten Vertretung der Industriellen im Vorstand der Korporation, dem Aeltesten-Collegium, besänftigte man die Kritik durch die Errichtung einer „Sachverständigenkommission für gewerbliche Angelegenheiten"[546], die den Zweck hatte, Kommunikation und Zusammenarbeit zwischen dem Vorstand und der Industrie zu fördern. Ausgewählt wurden die Kommissionsmitglieder vom Vorstand selbst, der bei den „hauptsächlichen Berliner Industriezweigen" um Vorschläge für geeignete Personen bat. Wann die Sachverständigenkommission ihre Arbeit aufnahm, ist in der Festschrift der Kaufmannschaft leider nicht festgehalten. Der förmliche Beschluss zur Einrichtung der Kommission wurde am 18. November 1878 gefasst[547], die Benennung und Auswahl ihrer Mitglieder wird mehrere Wochen oder Monate in Anspruch genommen haben, da es zu diesem Zeitpunkt noch keinerlei Organisationsstruktur gab, auf die hätte zurückgegriffen werden können. Die erste aktenkundige Aktivität der Gewerbekommission ist die hier zu behandelte Klage über die Justiz vom November 1879.

bb. Wirtschaftsgeschichtliche Entwicklung in Berlin

Die „Tuchhändler und Tuchfabrikanten", auf die die eingangs zitierte, erste aktenmäßige Beschwerde über das gerichtliche Sachverständigenwesen zurückgeht, befanden sich in der Auseinandersetzung um die Erweiterung der Aktivitäten der Korporation in einer Sonderstellung.

Auf der einen Seite gehörten sie zu den althergebrachten Wirtschaftsbranchen Berlins mit einer schon damals langen Tradition: Mit 36.000 Beschäftigten im Textilgewerbe (ohne Bekleidungsherstellung) war Berlin mit seinen 176.000 Einwohnern im Jahr 1802 die „führende Textilstadt Deutschlands".[548]

---

546 Die Kommission wird wegen der Unhandlichkeit der langen Bezeichnung und der Gefahr der Verwirrung wegen der Vervielfältigung des Begriffs des „Sachverständigen" im Folgenden als „Gewerbekommission (der Kaufmännischen Korporation)" bezeichnet werden.

547 LAB, Rep. 200-01, K 93, Bl. 81.

548 Kaufhold, Preußischer Merkantilismus und Berliner Unternehmer, 1987, S. 26 – Der Einfluss dieser Branche zeigt sich auch darin, dass der erste Vorsitzende der Stadtverordnetenversammlung Mitinhaber einer Tuch- und Seidenwarenhandlung war (Paul Humbert i. Fa. Humbert & Labry, Brüderstraße 29), vgl. Mieck, Auswirkungen der Reformen, 1987, S. 52.

(1) Rang der Textilbranchen in der kaufmännischen Interessenvertretung

Dementsprechend war dieses Gewerbe von Anfang an in der Kaufmännischen Korporation vertreten; die „Kaufmannschaft der Tuch- und Seiden-Handlung" war, zusammen mit der „Kaufmannschaft der Specerey- und Material-Handlung"[549] und der Börsenkorporation – die nicht nur eine Produkten-, sondern auch eine Effektenbörse veranstaltete, welche die Stadt auch zu einem der führenden deutschen Finanzplätze machte[550] – eine der direkten Vorgängerorganisationen der Kaufmännischen Korporation,[551] und die Textilkaufmannschaft hatte bereits 1800 einen eigenen Taxator zur Wert- und damit Qualitätsbestimmung der Tuche, der auch beim Kammergericht vereidigt war.[552] Auch nach Zusammenbruch, Besatzung – in deren zweiter Phase war die Wirtschaft weitgehend ruiniert worden[553] – und Reformzeit findet sich kontinuierlich ein solcher Taxator in der Sachverständigenliste des Kammergerichts.[554]

549 Zum Begriff „Materialwaren": „In Nord- und Mitteldeutschland Bezeichnung für die Gesamtheit derjenigen Waren, welche die Hauptartikel der Kleinhandlungen bilden, wie Kolonialwaren, Gewürze usw., die man auch wohl Spezereiwaren nennt. Den letzteren Namen führen dieselben besonders in Süddeutschland, wo man dagegen unter M. die pharmaceutischen Zwecken dienenden Droguen und Farbewaren versteht." Brockhaus' Conversations-Lexikon, 14. Aufl., Leipzig 1885.

550 Kaufhold, Preußischer Merkantilismus und Berliner Unternehmer, 1987, S. 27.

551 KKB-Festschrift 1920, S. 3–40, 44–57.

552 AK 1800, S. 164: „Hr. Joh. Zacharias Severin, Taxator der Kaufmanns-Ellen-Waaren, bey dem Magistrat und bey der Banco; [wohnt] auf dem französischen Hof an der Jungfernbrücke." Vgl. den Eintrag der Kaufmanschaft aaO S. 275, wo Severin auch als „Gilde-Commissarius" ausgewiesen wird.

553 Mieck, Auswirkungen der Reformen, 1987, S. 47.

554 AK 1820, S. 195, AK 1830, S. 126 und AK 1848, S. 128: Herr Bräutigam, Kaufmann, „Taxator der Kaufmanns-Ellenwaaren". (1848 handelt es sich jedoch um einen anderen Herrn Bräutigam als zuvor (vgl. AK 1840, S. 126: „Bräutigam I" und „Bräutigam II"). Die personelle Identität des kaufmännisch-korporativen und des gerichtlichen Sachverständigen ist allerdings in der ersten Jahrhunderthälfte verschwunden. Die Kaufmännische Korporation hat zwei Taxatoren für [Roh-] Wolle, vgl. AK 1848 S. 362, jedoch nicht für Stoffe; die Herren Bräutigam werden im AK nur im Abschnitt über das Gericht, nicht auch im Abschnitt über die Korporation erwähnt.

Diese beiden von der Korporation bestellten Taxatoren für Rohwolle traten nur zur Bewertung der als Sicherheit für Lombardkredite gegebenen, in Berlin börsenmäßig gehandelten Rohwolle gegenüber dem Lombard der preußischen Bank auf. Lombardgeschäfte unter Beteiligung von Taxatoren, die von der Kaufmännischen Korporation beeidigt waren, machte die preußische Bank auch in Materialwaren und Holz.

Auf der anderen Seite veränderte sich die Branche im Zuge der fortschreitenden Industrialisierung. Das Geschäftsfeld wurde nun selbst gewerblich-industriell und es ergaben sich strukturell dieselben Herausforderungen wie in den gänzlich neuen Gewerbe- und Industriezweigen, die gerade erst damit begannen, ihre Interessen zu formulieren und ihre Interessenvertretung zu formalisieren. Im Textilsektor trat neben den Handel mit Tuchen nun die Produktion und der Handel in konfektionierten, also vorgefertigten,[555] Kleidungsstücken. Dieses Geschäftsmodell wurde, beginnend Ende der 1830er Jahre, nicht von Schneidermeistern, sondern von Tuchhändlern erschlossen; es handelt sich um die vertikale Ergänzung der Wertschöpfungskette, die vom Handel aus erst aufwärts in Richtung Tuchmanufaktur und anschließend abwärts in Richtung Tuchverarbeitung ging. Die Differenzierung der Konfektionsindustrie vom Schneiderhandwerk ging so weit, dass für beide Branchen unterschiedliche Sachverständige bestellt waren, obwohl der Gegenstand der Produktion in Konfektion und Schneiderei für unbefangene Juristenaugen unbestreitbar derselbe ist, nämlich Bekleidung.[556]

Die „Tuchhändler und Tuchfabrikanten" standen also wirtschaftlich zwischen den beiden Lagern der neuen gewerblichen und industriellen Fabrikanten und Händler von modernen Produkten einerseits und der alten Groß- und Börsenhändler andererseits. Einen Beleg für die Integriertheit der Textilindustrie liefert auch die personelle Zusammenstellung des Aeltesten-Collegiums: Im Jahr 1879 ist noch kein Mitglied der 20köpfigen Gewerbekommission der Korporation auch ein Mitglied des Aeltesten-Collegiums, bis auf deren Vorsitzenden, der nicht aus der Mitte der Kommission gewählt wird, sondern von den Aeltesten eingesetzt wird. Als einer der beiden ersten von drei industriellen Mitgliedern

---

Die Bank befand sich schon damals auf dem Friedrichwerder an der Jägerstraße, später Reichsbank, heute Auswärtiges Amt, das Börsengebäude stand 1848 in Cölln, unmittelbar nördlich des Vorgängergebäudes der heutigen Domkirche.

555 Vgl. „Konfektion", in: Kluge, Wörterbuch, 1999.

556 Vgl. die Vorschlagliste der KKB an das Landgericht I aus dem Jahr 1881, wo für den Bereich „Confection in Damenwäsche" sowie für die Stoffhutfabrikation (es handelt sich um einen Schreibfehler, gemeint ist Strohhutfabrikation, vgl. AK 1883, S. 237, Sachverständiger Gattel) die Bestellung von Sachverständigen angeregt wird, LAB, Rep. 200–01, K 434, Bl. 105, sowie die nachfolgende Vermehrung der Konfektionsbranchen, die sich in den veröffentlichten Sachverständigenlisten ablesen lässt, vgl. z. B. AK 1885, S. 243: Damenmäntel, S. 246: Glacéhandschuhe. 1906 unterscheidet die Sachverständigenliste zwischen der Textilbranche und der Bekleidungsbranche und listet dort sechs Handwerke – Herren-, Militär-, und Damenschneiderei, Hut- und Putzmacherei sowie Kürschnerei – gegenüber 16 Konfektions- und Fabrikationsbranchen auf).

des Aeltesten-Collegiums wird im Jahr 1882 der Textilindustrielle Max Weigert[557] in den Vorstand der Korporation gewählt, gleichzeitig ein Chemieunternehmer, erst ein Jahr später ein Maschinenbauer,[558] die allerdings im Jahr 1878 durchaus nicht die prominentesten Vertreter ihrer jeweiligen Branchen sind, wie innerhalb der Korporation reflektiert wird; daher sei, so merkt ein Mitglied der Korporation an, die befriedende Wirkung der Gewerbekommission der Korporation nicht so groß, wie sie sein sollte.[559]

(2) Rolle der Maschinenbau-Industrie

Die rasante Entwicklung, die die Berliner Maschinenindustrie nach den ersten zwei Dritteln des 19. Jahrhunderts bereits durchgemacht hatte, ist an der Zahl der Beschäftigten abzulesen: 1820 waren es in der Hauptstadt und ihren Vorstädten 200, 1870 bereits 18.000 – im Textilsektor waren freilich immer noch viermal so viele Personen beschäftigt.[560] Indiz für die relative Bedeutung der Maschinenbranche ist auch die Tatsache, dass der Maschinenindustrielle Ernst Behrens das dritte und letzte Gründungsmitglied der Gewerbekommission der Kaufmännischen Korporation war, das auch in das hochexklusive Aeltesten-Collegium aufrückte, in dem vor Behrens' Wahl 1883 nur August Borsig gesessen hatte.

---

557 (1842–1920) Textilunternehmer (Wollwaren), 1865 in Tübingen als Volkswirt promoviert, nach seiner Bibliographie nicht nur ein Vordenker der Standardisierung von Garnen und Optimierer von maschineller Arbeit (Untersuchung der Ursachen von Garnrissen), sondern auch ein Befürworter von Handelsverträgen und damit eher ein Vertreter der herrschenden Partei innerhalb der Korporation; der Verein Berliner Kaufleute und Industrieller war eher schutzzöllnerisch eingestellt und hatte auch personelle Überschneidungen mit dem CdI, Biggeleben, Berliner Kaufmannschaft, 2006, S. 110. Weigert war allerdings Mitglied des Vereins Berliner Kaufleute und Industrieller, als er in das Aeltesten-Collegium gewählt wurde.

558 Im Jahr 1882 wird ebenfalls der Chemiefabrikant Dr. [Heinrich Georg Paul] Hugo Kuhnheim gewählt; 1883 folgt der Maschinenbauindustrielle Ernst Behrens. – Die Mitgliederliste der Sachverständigen Commission für gewerbliche Angelegenheiten findet sich in LAB, Rep. 200-01, K 434, Bl. 6–8; die Mitglieder des Aeltesten-Collegiums sind in der KKB-Festschrift 1920, 658ff. verzeichnet.

559 Biggeleben 2006, 109 mN. Derselbe Kritiker räumt ein, die Organisation von Industriekommissionen sei ein „mühevolles und zeitraubendes Werk". Der Kritiker vermisst aus der Maschinenindustrie Geheimrat Schwartzkopff und aus der Chemie Herrn Martius (Mitbegründer der Agfa), die beide zu diesem Zeitpunkt noch nicht Mitglied der Korporation waren.

560 Fischer, Preußische Residenz, 1987, S. 62.

cc. Neue Industrien verlangen neue Regelungen

Anders als in der Konfektionsindustrie blieb das Objekt des Getreide- bzw. des Produktenhandels stets dasselbe; nur die Transport- und Kommunikationsmöglichkeiten, die Ankaufs- und Absatzmärkte und der Gesamtumsatz veränderten sich. Die Unternehmer blieben dabei, was sie immer waren, nämlich altetablierte Groß- und Börsenkaufmänner, sie waren niemals industrielle Emporkömmlinge oder Klein- bzw. Einzelhändler, die ihre Waren unter das gemeine Volk hätten bringen müssen. Für die Beurteilung der börsengängigen landwirtschaftlichen Erzeugnisse hatten die Produktenhändler von alters her für Sachverständige gesorgt,[561] die unter ihresgleichen anerkannt waren, so dass sie von daher keinerlei Veranlassung hatten, sich Gedanken über die Probleme der Gewerbetreibenden und Industriellen mit den gerichtlichen Sachverständigen zu machen:

> *Nur die Productenbörse hat für die in ihren Verkehr fallenden Artikel durch Anträge bei der Gerichtsbehörde für eine richtige Auswahl und eine hinreichende Zahl von Sachverständigen Vorsorge getroffen, für die übrigen Gegenstände des Handels und die Erzeugnisse der Industrie und des Handwerks weist das Verzeichnis der bei den hiesigen Gerichten ein für allemal verpflichteten Sachverständigen nur ‚Taxatoren' nach[,] deren Zahl und Qualification großenteils dem Bedürfnisse nicht entspricht. Es liegen Beschwerden vor beispielsweise von den Interessenten*
> *der Fabrikation und des Handels mit Tabak,*
> *der Confektionsbranche,*
> *der Lederindustrie und des Lederhandels,*
> *der Möbelfabrikation,*
> *der Brauerei und Malzfabrikation,*
> *der Kupfer- und Messingfabrikation,*
> *der Sprit- und Liqueurfabrikation,*
> *der Manufactur-, Ellen und Leinenwaaren,*
> *der Seidenwaaren,*
> *der Hutmacherarbeiten,*
> *der Herrenschneiderei,*
> *der Papier- und Pappenfabrikation,*
> *der Dachpappen- und Asphaltfabrikation,*
> *der Schiefer- und Ziegelverarbeitung,*

561 Dies zeigt ein Blick in das Sachverständigenverzeichnis (AK 1879 S. 251–259): unter Abrechnung der mehrfach vereidigten Personen gab es in diesem Jahr 73 Sachverständige für Productenhandel und 154 für alle anderen Gebiete hier untersuchter wirtschaftlicher Aktivität (ausgenommen: Medizin, Dolmetscher, Bau-, Vermessungs- und Grundstückswesen, vgl. A.V.3). Die Akten über die Vereidigung von Kornmessern aufgrund Präsentationswahl der Korporation sind unter LAB, A Rep. 200-01, Nr. 847 von 1825–1908 erhalten.

der Bauklempnerei und Zinkornamentik,
der Eisen- und Maschinenbranche,
des Weinhandels,
des Holzhandels.[562]

3. Erarbeitung einer gemeinsamen Position, 1879–1881

Die Gewerbekommission machte sich Mitte Dezember 1879 an die Arbeit. Benjamin Liebermann,[563] zweiter Vice-Präsident des Aeltesten-Collegiums und Vorsitzender der Gewerbekommission, bat die Mitglieder um die Unterbreitung von Personalvorschlägen. Auf der Sitzung der Kommission vom 12. November 1879 sei allseits anerkannt worden,

> *dass die Auswahl der zur Abgabe von Gutachten öffentlich bestellten Sachverständigen den Bedürfnissen der industriellen und commerziellen Wirtschaft nicht überall genügend sei [...]. In Verfolg dieses Beschlusses ist an den Magistrat, dessen Gewerbe-Deputation die Vorschläge bei der Auswahl der Sachverständigen macht, das Ersuchen gerichtet worden, auch dort die Frage zu prüfen, indem das Aeltesten-Kollegium sich gleichzeitig bereit erklärte, bei einer etwa beliebten commissarischen Erörterung sich durch Delegirte zu betheiligen. [Der Landgerichtspräsident ist informiert worden] und seinem Entgegenkommen ist zu verdanken, dass jetzt jedes Mitglied der [Gewerbekommission] je ein Exemplar des Verzeichnisses der in Rede stehenden Sachverständigen und Taxatoren vorgelegt werden kann. Ich bitte sie, dieses Verzeichnis mit Rücksicht auf die Bedürfnisse der von ihnen vertretenen Branche einer eingehenden Prüfung zu unterwerfen.*[564]

Eine endgültige Vorschlagsliste konnte dem Landgerichtspräsidenten dann Ende Mai 1881 vorgelegt werden.[565] Zuvor wurde jedoch eine gemeinsame Kommission aus je drei Mitgliedern der Gewerbedeputation des Magistrats und der Gewerbe-

---

562 Schreiben an den Präsidenten des Landgerichts I vom 30. Mai 1881, LAB, Rep. 200–01, K 434, Bl. 74.

563 (1812–1901), Textil- und Metallunternehmer, Mitglied des Aeltesten-Collegiums 1854–1888, Zuständiger Ältester für die Gewerbekommission gemäß Aktenvermerk vom 11. November 1879, LAB, Rep. 200–01, Bl. 1. Adresse 1880: Unter den Linden 6, W, nicht zu verwechseln mit seinem Bruder Louis Liebermann, Pariser Platz 7, NW, nach AK 1894, S. 603 „Repräsentant" der jüdischen Gemeinde, oder mit einem weiteren Liebermann, nach AK 1879 S. 255, 256 Textilkaufmann am „Haackeschen" Markt 1 und vereidigter Sachverständiger für „Mode, Konfektion, Manufaktur, Weiss- Ellen und Leinen waaren".
Benjamin Liebermann war Onkel Max Liebermanns und Emil Rathenaus. Zur Person im Überblick Biggeleben 2006, S. 155–159.

564 Rundschreiben vom 18. Dezember 1879, LAB, Rep 200–01, K 434, Bl. 6–8.

565 LAB, Rep 200–01, K 434, Bl. 74–107.

kommission der Kaufmännischen Korporation gebildet. Die Delegierten der Korporation waren in den Branchen „Eisen und Maschinenindustrie“ (Ernst Behrens, der 1883 ins Aeltesten-Collegium gewählt wurde), „Textil-Industrie“ („Stadtrath“ Alexander Wolff[566]) und in der „Tabaks-Industrie“ (Gustav Schöppenberg) tätig, keiner von ihnen war jedoch Mitglied im Vorstand der Korporation.[567]

Der Reformeifer auf Seiten der Gewerbetreibenden war groß. Nicht nur die „Personenfrage“[568] wollte man angehen, sondern man wollte, so der erste Beschluss der Gewerbekommission vom 13. Januar 1880, „dass sie [die genannten drei Delegierten] gegen die lebenslängliche Dauer des Sachverständigenamtes stimmen und auf eine eventuell fünfjährige Amtsführung, desgleichen auf Vermehrung der Zahl der Sachverständigen hinwirken sollen und auf Erhöhung der den Sachverständigen zu gewährenden Gebühren“.[569] In den darauf folgenden Wochen wurde darüber hinaus das teilweise undefinierte Nebeneinander von Taxatoren und Sachverständigen als Problem bezeichnet. Grundsätzlich waren Taxatoren dazu berufen, den Wert von Sachen zu beurteilen. Ein Urteil über den Wert einer Sache ist aber dort nicht hilfreich, wo nicht über die Angemessenheit des Preises oder den Wert einer Ware, sondern über die Geeignetheit einer Ware zu einem bestimmten Zweck gestritten wird. Von den Gewerbetreibenden wird hier eine verstärkte Aufmerksamkeit für die Bestellung ausdrücklich von Sachverständigen gefordert, so würden gerade im Textilbereich „einzelne besonders geeignete Personen das Amt des Sachverständigen gern übernehmen, dasjenige des Taxators bei ganzen Waarenlagern aber ablehnen“.[570] Hier dokumentiert sich, dass

---

566 Alexander Wolff, Kommerzienrat, Textilfabrikant i. Fa. Nathan Wolff & Sohn, als Kandidat des Vereins Berliner Kaufleute und Industrieller in den Wahlen zum Aeltesten-Collegium im Dezember 1878 erfolglos, Biggeleben, Berliner Kaufmannschaft, 2006, S. 106f.

567 LAB, Rep 200–01, K 434, Bl. 8, 17, 6.

568 So der Textilkaufmann Hermann Landsberger per Brief vom 10. Februar 1880, LAB, Rep 20001, K 434, Bl. 35.

569 LAB, Rep 200–01, K 434, Bl. 17, Sitzungsprotokoll angefertigt am 14. Januar.

570 Schreiben des Brauereidirektors Richard Roesicke v. 30. Januar 1880 und Schreiben des H. Landsberger vom 10. Februar 1880, LAB, Rep 200–01, K 434, Bl. 21–23 bzw. 35. Roesicke (1845–1903), MdR 1890–1903, Zugehörigkeit zu unterschiedlichen liberalen Fraktionen, 1879–1886 ehrenamtlicher Handelsrichter, Commerzienrat in Anhalt-Dessau, war Chef der Schultheiß-Brauerei AG, Schönhauser Allee, heute „Kulturbrauerei“.
Schultheiß war 1871 unter Mitwirkung u. a. von Benjamin Liebermann und Wilhelm Herz aus dem Alleineigentum von Roesickes Vater in eine Aktiengesellschaft umgewandelt worden.

wegen der zunehmenden Spezialisierung der Verwendungsarten von Produkten die Qualität einer Ware nicht mehr abstrakt, sondern nur noch zweckabhängig bestimmt werden kann: „Die bisher für Gerstenmalz bestallten Sachverständigen sind insgesammt Händler und vertreten die Auffassung des Handels und der [Malz-]Fabrikation, welche vornehmlich auf das Aussehen, das Volumen und das spezifische Gewicht des Malzes Rücksicht nimmt. Das Malz muss aber auch nach den Resultaten welche es beim Brauen ergiebt, gewürdigt werden."[571] Hier zeigt sich, dass in Abwesenheit von Beurteilungsstandards die persönlichen Verhältnisse des Urteilers ein besonderes Gewicht erhalten. Nicht nur auf Nüchternheit und Umsicht bei der Warenprüfung müssen sich die Parteien verlassen können, sondern auch darauf, dass der Sachverständige bei der Entscheidung, ob die Ware „von mittlerer Art und Güte" sei, einen für beide Seiten und ihre Zwecke und Bedürfnisse akzeptablen Maßstab anlegt.[572]

a. Scheitern der Verhandlungen der Gemeinsamen Kommission, Mai 1880

Alle diese Punkte wurden in der ersten Sitzung der gemeinsamen Kommission der Delegierten der Gewerbedeputation des Magistrats einerseits und der Delegierten der Sachverständigenkommission für gewerbliche Angelegenheiten der Kaufmännischen Korporation andererseits am 13. Mai 1880 vorgetragen. Das formelle[573] Protokoll, das der Magistrat der Korporation zuleitete, vermerkt:

> *Nach längerer Diskussion einigte man sich über folgende Punkte: Als Mangel ist zu bezeichnen die ständige – zuweilen lebenslängliche Bestellung gerichtlicher Sachverständiger.*

---

571 So wird vom Syndicus der Korporation, Beisert, dem Landgerichtspräsidenten gegenüber die Position der Brauwirtschaft zusammengefasst, LAB, Rep 200–01, K 434, Bl. 104f. bei Nr. 4, Hervorhebung im Original. Vgl. die Eingabe des R. Rosicke, ebda., Bl. 21–23. – Aus der Sicht eines heutigen Verbrauchers lässt sich eine Analogie zu agrarindustriell erzeugtem Obst und Gemüse und dessen Handelsklassensystem ziehen, denn dieses Klassifizierungssystem achtet bekanntlich auf Form, Farbe und Festigkeit der Produkte, nicht aber auf deren geschmackliche Eigenschaften.

572 Der Rechtsgrundsatz, dass in Abwesenheit einer besonderen Vereinbarung beim Kauf einer nur der Gattung nach bestimmten Ware, also z. B. „Gerstenmalz", der Verkäufer Ware „von mittlerer Art und Güte" zu leisten hat, ist in § 360 HGB und § 243 Abs. 1 BGB geregelt.

573 Von einem Schreiber des Magistrats auf einem Kopfbogen des Magistrats geschrieben. Eingeleitet mit der Formel: „Geschehen Berlin 13.5.1880" und der Liste der anwesenden und fehlenden Mitglieder, Aktenzeichen des Magistrats: 881 GS 79; LAB, Rep 200–01, K 434, Bl. 44f.

[Wünschenswert seien statt dessen] fünf Jahre im Maximum, wodurch übrigens die fortlaufende Revision der Listen der dem Gericht ev. vorzuschlagenden Personen nicht ausgeschlossen ist. Als dringend wünschenswerth wird bezeichnet die Trennung der Listen der Sachverständigen und der Liste der Taxatoren. [Ferner die Ergänzung der Liste der Sachverständigen in Bezug auf fehlende Branchen des Handels, der Industrie und des Handwerks].

Endlich – hierüber herrschte, wie in Allem vorstehenden Einstimmigkeit – hielten die Erschienenen für dringend erforderlich:

für den Zweck der raschen, sicheren, objectiven und mit den Fortschritten von Technik, wie Handwerk schritthaltenden Ermittlung geeigneter Sachverständiger und Taxatoren eine aus Gemeinde-Organen und kaufmännischer Korporationsvertretung zusammengesetzte, eigene, feste und dauernde Organisation zu schaffen.

Namentlich über die letztere Frage die Meinung der hiesigen Gerichtsvorstände einzuholen, wird als wünschenswerth bezeichnet. Die weitere Ausführung der Sache behält sich die heute zusammengetretene Kommission vor.

Das Protokoll weist weit über die ursprüngliche Beschwerde hinaus. Nicht nur die Ersetzung einzelner Sachverständiger, sondern eine fortlaufende Revision der Liste sollte erreicht werden, und die Kaufmännische Korporation sollte eine eigene und feste Zuständigkeit für die Teilnahme an der Revision der Listen erhalten. Diese Idee ist an dieser Stelle zum ersten Mal nachweisbar; ob eine Kontinuitätslinie von dieser Sitzung zur tatsächlichen, ab 1897 stattfindenden Kompetenzverlagerung weg vom Staat und hin zu den Vertretungen kaufmännischer Interessen zu ziehen ist, ist Ansichtssache: die jeweiligen Interessen der Gewerbetreibenden bleiben offensichtlich gleich, die beteiligten Akteure sind natürlich nicht identisch.

Von der bemerkenswerten Radikalität der ersten Sitzung bleibt jedenfalls nach dem Protokoll der zweiten Sitzung der gemischten Kommission sechs Wochen später hauptsächlich eine „lebhafte Diskussion", eine recht deutlich festgestellte Uneinigkeit und im weiteren Vorgehen lediglich eine genauere Erhebung des Sachstands übrig. Die Vertreter des Magistrats scheinen hier gebremst zu haben, das Aeltesten-Collegium der Kaufmännischen Korporation hatte sich dem Ergebnis der ersten Sitzung dagegen angeschlossen.[574] In der gemischten Kommission

einigte man sich dahin, auf der durch das beiderseits angenommene Protokoll vom 13. Mai geschaffenen Grundlage zunächst eine Vorlage auszuarbeiten welche enthält eine objective und durch Vorführung thatsächlichen Materials begründete Darlegung derjenigen Erfahrungen, aus welchen sich die Mängel ergeben, welche den jetzigen Modus der Verwendung von Sachverständigen – namentlich der ständigen und scheinbar inamoribelen

574 Vorstandssitzung der KKB v. 27. Mai 1880, LAB, Rep 200–01, K 434, Bl. 47.

Sachverständigen – anfechten. Auf diese spezielle Bezeichnung der Mängel soll sich – hierüber herrschte Einstimmigkeit – die zu fertigende Sachdarstellung beschränken.[575]

b. Sachdarstellung durch die Syndizi, 30. Mai 1881

Mit der Erstellung dieses Berichts wurden die auf beiden Seiten beteiligten Syndizi betraut. Auf der Seite des Magistrats war Stadtrath und Stadtsyndikus Eduard Gustav Eberty[576] als Vorsitzender der Gewerbedeputation ohnehin schon mit der Sache befasst; der Syndikus der Korporation war Kreisgerichts-Direktor a.D. und Mitglied des Abgeordnetenhauses Beisert.[577] Es fällt auf, dass Eberty und Beisert sich in einem ausgesucht höflichen Ton umkreisen, aber durchaus unterschiedliche Meinungen zu haben scheinen, gerade was die Frage der Federführung angeht: Beisert zeigt sich erfreut, „dass ich [Beisert] die Ehre haben werde, mit Ihnen [Eberty] gemeinschaftlich eine Vorlage in Bezug auf das Verfahren bei Auswahl der gerichtlichen Sachverständigen auszuarbeiten", Eberty antwortet, er habe Beiserts Schreiben „mit Vergnügen und besonderem Dank entnommen, dass Sie, sehr geehrter Herr, sich freundlichst bereit erklärt haben, mich bei Ausarbeitung einer Vorlage in Bezug auf das Verfahren bei der Auswahl der gerichtlichen Sachverständigen mit Ihrer besonders wertvollen Erfahrung zu unterstützen". Der Kompetenzkonflikt und Ebertys Abweichen vom protokollierten Beschluss der gemischten Kommission vom 26. Juni ist offensichtlich. Weiter schlägt Eberty, der Beisert im gleichen Schreiben nun plötzlich mehrfach mit „Euer Hochwohlgeboren" anredet,[578] ein erstes Treffen am 25. September vor; das ist recht spät nach dem üblichen Ende der Sommerpause Anfang September.

---

575 Protokoll der Sitzung vom 26. Juni 1880, LAB, Rep 200–01, K 434, Bl. 50.

576 (1840–1894), MdR 1881–1884, MdAbgH seit 1885, erneut MdR 1890–1893, liberal bzw. deutsch-freisinnig, nach Ernennung zum Kreisrichter in Berlin seit 1872 Stadtrath für den Magistrat, seit 1876 Syndikus des Magistrats, 1879 Vorsitzender der Gewerbe-Deputation des Magistrats.

577 ROBERT BEISERT (geb. 1833) wurde Anfang 1878 aus dem aktiven Dienst als Kreisgerichtsdirektor in Kosten, Provinz Posen, in sein neues Amt gewählt, vgl. Schreiben der Kaufmannschaft an Justizminister Leonhardt vom 31. Januar 1878 in GStA PK, Rep 84a, Nr. 9246. Amtszeit als Syndicus nach BIGGELEBEN, Berliner Kaufmannschaft, 2006, S. 128 bis 1893. MdR 1881–1887, liberale Vereinigung bzw. deutsch-freisinnig, und MdAbgH 1873–1879, nationalliberal, 1880–1885 deutsch-freisinnig.

578 Schriftwechsel vom 8. und 9. Juli 1880, LAB, Rep 200–01, K 434, Bl. 52f. – Zum Gebrauch der Anrede „Hochwohlgeboren" kann aus den Akten des Justizministeriums berichtet werden, dass „Hochwohlgeboren" häufig als Anrede für Präsidenten der Oberlandesgerichte benutzt wurde, „Wohlgeboren" eher auf Ebene der Landgerichte. Beisert war jedoch nur Kreisgerichtsdirektor a.D.

Ob dieses Treffen tatsächlich stattgefunden hat oder von Eberty sehr kurzfristig abgesagt worden ist, ist aus der Akte nicht eindeutig zu ersehen.

Jedenfalls verabschiedet die gemischte Kommission der Delegierten der Gewerbedeputation des Magistrats und der Gewerbekommission der Kaufmännischen Korporation am 25. Oktober einen anscheinend von Beisert allein ausgearbeiteten Vorschlag, der mit unwesentlichen Änderungen auch von der Kaufmännischen Korporation ratifiziert wird und mit dem sich am 14. Mai 1881 auch der Magistrat einverstanden erklärt. Der Grund für diese Verzögerung ist aus den Akten nicht ganz klar ersichtlich, allerdings entschuldigt sich der Vorstand der Kaufmännischen Korporation bei der Gewerbekommission der Korporation, die mit ihren Beschwerden die Sache erst in Bewegung gebracht hatte, durch den Verweis auf „Umstände, welche abzuwenden nicht in der Macht des Aeltesten-Collegiums lag."[579] Möglicherweise hatte der Magistrat oder das Aeltesten-Collegium informell bei Gericht vorgefühlt, um einer Peinlichkeit vorzubeugen; es ist auffällig, wie schnell das Papier nach der Verabschiedung durch den Magistrat dem Präsidenten des Landgerichts I vorgelegt wird – innerhalb von zwei Wochen – und wie schnell sich dieser darauf äußert, nämlich innerhalb weiterer zwei Wochen.

Ob und welche informelle Einflussnahme von seiten der Korporation auf den Magistrat nötig war, um das von Beisert verfasste Papier zur Basis des gemeinsamen weiteren Vorgehens zu machen, kann anhand von Akten allerdings nicht rekonstruiert werden. Festzuhalten ist hier also lediglich, dass die Aktenlage für den Frühsommer 1880 gewisse Irritationen aufweist, die ohne weitere förmliche Beratungen bis Mai 1881 vollständig aus der Welt geschafft sind. Der Korporation standen wegen ihrer eigenen wirtschaftlichen und auch wegen der gesellschaftlichen und politischen Macht ihrer Mitglieder sicherlich vielfältige Möglichkeiten zu informeller Einflussnahme auf den Magistrat zu Gebote.

Das von den Aeltesten und dem Magistrat verabschiedete Papier wird dem Gericht unter dem 30. Mai 1881 unterbreitet, und davon berichtet man auch in der Mitgliederzeitschrift „Correspondenz der Aeltesten der Kaufmannschaft von Berlin".[580] Dort wird die Eingabe in der Fassung des Beisert'schen Entwurfs vom 16. Oktober 1880 wiedergegeben, die sich von der endgültigen Textfassung vom 30. Mai 1881 im Tonfall, nicht aber in der Sache[581] unterscheidet:

579 LAB, Rep 200-01, K 434, Bl. 82.

580 Ausgabe vom 2. Juni 1881, S. 70/71 LAB, Rep 200-01, K 434, Bl. 170.

581 Ausnahme ist die Erwähnung der Sachverständigen der Productenbörse.

Die in den letzten Dezennien erfolgten Fortschritte in der produzierenden Erwerbsthätigkeit und die damit und mit der Neugestaltung und Ausbildung der Verkehrswege zusammenhängende Erweiterung der distribuirenden Erwerbsthätigkeit haben zur nothwendigen Folge gehabt, dass der Kreis des Wissens eines Sachverständigen sich auf ein engeres der fortschreitenden Theilung der Arbeit entsprechendes Gebiet reduzirte.

Die Ernennung der öffentlich bestellten Sachverständigen ist dieser Änderung der Verhältnisse nicht gefolgt. Die daraus entstehenden Mißstände werden in allen beteiligten Kreisen tief empfunden. Zu ihrer Illustrirung wird beispielsweise darauf hingewiesen, dass für die Asphalt-industrie gerichtsseitig ein Dachdecker, welcher zudem seit langer Zeit sein Gewerbe nicht mehr betreibt, als sachverständig angesehen worden ist.[582]

Die neue CPO hat, indem sie sich entschloß, den Sachverständigen aus der Stellung eines Zeugen in die Stellung eines Gehilfen des Richters bei der Urteilsfindung zu versetzen, die Bedeutung der Aufgaben des Sachverständigen erhöht, und das im wohlverstandenen Interesse der Rechtspflege, da auch die Aufgabe des Richters durch die ad 1 gedachte Entwickelung des Verkehrslebens eine weit schwierigere geworden. Umsomehr ist es jetzt geboten, den ad 2 gedachten Uebelständen entgegenzuwirken.

Die Frage, welche Behörde in Altpreußen befugt sei, Sachverständige zu ernennen, welche als öffentliche bestellte Sachverständige anerkannt werden müssen, dürfte nach § 369 CPO, welcher nach seiner Entstehungsgeschichte ein Rückgreifen auf Anh § 64 zu § 38 Tit 9 Th I AGO gestattet, dahin zu entscheiden sein, dass dem Gerichte des Bezirks das Recht zusteht, Sachverständige „öffentlich“ zu bestellen. Die verkehrstreibenden Kreise müssen wünschen, dass für die Landgerichte und für das Amtsgericht I in Berlin nicht verschiedene sondern dieselben Sachverständigen öffentlich bestellt werden.

Für die Auswahl der Sachverständigen ist der Gesichtspunkt entscheidend, dass der Sachverständige als solcher anerkannt sein, d.h. dass er die erforderlichen Fachkenntnisse besitzen muß. Den Gerichten fehlt es an Mitteln, um diese Qualifikation der Sachverständigen zu prüfen. Bisher haben sie sich damit geholfen, den Magistrat um Auswahl der ein für allemal zu vereidenden Sachverständigen zu requiriren. Auch der Magistrat hat natürlich die Information wieder an anderen Stellen (beim Aeltesten-Kollegium der Kaufmannschaft, Innungen pp) eingezogen. Dieser Weg der Auswahl muß so lang als unzureichend erachtet werden, als er sich nicht zu einer Art von Präsentationswahlen der Sachverständigen durch den engeren Kreis der Spezialfachgenossen erweitert – nach Analogie der Sachverständigenwahlen bei der Productenbörse.

---

582 Zu Asphalt und Dachpappe: s. LUHMANN, EDUARD: Die Fabrikation der Dachpappe und der Anstrichmasse für Pappdächer in Verbindung mit der Theerdestillation: nebst Anfertigung aller Arten von Pappbedachungen und Asphaltirungen; ein Handbuch für Dachpappe-Fabrikanten, Baubeamte, Bautechniker, Dachdecker und Chemiker. Hartleben's chemisch-technische Bibliothek Bd. 106), Wien u.a. 1883.

Die hieraus sich ergebenden Desiderate
A, erheblich weiter gehende Spezialisierung der Fächer, für welche Sachverständige öffentlich zu bestellen sind,
B, Sicherung der allgemeinen Anerkennung für die Qualifikation der öffentlich zu bestellenden Sachverständigen durch Präsentationswahlen würden unschwer zu erreichen sein:
Ad A braucht man sich, was den Handel und die Großindustrie betrifft, nur an die Specialisierung der Handels- und Gewerbebetriebe zu halten, welche aus dem Jahresbericht der Aeltesten der Kaufmannschaft von Berlin sich ergiebt. Dem Kleingewerbe werden natürlich in all denjenigen Branchen, in welchen der Sachverständige des verwandten Großbetriebes die Funktion für den Kleinbetrieb auszufüllen nicht geeignet erscheint, besondere Sachverständige zu concediren sein.
Ad B bieten die Gewerbedeputation des Magistrats und die Sachverständigenkommission für gewerbliche Angelegenheiten, welche bei dem Aeltesten-Kollegium der Kaufmannschaft besteht, sich als diejenigen Organe dar, durch deren Vermittelung das Gericht die gewünschten Präsentationswahlen vornehmen lassen kann. Beide Organe würden gewiß auch bereit sein, sich über die Personen der gewählten Sachverständigen dem Gericht gegenüber gutachtlich zu äußern.

Das Bedürfnis erheischt ferner, dass von Zeit zu Zeit – etwa nach 5 Jahren – von Neuem erörtert wird, ob der öffentlich bestellte Sachverständige den Fortschritten seines Spezialgebietes gefolgt ist. Die Bestellung der Sachverständigen darf deshalb nur auf Widerruf erfolgen. Es ist anzunehmen, dass auch die jetzt bestellten Sachverständigen ein weiter gehendes Recht nicht haben, denn das Gericht kann sich nicht die Hände so gebunden haben, dass es einen einmal bestellten Sachverständigen auch dann noch als qualifizirt behandeln müßte, wenn es seine Qualifikation nicht mehr anerkennt. Es erscheint aber angemessen, die Widerruflichkeit der Bestellung in Zukunft auszusprechen und etwa alle 5 Jahre eine generelle Revision der Liste der Sachverständigen zu veranlassen.

Eine Theilung der Sachverständigen, wie sie bisher beliebt worden ist, nämlich in eigentliche Sachverständige und Taxatoren erscheint vom Standpunkte der Handel- und Gewerbetreibenden nicht als erforderlich.

Das Präsidium [des Landgerichts I] wird demgemäß ersucht, nach der beiliegenden Spezifikation der Handelszweige und der gewerblichen Groß- und Kleinbetriebe zu entscheiden, welche Zahl von Sachverständigen erforderlich ist, und in Bezug auf den Handel und die industriellen Großbetriebe, die Aeltesten der Kaufmannschaft, in Bezug auf den Kleinbetrieb den Magistrat wegen Veranlassung der Präsentationswahlen zu requiriren.

Der endgültige Text der Eingabe vom Mai 1881 enthält ebenfalls den Antrag, das Sachverständigenwesen zu verändern, genau wie der letzte Absatz des eben gebrachten Zitats – allerdings ohne die Vorgabe des Präsentationswahlverfahrens (Auswahl durch Magistrat oder Korporation, anschließende Bestätigung der getroffenen Auswahl durch die Gerichtsbehörde), sondern allein mit der Bitte um die Berücksichtigung von Vorschlägen ohne Verfahrensvorgabe. Der Grund mag darin liegen, dass eine Präsentationswahl möglicherweise durch die

Vollversammlung der Korporation hätte durchgeführt werden müssen und die Angelegenheit dafür zu kleinteilig war. Daher nun:

> *Euer Hochwohlgeboren ersuchen wir ganz ergebenst, unter Benutzung der anliegenden Vorschlagsliste die Zahl der öffentlich bestellten Sachverständigen zu vermehren, und in Zukunft bei Bestellung der Sachverständigen unsere vorstehenden Vorschläge geneigtest zu berücksichtigen.*

4. Antwort des Landgerichtspräsidenten, 10. Juni 1881

Der Landgerichtspräsident reagiert auf die Eingabe bereits unter dem 10. Juni 1881 und teilt mit,

> *für die [12] Spezialfächer [...] der Vorschlagsliste für die bisher keine Sachverständigen fungirten habe ich Sachverständige bestellt, und bei [8] Punkten [...] habe ich neben die schon bestellten neue bestellt [...] hingegen vermag ich mich nicht dazu zu verstehen, ohne zwingende Gründe solche Sachverständige, welche auf früheren Vorschlägen von der Gewerbe-Deputation oder den Aeltesten empfohlen worden sind und gegen die bisher diesseits Beschwerden nicht vorliegen, durch andere zu ersetzen oder da, wo ein Bedürfnis zur Vermehrung der Sachverständigen an sich nicht vorliegt, neben sie neue zu stellen. Aus diesem Grund bin ich nicht in der Lage die [entsprechenden 10] Vorschläge [...] zu acceptiren. [Auch der Forderung nach einer Beschränkung des Sachverständigenamtes auf fünf Jahre kann das Landgericht nicht beitreten. Im übrigen ist man mit dem Schreiben vom 30. Mai einverstanden, man wird auch weiter Vorschläge des Magistrats oder der Korporation einholen und auch selbständig Vorschlägen entsprechen]*
> *gez. Bardeleben*[583]

Damit hat die Gewerbekommission einen schnellen, aber nur teilweisen Erfolg errungen. Insbesondere ist die gewünschte kontinuierliche Einflussnahme der Korporation auf die Bestellungspraxis des Landgerichts nicht gesichert. Damit sind die grundlegenden Vorschläge Beiserts und das Anliegen der KKB im Wesentlichen gescheitert.

Auch in der Berliner Schlüsselindustrie Maschinenbau ist ein Misserfolg zu konstatieren: Hier hatten die Interessenten gefordert, von den vier bisherigen Sachverständigen nur einen auf der Liste zu belassen und acht zusätzliche Sachverständige zu bestellen; stattdessen lässt das Gericht die Sachverständigenliste

583 Schreiben des Landgerichtspräsidenten an Magistrat und Korporation v. 10. Juni 1881; in den Akten der Korporation nur als Abschrift des Schreibens an den Magistrat; die Abschrift hat Magistratssyndicus Eberty unter dem 30. November an die Korporation übersandt, LAB, Rep 200-01, K 434, Bl. 130.

an dieser Stelle völlig unverändert.[584] Dieses Ergebnis entspricht nicht der wirtschaftlichen Bedeutung der Branche, s. dazu F.II.2.bb.

Die Erfolge auf den anderen Gebieten, gerade der Textilbranche, mögen darauf zurückzuführen sein, dass sich die Juristen mehr an der Benennung eines Fachgebietes als an seinem möglichen Inhalt orientiert haben. Belegbar ist beispielsweise, dass es bereits mehrere Sachverständige für „Wollenwaaren" gab, dass aber trotzdem ein zusätzlicher Sachverständiger für „Wollenwaaren und Phantasie-Artikel" bestellt wurde, obwohl zusätzlicher Bedarf nach Sachverstand für „Wollenwaaren" nicht reklamiert worden war. Die Maschinenbauinteressenten schlugen dagegen zunächst nur Sachverständige für „Maschinenbau" vor, ohne dabei irgendwelche begriffliche Differenzierungen vorzunehmen, die auch bereits damals möglich gewesen wären: Vielleicht fehlten hier noch die Begriffe, bzw. den Maschinenbauern mag das Gespür für die Bedeutung von Begriffen in der Vorstellungswelt der Juristen gefehlt haben.

Beweggründe für seine Entscheidungen teilt der Landgerichtspräsident über die eben wiedergegebenen hinaus nicht mit. Während der Sommerpause 1881 kommt es zu Absagen einzelner Kandidaten für das Amt des Sachverständigen, es mag auch weitere informelle Fühlungnahmen zwischen dem Gericht und den Antragstellern gegeben haben; jedenfalls übersendet der Landgerichtspräsident am 26. August eine endgültige Namensliste, die eigenhändig unterzeichnet ist und auf der lediglich positiv vermerkt wird, welche Personen für welche Fachgebiete neu bestellt worden sind und welche Personen die Bestellung abgelehnt haben. Über die nicht erfüllten Forderungen der Antragsteller verliert der Landgerichtspräsident kein Wort.

5. Keine Erledigung

a. Winter 1881/1882, Vorbereitung weiterer Schritte

Die Korporation ist damit nicht zufrieden, weitere Aktivitäten finden sich im folgenden Winter. Auf ein Schreiben Ebertys von Ende November antwortet Beisert, man sei gern zu weiteren Beratungen in der gemeinsamen Kommission bereit, wolle sich aber nicht auf einzelne Personalfragen beschränken, sondern genau die Punkte weiter verfolgen, die der Landgerichtspräsident abgelehnt hatte. Es sollte darum gehen, erstens, ob die Sachverständigen, die „nach dem Urtheil ihrer Berufsgenossen die Qualification verloren haben, aus der Liste zu streichen sind, 2. ob die Bestellung von Sachverständigen fortan nur auf eine bestimmt

584 AK 1880, S. 256 im Vergleich mit AK 1881, S. 221.

begrenzte Zeitdauer zu erfolgen habe".[585] Einen entsprechenden Entschluss fasst die gemeinsame Kommission dann fünf Wochen später, am 10. Februar 1882. An dieser Entscheidung ist nunmehr auch einer der Aeltesten der Kaufmannschaft beteiligt, freilich nicht aufseiten der Delegierten der Gewerbekommission der Kaufmannschaft, sondern aufseiten des Magistrats der Getreidekaufmann und Stadtrat Emil Heinrich Kochhann.[586]

b. Die erste hektographierte Liste

Bemerkenswert ist hierbei der besonders schnelle Rücklauf der Vorschlagsliste aus den betroffenen Branchen und die Tatsache, dass sich diese letzte Fassung der Liste nun erstmalig in hektographierter[587] Form in der Akte findet.

Die KKB hat ganz offensichtlich weniger Geld für Schriftverkehr und Aktenführung ausgegeben als das Justiz- oder das Handelsministerium, also ist es als außergewöhnlich zu bemerken, dass die Liste eigens von einem Schreiber in Form gebracht wird und das dann auch gleich auf einer kostspieligen Matritze: man mag das als Zeichen für die Entschlossenheit der Korporation in dieser Angelegenheit deuten.

Diese Entschlossenheit allerdings wird nicht nur im benutzten Material deutlich, sondern bereits durch die Tatsache, dass die Korporation den Landgerichtspräsidenten jetzt zum zweiten Mal mit der Sache behelligt.

c. Form und Inhalt der erneuten Eingabe vom 11. März 1882

Die erneute Eingabe wird von Beisert entworfen; dazu wird zunächst eine neue Vorschlagsliste benötigt, auf der Ersatzleute für die Kandidaten verzeichnet sind, die es abgelehnt haben, sich als Sachverständige bestellen zu lassen. Auf demselben

---

585 Schreiben KKB an Magistrat, 5. Januar 1882, LAB, Rep 200-01, K 434, Bl. 135.

586 LAB, Rep 200-01, K 434, Bl. 146. Zur Person: Emil Heinrich Kochhann (1830–1903), MdR 1881–1884 (Liberale Vereinigung), 1881 Handelsrichter, Sohn des Ehrenbürgers und langjährigen Vorsitzenden der Stadverordnetenversammlung Heinrich Eduard Kochhann, nach Biggeleben, Berliner Kaufmannschaft, 2006, S. 170 erst 1884 Stadtrat; nach dem Reichstagshandbuch 1881 Stadtverordneter, Getreidehändler an der Berliner Börse, zur Person weiter AK 1879 S. 251, 650 sowie KKB-Festschrift 1920, S. 660.

587 Zu dieser Technik Lehner, Siegmund: Die Tinten-Fabrikation und die Herstellung der Hektographen und Hektographirtinten; die Fabrikation der Tusche, der Tintenstifte, der Stempeldruckfarben, sowie des Waschblaues. (Hartlebens chemisch-technische Bibliothek Bd. 17), 3., sehr verm. u. verb. Aufl., Wien u.a. 1885.

Bogen wie der Entwurf der Eingabe findet sich daher unter dem 23. Februar ein Schreiben an die Vertreter der Branchen[588], deren Forderungen bisher nicht erfüllt worden sind, in dem sie um neue Vorschläge gebeten werden. Weiter kündigt Beisert an: „Es soll gegen die Verfügung des Landgerichtspräsidenten gemeinschaftlich von dem Magistrat und dem Aeltesten-Collegium remonstrirt werden." Ebenfalls auf demselben Bogen übergibt „mit collegialem Gruß, Ihr ergebenster Beisert, Syndicus" dem „[g]eehrten Herr[n] College[n]" Eberty seinen Entwurf „in betreff der öffentlich bestellten Sachverständigen zur Vorprüfung". Dieser scheint kaum Bedenken gehabt zu haben, denn am 11. März wird der Entwurf ohne große Änderungen als erneute Eingabe an das Gericht ausgefertigt.[589]

Man erkennt die mit der bereits erfolgten Neubestellung von Sachverständigen erwiesene Rücksichtnahme auf die Bedürfnisse der gewerblichen und der handeltreibenden Kreise dankbar an, „müsse" aber „nach wiederholter Berathung in gemischter Commission und in beiden unterzeichneten Collegien" erklären, dass die Interessentenkreise durch die bisherigen Maßnahmen nicht zufrieden gestellt sind. Zunächst wendet Beisert sich der Weigerung zu, alte Sachverständige aus dem Amt zu entfernen bzw. neue, zusätzliche Sachverständige für ein bestehendes Sachgebiet hinzuzu berufen, so lange bei Gericht keine Beschwerden vorliegen, wie es das Gericht im Schreiben vom 10. Juni 1881 ausgeführt hat. Beisert verweist demgegenüber ohne weitere Substantiierung darauf, dass Beschwerden sehr wohl vorgelegen hätten. Diese relative Unverschämtheit wird abgerundet mit dem Hinweis, dass „wir" die Verfasser dieses Briefs sind, und wer dieses „wir" ist, wird beim Landgerichtspräsidenten als bekannt vorausgesetzt, ebenso, dass dieses „wir" üblicherweise bekommt, was es will:

> *Wir gaben uns [...] der Hoffnung hin, dass Euer Hochwohlgeboren und das Präsidium des Landgerichts I dem Umstand, dass wir es auf uns nehmen, diese Beschwerden zu befürworten, einige Bedenken beimessen würden.*

Beisert wird dann konkreter und bringt das Beispiel der Maschinenbranche, und sein Ton wird noch lauter:

---

588 Es handelt sich, in Reihenfolge und Terminologie der Vorschlagsliste, um die Branchen Wein, Tabakindustrie, Manufaktur- Ellen- und Leinenwaaren, Tischlerarbeiten, Bauangelegenheiten, Klempnerarbeiten, Kupferschmiedearbeiten, Maschinenbausachen, Zinkguß sowie Nutzholzhandel.

589 Alle drei Schreiben auf dem Bogen werden am 25. Februar von drei Händen abgezeichnet, Beisert scheint sich also rückversichert zu haben, LAB, Rep. 200–01, Nr. K 434, Bl. 151–153v. Leider lassen sich diese Handzeichen keiner der bisher genannten oder sonst in den Akten oder den gedruckten Quellen erwähnten Personen zuordnen.

Wenn auf solchem Wege festgestellt wird, dass von allen zur Zeit für das Maschinenfach fungirenden Sachverständigen nur der einzige Herr Pütsch noch von dem Vertrauen seiner Berufsgenossen getragen wird, so glauben wir, verdienen die neuen Vorschläge, welche aus dieser Branche gemacht worden sind, doch etwas mehr Berücksichtigung, als ihnen zu Theil geworden ist.

Der Grund für die Bestimmung der CPO, dass überall da, wo für gewisse Arten von Gutachten Sachverständige öffentlich bestellt sind, andere Personen nur dann als Sachverständige im Prozesse zugezogen werden sollen, „wenn besondere Umstände es erfordern", ist nach Beisert – in Übereinstimmung mit den einschlägigen Motiven der Justizkommission des Reichstags – die Erwartung, dass solche Sachverständigen die tüchtigeren sind.

d. Mitspracherecht der kaufmännischen Vertretung bei der Führung des Sachverständigenverzeichnisses

„Die Absicht des Gesetzes wird also nur dann erfüllt werden können, wenn bei Bestallung der Sachverständigen die Gerichtsbehörde die Frage der Tüchtigkeit als die ausschlaggebende behandelt. In Consequenz hiervon ergibt sich, dass" die Gerichte selbst das meiste Interesse daran haben müssten, angefochtene Sachverständige durch solche Sachverständige zu ersetzen, deren Tüchtigkeit nicht angezweifelt wird. Dabei würde es „wohl zu weit gehen", wenn das Gericht die Ersetzung eines Sachverständigen davon abhängig machen würde, dass dem Sachverständigen einzelne Fehler in seiner Gutachtertätigkeit nachgewiesen werden, „wohl aber ist es unter den Berufsgenossen bekannt, ob der Sachverständige in seinem Berufe allen Fortschritten" der Zeit gewachsen sei. Abschließend referiert er dem Landgerichtspräsidenten in Umrissen einige der Anekdoten, die sich aus den Äußerungen der einzelnen Branchen ergeben hatten und berichtet von Sachverständigen, die schon seit Jahren die Berufe, für die sie als Sachverständige bestellt sind, nicht mehr ausüben, sei es aus Altersgründen oder solchen des geschäftlichen Misserfolgs. Daher übersende er erneut die Vorschlagsliste. Es folgt ein finales Furioso einschließlich der Forderung nach einer Gesetzesänderung:

Um aber für die Zukunft der Wiederkehr der Klagen vorzubeugen, wollen wir gleichzeitig auf unseren prinzipiellen Vorschlag zurückkommen, fortan die Bestellung von Sachverständigen auf einen Zeitraum von fünf Jahren einzuschränken. Gegen die Zulässigkeit einer solchen Zeitbeschränkung scheint ein prinzipieller Zweifel nicht abzurathen, da auch die von der Productenbörse auf den Zeitraum von drei Jahren gewählten Sachverständigen trotz dieser Beschränkung unbeanstandet vereidigt werden. Wenn aber wirklich ein Zweifel besteht, so möchten wir bitten, dass das Präsidium dem Herrn Justizminister um Vorbereitung eines Gesetzentwurfs über die Materie der öffentlich bestellten Sachverständigen

angehen und für diesen Entwurf die Beschränkung der Amtsdauer auf eine bestimmte Reihe von Jahren empfehlen möchte. Die Gründe für unseren Wunsch sind in unserem früheren Anschreiben dargelegt, und legen wir auf Erfüllung dieses Wunsches das größte Gewicht.
Der Magistrat pp. *Die Aeltesten pp.*

e. Abschlussbescheid des Landgerichtspräsidenten, 28. März 1882

Die Antwort des Landgerichtspräsidenten folgt nach weniger als drei Wochen, unter dem 28. März 1882 schreibt er:

Dem Aeltesten Collegium der hiesigen Kaufmannschaft erwidere ich auf die gefällige Vorstellung vom 11. d. M. ergebenst, dass ich zunächst die Vereidigung sämmtlicher in der mir zugleich übersandten Liste von neuem vorgeschlagenen Personen als gerichtliche Sachverständige für die angegebenen Branchen veranlaßt habe. Bezüglich der anderen wiederholt beantragten Änderungen des bisherigen Verfahrens behalte ich mir weitere Entschließungen vor, beabsichtige indeß, die Angelegenheit in dem an S. Excellenz den Herrn Justiz-Minister zu verstattenden Jahresberichte zum Vortrag zu bringen.
Bardeleben.[590]

III. Ergebnis

Damit waren die kurzfristigen Ziele der Gewerbetreibenden im Wesentlichen erfüllt, sieht man davon ab, dass keiner der als veraltet und unqualifiziert bezeichneten Sachverständigen aus seinem Amt entfernt worden war. Alle zur Vereidigung vorgeschlagenen Sachverständigen waren jedoch vereidigt worden. Von einer regelmäßig wiederkehrenden Präsentationswahl der Sachverständigen durch die Kaufmännische Korporation, wie Beisert sie im Herbst 1880 angestrebt hatte, war man allerdings so weit entfernt wie je. Im Verlauf des Jahres 1881 hatte die Justiz aus eigenem Antrieb weitere Sachverständige allgemein beeidigt, so auch zwei auf dem Gebiet des Maschinenbaus. Dies müssen die interessierten Kreise als besonderen Affront empfunden haben, denn seit Ende Mai 1881 hatten definitive Personenvorschläge auf dem Tisch gelegen. Die Nichtbeachtung dieser Vorschläge hatte die Justiz mit der generellen Erwägung begründet, weitere Sachverständige würden nicht bestellt, wenn „an sich“ kein Bedarf vorliege.[591]

590 LAB, Rep 200-01, Bl. 167.

591 AK 1882, S. 234: Sachverständige Dietz und Zeitschel. Allerdings ist hier nicht klar ersichtlich, ob diese vor oder nach der ersten Eingabe vom 30. Mai 1881 beeidigt wurden. Dass die Sachgebiete dieser beiden Sachverständigen in der Liste aber weiter spezifiziert sind Dietz „(f. Werkzeug- u. Arbeitsmaschinen)“ und Zeitschel „(f. land- und hauswirtschaftliche Maschinen)“, ist zu diesem Zeitpunkt noch unüblich und daher bemerkenswert. Es mag deshalb vermutet werden, dass mit diesen

Die Justiz war also sehenden Auges und ohne jeden Grund über die Vorschläge der Interessenten hinweggegangen. Aber: Nach dieser zweiten Eingabe war die Korporation in den Personalangelegenheiten auf der ganzen Linie erfolgreich. Die große prinzipielle Lösung aber war um diesen Preis jedenfalls kurzfristig nicht zu erwarten, soviel hatte der Landgerichtspräsident mit dem Verweis auf seinen Jahresbericht klargemacht. Abschlussverfügung: „ad acta 17/4 82".

Das Problem der gerichtlichen Sachverständigen war auch an anderen Orten mit regem wirtschaftlichem Leben virulent: Die Handelskammer zu Breslau teilt der Berliner Korporation unter dem 29. April 1882 mit, „[d]ieselben unliebsamen Erfahrungen, welche in Berlin dazu geführt haben, nun solche Reform des Instituts der gerichtlich vereideten Sachverständigen anzustreben, [seien] auch hier in Breslau gemacht worden", deshalb bitte man um weitere Informationen.[592] Der Zeitpunkt dieser Anfrage mag zufällig sein, es lässt sich aber mit gleichem Recht vermuten, dass die Berliner Vorgänge von Breslau aus genau beobachtet wurden, was z. B. durch ein Abonnenment der „Correspondenz" der Berliner Kaufmannschaft durch die Breslauer Kammer unproblematisch möglich gewesen wäre.

Auch die Handelskammer von Mannheim meldet sich bei der Korporation in Berlin: Dort habe man dieselben Probleme wie in Berlin: Für welche Branchen gibt es Sachverständige? Werden sie auf Vorschlage der Kaufmännischen Vertretung bestellt? Wie lange bleiben sie im Amt? Und schließlich: Welche Stelle sei überhaupt dazu befugt, Sachverständige zu vereidigen?[593]

Eine Wirksamkeit im Sinne eines stärkeren Einflusses der Kaufmannschaft auf die Bestellung gerichtlicher Sachverständiger entfaltet der von der ZPO neu in das in Preußen geltende Zivilprozessrecht gebrachte Begriff des „öffentlich bestellten Sachverständigen" nicht bereits 1879, sondern erst nach 1897.[594]

Zusätzen eine apologetische Absicht verfolgt wurde, denn mit dieser Spezifikation kann ein begrifflich argumentierender Jurist den Vorwurf der Selbstwidersprüchlichkeit und Inkonsequenz durch den – zutreffenden – Hinweis entkräften, dass die Korporation der Kaufmannschaft keine Vorschläge speziell für diese beiden Spezialgebiete gemacht hätte, dass gerade hier aber Bedarf war, und dass darüber hinaus der Bedarf an Maschinenbausachverständigen an sich gedeckt sei.

592 LAB, A Rep 200-01, K 434, Bl. 170.

593 aaO. Bl. 205, Schreiben der HK Mannheim vom 27. August 1882.

594 S.u. H.I.

G. Entwicklungen 1882–1897

I. Justizverwaltungspraxis nach 1882

Mit ihrer selbstgewählten Aufgabe, die Liste der gerichtlichen Sachverständigen zu führen und zu pflegen, hatten die unterschiedlichen in Berlin damit befassten Gerichte allerhand Arbeit und auch nach 1882 noch manchen Ärger. Dennoch verteidigte man diese Kompetenz mit einiger Hartnäckigkeit und sogar dann noch, als das Fehlen einer Rechtsgrundlage für die öffentliche Bestellung von Sachverständigen auch den Justizbeamten selbst aufgefallen klar geworden war.

1. Selbstzeugnis: Beantwortung einer Anfrage aus Württemberg, 1888

Diese Frage nach dem Rechtsgrund der Zuständigkeit für die Führung der Liste stellt sich dem Justizministerium erst 1888. Anlass ist eine entsprechende Anfrage aus dem Königlich-Württembergischen Justizministerium. Man habe festgestellt, dass die Reichsgesetze gar keine Vorschriften über die Beeidigung von Sachverständigen enthielten, und erwäge daher eine Verordnung auf Landesebene.[595]

Das Justizministerium bittet daraufhin das Landgericht I Berlin im Spätsommer 1888 um Bericht namentlich darüber, auf welche Weise geeignete Persönlichkeiten ermittelt werden oder die Befähigung sich meldender Personen festgestellt wird, wer über die Bestellung entscheidet.[596]

Wir sehen daraufhin eine Schilderung des eben[597] beschriebenen Verfahrens: „geeignete Sachverständige" würden vom Präsidenten des Landgerichts durch „Nachfrage bei der Gewerbedeputation des Magistrats oder bei den Aeltesten der Kaufmannschaft hierselbst ermittelt".[598] Die Befähigung einer sich meldenden Person werde geprüft durch Anfrage „bei den erstgenannten, einer anderen Behörde, dem Polizeipräsidium, eines Beamten oder einer besonders kenntnisreichen Privatperson. [...] Die Leistung des Eides giebt dem Vereidigten dauernd und allgemein die Eigenschaft eines gerichtlich vereideten Sachverständigen."

Bemerkenswert ist die Rechtsfolge, bzw. das Fehlen einer Eigenschaft über die des „gerichtlich vereideten Sachverständigen" hinaus. Der Landgerichtspräsident teilt mit, eine Bestellung finde nur in der Weise statt, „dass der Vereidete

---

595 GStA PK, Rep. 84a, Nr. 4824, Bl. 83.

596 aaO Bl. 85

597 oben F.II.5.e.

598 GStA PK, Rep. 84a, Nr. 4824, Bl. 87.

in die Liste der gerichtlichen Sachverständigen für den Bezirk des LG aufgenommen wird". Dem gerichtlichen Sachverständigen fehlt also die Qualität einer öffentlichen Anstellung oder Bestellung – oder er hat diese Qualität konstitutiv allein durch die Tatsache der Aufnahme auf die Liste.

Drei Wochen später schildert das preußische dem württembergischen Justizministerium diese Praxis und teilt zu den Rechtsgrundlagen mit, der bei Inkrafttreten der Reichsjustizgesetze bestehende Normbestand sei in Kraft geblieben, daher gehöre die „Auswahl zur Beeidigung der [...] ein für allemal zu beeidigenden Sachverständigen" zur Zuständigkeit der Gerichte und sei als Geschäft der Justizverwaltung zu erledigen.[599]

Das bedeutete in Berlin: die Verwaltung von tausenden von Sachverständigen in hunderten von Sachgebieten.

2. Das Berliner Sachverständigenwesen in Zahlen

Man bedenke nur, dass die im Bezirke des Kammergerichts ein für allemal beeidigten Sachverständigen jetzt mehr als 400 verschiedene Gebiete besonderer Sachkunde aufzuweisen haben, während Strippelmann im Jahre 1858 nur etwa 20 solcher Gebiete genannt hat.[600]

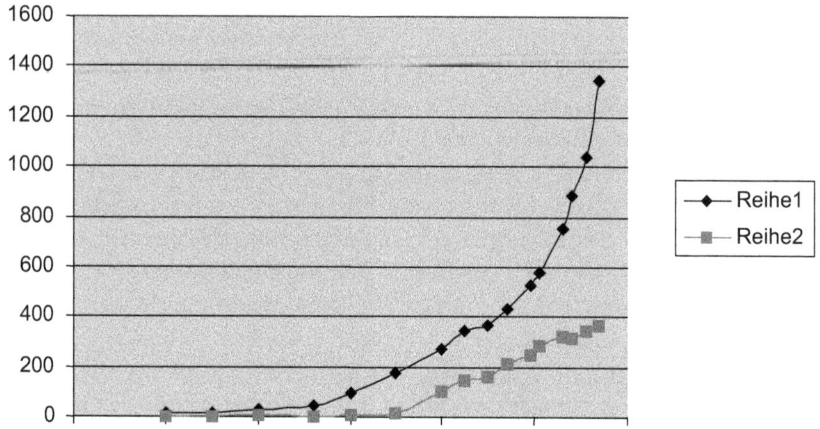

Reihe 1 zeigt die Anzahl der Personen, die in Berlin offiziell als vereidete Sachverständige tätig waren, Reihe 2 zeigt die Anzahl der Fachgebiete, für die in Berlin Sachverständige bestellt waren. Mehrfachnennungen von Personennamen für mehr als ein Fachgebiet sind bereinigt. Die Darstellung beruht auf einer Auszählung der veröffentlichten Sachverständigenlisten.

599 aaO Bl. 91.

600 Häberlein 1911, Die Sachverständigen im deutschen Recht, S. 31f.

Die nachfolgende Tabelle zeigt neben den exakten Kopfzahlen und dem jeweiligen Jahr der Datenerhebung auch die örtlichen und instanziellen Kompetenzverschiebungen[601] für die Aufstellung der Berliner Sachverständigenliste in der Zeit von 1800 bis 1914.

Jahr	Kopfzahl	vereidigendes Gericht
1800	28	KG
1810	keine Daten	
1820	21 (KG) + 15 (StG) -2 doppelte = 34	KG, StG
1830	18 (KG) + 13 (StG) -3 doppelte = 28	KG, StG
1840	12 (KG) + 26 (StG) -1 doppelter = 35	KG, StG
1852	41	StG
1860	94	StG
1870	174	StG
1880	268	AG I
1885	346	AG I und LG I
1890	365	AG I und LG I
1894	432	AG I und LG I
1899	525	LG I
1901	578	LG I
1906	749	LG I, AG I + HK
1908	885	LG I, II, III + HK
1911	1065	LG I, II, III + HK
1914	1350	LG I, II, III + HK

Mit welcher relativen Häufigkeit die Zuziehung von Sachverständigen in gerichtlichen Verfahren erforderlich war, lässt sich von heute aus nicht nachvollziehen. In der Prozessstatistik sind diese Verfahren nicht gesondert gezählt. Es gibt auch keinen Bestand vollständig erhaltener Prozessakten, die auf die Zuziehung von Sachverständigen durchgesehen und ausgezählt werden könnten.

601 Zur Berliner Gerichtsorganisation und insbesondere zur Errichtung des LG III (Dienstgebäude Tegeler Weg) zum 1. Juni 1906 s. GS 1899, S. 391 und GS 1904, S. 281 und Arthur Nussbaum, Die neue Berliner Gerichtsorganisation, Berlin 1906; Schroll/Rousavy, Das Landesarchiv Berlin und seine Bestände, 2. Aufl., Berlin 2003, S. 245f.

3. Außergerichtlicher Einsatz von gerichtlichen Sachverständigen

a. Nahrungsmittelgesetz 1894

Da aufgrund der Industrialisierung der Lebensmittelversorgung die Hersteller in steigendem Maß auf das Vertrauen ihrer Konsumenten angewiesen waren, griffen bereits damals viele Hersteller auf die staatlich anerkannte Fachkompetenz von spezialisierten Chemikern zurück, um durch die Anbringung von entsprechenden Vermerken und Siegeln auf der Verpackung den Kunden von der Qualiät des Produkts zu überzeugen. Während es heute bei Nutella darum geht, das Vorhandensein des Besten aus einem Drittel Liter entrahmter Milch in jedem Glas zu bestätigen, damit der Verbraucher nicht fürchten muss, er nehme nur reines Palmfett zu sich, ging es in der Zeit nach der Erfindung der Margarine (Frankreich 1869) häufig um die Unterscheidung dieses und anderer Butter- oder Schmalzersatzstoffe von echter Butter und echtem Schmalz. Ein verwandtes Thema war die Verwendung von künstlichen Süßungsmitteln wie des gerade erfundenen Saccharins (USA 1878/79) anstelle von Zucker. Die Unterscheidung zwischen Butter und Margarine scheint nach Angaben aus Justizkreisen aufgrund einer Innovation in der Analysetechnik schon bald kein großes Problem mehr gewesen zu sein.[602]

b. (Gewerbe-)Polizeiliche Regulierung in Berlin: „Reklamezwecke"

Auch die Polizei hatte sich dazu berufen gesehen, Chemiker für polizeilich erforderliche Untersuchungen zu vereidigen, zusätzlich oder unabhängig von einer bereits erfolgten gerichtlichen Beeidigung.[603] Die Regulierung der selbständigen Chemiker beruhte im Wesentlichen auf entsprechenden Vorschriften zum Nahrungs- und Genussmittelgesetz von 1894,[604] davor in Ermangelung dieser Spezialgesetzgebung auf dem bereits dargestellten § 36 GewO.[605] Das offensichtlich sensible Thema der Nahrungsmittelqualität erzeugte eine gesteigerte Behördenaktivität, die sich nicht immer an die an sich bestehende Kompetenzverteilung hielt. So erregte sich das Reichsamt des Innern, für die Verfolgung von Ordnungswidrigkeiten auf diesem Gebiet damals genauso unzuständig wie heute das Bundesministerium für Verbraucherschutz, bereits im Herbst 1890 in einem Brief an gleich vier preußische Ministerien (KM, MdI, HM, JM) über einen Chemiker Dr. Bischoff, der pflanzenfettbasierte Kakaobuttersurrogate eines

---

602 Vgl. Stein, Das private Wissen des Richters, 1893, S. 26.

603 Riesenfeld, Anstellung von Handelssachverständigen, 1901, S. 69f.

604 Riesenfeld aaO, S. 59.

605 oben D.II.2.

englischen Anbieters zertifiziert habe und dabei als „gerichtlich vereideter Chemiker“ aufgetreten sei. Teil des Zertifkats seien auch Ausführungen über den Umfang der rechtlichen Verpflichtungen des Herstellers zur Deklarierung der künstlichen Inhaltsstoffe gewesen, damit habe er sich „auf ein Gebiet begeben, welches außerhalb der Chemie liegt, von welchem fern zu bleiben ein gerichtlich vereideter Chemiker aber besonderen Anlaß hat.“[606]

Das JM stimmt seine Antwort an das Reichsamt des Innern mit dem HM ab: man einigt sich darauf, die Arbeit beim pr. Innenministerium (MdI) abzuladen und „dem Bischoff“ in seiner Eigenschaft als Polizeichemiker Vorhaltungen zu machen. Der Polizeipräsident habe diesem sodann verboten, sich in Gutachten, die er für Privatpersonen und nicht für Polizei oder Gerichts anfertige, als polizeilicher oder gerichtlicher Chemiker zu bezeichnen.[607] Allerdings bleibt auch die Justizverwaltung nicht träge und verfügt am 1. Februar 1891 an die jeweils selbständigen Chemiker Dres. Bein, Burkhardt, Jeserich, Lohmann, Schaedler, sie hätten sich in Gutachten, die sie im Auftrag von Privaten anfertigten, nicht mehr als „gerichtliche Chemiker“ zu bezeichnen.[608]

c. *Bedarf der Öffentlichkeit nach „öffentlichen“ Sachverständigen?*

Fälle des Missbrauchs von Gutachten von „gerichtlichen Sachverständigen“ zu Reklamezwecken scheinen jedoch auch nach dieser Episode außerhalb der Haupstadt noch vorgekommen zu sein.[609] Diesen stellte das Justizministerium aus gegebenem Anlass dadurch ab, dass es zunächst Berichte von allen Oberlandesgerichtspräsidenten anforderte[610] und daraufhin den bestellten und vereidigten

606 GStA PK, Rep. 84a, Nr. 4824, Bl. 115f.

607 aaO Bl. 119, 125, 133.

608 GStA PK, Rep. 84a, Nr. 4824, Bl. 295; angefordert durch das JM vom KG auf den Bericht des KG vom 27. Juli 1896 auf die Verfügung vom 20. April 1896, Bl. 291.

609 Prof. Dr. Josef König-Münster, der sog. „Vater der Lebensmittelchemie“, hatte unter dem 12. Dezember 1895 an KM, MdI und den Minister für Landwirtschaft, Domänen und Forsten geschrieben, ein Schmalzproduzent habe den folgenden Zettel auf seine Verpackungen geklebt: „Reinheit geprüft durch Dr X, gerichtlicher Chemiker“; dabei seien die Produkte oft genug verfälscht und, der Chemiker habe die vom Fabrikanten zugesandten Probe als rein bezeichnet, während er eine Probe aus derselben Charge, als sie unkenntlich von dritter Seite zugesandt wurde, als verfälscht bezeichnet.

610 Cirkularreskript an die Präsidenten der Oberlandesgerichte v. 20. April 1896: „Beseitigung von Mißbräuchen, welche mit der Bezeichnung ‚gerichtlicher Chemiker‘ getrieben sind“, GStA PK, Rep. 84a, Nr. 40 492.

Sachverständigen bei Strafe ihrer Streichung aus der Liste verbot, sich im Geschäftsverkehr dieser Bezeichnung zu bedienen. Diese Maßregel, die ausdrücklich in Abstimmung mit den drei anderen Beteiligten Ministerien (Kultus/Gesundheit, Inneres, Landwirtschaft) erfolgte, wurde nicht im Justizministerialblatt veröffentlicht, sondern sollte innerhalb der jeweiligen Gerichtsbezirke durch Erteilung entsprechender Anweisungen an die vereidigten Chemiker veröffentlicht und durchgesetzt werden.[611]

Die Sache war aber von der Öffentlichkeit nicht fernzuhalten. Da, weil das in Fragen der Lebensmittelsicherheit ja nun nicht anders geht, auch die Landwirtschaft an der Sache ein Interesse hatte, nämlich für Butter und gegen Margarine zu streiten, wurde die Angelegenheit zum Gegenstand einer Leserzuschrift in der „Deutschen Tageszeitung" vom 28. September 1896:

> *Vereidigte Chemiker. Berlin, 28.9.*
>
> *Man schreibt uns: „Unter dieser Spitzmarke brachte die ‚Deutsche Tageszeitung' eine Verfügung des Herrn Justizministers, durch die den vereidigten Gerichtschemikern die Führung dieser Bezeichnung untersagt werden soll. Diese Verfügung ist ganz unverständlich, ebenso unverständlich, wie eine Verfügung sein würde, die den Gerichtsärzten, Geometern u.s.w. die Führung ähnlicher Bezeichnungen verbieten wollte. Ob wohl ein vereidigter Chemiker dieser Verfügung gehorcht? Mit dem Schlußsatz ihrer Notiz haben Sie aber teilweise unrecht.*
>
> *Die ‚vereideten Chemiker' spielen bei der Empfehlung des Oeltalges keine Rolle, sondern nur einige wenige. Seien Sie versichert, dass die große Mehrzahl der deutschen vereidigten Chemiker in der Margarinefrage durchaus auf der Seite der Landwirte[612] steht."*
>
> *Das ist uns recht erfreulich; die Notiz sollte auch nur die Chemiker von der Art des Herrn Dr. Bischoff treffen, mit deren „Urtheil" Herr Mohr seine Massenreklame macht.*[613]

In der Akte des Justizministeriums finden sich im Februar 1897 dann Abschriften von Schriftverkehr zwischen dem Kaiserlichen Gesundheitsamt und dem Reichsamt des Innern über das bisherige Wirken Bischoffs und Möglichkeiten der Abhilfe. Zu einem wirklichen Abschluss scheint die Akte nicht gekommen zu sein.

---

611 GStA PK, Rep. 84a, Nr. 4824, Bl. 301: Verfügung vom 25. August 1896 an die Präsidenten der OLG und an die Oberstaatsanwälte.

612 Zum Einfluss der landwirtschaftlichen Interessenvertretungen auf das Sachverständigenwesen und insbesondere die vereidigten Chemiker s. noch unten G.III.1.b. und G.IV.1.

613 GStA PK, Rep. 84a, Nr. 4824, Bl. 303.

II. Erneute Opposition seit Ende 1893

1. Eingabe des Handelsrichters Croner v. 15. Dezember 1893

Die Dinge so zu ordnen, dass die Richter auf den Listen die richtigen Sachverständigen auswählen können, war die Aufgabe der Justiz. Die 1885 eingeführte alphabetische Ordnung der Fachgebiete geriet schon bald wieder in die Kritik: Es ist offensichtlich, dass die erste Ordnungsebene für technischen Sachverstand zweckmäßigerweise anders als alphabetisch, sondern nach Fachgebieten gesucht wird; das erfordert eine inhaltliche Kategorienbildung und eine ständige Verbreiterung der Zahl der Fachgebiete. Mit dieser Aufgabe war die Justiz angesichts ihrer ohnehin bestehenden Anpassungsschwierigkeiten[614] auf Dauer überfordert. Das zeigt ein Vorgang, der kurz vor Weihnachten 1893 zu den Akten des Justizministeriums gelangt.

Dort schildert ein seit 1879 amtierender ehrenamtlicher Handelsrichter, der Kaufmann Bernard Croner, er habe bereits 1888 gegenüber dem Vorsitzenden Richter seiner 3. Kammer für Handelssachen am Landgericht I in einer Denkschrift über „Mißstände" berichtet. Anlass sei seinerzeit eine Umfrage des Landgerichtspräsidenten bei den Vorsitzenden Richtern über deren Ansichten über das Sachverständigenwesen gewesen; die Vermutung liegt nahe, dass Veranlassung für diese Anfrage die eben unter G.I.1. geschilderte Anfrage Württembergs im Justizministerium war.

Seine Denkschrift[615] betrachtet das gerichtliche Sachverständigenverzeichnis und findet, „dass dasselbe in seiner Form resp in seiner tabellarischen Uebersicht den modernen Verhältnissen nicht mehr entspricht."

Als Beispiel für moderne Verhältnisse überreicht er als Anlage einerseits die vom Reichsversicherungsamt vorgenommene Klassifizierung der Gewerbe in Berufsgenossenschaften von 1885 und als weitere Anlage andererseits ein Verzeichnis der Einwohner Berlins nach ihren Beschäftigungen und Gewerben aus dem Berliner Adreßbuch 1885. Der Bearbeiter im Justizministerium markiert folgende Passage:

> *Ein oberflächlicher Vergleich dieser beiden Verzeichnisse mit dem gerichtlichen ergiebt sofort, dass letzteres weder in Form noch Inhalt den Anforderungen, welche man mit Recht an dasselbe stellen kann, nicht genügt. Bezüglich der Form wissen Sie ja selbst, wie schwierig es ist, aus dem alphabetischen Verzeichnis diejenige Rubrik zu ermitteln, unter welcher der für den vorliegenden Fall geeignete Sachverständiger zu finden ist. Der Richter muß*

614 S. o. B.IV.

615 GStA PK, Rep. 84a, Nr. 4824 Bl. 153, 15. Dezember 1893.

gewisse technische Vorstudien gemacht haben, wenn es ihm mit Sicherheit gelingen soll, bezüglich der Auswahl keinen Fehlgriff zu machen.

Allerdings liegt ein Problem der Ordnung auch in der Dynamik der Entwicklung, insbesondere in der Aufgliederung der Fachgebiete:

> *Nach [dem Adreßbuch] existieren in Berlin ca 2000 verschiedene Gewerbe- und Berufs-Arten, das gerichtliche Verzeichnis enthält davon kaum dreihundert und auch für letztere nicht immer einen Sachverständigen, sondern es vermischt dieserhalb sehr häufig auch verwandte Geschäftszweige. [...] Namentlich haben viele vor einem Jahrzehnt noch in geringem Umfange eines Handwerks betriebenen Gewerbezweige in der modernen Zeit eine derartige Ausdehnung angenommen, dass aus ihnen große industrielle Unternehmungen enstanden sind, von deren Geschäftpraxis kaum ein erfahrener Handwerksmeister eine Kenntniß haben dürfte. Ferner [fehlen viele gänzlich neue Industriezweige].*

Das Justizministerium bittet den Präsidenten des Kammergerichts um einen Bericht über das Sachverständigenwesen. Dieser meldet unter dem 18. Februar 1894 unter Berufung auf einen gemeinsamen Bericht der Präsidenten des LG I und des AG I, es sei „in dem Jahre 1889 mit der Aufstellung einer neuen Liste vorangegangen worden", und das neue Verzeichnis entspreche nach seinem Dafürhalten dem Bedürfnisse. Nun erleichtere ein alphabetisches Sachregister die Suche.[616]

An der alten Liste hätten sich verschiedene Mängel gezeigt, daher habe er bereits 1887 die Aeltesten der Kaufmannschaft und den Magistrat ersucht, neue Sachkundegebiete oder eine Umgruppierung der bisherigen vorzutragen und ferner Bedenken gegen die Befähigung der vorhandenen Sachverständigen geäußert, berichtet der Landgerichtspräsident dem Präsidenten des Kammergerichts, und das weniger als einen Monat nach Eingang der Denkschrift im Ministerium.[617] Zusätzlich seien die vereideten Sachverständigen angehalten worden, Angaben über etwa eingetretene Veränderungen ihrer persönlichen und geschäftlichen Verhältnisse zu machen. Am 15. Janaur 1888 habe er die Vorsitzenden Richter aufgefordert, Missstände zu berichten und Vorschläge zu machen; das Ergebnis sei die neue Liste von 1889.

Diese ist wie folgt gegliedert: Abteilung A gibt nichtgewerbliche Angelegenheiten alphabetisch, Abteilung B gewerbliche Angelegenheiten systematisch, Abteilung C gibt eine alphabetische Liste der „berücksichtigten Gegenstände" als schnelles Findmittel.

616 GStA PK, Rep. 84a, Nr. 4824, Bl. 169; zum Ablauf dieser Revision der Liste s. Fn. 621.

617 GStA PK, Rep. 84a, Nr. 4824, Bl. 186f, 13. Januar 1894.

2. 1894: Kampagne des VBKI gegen die Justizverwaltung

> *Ein Erbpachtsystem, wie es sich bei der Aufstellung des vorliegenden, gerichtlichen Verzeichnisses bemerkbar gemacht hat, so dass selbst nach dem Tode des Sachverständigen wahrscheinlich aus Pietät dieser Name weiter aufgeführt wird, ist doch gerade nicht empfehlenswert.*[618]

Vor der Aufnahme eines Sachverständigen in die Liste holt der Landgerichtspräsident nach diesem Bericht von Anfang 1894 Auskünfte beim Polizeipräsidenten, der Gewerbedeputation des Magistrats, bei den Aeltesten der Kaufmannschaft und gegebenenfalls bei Fachbehörden ein. Bei wissenschaftlicher Qualifikation werde Auskunft bei angesehenen Gelehrten eingeholt.

Die eingangs zitierte Eingabe Croners beim Justizministerium war jedoch nicht das einzige Anzeichen von Unzufriedenheit mit dem Berliner Sachverständigenwesen. Am 19. April 1894 wandte sich der „Zentralausschuss Berliner kaufmännischer, gewerblicher und industrieller Vereine“, der ebenjene Gesamtvertretung der Berliner Gewerbetreibenden sein wollte, die die Kaufmännische Korporation gerade nicht war[619], in dieser Angelegenheit an den Landgerichtspräsidenten – mit publizistischer Begleitung durch das Berliner Tageblatt und die Vossische Zeitung.[620]

Der Zentralausschuss forderte einerseits, bei der Auswahl der gerichtlichen Sachverständigen gehört zu werden, genau wie Magistrat und Korporation, und andererseits eine sofortige Revision der bestehenden Sachverständigenliste, um solche Sachverständige zu entfernen, die „die für das Amt erforderliche Fühlung mit der Branche verloren haben“.

„Die Bemängelung der Qualifikation der vorhandenen gerichtlichen Sachverständigen, sowie die Ausführung, daß viele derselben das Sachverständigenamt lediglich als Altersversorgung behandeln“, vermochte der Landgerichtspräsident „in ihrer Allgemeinheit nicht als thatsächlich begründet anzuerkennen“. Er begrüße das Angebot des Zentralausschusses, zukünftig bei der Auswahl von Sachverständigen behilflich zu sein, sehe aber keine Notwendigkeit für eine Revision der Liste. Diese sei 1890 komplett neu aufgestellt worden.[621] Begründeten Bedenken gegen

---

618 Eingabe des ehrenamtlichen Handelsrichters Bernhard Croner vom 15. Dezember 1893 an das JM, GStA PK, Rep. 84a, Nr. 4824, Bl. 153.

619 Zu dem Dauerkonflikt um die Errichtung einer Handelskammer in Berlin s. bereits oben F.II.2 und Biggeleben, Berliner Kaufmannschaft, 2006.

620 Berliner Tageblatt v. 21. April 1894 und Vossische Zeitung v. 1. Mai 1894, beide in GStA PK, Rep. 84a, Nr. 4824, Bl. 207 und 209.

621 Aus den Akten der Berliner Korporation ergibt sich folgender Ablauf: Im Juni 1887 wird die Sachverständigenliste des Berliner Landgerichts, wie sie im Adresskalender

einzelne Sachverständige sei dadurch Rechnung getragen worden, dass diese aus der Liste gestrichen worden seien. „Dies ist regelmäßig auch dann geschehen, wenn sich herausgestellt hatte, dass ein Sachverständiger das Gewerbe, für welches er bestellt worden war, längere Zeit nicht mehr betreibt."

Das Justizministerium forderte einen genaueren Bericht. Darauf teilt der Präsident des Kammergerichts einige für die weitere Praxis relevante Punkte mit. Erstens gesteht er ein, dass angesichts der großen Zahl der Sachverständigen in Berlin eine Überprüfung aller verzeichneten Sachverständigen durch die Justiz gar nicht möglich sei; man sei daher auf Anzeigen aus den Interessentenkreisen angewiesen. Man teile jedoch die Ansicht, dass eine laufende Überwachung erforderlich sei:

> *Dem grundsätzlichen Standpunkt, dass nicht mehr im Erwerbsleben stehende Personen bei dem fortschreitenden kaufmännischen Betriebe des Gewerbes, der immer weitergehenden Spezialisierung derselben, dem Aufschwunge der Technik, der Mode und Formen ihrer Aufgaben als ein für alle Mal beeidete Gutachter nur noch ausnahmsweise genügen können, glaube ich die Berechtigung nicht absprechen zu können.*

„Um für die Zukunft das Vorkommen befremdlicher Sachverständigengutachten und darauf gestützte Fehlgründe der Gerichte in bürgerlichen Rechtsstreiten thunlichst zu vermeiden", verweist er zweitens auf die Bedeutung der Sachverständigenliste für die tatsächliche Inanspruchnahme der Sachverständigen: „Da die nicht mehr in der Liste aufgeführten Sachverständigen thatsächlich nicht zugezogen werden", könne man einen Sachverständigen durch bloße Streichung aus der Liste aus dem Verkehr ziehen.[622]

---

veröffentlicht ist, von der Börsendruckerei in Buchdruckqualität (nicht als hektografierte Handschrift, zur Hektografie s.o. F.II.4.b.) nachgedruckt und an alle Mitglieder der Sachverständigen-Commission für gewerbliche Angelegenheiten verteilt, mit der Bitte um Kenntnisnahme und Mitteilung evtl. Änderungsbedarfs (LAB, A Rep 200-01, K 434, Bl. 224–227). Sodann teilt unter dem 26. Dezember 1887 die Gewerbedeputation des Magistrats der Korporation mit, der Landgerichtspräsident habe „die Aufstellung einer neuen Liste angeregt", wobei den „Wünschen des Handelsstands und der Gewerbetreibenden nach Möglichkeit Rechnung" getragen werden solle. Der Magistrat bittet daher um die Benennung von Mitgliedern für eine gemeinsame Kommission, was unter dem 17. Januar 1888 dann auch geschieht (aaO, Bl. 232–234). Hier bricht die Aktenlage ab. Man mag vermuten, dass die Initiative von der Korporation ausgegangen ist, das würde immerhin erklären, warum die Korporation den doch beträchtlichen Aufwand eines Abdrucks der Sachverständigenliste in Buchdruckqualität betreibt, noch bevor die Gewerbedeputation des Magistrats oder gar der Landgerichtspräsident sich bei der Korporation gemeldet haben.

622 GStA PK, Rep. 84a, Nr. 4824, Bl. 211, 23. Mai 1894.

III. Reaktionen im Justizministerium, 1894/95

1. Bestandsaufnahme im ganzen Königreich Preußen

Nicht nur vom Präsidenten des Kammergerichts, sondern von allen Oberlandesgerichtspräsidenten fordert das Justizministerium, nach der Eingabe des Handelsrichters Croner, im Februar 1894 Berichte über das Sachverständigenwesen in ihren Bezirken.[623] Die Auswertung dieser Berichte zeigt eine eindrucksvolle Gemengelage nicht erst der Rechtsansichten, sondern bereits der in den unterschiedlichen Teilen Preußens unterschiedlichen Rechtslage, die nach der Expansion des preußischen Territoriums 1815 und 1866 nicht vollständig angeglichen worden und die auch in Ermangelung reichsrechtlicher Regelungen auch noch knapp zwanzig Jahre nach den Reichsjustizgesetzen sehr verschiedenartig war. So vermerkt der interne Auswertungsbericht über die Gutachten der Oberlandesgerichtspräsidenten Folgendes:

> *Ebenso wie die Praxis der Gerichte gehen auch die in den Berichten enthaltenen Auffassungen über Sinn und Bedeutung der reichsgesetzlichen Vorschriften, über das Verhältnis derselben zum Landesrechte und über den Inhalt des letzteren weit auseinander.*[624]

Das Justizministerium stand, wie bereits gezeigt, offiziell auf dem Standpunkt, dass die allgemeine Beeidigung von Sachverständigen eine Angelegenheit der Justizverwaltung sei, auch wenn es dafür keine überzeugende rechtliche Grundlage benennen konnte:

> *Die Frage ob die Gerichte zuständig sind Sachverständige [...] ein für alle mal zu vereidigen wird demnach bejaht von allen Gerichten mit Ausnahme von Marienwerder, Cassel und Cöln. Zuständigkeit aus Reichsrecht: Königsberg, Breslau, Naumburg, Kiel, Frankfurt am Main; aus Landesrecht: Posen Stettin, Hamm, Celle; keine Kompetenz: die drei oben erwähnten.*[625]

2. Ergebnis: Keine Justizkompetenz für die „öffentliche Bestellung"

Die Berichterstatter im Justizministerium zogen daraus folgende Schlüsse: Da Rechtsauffassung und Praxis so weit auseinandergingen und Missstände nicht eingetreten seien, „dürfte ein Eingreifen der Centralinstanz kaum rathsam erscheinen." Denn dazu müsse man sich zusätzlich auch über die „rechtliche Grundlage der Einrichtung klar werden. Die meisten Gerichte nehmen in Übereinstimmung mit den Kommentaren [...] an, dass die Reichsprozessgesetze nur

---

623 GStA PK, Rep. 84a, Nr. 4824, Bl. 203–205, 26. Februar 1894.
624 GStA PK, Rep. 84a, Nr. 4824, Bl. 236.
625 GStA PK, Rep. 84a, Nr. 4824, Bl. 238.

eine unvollständige Norm enthielten, welche erst durch die Landesgesetzgebung ihren Inhalt erhalten müsse.“ Diese Auffassung sei auch die Grundlage der Stellungnahme des Justizministeriums gegenüber der württembergischen Regierung von 1888 gewesen. Folge dieser Auffassung sei, dass für die gemein- und französischrechtlichen Landesteile Preußens neue Gesetze erlassen werden müssten.[626]

> *Es erscheint indessen zweifelhaft, ob die bezeichnete Auffassung dem Inhalt der Reichsgesetze gerecht wird. Sie würde unbedenklich zu treffen sein, wenn nach den Reichsgesetzen ebenso wie nach der AGO die Begriffe öffentlich bestellter und allgemein beeidigter Sachverständiger sich deckten.*[627] *Das ist aber nicht der Fall. Die öffentliche Bestellung hat die Wirkung, dass der betreffende Sachverständige von dem Gericht bei der Auswahl der Sachverständigen berücksichtigt werden muß und die Erstattung der Gutachten nicht ablehnen darf; dagegen hat die allgemeine Beeidigung zur Folge, dass eine Wiederholung des Eides nicht erforderlich ist. Beides braucht nicht zusammenzufallen. Es kann jemand öffentlich bestellt sein ohne gleichzeitig allgemein beeidigt zu sein und es kann andererseits Jemand, der nicht öffentlich bestellt ist, doch ein für alle mal vereidigt sein. Die Zuständigkeit einer Behörde zur öffentlichen Bestellung von Sachverständigen wird nicht durch die Prozeßgesetze begründet, sondern beruht auf anderweiten Gesetzen (Reichs- oder Landesgesetzen).*

3. Vorschlag zum weiteren Vorgehen

Nachdem die Berichterstatter einmal ausdrücklich festgestellt haben, dass die Justizgesetze keine Ermächtigung zur öffentlichen Bestellung enthalten, versuchen sie dann eine Ermächtigung wenigstens für die allgemeine Beeidigung zu konstruieren: Diese sei in der ZPO impliziert, eben weil die ZPO diese erwähne: „Es kommt öfter vor, dass eine gesetzliche Anordnung in die Form der Voraussetzung gekleidet wird“. Ferner verweisen sie auf die Entstehungsgeschichte der ZPO-Vorschrift über die Wirkung der allgemeinen Beeidigung: Diese orientiere sich ersichtlich an der preußischen Regelung in AGO I 10 § 203 Nr. 4:

> *Wenn Künstler, Handwerker oder Sachverständige zur Aufnahme von Taxen, oder zur Abgebung von Gutachten in Sachen welche ihre Kunst oder Profession betreffen, bei dem Gericht, vor welchem sie Zeugnis ablegen sollen, ein- für allemal vereidigt sind, so ist die Wiederholung des Eides in einzelnen Fällen dieser Art nicht notwendig.*

---

626 GStA PK, Rep. 84a, Nr. 4824, Bl. 246f.

627 Schon das ist unzutreffend, denn die AGO kennt den Begriff des öffentlich bestellten Sachverständigen nicht. Richtig ist allein, dass in der preußischen Praxis, wie in Kapitel E. am Beispiel Stettin gezeigt, anstelle der im ADHGB verlangten „öffentlich bestellten“ Sachverständigen die von den Gerichten „allgemein beeidigten“ Sachverständigen herangezogen wurden.

Und hier findet sich tatsächlich, im Unterschied zum Wortlaut der ZPO, die Angabe, dass das „Gericht, vor welchem sie Zeugnis ablegen sollen", die Vereidigung vorgenommen haben muss.

Aufgrund der erkannten Unsicherheiten raten die Berichterstatter davon ab, die Verwaltung des Sachverständigenwesens im Wege einer justizministeriellen Verfügung zu regeln.[628] Der Bedarf nach einer allgemeinen Regelung über die Auswahl der Sachverständigen und deren Aufnahme in die jeweilige Sachverständigenliste wird jedoch nicht ignoriert. „Dabei könnten die in Berlin bestehenden Einrichtungen zum Muster dienen [...] und es dürfte daher in Erwägung zu ziehen sein, ob nicht bei den bevorstehenden Berathungen über die Revision der CPO eine Klarstellung der Bedeutung der reichsgesetzlichen Vorschriften erwogen werde." Diese Revision war veranlasst durch das bevorstehende Inkrafttreten des BGB. Im Justizministerium war damit eine komfortabel bemessene Wiedervorlagefrist gewonnen.

IV. Frühjahr 1894 bis Sommer 1897: Novelle zum Handelskammergesetz

1. Hintergrundkonflikte

a. Berlin: VBKI gegen KKB

Ebenfalls im Frühjahr 1894 und damit zeitgleich mit der Kampagne über die Qualität der gerichtlichen Sachverständigen ging die andauernde Konfrontation der Korporation der Kaufmannschaft mit dem Verein Berliner Kaufleute und Industrieller (VBKI) in eine neue Runde. Waren die Auseinandersetzungen der Jahre 1878/79 hauptsächlich darum geführt worden, die Interessen von Industrie und Warenhandel ganz im Allgemeinen zu sichern, ging es nun „um eine Opposition der mittleren und kleineren Gewerbetreibenden gegenüber den Interessenten des Großkapitals".[629]

b. Preußen: Handelskammern gegen Landwirtschaftskammern

Anlass für diesen Vorstoß war, dass sich das Handelsministerium an eine Novelle des Handelskammergesetzes gemacht hatte, um nach der prinzipiell flächendeckenden und obligatorischen Organisation der Landwirte in Landwirtschaftskammern durch das preußische Gesetz über die Landwirtschaftskammern vom

628 GStA PK, Rep. 84a, Nr. 4824, Bl. 251.
629 Festschrift KKB 1920, S. 281.

30. Juni 1894[630] auch das Handelskammerwesen auf diese Höhe der Zeit und auf die angesichts der bestehenden Interessengegensätze erforderliche Kampagnenstärke zu bringen.[631] Es ging darum, eine Repräsentation aller Kaufleute und Gewerbetreibenden zu erreichen dadurch, dass die Mitgliedschaft in den Handelskammern verpflichtend gemacht wird und dass das gesamte Gebiet des preußischen Staats restlos in Handelskammerbezirke aufgeteilt wird. Zusätzlich sollte die Novelle eine Revision der Organisationsstruktur und der Kompetenzausstattung bringen, die den Handelskammern durch das Handelskammergesetz 1870 verliehen worden war.

Der Entwurf traf in den Fragen der Zwangsmitgliedschaft, vor allem aber wohl in der Frage der flächendeckenden Ausdehnung der Handelskammern über das ganze preußische Staatsgebiet auf lebhaften Widerstand im Abgeordnetenhaus. Dies ist als Niederlage der Interessen des Handels und der Industrie zu bewerten, denn der Ausschuss des Deutschen Handelstags hatte in seiner Sitzung vom 18. April 1896 in Anwesenheit des zuständigen vortragenden Rats im HM, GehORR Franz Lusensky[632] beschlossen, den Entwurf zu begrüßen.[633]

Dies hielt jedoch die agrarisch-konservative Mehrheit des Abgeordnetenhauses in der Sitzung vom 24. April 1896[634] nicht davon ab, eine flächendeckende Ausdehnung des Handelskammerwesens insbesondere auch in den preußischen Ostprovinzen zu verhindern.[635] Dementsprechend zog die Regierung den Gesetzentwurf am 13. Mai 1896 zurück[636], Minister von Berlepsch nahm seinen Abschied. Sein Nachfolger Brefeld legte dem Abgeordnetenhaus am 14. Dezember

630 GS S. 126.

631 Mit dieser Begründung Festschrift KKB 1920 S. 282, zum Befund, dass das Handelsministerium bereits Beratungen begonnen hatte, BIGGELEBEN, Berliner Kaufmannschaft, 2006, S. 228 m. Fn. 29.

632 1862–1924, 1887 RegAss, 1891 Hilfsarbeiter, 1893 RR, 1895 GehRR, 1900 GehORR, jeweils im HM, 1904–1911 MdAbgH (nationalliberal), 1911 MinDir und Wirkl. GehORR im HM.

633 Bericht über die Sitzung des Ausschusses vom 18. April 1896 vom 23. April 1896, in: LAB, A Rep. 200-01, K 75, Bl. 90.

634 Stenographische Berichte S. 1867f.

635 Diese Wertung bei BIGGELEBEN 2006, S. 230 im Anschluss an FISCHER, Unternehmerschaft, 1964, S. 76.

636 Abgeordnetenhaus-Drucksache Nr. 218, in: Anlagen zu den Stenographischen Berichten über die Verhandlungen des Hauses der Abgeordneten während der III. Session der 18. Legislaturperiode 1896, Dritter Band, Nr. 56–259, Von Seite 1601–2499, Berlin: Moeser Hofbuchdruckerei 1896, S. 2364.

1896 einen Novellenentwurf[637] vor, der in punkto Sachverständigenbestellung dem von Berlep'schen Entwurf aufs Wort[638] entsprach, aber auf die Ausdehnung des Kammerwesens verzichtete[639]: Dieser Entwurf konnte das Abgeordneten-[640] und das Herrenhaus[641] passieren und wurde am 19. August 1897 vom König ausgefertigt.

2. Handelskammern gegen Gerichte

Bereits der vom Vorstand des Vereins Berliner Kaufleute und Industrieller unverlangt verfasste Entwurf zu einer Novelle zum Handelskammergesetz in 46 Paragraphen, der dem Handelsministerium am 4. Juni 1894 übergeben worden war, sah in § 37 ein vollständig geregeltes und bindendes Vorschlagsrecht der Kammern vor:

> *An denjenigen Orten, an welchen Handelskammern ihren Sitz haben, werden von diesen die Handelsrichter, ferner die Handelsmäkler, Güterbestätiger, Schaffner, Messer, Wieger, Schauer, Stauer, überhaupt alle Personen, die öffentlich angestellt sind, um die Quantität und die Qualität der Waaren oder deren richtige Verpackung zu beurkunden, – unter Vorbehalt der Bestätigung der Regierung – ernannt. Die Gerichte des Kammerbezirks*

---

637 Abgeordnetenhaus-Drucksache Nr. 24, in: Anlagen zu den Stenographischen Berichten über die Verhandlungen des Hauses der Abgeordneten während der IV. Session der 18. Legislaturperiode 1897/97, Zweiter Band, No. 12–57. Von Seite 717–1584, Berlin 1897, S. 807–812.

638 Art. VIIb für einen § 34a HKG. Die amtliche Begründung sagt zu Art. VII nur, es sei „Besonderes nicht zu bemerken."

639 „Der Entwurf ist nichts anderes, als das Residuum der vorjährigen Vorlage nach Ausscheidung der planmäßigen Organisation der Handelskammern, wie sie von der vorjährigen Vorlage in Aussicht genommen war." Brefeld, in: Stenografische Berichte über die Verhandlungen der durch die Allerhöchste Verordnung vom 26. Oktober 1896 einberufenen beiden Häuser des Landtages. Haus der Abgeordneten. Erster Band. Von der Eröffnungssitzung der vereinigten beiden Häuser des Landtages am 20. November 1896 bis zur 28. Sitzung am 6. Februar 1897. Von Seite 1–826, 12. Sitzung v. 17. Dezember 1896, S. 267.

640 Sitzung vom 29. Mai 1897, stenographische Berichte über die Verhandlungen der durch die allerhöchste Verordnung vom 26. Oktober 1896 einberufenen beiden Häuser des Landtages. Haus der Abgeordneten. Vierter Band. Von der 80. Sitzung am 10. Mai 1897 bis zur Schlusssitzung der vereinigten beiden Häuser des Landtages am 24. Juli 1897. Von Seite 2675 bis 3406, Berlin 1897, S. 3075.

641 Stenographische Berichte über die Verhandlungen der durch die allerhöchste Verordnung vom 26. Oktober 1896 zum 20. November 1896 einberufenen, am 24. Juli geschlossenen beiden Häuser des Landtages der Monarchie. Herrenhaus. Erster Band. Verhandlungen des Herrenhauses, Berlin 1897, S. 541.

sind verpflichtet, sowohl bei der Neubesetzung von Sachverständigen-Stellen, wie bei der Neueinrichtung von solchen und der Revision der Sachverständigen-Verzeichnisse das Gutachten bzw. die Vorschläge der Handelskammern einzuholen, auch sonstige Wünsche der Handelskammern betreffs der gerichtlichen Sachverständigen nach Möglichkeit zu berücksichtigen.[642]

In der Begründung vermerkt der Vereinsvorstand, das Handelskammergesetz vom 24. Februar 1870 enthalte nur die Kompetenzvorschrift des § 33 zur Ernennung von Handelsmäklern unter Vorbehalt der Bestätigung der Regierung. Im Gegensatz dazu gewähre Art. 14 des Statuts der Korporation der Berliner Kaufmannschaft dieser das Recht zur Präsentationswahl der Güterbestätiger, Schaffner, Messer, Wäger, Schauer, Stauer, überhaupt all der Personen, die öffentlich bestellt sind, um die Quantität und Qualität der Waaren oder deren richtige Verpackung zu beurkunden: „In diesem Punkt dürfte die Vervollständigung des Handelskammergesetzes im Sinne des Berliner Statuts nahe liegen". Wegen der weitreichenden Forderung nach Einflussnahme auf die gerichtlichen Sachverständigen wird ohne weitere Substantiierung ausgeführt, es seien

bereits vielfach Klagen darüber laut geworden, dass gerichtliche Sachverständige für erst neuerdings entwickelte Spezialindustriezweige fehlen, dass über Streitfragen von nur dem Titel nach ‚Sachverständigen' für die Entscheidung maaßgebende Gutachten abgegeben werden, dass Personen, die längst nicht mehr in dem früher einmal von ihnen betriebenen Gewerbe thätig und deshalb über den inzwischen erreichten Stand desselben nicht unterrichtet sind, immer noch in den Sachverständigen-Listen geführt werden und demgemäß lediglich in Funktion treten, dass zu einem solchen Amte ungeeignete Personen wegen der naturgemäß nicht immer hinreichenden Personalkenntnis der Behörden das bedeutungsvolle Amt eines Sachverständigen gelegentlich zu erlangen vermögen. Allen diesen Uebelständen ließe sich mit der Gewährung eines Vorschlagsrechts an die Handelskammern wirksam begegnen.[643]

Am 1. Januar 1895 versendet das Ministerium für Handel und Gewerbe unter Minister von Berlepsch einen umfangreichen Fragenkatalog an alle 73 Handelskammern und Korporationen in Preußen.[644] Es verwundert nicht, dass die Frage Nr. 5, die die Kompetenzerweiterung der Handelskammern betrifft, das Problem der

---

642 LAB, A Rep. 200–01, K 364, vor Bl. 1.

643 LAB, A Rep. 200–01, K 364, Bl. 1, S. 111 der Eingabe.

644 LAB, A. Rep. 200–01, K 364, Bl. 2a; Text der Anfrage abgedruckt bei Voelcker: Die Gutachten der Preuß. Handelskammern und kaufmännischen Korporationen zu dem Erlaß des Herrn Ministers für Handel und Gewerbe vom 1. Januar 1895 betreffend die Reorganisation der Handelskammern in Preußen. Im Auftrag der Handelskammer für den Regierungsbezirk Oppeln zusammengestellt, Berlin 1895.

gerichtlichen Sachverständigen nicht berührt, denn schließlich hat das Handelsministerium sich an seine Zuständigkeiten zu halten, und zu diesen Zuständigkeiten gehört das gerichtliche Sachverständigenwesen an sich nun einmal nicht. Stattdessen verhält sich die Frage nur dazu, wie die Bestellung der Handelsmäkler, der Handelsrichter und der Bestellung von Revisoren der Gründung von Aktiengesellschaften geregelt werden sollen. Das hält die Kammern nicht davon ab, die hier zu behandelnde Frage zu beantworten, auch ohne dass sie vom Handelsministerium gestellt worden wäre. Die Kaufmännischen Korporationen, namentlich die Berliner Korporation, halten sich dabei zurück, was damit zu erklären ist, dass sie ja ihre statutarischen Rechte zur Präsentationswahl[645] von Handelshilfspersonen hatten.[646]

Auf Veranlassung der Handelskammer zu Oppeln findet am 21. Januar in Berlin eine Versammlung mit Delegierten aller Handelskammern über den Fragenkatalog statt. Im stenografischen Bericht über die Verhandlungen des 20. Deutschen Handelstages in Berlin am 22. und 23. Februar 1895 werden die Ergebnisse der eben erwähnten Versammlung vom 21. Januar über den Fragenkatalog wie folgt zusammengefasst:

> *Abgesehen von dem den Handelskammern bereits jetzt zustehenden Rechte der Wahl von Bezirkseisenbahnräten (§ 3 des Gesetzes vom 1. Juni 1882), des Vorschlages einer dreifachen Anzahl von Handelsrichtern (§ 112 GVG) und der Ernennung von Revisoren (§ 209h des Gesetzes über die Aktiengesellschaften u.s.w.) sollen die Handelskammern berechtigt sein: Mitzuwirken bei der Führung der Handelsregister, bei Ernennung der Makler, Schiedsrichter und Sachverständigen in Handels- und Gewerbeangelegenheiten, ferner Gutachten an Gerichte und Behörden abzugeben, Ursprungszeugnisse zu zollamtlichen Zwecken und sonstige Urkunden über Preise, Handelsbräuche etc. auszustellen.*

Der Berichterstatter des Deutschen Handelstages vermerkt weiter, die Versammlung vom 21. Januar habe diesen Beschluss einstimmig gefasst und auch der Ausschuss (Vorstand) des Deutschen Handelstages habe dieser Resolution zugestimmt. Das Protokoll vermerkt die Annahme dieses Punkts ohne Diskussion.[647]

645 S. dazu D.II.2.

646 Am 17. Januar 1895 tritt eine Kommission der Aeltesten zur Beratung des Erlasses vom 1. Januar 1895 zusammen, die diese Frage nicht berührt, ebenso wenig findet sich das Problem angesprochen in der Stellungnahme der Aeltesten an das Ministerium vom 25. Februar 1895, LAB, A. Rep. 200–01, K 364, Bl. 10 und Bl. 64a S. 11/12. Die Korporation nimmt auch nicht an der Konferenz vom 21. Januar 1895 teil, KKB-Festschrift 1920, S. 283.

647 Verhandlungen des 20. Deutschen Handelstags zu Berlin am 23. und 23. Februar 1895, stenographischer Bericht, Berlin 1895, S. 4 bis 6.

Am 25. März 1896 wird dem Abgeordnetenhaus der Regierungsentwurf eines Handelskammergesetzes zugeleitet. § 22 Abs. 1 Satz 1 des Regierungsentwurfs[648] lautet entsprechend den Wünschen der amtlichen Handelsvertretungen wie folgt:

> *Die Handelskammer ist befugt, Gewerbetreibende der in § 36 der Gewerbeordnung bezeichneten Art, insoweit deren Thätigkeit in das Gebiet des Handels fällt, öffentlich anzustellen und zu beeiden.*

Die amtliche Begründung weist darauf hin, von § 36 der Gewerbeordnung sei „bisher nur geringer Gebrauch gemacht worden, was namentlich darauf zurückzuführen ist, dass es an bestimmten Gesetzesvorschriften mangelt, die die Zuständigkeit zur öffentlichen Beeidigung und Anstellung [...] regeln. Dem soll [mit der neuen Befugnis] abgeholfen werden [...]“.[649] Um diese Regelung gab es im Parlament keine Kontroversen.

3. Debatte im Abgeordnetenhaus

a. *Probenehmer für Zucker als gewerbliche Sachverständige in der Zuständigkeit der Handelskammern?*

Kontrovers diskutiert wurde lediglich die Frage, ob, wie vom federführenden Ausschuss des Abgeordnetenhauses vorgeschlagen, ausdrücklich auch eine Kompetenz zur Anstellung und Beeidigung von Probenehmern für Zucker und Melasse in den einschlägigen Paragraphen des Handelskammergesetzes aufzunehmen sei.[650]

Diese Probenehmer waren für Fernhandel und Export von industriell hergestelltem Rübenzucker erforderlich. Sie zogen aus den zum Verkauf bestimmten Vorräten Proben zur Dokumentation der Warenqualität, zum Einen für den Käufer, der anhand der Probe ein Qualitätsurteil bilden konnte, ohne selbst die Ware besichtigen zu müssen, und der dann ein Recht auf Lieferung von Zucker hatte, der der Qualität der Probe entsprach (Kauf nach Probe, § 494 BGB aF). Für

---

648 Abgeordnetenhaus-Drucksache Nr. 124, in: Anlagen zu den Stenographischen Berichten über die Verhandlungen des Hauses der Abgeordneten während der III. Session der 18. Legislaturperiode 1896, Dritter Band, Nr 56–259, Von Seite 1601–2499, Berlin 1896, S. 1868–1878.

649 aaO S. 1878.

650 Sitzung vom 26. Mai 1897, Stenographische Berichte über die Verhandlungen der durch die allerhöchste Verordnung vom 26. Oktober 1896 einberufenen beiden Häuser des Landtages. Haus der Abgeordneten. Vierter Band. Von der 80. Sitzung am 10. Mai 1897 bis zur Schlusssitzung der vereinigten beiden Häuser des Landtages am 24. Juli 1897. Von Seite 2675 bis 3406, Berlin 1897, S. 2986–2988.

den Verkäufer war der Probenzieher von derselben Bedeutung, denn gegen eine Mängelrüge des Käufers konnte er sich wehren durch Vorweisung einer Probe des von ihm gelieferten Materials, die der Probenehmer bei ihm hinterlegt hatte.

Die Debatte im Abgeordnetenhaus zu diesem Punkt ist kurz, aber für die Rollen- und Interessenverteilung zu diesem Zeitpunkt symptomatisch: Gegen die Einfügung einer solchen Regelung spricht mit dem formalen Argument, der Probennehmer falle nicht unter § 36 der Gewerbeordnung, da er ja nicht selbst die Qualität oder Quantität von Waren oder ihrer Verpackung beurteile, sondern eben nur eine Probe nehme und diese sichere, ein Amtsrichter.[651] Das praktische Bedürfnis verkenne er nicht, meint aber, die Probennehmer sollten auf Vorschlag der Handelskammern ein für allemal vom Gericht vereidigt werden.

b. *Zuständigkeit und Verfahren der Anstellung der gewerblichen Sachverständigen*

Sodann meldet sich ein weiterer Jurist, nämlich der Syndikus der Breslauer Handelskammer.[652] Er will von der Regierung wissen, wie denn die Vereidigung der nach dem Entwurf zu vereidigenden Personen stattfinden solle. Die von den Handelskammern anzustellenden Makler habe bisher die Polizeibehörde vereidigt. Der Vertreter des Handelsministers in der Sitzung hält die Probennehmer unproblematisch für einen Fall des § 36 der Gewerbeordnung und spricht sich daher gegen deren ausdrückliche Erwähnung im Handelskammergesetz aus und verweist wegen des Beeidigungsverfahrens auf eine noch zu erlassende Verordnung des Handelsministers.[653] Dann spricht ein Zuckergroßhändler aus Magdeburg.[654] Er stellt fest, dass die Probennehmer sehr wohl ein eigenes Urteil über die Qualität des Zuckers (Körnung und Vorhandensein von Knoten) und seiner Verpackung treffen. Die Vereidigung durch die Gerichte sei in Ordnung, Vereidigung durch die Handelskammern aber einfacher. Gegen die Interessen des Handels meldet sich sodann ein Funktionär des Bundes der Landwirte.[655] Er

651 Konrad Gorke (1854–1904), Zentrum, aus Oppeln, aaO S. 2986.

652 Dr. Georg Gothein (1857–1940), aaO S. 2987; zur Person:, 1884 Bergassessor in Saarbrücken, später Gleiwitz, 1893–1901 Syndikus der HK Breslau, 1894–1903 MdAbgH (Freisinnige), 1901–1904 stv. Vorsitzender des Handelsvertragsvereins; MdR (Freisinnige) 1901–1924).

653 S. unten c.

654 Hermann Reichardt, (*1851) Ältester der Magdeburger Kaufmannschaft, nationalliberal, aaO S. 2987.

655 Eugen Heinrich von Brockhausen (1857–1922), Konservativ, aus dem Bezirk Stettin, aaO S. 2988.

fordert die Streichung des Zusatzes über die Probennehmer; er möchte verhindern, dass diese in die Kompetenz der Handelsvertretungen fallen. Hier zeigt sich wiederum der grundsätzliche Konflikt der landwirtschaftlichen Interessen mit denen von Handel und Industrie, der bereits zum Scheitern des ersten Entwurfs des neuen Handelskammergesetzes geführt hatte und der auch in den kommenden Jahren Auswirkungen auf die Sachverständigenfrage behielt, wie wir später unter H.IV. noch sehen werden.

Der Antrag auf eine ausdrückliche Aufnahme der Probenehmer in die neue Befugnisnorm wird abgelehnt, da nach der Stellungnahme der Regierung im Ergebnis der Debatte die Probenehmer bereits vom Wortlaut des neuen § 42 HKG als gedeckt angesehen werden.

c. *Verfahren bei der Beeidigung von gerichtlichen Sachverständigen, Verfügung des HM v. 27. November 1897*

Mit der neuen Kompetenz zur Bestellung der *gewerblichen* Sachverständigen war das Problem der *gerichtlichen* Sachverständigen aber nicht gelöst. Der Verein Berliner Kaufleute und Industrieller, der zwar gar nicht Adressat, aber möglicherweise der Auslöser der Umfrage des Handelsministeriums vom 1. Januar 1895 gewesen war, forderte in einer erneuten Eingabe das Recht der Handelskammern zur „Mitwirkung bei der Auswahl der gerichtlichen Sachverständigen“.[656] Diese Forderung gelangte auch ins parlamentarische Verfahren. Im Abgeordnetenhaus wurde beantragt, dem Gesetz folgenden Absatz beizufügen:

> *Die gerichtliche Vereidigung von Sachverständigen für Handelsangelegenheiten darf nur erfolgen, nachdem ein Gutachten der Handelskammer oder Kaufmännischen Korporation des betreffenden Bezirks, so weit solche vorhanden sind, über die Persönlichkeit und die Sachkenntnis des zu Vereidenden eingeholt worden ist.*[657]

Zu diesem Antrag auf Einführung eines bindenden Vorschlagsrechts der Handelskammer oder Kaufmännischen Korporation erklärte der Vertreter des Justizministeriums vor dem Abgeordnetenhaus, dass bei der Auswahl der Sachverständigen in Handelsangelegenheiten die Organe des Handelsstandes zugezogen werden, könne nur für zweckmäßig erachtet werden, tatsächlich werde auch, jedenfalls bei der Mehrzahl der Gerichte, so verfahren. Bedenklich erscheine es indessen, eine dem Antrag entsprechende Vorschrift in das Gesetz aufzunehmen. Auch wenn die Vorschrift als zulässig anzusehen wäre, würde sie doch nicht zweckmäßig sein.

656 LAB, A Rep. 200-01, K 364, Bl. 38a, S. 7.
657 Antrag Nr. 52.

Wenn es in dem Antrage heiße, dass die Vereidigung nur erfolgen „dürfe", so würde hieraus gefolgert werden können, dass eine unter Verletzung dieser Vorschrift erfolgte Vereidigung nichtig wäre und es würde jedes Urteil angefochten werden können, wenn in dem voraufgegangenen Verfahren sich auf einen in dieser Weise geleisteten Eide berufen hätte. Es müsste daher das Wort „darf" jedenfalls durch das Wort „soll" ersetzt werden. Dann handele es sich aber nur um eine Ordnungsvorschrift, für welche es keines Gesetzes bedürfe; zur Anhörung der Organe des Handelsstandes können die Gerichte auch durch Anordnungen der Aufsichtsbehörde angehalten werden.

Wirksamer als die vorgeschlagene Maßregel wäre eine Anordnung, dass für Handelsangelegenheiten nur solche Sachverständige, welche nach dem Gutachten der Organe des Handelstandes dazu geeignet sind, in die bei den Gerichten üblicherweise geführten Verzeichnisse der Sachverständigen aufgenommen werden dürften. Eine derartige Anordnung könne aber nur im Verwaltungswege getroffen werden, da das Verzeichnis der Sachverständigen nicht auf einer gesetzlichen Vorschrift beruhe. Dementsprechend wurde dieser Antrag abgelehnt; das Haus der Abgeordneten verabschiedete jedoch eine Resolution, die die Regierung ersuchte, die Gerichte dahin anzuweisen, dass sie vor einer ein für alle Mal erfolgenden Vereidigung von kaufmännischen Sachverständigen die Handelskammern hören und sich von ihr hierzu geeignete Personen vorschlagen lassen sollen.[658]

Das Justizministerium erließ dementsprechend nach kurzer Abstimmung mit dem Handelsministerium[659] unter dem 12. November 1897 eine Allgemeine Verfügung, „betreffend die Auswahl der im Allgemeinen zu beeidigenden Sachverständigen"[660], die auf das „schon gegenwärtig" „häufig" geübte Verfahren der Anhörung der Handelskammern und der kaufmännischen Korporationen hinweist, das „sich bewährt" habe, und daher nunmehr „regelmäßig" zu üben sei.

---

658 Sitzung vom 29. Mai 1897, Stenographische Berichte über die Verhandlungen der durch die allerhöchste Verordnung vom 26. Oktober 1896 einberufenen beiden Häuser des Landtages. Haus der Abgeordneten. Vierter Band. Von der 80. Sitzung am 10. Mai 1897 bis zur Schlusssitzung der vereinigten beiden Häuser des Landtages am 24. Juli 1897. Von Seite 2675 bis 3406, Berlin 1897, S. 3000, s. a. den entsprechenden Vermerk vom 29. Mai 1897 in GStA PK, Rep. 84a, Nr. 4824, Bl. 361.

659 GStA PK, Rep. 84a, Nr. 4824, Bl. 363–365, 22. Oktober 1897 und 4. November 1897.

660 JMinBl. S. 288.

H. Kompetenzfrage III: Preußen 1898–1907

I. Das novellierte HKG als „erster Schritt"

Das ging aber nicht allen Handelskammern weit genug, denn dadurch waren nicht alle Probleme im Sinne der Handelskammern zufriedenstellend zu lösen. Ein halbes Jahr nach der erwähnten Allgemeinverfügung wandte sich der Vorstand („Die Aeltesten") der Magdeburger Korporation der Kaufmannschaft an das Justizministerium und schilderten den Fall eines Magdeburger Bausachverständigen, der von der Magdeburger Korporation nicht unterstützt worden war. Dieser hatte sich daraufhin vom benachbarten LG Halberstadt beeidigen lassen und trat mit dieser Beeidigung in Magdeburg als gerichtlicher Sachverständiger im Markt auf, ohne dass die Magdeburger Korporation dagegen vorgehen konnte:

> *Da die gerichtlichen Sachverständigen nicht nur von den Gerichten sondern vielfach von den Kaufleuten sei es zur Begutachtung, sei es zur Taxierung von Waaren u.s.w. in Gebrauch genommen werden, so erhellt hieraus, dass wir an der Bestellung der gerichtlichen Sachverständigen Interesse nehmen müssen.*
>
> *Das einfachste Mittel, um das Interesse völlig zu wahren wäre die Übertragung der Vereidigungen, die Handelszwecken dienen, an die offiziellen Handelsvertretungen. Ein erster Schritt in dieser Richtung ist bereits in der HKG-Novelle (§ 42 G v 24.2.1870/19.8.1897) gemacht worden, doch ist wohl vorläufig eine Erweiterung des daselbst gewährten Rechts kaum zu erwarten.*[661]

Dem Justizministerium wurde die Tragweite dieses Ansinnens, das auf eine vollständige Kompetenzverlagerung weg von der Justiz und hin zu den Handelskammern abzielte, anscheinend nicht bewusst. In seiner Antwort verwies es in einem Satz schlicht auf die ergangene Allgemeinverfügung, mit der den „vorgetragenen Wünschen nach Anhörung der Handelsvertretungen vor der Ernennung gerichtlicher Sachverständiger des Handels, der Industrie und der Schiffahrt bereits […] Rechnung getragen" sei.[662]

---

661 Aelteste der Kaufmannschaft Magdeburg an JM, 29. Juli 1898, GStA PK, Rep. 84a, Nr. 4824, Bl. 515.

662 JM an Aelteste der Kaufmannschaft Magdeburg, 13. August 1898, GStA PK, Rep. 84a, Nr. 4824, Bl. 519.

II. Verfügung an die HK Breslau vom 29. September 1897

Dass die Handelskammern mit dem aus § 42 HKG folgenden Recht, Sachverständige öffentlich zu bestellen und zu vereidigen, über § 369 Abs. 2 ZPO aF[663] bereits zu diesem Zeitpunkt rechtlich dazu in der Lage waren, den Gerichten die von ihnen bestellten und vereidigten Sachverständigen vorzusetzen, hatten dic Aeltesten der Magdeburger Kaufmannschaft nicht ausgesprochen, vorsichtigerweise nicht auszusprechen gewagt oder schlicht noch nicht erkannt. Dass die Rechtslage aber möglicherweise auf eine grundlegende Änderung der Verhältnisse würde hinauslaufen können, war in der Magdeburger Kaufmannschaft, die sich ja auch lebhaft an der eben geschilderten Probenehmer-Frage beteiligt hatte, möglicherweise bekannt, ganz sicher aber erkennbar. Denn das ergab sich schließlich aus dem vorhin zitierten Redebeitrag des Syndikus der Breslauer Handelskammer, und der Erwiderung des zuständigen vortragenden Rats im HM, GehORR Lusensky. Dieser hatte die Probenehmer unproblematisch für einen Fall der §§ 36 GewO, 42 HKG, also für einen Fall der Handelskammern, gehalten und eine Verwaltungsvorschrift für das bei der Bestellung und Beeidigung zu beachtende Verfahren angekündigt. Am 29. September 1897, also keine sechs Wochen nach Ausfertigung des Gesetzes, erging dann diese Verwaltungsvorschrift, die vorsah, dass der Sachverständigeneid in der Vollversammlung der Handelskammer zu leisten sei mit folgender Eidesformel (bei Freistellung der religiösen Beteuerung entsprechend dem Glaubensbekenntnis des Schwörenden):

> *Ich, ..., schwöre bei Gott dem Allmächtigen und Allwissenden, dass ich als öffentlich angestellter ..... die bestehenden Vorschriften getraulich beobachten und die mir obliegenden Pflichten gewissenhaft erfüllen werde, so wahr mir Gott helfe.*

III. Verbreitung dieser Verfügung durch die HK Breslau und den DHT

Diese Verfügung war jedoch keine Allgemeinverfügung an alle Handelskammern und Kaufmännischen Korporationen, sondern sie war lediglich an die Handelskammer von Breslau gerichtet. Sie wurde nicht erkennbar publiziert, sie wird auch in Schriften anderer Handelskammern nicht ausdrücklich in Bezug genommen. Dr. Conrad Ernst Riesenfeld, Gotheins Amtsnachfolger als Syndikus der Breslauer Handelskammer, welcher in der Abgeordnetenhausdebatte die Entstehung dieser Verordnung hervorgerufen hatte, vefasste eine recht umfangreiche

663 S. o. C.III.4.b.

Monographie[664] zum Thema, die jedoch erst 1901 in einem wenig renommierten Berliner Verlag erschien und damit keinen Einfluss auf die Ereignisse zwischen 1897 und 1900 haben konnte. In der Zeit danach konnte die Schrift freilich noch eine gewisse Wirkungsmacht entfalten, da sie sich bei der fachlichen Verständigung innerhalb der Justizverwaltung als Referenz benutzen ließ.[665] Und vor allem fand sich in diesem Band ein für Juristen zugänglicher Abdruck der Allgemeinverfügung vom 29. September 1897. Eine amtliche Veröffentlichung dieser Regelung gab es erst am 18. Juli 1907. Der Buchstabe des heute noch geltenden Gesetzes und das heute noch gültige Verfahren der Vereidigung durch die Handelskammer waren mit dem HKG und dieser Verwaltungsvorschrift jedoch bereits geschaffen. Die förmliche Zuweisung der Zuständigkeit für die Abnahme von Eiden an die Handelskammern ist das entscheidende rechtsförmliche Novum, denn bisher hatte die Abnahme von Eiden bei staatlichen Gerichten oder Polizeibehörden und nicht bei den Kammern stattgefunden, s. oben D.II.2.

IV. Akteure und Interessen

1. Agrarinteressen

> *Der Entwurf eines Gesetzes, betreffend die Regelung des Verkehrs mit Handelsdünger, Kraftfuttermittel und Saatgut, auch in der Fassung, wie er nunmehr den Vertretungen von Handel und Industrie vorgelegt worden ist, geht von dem Grundgedanken aus, dass die Landwirtschaft, wie der Abgeordnete von Mendel-Steinfels seine Interpellation über „Maßregeln zur Verhinderung der Verfälschung von Futter- und Düngemitteln" am 28. März 1895 im Preuß. Haus der Abgeordneten einleitete, eines besonderen „Schutzes" „auf dem Gebiete des Handels und des Verkehrs" bedürfe.*[666]

Nachdem 1894 bereits der Reichstag ein Nahrungsmittelgesetz verabschiedet hatte, das umfangreiche Neuregelungen über die Verfälschung von Lebensmitteln und die staatliche Lebensmittelaufsicht gebracht hatte, kursierte Anfang 1896 ein Entwurf eines – ebenfalls in die Zuständigkeit des Reichs fallenden – Gesetzes

---

664 Riesenfeld, Conrad Ernst: Die Anstellung von Handelssachverständigen, – Handelschemiker, Probenehmer, Messer, Wäger, Bücherrevisoren, Dispacheurs, Schiffsfrachtgutbesichtiger usw. – durch die amtlichen kaufmännischen Interessenvertretungen in Preußen, Berlin: Gaertner, 1901.

665 So in einer Stellungnahme des Präsidenten des LG I v. 3. Oktober 1905, s. u. H.VI.2 und H.VI.3.

666 Gutachtliche Aeusserung der Ältesten der Kaufmannschaft zu Magdeburg über den Entwurf eines Gesetzes, betreffend die Regelung des Verkehrs mit Handelsdünger, Kraftfuttermitteln und Saatgut, 1896, S. 1.

über den Verkehr mit Handelsdünger, Kraftfutter und Saatgut. Beim Kauf von Handelsdünger und Kraftfutter treffen die Interessen von Kaufleuten und Landwirten direkt aufeinander. Hier ist die Frage nicht, ob gute Landwirtschaftspolitik auch gute Handelspolitik ist, sondern es geht im Gegenseitigkeitsverhältnis um die Frage, welche Qualität die Ware hat und welcher Preis dafür zu zahlen sei.

Die Bestimmung des Gehalts z. B. des Anteils löslicher Phosphorsäure im Düngemittel „Knochenkohle-Superphosphat" ist eine Angelegenheit für chemische Laboratorien, und dieser Anteil bestimmt den Preis für die Ware.[667] Zwischen den Interessen der Händler und der Abnehmer stehen also die Betreiber dieser Laboratorien, die selbständigen Handelschemiker.

Der Gesetzentwurf[668], der anscheinend nie in den Reichstag eingebracht worden ist, sah in § 8 vor, dass diese Laboratorien ersetzt werden sollten durch öffentliche Anstalten, da man den selbständigen Handelschemikern wohl eine zu große Nähe zu Industrie und Handel und damit eine Parteilichkeit gegen die landwirtschaftlichen Abnehmer unterstellte.[669] Dieser § 8 wäre eine Sondervorschrift zur allgemeinen Norm des § 36 GewO gewesen, nach der solche Untersuchungen von privaten Gewerbebetreibenden durchgeführt werden können, sofern diese privaten Gewerbetreibenden von den zuständigen Behörden öffentlich bestellt und vereidigt sind.

2. Verband selbständiger öffentliche Chemiker

Vertreter der Industrie, der Landwirthschaft und des Handelsstandes haben in Erkenntniß ihrer Bedeutung für das öffentliche Leben eine Vorbildung erworben und sich dadurch in

---

667 aaO S. 13f.

668 Abgedruckt aaO S. 22f.

669 Die Nähe zum Handel bestätigt der Verband 1899 wie folgt: „Der gesammte Zuckerhandel der Welt regelt seine Preise notorisch lediglich auf Grund der Analysen-Atteste selbständiger öffentlicher Laboratorien; ganz besonders nehmen die deutschen Laboratorien in dieser Beziehung einen hervorragenden Platz ein, ihre Begutachtungen kennt und schätzt man in Belgien, Rußland, Holland, Schweden und England ebenso hoch, wie auf dem deutschen Zuckermarkt (…) Was auf die Bedeutung der selbständigen öffentlichen Laboratorien für den Zuckermarkt zutrifft, das gilt, und zwar in noch weit stärkerem Maße von dem internationalen Phosphat- und Düngerhandel. Wo noch vor wenigen Jahren englische und französische Atteste allein Geltung besaßen – nicht nur bei den auf viele Millionen Mark sich beziffernden Abschlüssen über Lieferung von Phosphaten überseeischer Minen für deutschen Bedarf, sondern auch bei dem Verkehr von Ausland zu Ausland, von England nach Italien, Ungarn u.s.w. gehen die maßgebenden Proben zur Untersuchung an deutsche selbständige öffentliche Untersuchungsanstalten." LAB, A Rep. 200–01, K 594, Bl. 45, S. 5.

den Stand gesetzt, die Aufgaben, die ihnen vermöge ihrer Berufsstellung zukommen, auch selbständig vor der Oeffentlichkeit zu vertreten.[670]

a. Die Chemiker als früh professionalisierter Berufsstand

Eine der ersten Gruppen der im 19. Jahrhundert entstehenden neuen Berufe, die sich aufgrund ihrer hohen formalen Bildung von den bereits bestehenden Berufen und Gewerben abgrenzen konnten, waren die Chemiker.[671] Mit jeder Innovation auf dem Gebiet der Chemie, die im Verlauf des 19. Jahrhunderts ein atemberaubendes Innovationstempo zeigte, wurde der Bedarf nach chemischer Expertise auch für Handel und Industrie größer.

1896 hatten sich die Betreiber privater chemischer Laboratorien zum „Verband selbständiger öffentlicher Chemiker Deutschlands" zusammengeschlossen. Der Verband hatte im Oktober 1896 106 Mitglieder,[672] die derart gute Geschäfte machten, dass sich der Verband seit 1897 die Herausgabe einer eigenen Zeitschrift leisten konnte.[673] 1899 behauptet der Verband, seine 140 Mitglieder verfügten über ein Betriebskapital von 3 Millionen Mark.[674]

---

670 Bozi, Die Angriffe gegen den Richterstand, 1896, S. 11.

671 Vgl. zur Abgrenzung der Chemiker von den Ärzten die Allgemeine Verfügung vom 24. März 1865, JMinBl S. 66, betreffend die Gebühren der chemischen Sachverständigen in Untersuchungssachen (Strafsachen, Verf.): Diese Verfügung revidiert eine Gebührenordnung für die Beiziehung von Medizinern aus dem Jahr 1815, die „von der dem jetzigen Stande der Wissenschaft nicht entsprechenden Voraussetzung ausgeht, dass der Chemiker dem mit der chemischen Analyse beauftragten Physikus (Arzt, Verf.) nur als Gehülfe zur Seite stehe und von diesem zugezogen werde." Da aber jetzt „regelmäßig" „die chemische Analyse von besonderen chemischen Sachverständigen vorgenommen wird, und die Mitwirkung des Physikus, wenn sie überhaupt noch eintritt, sich auf die Überwachung der Operationen des Chemikers beschränkt", wird nunmehr eine Entschädigung der Chemiker nach den allgemeinen Vorschriften über die Gebühren der Sachverständigen angeordnet und zwar mit der bemerkenswerten „Maaßgabe", „dass es mit Rücksicht auf die auf die Schwierigkeiten solcher Expertisen in der Regel gerechtfertigt erscheinen wird, den höchsten gesetzlich zulässigen Satz in Anwendung zu bringen."

672 Mitgliederverzeichnis in LAB, A Rep. 200-01, K 594, Bl. 11ff.

673 Zeitschrift für öffentliche Chemie: Organ des Verbandes Selbständiger Öffentlicher Chemiker Deutschlands (1897–1922); möglicherweise ist bereits das Vorgängerblatt: „Centralblatt für Nahrungs- und Genußmittel-Chemie, sowie Hygiene" (1895–1896) von dem Verband herausgegeben worden.

674 LAB, A Rep. 200-01, K 594, Bl. 36, S. 2.

Der Vorstand des Verbands hatte 12 Mitglieder, davon 10 aus Preußen, und zwar u. A. jeweils ein Mitglied aus Berlin, Magdeburg, Hannover und Breslau.[675]

b. Der Markt für chemische Untersuchungsleistungen und die staatliche Regulierung

aa. Nahrungsmittelgesetz 1894

Durch eine Novelle der Nahrungsmittelgesetzgebung 1894 war der Markt für Expertise über Lebensmittel und anderer Konsumgüter einer tiefgreifenden Neuregulierung unterworfen worden; es wurden jetzt besondere staatliche Befähigungsnachweise von den Chemikern gefordert. Auch Einrichtung und Betrieb von staatlichen und kommunalen Lebensmitteluntersuchungsämtern wurden neu geregelt. Diese Maßnahmen griffen in den Geschäftsbetrieb der auf diesem Gebiet tätigen selbständigen Chemiker ein. Zu diesen gehörte z. B. Dr. Theodor Wilhelm Fresenius (1856–1936) aus Wiesbaden, dessen Nachkommen bekanntlich immer noch auf diesem Gebiet tätig sind und öffentlichkeitswirksam die Beschaffenheit von Lebensmitteln kontrollieren und bestätigen: Wo „Nutella" draufsteht, ist „Nutella" drin, und das mit dem Siegel des Instituts Fresenius.[676]

bb. Nun auch noch staatliche Düngemitteluntersuchungsanstalten?

Die selbständigen Chemiker hatten angesichts dieser heftigen Regelungsaktivität und vor dem Hintergrund des Grundkonflikts zwischen den Interessen der Landwirtschaft einerseits und von Industrie und Handel andererseits allen Grund zur Befürchtung, dass auch außerhalb des Nahrungsmittelgebiets weiter reguliert werden würde, und zwar in möglicherweise für sie existenzbedrohender Wirkung.

3. Handelskammern Magdeburg und Breslau

Die natürlichen Verbündeten der selbständigen öffentlichen Chemiker waren die Handelskammern.

In der KKB in Berlin bestand an diesem Thema kein prominentes Interesse. Folgende Faktoren mögen dazu beigetragen haben: Vor dem Hintergrund des Nebeneinanders der Korporation der Kaufmannschaft und des Vereins Berliner Kaufleute und Industrieller musste in Berlin geklärt werden, ob der durch das novellierte HKG eröffnete Weg, bestehende Korporationen durch eigenen

675 Der Vorsitzende kam aus Nürnberg, sein Stellvertreter aus Plauen i.V. Die übrigen preußischen Vorstandsmitglieder stammten aus Braunschweig, Dessau, Köln, Wiesbaden, Frankfurt und Stettin, s. LAB A Rep 200–01 Nr. 594, Bl. 19v.

676 vgl. o. G.I.3.b.

Beschluss in Kammern umzuwandeln (wofür sich die Magdeburger Kaufmannschaft entschied, während sich in Berlin unter Führung einiger der Aeltesten des Kaufmannschaft erst nach einer Übergangszeit, im Frühjahr 1902, eine Kammer bildete, der sich die Korporation dann letztlich erst 1920 anschloss). Die mit diesem Konflikt verbundene Bindung von Ressourcen und Aufmerksamkeit[677] und die Tatsache, dass in Berlin aufgrund des dargestellten und mehrfach praktizierten Modus der Beteiligung der Kaufmannschaft bei der Aufstellung der Sachverständigenliste das Sachverständigenwesen ausreichend gut funktionierte, dazu beigetragen haben, dass um die Jahrhundertwende die Berliner Kaufmannschaft nicht maßgeblich an der Gestaltung des Sachverständigenwesens beteiligt war.

Magdeburg als Handelsplatz für Zucker und Getreide und Umschlagplatz für Kunstdünger sowie Standort für Schwermaschinenindustrie hatte, wie Berlin, eine Kaufmännische Koporation, die, wie in Berlin, die örtliche Börse betrieb. Sie war daher an einem reibungslosen Funktionieren des geschäftlichen Verkehrs von Kaufleuten und Landwirten (die Börse war nach ihrer historischen Entwicklung in erster Linie eine Producten- und nicht eine Effectenbörse) besonders interessiert. Daher brachte sie das Thema nach der Sommerpause 1899 auf die Tagesordnung des Ausschusses[678] (Vorstand) des DHT. Mit Schreiben vom 18. September berichtet die HK Magdeburg von der Absicht des JM, in einem § 86 des pr AG GVG, dazu unten H.V.2.a.aa., Folgendes anzuordnen:

> *Sachverständige für gerichtliche Angelegenheiten zu beeidigen ist Sache der Justizverwaltung. Das gleiche gilt für die Ausstellung von Zeugnissen über das in Preussen geltende Recht.*

Sie fährt – zutreffend – fort:

> *Wir haben aus zuverlässiger Quelle vernommen, dass der Justizminister gewillt ist, die Vorschriften über die Vereidigung dahin zu verschärfen, dass die Sachverständigen nur noch für gerichtliche Zwecke vereidet werden. Es soll energisch dem Entgegengetreten werden, dass die Sachverständigen aus der Thatsache ihrer gerichtlichen Vereidigung ein Geschäft machen. Es soll ferner eine Form der Vereidigung gewählt werden, die es ermöglicht, in gewissen Zeitabschnitten nachzuprüfen, ob die vereideten noch die Fähigkeiten und Eigenschaften besitzen, die zu ihrer Vereidung führten. Die Wünsche von Handel und Gewerbe stimmen hierin vollständig mit den Bemühungen des Justizministers überein, wie wir die auch in unserem Jahresberichte für 1898 (Teil B) S. 59–60 unter dem Titel ‚Ernennung von*

677 S. bereits oben G.III.1.a und Biggeleben, Berliner Kaufmannschaft 2006.

678 LAB, A Rep. 200-01, K75, Bl. 114, Tagesordnung für die Sitzung des Ausschusses des DHT, 8. und 9. November 1899, Berlin, den 26.10.1899; Punkt 6: Beeidigung von Sachverständigen durch die Handelskammern. Berichterstatter: Herr Hubbe, Magdeburg.

gerichtlichen Sachverständigen' und auf S. 61 udT ‚Vorschrift für Bücherrevisoren' dargelegt haben. Doch würde es im Interesse sowohl der bisher über den Bedarf des Gerichtes hinaus, mehr für private Zwecke vereideteten Sachverständigen, als auch im Interesse von Handel und Gewerbe sein, wenn eine derartige Vereidigung für die Bedürfnisse des Wirtschaftlebens in Zukunft durch die Kammern erfolgte.

Auch die Handelskammer von Breslau war, wie in der Debatte über das Handelskammergesetz gesehen,[679] an der Frage lebhaft beteiligt. Die Organisations- und Interessenlage der Breslauer Kaufleute war im Wesentlichen mit der Magdeburger vergleichbar (Korporation und Börsenhandel in Agrarrohstoffen), jedoch fehlte in Breslau das Gewicht der Maschinenbau- und der chemischen und Kunstdüngerindustrie, die ja im mitteldeutschen Raum und damit in Magdeburg eine besondere Bedeutung hatte.

Räumlich eng verbunden mit Magdeburg war Hannover; in Hannover spielte, wie in Magdeburg, der Zuckerrübenanbau und die Rübenzuckerindustrie eine große Rolle. Da Hannover erst 1867 von Preußen annektiert worden war, gab es dort keine Kaufmännische Korporation, sondern eine Handelskammer, die dem preußischen Handelskammergesetz entsprechend organisiert war.

4. Begriffe: „öffentlich bestellte" (Handels-)Sachverständige und (gerichtlich) „allgemein beeidigte" Sachverständige

a. Warum ist jeder Handelssachverständige ein gerichtlicher Sachverständiger?

§ 404 Abs. 2 ZPO sieht vor, dass in der Regel „öffentlich bestellte" Sachverständige (im Sinne von § 36 GewO) vom Gericht als Sachverständige auszuwählen sind, wenn nicht besondere Umstände es erfordern, dass ein anderer Sachverständiger vom Gericht für die Erstattung eines Gutachtens ausgewählt wird. Das Recht zur öffentlichen Bestellung liegt nicht bei der Justiz, sondern bei denjenigen Körperschaften, denen (in Ermangelung einer einheitlichen Zuständigkeitsregel durch die Reichsgesetzgebung) nach Landesrecht dieses Recht zugewiesen ist. Für die Handelskammern ergab sich diese Zuweisung 1897 aus § 42 pr HKG.

§ 410 Abs. 2 ZPO sieht vor, dass ein Sachverständiger, der bereits für die Erstattung von Gutachten eines bestimmten Fachgebiets im Allgemeinen beeidigt ist, nicht jeweils in jedem Verfahren vereidigt werden muss, sondern sich vor Gericht auf den geleisteten Eid berufen kann. Einen Sachverständigen für gerichtliche Gutachten „im allgemeinen zu beeidigen", ist nach der Natur der Sache

679 S. o. G.IV.3., durch Redebeitrag ihres Syndikus Dr. Georg Gothein.

eine Angelegenheit der Justizverwaltung, also der Gerichte. Ausdrücklich klargestellt wurde das durch § 86 pr AG GVG 1899/1900.

Vielleicht geht es nach dem Geist des Gesetzes einfach darum, stets den „ohne übermäßige Kosten und Beschwerde erreichbaren besten Sachverständigen“ zu wählen, wie Wach das noch 1896 formuliert.[680] Eine derart teleologische Lesart hätte aber keine Notwendigkeit für eine förmliche Klärung der Sachverständigenauswahl und die Gestaltung der gerichtlichen Sachverständigenlisten entstehen lassen.

Es zeigte sich als Problem, dass die Listen nicht diejenigen Sachverständigen zeigten, die nach § 404 Abs. 2 ZPO in der Regel hinzuzuziehen waren, sondern dem Richter lediglich die rein formelle Tatsache mitteilten, dass er bei den dort verzeichneten Sachverständigen nach § 410 Abs. 2 ZPO auf eine Vereidigung im Einzelfall verzichten konnte.

Die Liste konnte also dazu führen, dass ein unbefangener Richter einen Sachverständigen auswählt, der nicht „öffentlich bestellt“ ist, obwohl der Richter damit gegen den Regelfall des § 404 Abs. 2 ZPO verstößt.

b. Ist jeder Handelssachverständige im Allgemeinen beeidigt, § 410 Abs. 2 ZPO?

Für den praktischen Richter, der pflichtschuldig einen „öffentlich bestellten“ Sachverständigen in einem gegebenen Verfahren hinzuziehen will, stellt sich nun die Frage, ob ein öffentlich bestellter Sachverständiger genau wie ein vom Gericht im allgemeinen beeidigter Sachverständiger sein gerichtliches Gutachten unter Berufung auf seinen einmal geleisteten Sachverständigeneid erstatten kann, wie das § 410 Abs. 2 ZPO gestattet.

Wenn diese Frage zu verneinen ist, wäre ein öffentlich bestellter Sachverständiger in jedem einzelnen Fall in aller Form gerichtlich zu vereidigen. Eine so einschneidende Formalität vermeiden zu können, wäre möglicherweise ein Grund für das Gericht, einen öffentlich bestellten Sachverständigen im Zweifel nicht hinzuzuziehen, wenn für dasselbe Fachgebiet ein gerichtlich im allgemeinen beeidigter Sachverständiger in der Liste verzeichnet ist – damit wäre es „so ziemlich illusorisch“[681] anzunehmen, dass die neue Kompetenz der Handelskammern in den Gerichten irgendetwas ändern werde.

---

680 Wach, Vorträge 1896, S. 279.

681 Eingabe der Handelskammer zu Breslau an das Ministerium für Handel und Gewerbe vom 11. Dezember 1899, in: LAB, A Rep. 200–01, K 594, Bl. 57.

V. Durchführung

1. August 1898 bis Dezember 1899

a. Bestellung von Sachverständigen durch die Handelskammern

Den ersten wirklich öffentlichkeitswirksamen Schritt zu einer öffentlichen Bestellung von Sachverständigen durch eine amtliche Handelsvertretung unternahm die Magdeburger Korporation der Kaufleute,[682] in dem sie bei dem ihr vorgesetzten Ministerium für Handel und Gewerbe anfragte, ob sie nun selbst Handelschemiker als Sachverständige beeidigen[683] dürfe. Diese Anfrage war anscheinend gut vorbereitet, denn sie erbrachte nicht nur innerhalb kurzer Zeit den gewünschten positiven Bescheid, sondern Anfrage und Bescheid wurden von der Magdeburger Kaufmannschaft jeweils innerhalb von wenigen Tagen deutschlandweit in der Zeitschrift des DHT veröffentlicht.[684]

aa. Erarbeitung einer frühen Muster-Sachverständigenordnung: Die Handelschemikervorschrift

Nun ging es daran, die vom Gesetzgeber vorgesehene und von der vorgesetzten Behörde nunmehr ausdrücklich bestätigte Kompetenz durch besondere Tüchtigkeit zu rechtfertigen und zu sichern. Dazu erarbeiten die Handelskammern Magdeburg und Hannover einen „Entwurf einer Vorschrift für die von den Handelskammern und sonstigen Handelskörperschaften vereideten selbständigen öffentlichen Chemiker“. Diesen versandten sie per Rundschreiben vom 2. Mai 1899 an alle Handelsvertretungen „mit dem Ersuchen, diesen im Wege der Vereinbarung beizutreten oder in Verhandlungen zu treten“.[685] Die Bedeutung der Angelegenheit für die privaten chemischen Untersuchungslabors wird dabei nicht verschwiegen.

---

682 S. soeben H.IV.3 zu den Aktivitäten der Aeltesten der Kaufmannschaft zu Madgeburg gegen § 86 pr AG GVG.

683 Vgl. oben F.II.2 zu dem bisher tradierten Verfahren der Präsentationswahl durch die Kaufmannschaft mit anschließender Vereidigung durch das Gericht bzw. anschließender Bestätigung durch die Polizeibehörde.

684 Brief des HM vom 30. August 1898 an die Aeltesten der Kaufmannschaft von Magdeburg, in: HuG No. 36, 10. September 1898: „Auf die Anfrage vom 2. d. M. [s. S. 494 in HuG] erwidere ich den Herren Aeltesten der Kaufmannschaft, dass die Beeidigung von Handelschemikern dortseits unbedenklich vorgenommen werden kann. Eine Verpflichtung, besondere Vorschriften für Handelschemiker zu erlassen, besteht nicht, doch würde der Erlaß solcher Vorschriften zweifellos sehr zweckmäßig sein.

685 LAB A Rep 200-01, K 594, Bl. 2.

Wir bemerken noch, dass die Angelegenheit auch nach der Richtung hin von Bedeutung ist, dass Bestrebungen im Gange sind, welche auf eine Verstaatlichung des gesamten chemischen Untersuchungswesens hinauslaufen. Nach unserer Ansicht haben Handel und Industrie ein Interesse daran, dass ihnen nichtamtliche selbständige Chemiker mit öffentlich-rechtlichem Charakter auch in Zukunft zur Verfügung stehen.

Die KKB erklärt sich mit Brief vom 27. Mai 1899 an die Handelskammer Hannover auch im Hinblick auf die erklärte Zustimmung des Verbands für grundsätzlich einverstanden.[686] Allerdings wird empfohlen, das Einvernehmen mit dem Verein zur Wahrung der Interessen der chemischen Industrie herzustellen.

Wohl aber würden wir es für zweckmäßig halten, wenn der Entwurf, bevor er von allen Handelskammern als bindend angenommen wird, auch dem Verein zur Wahrung der Interessen der chemischen Industrie Deutschlands und seinen Unterverbänden, namentlich der Verein deutscher Düngerfabrikanten und der Verein der deutschen Zuckerindustrie vorgelegt würde, insofern die durch diese Vereine vertretenen Industriezweige ein ganz besonderes Interesse an den zu erlassenden Vorschriften haben.

Durch den Verband der selbständigen öffentlichen Chemiker wurden, jeweils als Sonderdrucke aus der Verbands- „Zeitschrift für öffentliche Chemie" ein Vortrag[687] und ein Aufruf[688] veröffentlicht. Der Aufruf, aus dem sich ergibt, dass in Deutschland 166 Handelschemiker selbständig praktizieren, von denen 142 im Verband organisiert seien, wurde deutschlandweit verteilt; in den Akten der KKB findet sich ein Protokoll über die Annahme der Handelschemikervorschriften durch die Handels- und Gewerbekammer für Oberbayern[689]; und auch der Verein zur Wahrung der Interessen der chemischen Industrie (VCI) erklärt, Ende September 1899, seine Zustimmung zu der Vorschrift.[690]

---

686 aaO Bl. 5.

687 Über die Bekanntheit des § 36 GewO in Preußen und anderen Ländern, Vortrag, gehalten auf der IV. ordentlichen Hauptversammlung des Verbands selbständiger öffentlicher Chemiker Deutschlands zu Wiesbaden am 2. Juni 1899, von Dr. J[ULIAN] TREUMANN-Hannover, in: GStA PK, Rep. 84a, Nr. 4825, Blatt 59–66.

688 „Zur Vereidigung und öffentlichen Anstellung selbständiger öffentlicher Chemiker", Sonderabdruck aus Heft XIII Jahrgang 1899 der Zeitschrift für öffentliche Chemie, in: LAB, A Rep. 200–01, K 594, Bl. 18; bei der KKB an Herrn MARTIUS/Agfa weiterverfügt am 19. Juli 1899; s.a. unten Fn. 690 und 694.

689 LAB, A Rep. 200–01, K 594, Bl. 15f.

690 In: LAB A Rep. 200–01, K 594, Bl. 36, Protokoll über die 22. Versammlung des VCI.

bb. Zeitgleich: Petition gegen ein nie eingebrachtes Gesetz

Nach dieser Vorbereitung wandte sich der Verband der selbständigen öffentlichen Chemiker mit einer Petition an den „Hohen Reichstag", betreffend „den in Vorbereitung befindlichen Gesetzentwurf betr. Regelung des Verkehrs mit Dünge- und Kraftfuttermitteln und anderer auf die Verstaatlichung des chemischen Untersuchungswesens abzielende Maßnahmen". Der Antrag an den Reichstag geht dahin, einem möglicherweise in der Zukunft dem Reichstag vorzulegenden Düngemittelgesetz insoweit nicht zuzustimmen, „als es Bestimmungen enthält, welche die einschlägigen chemischen Untersuchungen der freien Konkurrenz zwischen staatlichen und selbständigen öffentlichen Untersuchungsanstalten entziehen".[691]

cc. Eingabe der HK Breslau

Ungefähr zeitgleich verbreitet die HK Breslau eine Eingabe, die sie am 11. Dezember 1899 beim HM eingereicht hatte, in Form einer Druckschrift.[692] Darin schildert sie zunächst den Unterschied zwischen den gerichtlich beeidigten und den öffentlich bestellten Sachverständigen und die bisher in Breslau gepflegte Praxis der allgemeinen gerichtlichen Beeidigung von Sachverständigen durch das Amtsgericht – eine ausdrückliche Regelung, ob die Amts- oder die Landgerichte, wie es jedenfalls nach 1880 die Berliner Praxis war, dic allgemeine Beeidigung durchzuführen hatten, fehlte ja noch. Diese wurde vom JM erst mit der AV v. 5. Februar 1900 gegeben.

Sehr machtbewusst folgt sodann der Hinweis, von der Kompetenz zur öffentlichen Bestellung von Sachverständigen aus § 42 HKG bisher keinen Gebrauch gemacht zu haben. Da nun aber der geplante § 86 pr AG GVG vorsehe, dass die Beeidigung von Sachverständigen für gerichtliche Zwecke Sache der Justizverwaltung sei, und da ja das Justizministerium öffentlich angekündigt habe, dazu auch noch eine Ausführungsvorschrift (der späteren AV v. 5. Februar 1900) zu erlassen[693] befürchtet man, dass man für die im Handelsverkehr erforderlichen Privatgutachten bald keine Sachverständigen mehr zur Verfügung haben werde. Daher werde die HK wohl selbst Sachverständige bestellen müssen.

---

691 LAB A Rep. 200-01, K 594, Bl. 50v (S. 12 der Druckschrift), auch in GStA PK Rep. 84a, Nr. 4825 Bl. 69ff.; zum Gesetzentwurf s.o. bei Fn. 666f.

692 LAB A Rep. 200-01, K 594, Bl. 53, auch in GStA PK Rep. 84a, Nr. 4825 Bl. 69ff.

693 Zu den Absichten und Aktivitäten des JM oben I.II.3, zur Verbreitung dieser Aktivitäten durch die HK Magedeburg auf der Versammlung des DHT oben J.I.3.

b. *Gerichtliche Bedeutung der Handelskammer-Sachverständigen?*

Insbesondere stelle sich die Frage, ob die öffentlich bestellten Sachverständigen eine Bedeutung vor Gericht haben würden. Der Landgerichtspräsident von Breslau habe sich dazu noch keine Gedanken gemacht; es wird dessen Antwort auf eine Anfrage vom 6. November 1899 ausführlich zitiert. Es findet sich in den Akten des JM kein Hinweis darauf, dass sich der Landgerichtspräsident durch Anfrage dort rückversichert hat.

Sodann wird die realistische Gefahr geschildert, dass eine Nichtanerkennung der öffentlich bestellten Sachverständigen als „allgemein beeidigte" Sachverständige zu einem Zweiklassensystem der Sachverständigen führen würde; öffentlich bestellte Sachverständige würden dann vom Publikum nur für solche Gutachten beauftragt, bei denen man eine gerichtliche Verwendung der Gutachten von vornherein ausschließen könne, „insbesondere z. B. zu Reclamezwecken". Das werfe auch kein gutes Licht auf die Handelskammern, die dann ja nur zweitklassige Sachverständige bestellen könnten; gerade das aber habe sich der Gesetzgeber des § 42 HKG – es folgen ausführliche Zitate aus der amtlichen Begründung – gerade nicht vorgestellt. Die Eingabe schließt mit dem Antrag an den HM, „hochgeneigtest bei dem Herrn Justizminister darauf hinwirken zu wollen", dass dieser in seiner Ausführungsvorschrift zu § 86 pr AG GVG klarstellen solle, dass die öffentlich bestellten Sachverständigen gleichzeitig auch als „im Allgemeinen beeidigt" im Sinne der ZPO anzusehen seien. Bei aller Forschheit dieser Eingabe sind zwei Beschränkungen zu bemerken: Zum einen verzichtet man auf ein Zitat der Verfügung v. 27. September 1896, mit der der HM ja bereits die Eidesformel für die Beeidigung von Handelssachverständigen durch die Kammer geregelt hatte, und zum zweiten wird das Ministerium auch nicht daran erinnert, dass es der Magdeburger Korporation bereits ausdrücklich die Bestellung von Handelschemikern zugestanden hatte.

c. *Bedeutung der Handelskammern für die Sachverständigen, Petition Teil 2*

Drei Wochen später ist Jahrhundertwende. Weitere drei Wochen später geht beim Preußischen Herrenhaus eine Eingabe des Verbands der selbständigen öffentlichen Chemiker ein, der Betreff ist derselbe wie in der Eingabe an den Reichstag, auch diese Eingabe wird als Druckschrift verbreitet. Die Argumentation ist klassisch wirtschaftsliberal: Es sei nicht Sache des Staates, „Untersuchungen bei Kauf und Verkauf von Handelswaren beliebiger Art" durchzuführen; jedenfalls sei die Notwendigkeit, mit Steuergeldern öffentliche Untersuchungsanstalten aufzubauen, angesichts der bestehenden privat betriebenen Labore nicht dargelegt.

Dann folgt eine Zuspitzung auf die Frage, ob die Handelschemiker Sachverständige zweiter Klasse hinter den gerichtlichen Sachverständigen seien. Man nimmt Bezug auf die als Anlage beigefügte Eingabe der HK Breslau und stellt „völlig unabhängig vom Vorgehen der Handelskammer zu Breslau" (!) genau deren Frage und pointiert diese noch durch den Hinweis auf die Handelschemikervorschriften[694], die schließlich im Einvernehmen mit dem HM aufgestellt worden seien – halte die „Königliche Justizverwaltung" diese Vorschriften etwa nicht für ausreichend, um eine hohe Qualität der Sachverständigen zu gewährleisten? Die Anträge gehen dann aber überraschenderweise nicht in Richtung einer Einflussnahme auf das Justizministerium, sondern nur noch dahin, den

694 Nach einigem Hin und Her zwischen einerseits den HK Magdeburg und Hannover als Verfasser des Entwurfs einer einheitlichen Vorschrift über die Bestellung, Dienstaufsicht und Abberufung von Handelschemikern einerseits und andererseits der KKB sowie der Kammern des niederrheinisch-westfälischen Industriebezirks wurde diese einheitliche Handelschemikervorschrift im Verlauf des Jahres 1900 dann endgültig verabschiedet. Inhaltlich lagen die Probleme wohl darin, dass Berlin und das Ruhrgebiet mit den Agrarindustriethemen Rübenzucker und Düngemittel offensichtlich weniger zu tun hatten als die mitteldeutschen Zuckerrüben- und Kalibergbaugebiete. Bei der KKB war der chemische Großindustrielle Dr. C. A. Martius, Mitbegründer der Agfa und des Vereins zur Wahrung der Interessen der chemischen Industrie (VCI) ursprünglich dem Gedanken staatlicher Untersuchungsanstalten gar nicht so abgeneigt; dies vor dem Hintergrund der zweifelhaften Innovationen auf dem Nahrungsmittelmarkt, die mit der entsprechenden Handelschemikerexpertise, wie oben unter G.I.3 geschildert, vermarktet wurde. Nach Abstimmung mit dem VCI und dem Verein der Düngerfabrikanten war aber auch Martius und damit die KKB grundsätzlich einverstanden; Irritationen folgten dann noch aus der Dauer des Abstimmungsprozesses. Aus dem Ruhrgebiet wurde, nach einer Versammlung der Kammern des „niederrheinisch-westfälischen Industriebezirks" in Essen am 8. Februar 1900, am 10. Februar 1900 von der HK Düsseldorf sogar ein Gegenentwurf vorgelegt. Darauf kam es am 24. März 1900 in Hannover zu einer abschließenden Sitzung unter Beteiligung auch des HM, GehORR Lusensky. Dort wurden die offenen inhaltichen Punkte geklärt, und die redaktionellen Fragen wurden über den Sommer 1900 durch eine Kommission unter Vorsitz von Martius und dem aus dem Voigtland stammenden zweiten Vorsitzenden des Chemikerverbands gelöst. Die Handelschemikervorschrift ist damit die erste Sachverständigenordnung und gleichzeitig die erste Muster-Sachverständigenordnung; solche Vorschriften erlassen noch heute die einzelnen IHKs auf der Grundlage einer auf Ebene des DIHK erstellten Mustersatzung. Dieser Prozess ist in verschiedenen Druckschriften und maschinenschriftlichen (!) Briefen in der Akte der KKB gut überliefert, vgl. LAB A. Rep. 200-01 K594, zB Bl. 69, 72, 80, 103, 136.

öffenlichen Untersuchungsanstalten die Erstattung von Gutachten auf dem Gebiet des Handels zu untersagen; was jedoch gegenüber dem rein defensiven Charakter gegenüber dem Düngemittelgesetz nunmehr einen Wechsel der selbständigen Chemiker in die Offensive darstellt; freilich jedoch noch nicht gegenüber der Justiz, sondern gegenüber den für Handel bzw. für Landwirtschaft zuständigen Ressorts der Staatsregierung.

2. Frühjahr 1900, Justizministerium vs. Handelsministerium

a. Justizministerium

GehOJR Felix Vierhaus arbeitete als zuständiger Vortragender Rat im JM Anfang des Jahres 1900 an der Ausführungsverordnung zu § 86 AG GVG über die Beeidigung von Sachverständigen für gerichtliche Zwecke.

Am 4. Januar ging ihm aus dem HM, Wilhelmstraße 79/80, die Breslauer Eingabe vom 11. Dezember 1899 mit der Bitte um Stellungnahme zu; das blaue Kreuz am Rand zeigt, dass er die Antwort persönlich redigiert hat.[695]

Diese hält er bis zum 10. Februar zurück, also bis nachdem seine Ausführungsverordnung zu § 86 AG GVG vom 5. Februar 1900 im JMinBl. veröffentlicht ist.

In diesem Zug erledigt er noch ein für allemal die Frage, was das Partzip Perfekt von „vereidigen" ist, ob es also „vereidigter" oder „vereideter" Sachverständiger heißen soll; in den hier ausgewerteten Quellen, insbesondere in denen des Justizministeriums, ist der Gebrauch uneinheitlich. Gelöst wird die Frage in letzter Minute und parallel zur Formulierung „beeidigt" in § 410 Abs. 2 ZPO: Ein Korrekturabzug der Ausführungsverordnung zeigt die Schreibweise „vereidet", als Randbemerkung steht dazu die Frage „welche Schreibweise gewünscht sei", und von der Hand Vierhaus' kommt die Festlegung auf „vereidigt".[696]

Am 15. Januar 1900 gibt Vierhaus die Visitenkarten von zwei Vorstandsmitgliedern und zwei weiteren Vertretern des Verbands der selbständigen öffentlichen Chemiker zu den Akten[697] und vermerkt, diese Herren seien „heute über die Grundzüge der beabsichtigten Regulirung des Sachverständigenwesens unterrichtet" worden und hätten sich „vollständig befriedigt" gezeigt.

695 GStA PK Rep. 84a, Nr. 4825, Bl. 111.

696 GStA PK Rep. 84a, Nr. 4825, Bl. 101.

697 GStA PK Rep. 84a, Nr. 4826, Bl. 55: Dr. phil. Arthur Forster, Plauen/Vogtl., Dr. Julian Treumann, Hannover; Dr. Hermann Wimmer, „gerichtl. vereid. Chemiker", Stettin; Dr. Rudolf Wolf, Breslau.

aa. Allgemeinverfügung vom 5. Februar 1900

Anlässlich der Einführung des BGB und des HGB zum 1. Januar 1900 wurden in vielen Gesetzen redaktionelle und inhaltliche Anpassungen durchgeführt, und zwar im Reichs- wie auch im Recht der deutschen Staaten. Bei dieser Gelegenheit wurde in das neue preußische Gesetz über die freiwillige Gerichtsbarkeit[698] ein Art. 130 Nr. X[699] aufgenommen, der das preußische AG GVG[700] in großem Umfang änderte. Dort regelte ein neuer § 86 Satz 1 Folgendes:

> *Sachverständige für gerichtliche Angelegenheiten im Allgemeinen zu beeidigen, ist Sache der Justizverwaltung.*

Im Wege einer Ausführungsverordnung zu dieser Regelung vom 5. Februar 1900,[701] die am 1. April 1900 – und damit nicht pünktlich zum Tag des Inkrafttretens der vielen neuen Gesetze – in Kraft trat, wurden Zuständigkeit, Verfahren und Form der allgemeinen gerichtlichen Beeidigung von Sachverständigen sowie die Führung und laufende Revision der Sachverständigenlisten geregelt.

Das Justizministerium war sich der Bedeutung dieser Allgemeinverfügung bewusst. Zum einen wurde nach der Verabschiedung des § 86 AG GVG vorab öffentlich bekannt gegeben,[702] dass eine Ausführungsvorschrift hierzu ergehen werde; damit waren die Handelskammern gewarnt, nicht aufgrund von § 42 HKG mit der öffentlichen Bestellung von Sachverständigen zu weit vorzupreschen. Zum anderen zeigt die Akte zwei Auffälligkeiten im Vergleich zu den übrigen Aktenstücken: Zum einen ist der Entwurf zu dieser Allgemeinverfügung das älteste auf einer Schreibmaschine geschriebene Schriftstück aller für diese Arbeit ausgewerteten Akten des JM, zum anderen ist der Entwurf von insgesamt sieben Bearbeitern und anschließend anscheinend vom Unterstaatssekretär abgezeichnet worden, bevor er dem Justizminister vorgelegt worden ist.

Inhaltlich bilden die Regelungen weitgehend die bereits beschriebene Berliner Praxis ab: Zuständigkeit generell beim Landgerichtspräsidenten für seinen jeweiligen Bezirk, obligatorische Anhörung der Handelskammer/Kaufmännischen Korporation, Anhörung freier Interessenverbände nach Ermessen des Gerichts. Für die Vereidigung selbst gab § 4 eine Eidesformel vor und in das obligatorische

698 Vom 21. September 1899, GS S. 249, Art. 130 Abs. X trat zum 1. Januar 1900 in Kraft.

699 Im Abschnitt „Schlussbestimmungen", aaO S. 277.

700 Vom 24. April 1878, GS S. 230.

701 JMinBl. S. 48.

702 Und zwar so, dass die Nachricht im Organ der Handelskammern veröffentlicht wurde, HuG, 7. Jahrgang 1899, S. 72.

Protokoll über die Vereidigung war ein bemerkenswerter Hinweis an den Sachverständigen aufzunehmen: Nämlich dass er durch diese Vereidigung nicht die Eigenschaft eines öffentlich bestellten Sachverständigen erlange, sondern dass sich die Wirkung seiner Beeidigung lediglich darauf beschränke, dass ein Gericht nach Ermessen entscheiden können soll, ihn im Einzelfall hinzuzuziehen und auf seine Vereidigung im Einzelfall zu verzichten.

Ob das Justizministerium damit die Absicht verfolgt hat, die alleinige Zuständigkeit der Justiz für das gerichtliche Sachverständigenwesen zu behalten oder nicht, ist leider in den Akten nicht dokumentiert. Man mag das aber vermuten. Dafür sprechen einige Indizien: Zum einen bereits das Verhalten des Ministeriums im oben geschilderten Stettiner Fall, zum anderen die ebenfalls bereits oben geschilderte Zurückhaltung des Justizministeriums, vor dem Inkrafttreten einer gesetzlichen Grundlage allgemeine Regeln über die Führung der Sachverständigenliste im Wege einer Verwaltungsvorschrift zu erlassen. Auch die dargestellte justizfeindliche Stimmung der Zeit[703] mag zu einer Abwehrhaltung der Justiz beigetragen haben, denn die ordentliche Justiz sah sich der realen Gefahr von Kompetenzverlusten ausgesetzt: Gerade war ein Gesetzgebungsverfahren zur Bildung von Kaufmannsgerichten im Gang, also nichts weniger als der Verlust der Kompetenz der ordentlichen Gerichtsbarkeit, in Streitigkeiten zwischen Kaufmannsgehilfen (kaufmännischen Angestellten) und den Kaufleuten zu entscheiden, und in den jeweils interessierten Öffentlichkeiten wurden Sondergerichte auch für noch weitere Angelegenheiten verlangt, z. B. für Streitigkeiten in Bausachen[704] oder auf dem Gebiet des geistigen Eigentums.[705] Besonders bemerkenswert ist jedoch die Regelung, die die der Reichsregierung unterstehende Verwaltung des damaligen Reichslands Elsaß-Lothringen getroffen hat. Aufgrund der engen räumlichen und wohl auch sozialen und personalen Verflechtungen zwischen preußischer Staats- und deutscher Reichsverwaltung kann es als überwiegend wahrscheinlich angesehen werden, dass es in der Sachverständigenfrage informelle Fühlungnahmen der zuständigen Dienststellen des Reichs mit dem JM gegeben hat. Und für Elsaß-Lothringen ist das gesamte Sachverständigenwesen unter Ausschluss jeder Form kaufmännischer Interessenvertretung in die Zuständigkeit der Justiz gelegt worden. Die entsprechende, einheitliche Regelung

703 S. o. B.IV.3.

704 Schröder, Laienbeteiligung, S. 99.

705 Vgl. hierzu meinen bisher unveröffentlichten Aufsatz aus dem Jahr 2004 zur Sondergerichtsbewegung 1900–1910, die auf dem 30. DJT 1910 ausgesprochen kontrovers diskutiert wurde; s. a. o. Fn. 47.

überweist an erster Stelle die Dispacheure (nach HGB, Binnenschiffahrtsgesetz und EVO), sodann die in § 36 GewO genannten Gewerbetreibenden und schließlich die Sachverständigen für gerichtliche Angelegenheiten in die Zuständigkeit der jeweiligen Landgerichtspräsidenten.[706]

Am 10. Februar antwortet er dem HM auf die Breslauer Eingabe.[707] Wie so viele Schriftstücke in dieser Frage und eben auch die Eingabe beginnt die Antwort mit der Unterscheidung der unterschiedlichen Klassen von Sachverständigen; die im Entwurf enthaltene Bemerkung, die entsprechenden Ausführungen der HK Breslau seien zutreffend, ist in der endgültigen Fassung gestrichen.

bb. „Völlig klare Rechtslage"

Dem Breslauer Antrag, anzuordnen, dass auch die öffentlich bestellten Sachverständigen als „im Allgemeinen beeidigt" anzusehen seien, kann das JM nicht folgen, freilich dürfe sich aber auch ein öffentlich bestellter Sachverständiger, wenn er allgemein beeidigt sei, nach § 410 Abs. 2 ZPO bei der Erstattung seines Gutachtens auf den einmal geleisteten Eid berufen; im Einzelfall sei das aber immer die Entscheidung des befassten Gerichts. Damit trägt der Brief nicht viel zur Klärung der Lage bei; der Schluss des Briefs wirkt ironisch angesichts der schwer nachvollziehbaren Differenzierung der „allgemeinen Beeidigung" und der „öffentlichen Bestellung" von Sachverständigen:

> *Ich zweifle jedoch nicht, dass die Gerichte der meines Erachtens völlig klaren Rechtslage Rechnung tragen werden. Sollte dies bezüglich der auf Grund des § 42 HKG bestellten Sachverständigen nicht überall sich verwirklichen, so werde ich gern bereit sein, durch eine Belehrung auf eine zutreffende Praxis hinzuwirken.*

b. Handelsministerium

Das HM findet die Rechtslage gar nicht so klar und klopft die Sache mit Brief vom 10. März[708] fest: Das JM komme „zu dem vom Standpunkte meiner Verwaltung gewünschten Ergebnisse, dass die von den Handelskammern auf Grund des

---

706 Kaiserliche Verordnung vom 6. Januar 1902, Gesetzblatt für Elsaß-Lothringen 1902, S. 1 und Ministerialverfügungen vom 2. Mai 1902 sowie vom 19. Juni 1909, in: Zentral- und Bezirks-Amtsblatt für Elsaß-Lothringen 1902, S. 165 und 1909, S. 57; hier dargestellt nach der Textausgabe bei PERLEWITZ, KURT: Das Sachverständigenwesen: die gesetzlichen Bestimmungen und Verordnungen über die Anstellung und Beeidigung von Sachverständigen, Berlin 1915.

707 GStA PK Rep. 84a, Nr. 4825, Bl. 129.

708 GStA PK Rep. 84a, Nr. 4825, Bl. 149.

§ 42 HKG öffentlich angestellten und beeidigten Gewerbetreibenden den von den Justizbehörden beeidigten Sachverständigen insofern gleichstehen, als auch bei ihnen die Berufung auf den allgemeinen Eid [...] genüge".

aa. Verfügung an die HK Breslau vom 29. März 1900

Dazu bemerkt das HM, es habe bereits „auf Anregung aus Handelskreisen" Bestimmungen über die durch die Handelskammern durchzuführenden Beeidigungen erlassen. Da in der bereits geregelten Eidesformel[709] von Gerichtsgutachten nicht die Rede gewesen sei, habe man die vorgeschriebene Eidesformel noch ergänzt um den Ausdruck:

> *sowie auch die von mir in meiner Eigenschaft als öffentlich angestellter ..... erforderten Gutachten unpartheiisch und nach bestem Wissen und Gewissen erstatten*

ergänzt; man bitte das JM um Stellungnahme, ob diese Erweiterung als Eid für gerichtliche Gutachten ausreichen werde. Eine entsprechende zustimmende Rückmeldung wird anscheinend gegeben; in den Akten des JM findet sich jedoch kein Hinweis auf eine Abstimmung mit dem HM zwischen dem 10. März und dem Zeitpunkt des Erlasses der entsprechenden Verfügung an die HK Breslau vom 29. März 1900. Das HM verspricht der HK Breslau, das JM werde erforderlichenfalls

> *durch eine Belehrung auf eine zutreffende Praxis der Gerichte*

hinwirken. Damit vermittelt das HM gegenüber der HK Breslau den Eindruck, es sei die preußische Regierung bereits auf die Bestellung der gerichtlichen Sachverständigen durch die Handelskammern, nicht mehr durch die Gerichte, festgelegt. Allerdings wurde auch dieser Erlass erst im Jahr 1907 amtlich veröffentlicht.

bb. Allgemeine Verbreitung dieser Verfügung durch die Interessenten

Das Fehlen einer amtlichen Veröffentlichung dieser Verfügung glichen nun wieder die Handelskammer Breslau und der Verband der selbständigen öffentlichen Chemiker aus. In „Handel und Gewerbe", dem Organ des DHT, erschien die Verfügung in Nr. 26/1900, S. 343, am 7. April 1900. Der Chemikerverband brachte sie zusammen mit der Vorgängerverfügung vom 29. September 1897 am 30. April 1900 in seiner Vereinszeitschrift „Zeitschrift für öffentliche Chemie". Die entsprechende Ausgabe findet sich in den Akten der KKB, nicht jedoch der Auszug aus

709 Durch die nicht amtlich veröffentlichte AV des HM an die HK Breslau vom 29. September 1897, s. oben H.II.

„Handel und Gewerbe".[710] Es mögen daraus folgende Schlüsse gezogen werden: Erstens, die Mitglieder des Verbandes der selbständigen öffentlichen Chemiker sorgten für eine Verteilung dieses Abdrucks bei allen Handelskammern bzw. Kaufmännischen Korporationen, und zweitens, diese beiden Verfügungen waren wohl bei den meisten Handelskammern vorher nicht bekannt; denn in der Akte der KKB finden sich deutliche Markierungen bei den jeweiligen Eidesformeln. Diese hätten die Sachbearbeiter nicht angestrichen, wenn sie schon selbstverständlich gewesen wären.

Vierhaus hat die Bedeutung der Anfrage des HM möglicherweise nicht richtig eingeschätzt; möglicherweise hat Lusensky auch eigenmächtig gehandelt. Es findet sich, wie gesagt, in den Akten des JM kein Hinweis auf eine endgültige Abstimmung mit dem HM. Ferner wird eine Abschrift der Verfügung des HM vom 29. März 1900 erst im Frühjahr 1902 zu den einschlägigen Akten[711] genommen; man mag vermuten, dass dieser Erlass also im JM erst weit nachträglich bekannt geworden ist. Der einschlägige Aktenband des JM ist ungewöhnlich umfangreich und auch über die hier angesprochene Unregelmäßigkeit hinaus chronologisch nicht ganz sauber geführt.

c. *Taktischer Sieg für die Justizverwaltung*

In der gerichtlichen Praxis erfolgt die Auswahl der gerichtlichen Sachverständigen durch die bei den Gerichten geführten Listen; die Zuständigkeit für die Führung dieser Listen hatte die AV des JM v. 5. Februar 1900 ja gerade den Landgerichtspräsidenten zugewiesen.

Dass diese praktische Bedeutung der Listenführung Vierhaus und seinen Mitarbeitern im JM bewusst war, ergibt sich aus einer Randbemerkung am Entwurf des Briefs des JM an das HM vom 10. Februar 1900:

> *Die Frage, ob und unter welchen Voraussetzungen solche Sachverständige (§ 42 HKG) in die gerichtlichen Verzeichnisse mit aufzunehmen sein werden, möchte zur Sammlung von Erfahrungen offen zu lassen sein.*[712]

An der Akte fand sich kein Anzeichen dafür, dass diese Marginalie noch in den Text des abgesendeten Briefs aufgenommen worden ist. Daher wird das JM erwartet haben, dass unmittelbar sich nichts ändern werde. Denn die Landgerichtspräsidenten hatten mit der AV v. 5. Februar 1900 eine inhaltlich und verfahrensmäßig

710 LAB A Rep. 200-01, Nr. K594 Bl. 131a.
711 GStA PK Rep. 84a, Nr. 4825 Bl. 473.
712 GStA PK Rep. 84a, Nr. 4825 Bl. 129.

ausgereifte Handlungsanweisung an der Hand, die für eine geordnete Listenführung unter regelmäßiger Beteiligung der Handelskammern sorgte. Das Letztentscheidungsrecht über die Aufnahme bestimmter Personen in die Sachverständigenliste verblieb aber bei den Landgerichtspräsidenten und der Inhalt der Liste entschied über die Zuziehung eines Sachverständigen im jeweiligen Einzelfall.

Das HM hatte, so mag man sich im JM gedacht haben, das JM nicht darum gebeten, am Verfahren der Listenführung irgendetwas zu ändern; auch die kaufmännischen Vertretungen von Breslau, Magdeburg und Hannover waren auf diesem Gebiet wohl noch nicht trittsicher. Denn die entscheidende Bedeutung der Liste für die gerichtliche Praxis der Auswahl des richtigen Sachverständigen aus einer immer größer werdenden Zahl von Sachverständigen mit einer ebenso immer größer werdenden Zahl von Fachgebieten war ja in Berlin schon seit zwei Jahrzehnten eingeübt, in den anderen, unvergleichlich kleineren Orten, offenbar noch nicht. Die Berliner Kaufmannschaft nahm, möglicherweise wegen der seit 1897 offenen und erst Ende 1901 erledigten Alternative zwischen der Umwandlung der KKB in eine HK und der Neugründung einer HK und dem Fortbestehen der KKB unter Abgabe erheblicher Kompetenzen, keine erkennbar aktive Rolle in diesen Ereignissen ein, was schlicht eine Folge begrenzter Kapazität gewesen sein kann.

3. Gerichtliche Sachverständigenliste: Inhalt und Form, Februar 1901 bis März 1902

Angesichts der mittlerweile verbreiteten Kenntnis der Rechtslage sahen die Handelskammern aber keinen Grund mehr, es bei diesem Letztentscheidungsrecht der Justiz zu belassen. Die Rechtslage sah vor, dass die Handelskammern entscheiden, wie viele und welche Sachverständige für welche Fachgebiete bestellt werden und ferner, dass die Justiz je nach einschlägigem Fachgebiet dann diese Sachverständigen beizuziehen hatte. Das erforderte, dass die Justizbehörden über diese, in den Worten des JM, „völlig klare Rechtslage" belehrt würden; oder noch einfacher, dass jedem einzelnen Richter eben eine Sachverständigenliste vorliegt, in der er aus der Anzahl der von Handelskammern bestellten Sachverständigen wählen konnte.

a. Eine neue Beschwerde aus Hannover, Frühjahr 1901

Da die Rechtslage eben nicht „völlig klar" war, passierte, was passieren musste, nämlich es wurde einem gemäß der AV des HM vom 29. März 1900 und gemäß der Handelschemikervorschrift der Handelskammern vereidigten Handelschemiker vom Landgericht beschieden, sein vor der HK geleisteter Eid reiche vor Gericht nicht, und es wurde diesem Gutachter der besondere gerichtliche Sachverständigeneid abverlangt.

Auffällig ist, dass es wieder die HK Hannover war, die diese Sache recht genau ein Jahr nach der AV vom 5. Februar 1900 zur Aufmerksamkeit des JM brachte,[713] und zwar mit der Bemerkung:

Dieser Vorfall scheint der Annahme Raum zu geben, dass die Gerichte der Bedeutung der Beeidigung durch die Handelskammern nicht völlig Rechnung tragen. Eure Excellenz haben dem Herrn Handelsminister gegenüber sich bereit erklärt, nötigenfalls durch eine Belehrung auf eine zutreffende Praxis der Gerichte hinzuwirken. Wir bitten Eure Excellenz, dieses geneigtest thun zu wollen, wenn nicht für die ganze Monarchie, so doch für den Bezirk des Königlichen Landgerichts Hannover.

Auch hier spielte die HK Hannover wieder druckvoll. Nachdem sie aus dem JM nichts gehört hatte, konnten alle deutschen Handelskammern am 22. Juni 1901 von der Causa wiederum in der Zeitschrift HuG lesen.[714]

Auf diese Veröffentlichung hin wendet sich der wohlbekannte Verband der selbständigen öffentlichen Chemiker Deutschlands unter dem Datum Nürnberg, 27. Juni 1901 an das JM. Dem Verein gehörten nahezu alle in Deutschland von den Handelskammern bestellten chemischen Sachverständigen an. Diese weisen zunächst darauf hin, dass das „Privilegium" der öffentlich bestellten Sachverständigen, dass nämlich die Gerichte nur unter besonderen Umständen berechtigt sind, andere Sachverständige als die öffentlich bestellten Sachverständigen zu berufen, an die Verpflichtung geknüpft sei, der Ernennung als Gutachter im Einzelfall unter allen Umständen Folge zu leisten.

Diese Rechtslage bleibe „jedoch unter den z. Zt. namentlich bei den größeren Gerichten Preußens obwaltenden Verhältnissen der Sache nach wirkungslos". Das Problem liege in der gerichtlichen Sachverständigenliste. Eine Listeneintragung erfolge nur nach zusätzlicher gerichtlicher Beeidigung, und selbst dann erfolge keine Kennzeichnung ihrer privilegierten Stellung. So sei ein Gesuch um Eintrag in die Liste unter Verweis auf die AV v. 5. Februar 1900 z. B. von den Landgerichten in Berlin abgelehnt worden:

Zwar haben den Gerichten dieses Bezirkes die amtlichen Handelsvertretungen die Namen der von ihnen öffentlich angestellten Sachverständigen mitgetheilt und diese Mittheilung ist auch unseres Wissens in mehreren Fällen den an den Gerichten fungirenden Richtern von Seiten der Herren Gerichtspräsidenten zur Kenntnis gebracht worden.

Wenn aber darüber keine Liste geführt werde, drohe Vergessen und Nichtbeachtung, daher beantragt der Verband,

713 GStA PK, Rep. 84a, Nr. 4825, Bl. 205, Brief v. 28. Februar 1901.
714 Abgelegt in: LAB A Rep. 200-01, K550 Bl. 15.

dass die Namen derjenigen gewerblichen Sachverständigen, welche von den gestzlich hierzu befugten Behörden und amtlichen Handelsvertreungen öffentlich angestellt sind und deren Anstellung von diesen Behörden und amtlichen Handelsvertretugen bekannt gegeben worden ist, entweder in die gemäß der Allgemeinverfügung vom 5. Februar 1900 oder in eine besoders zu führende Liste eingetragen werden.[715]

b. Reaktionen des JM

Schon am 9. März 1901 schrieb das JM an das für das LG Hannover fachlich und dienstlich zuständige OLG Celle und verlangte hierzu einen Bericht, nötigenfalls nach Rückfrage bei der HK Hannover.[716] Diese Aufforderung erscheint einigermaßen ungewöhnlich, denn sie fordert das vorgesetzte OLG Celle auf, nötigenfalls den Sachverhalt durch Nachfrage bei einer außerhalb der eigenen oder gar der unmittelbaren Staatsverwaltung stehenden Körperschaft wie der HK Hannover selbst zu erforschen und sich nicht lediglich darauf zu verlassen, dass das LG Hannover auf dem Dienstweg schon zutreffend berichten werde.

aa. Hinweis auf die abstrakte Rechtslage an alle Oberlandesgerichtspräsidenten

Die Sache lag am 26. April wieder vor. Unter diesem Datum verfügte das Ministerium an alle Oberlandesgerichtspräsidenten, nach § 404 Abs. 2 ZPO und § 73 Abs. 2 StPO die öffentlich bestellten Sachverständigen vorzugsweise zu Sachverständigen für die einzelnen Rechtssachen hinzuzuziehen.

Die Anfrage des Verbandes der selbständigen öffentlichen Chemiker Deutschlands, denen Vierhaus ja bei ihrer Vorsprache im JM am 15. Januar 1900 das größtmögliche Entgegenkommen zugesichert hatte, hatte noch eine weitere Wirkung:

bb. Erhebung des Sachverhalts bei den Präsidenten aller OLGs

Am 4. Juli wurde die Zuschrift des Chemikerverbandes an alle Oberlandesgerichtspräsidenten versandt[717] mit der Bitte um Stellungnahme, ob ein Bedürfnis für die vom Chemikerverband gewünschte Anordnung anzuerkennen sei:

Von dem geschäftsführenden Ausschusse des Verbandes selbständiger öffentlicher Chemiker Deutschlands in Nürnberg ist mir der Antrag unterbreitet, anzuordnen, dass die Namen derjenigen gewerblichen Sachverständigen, welche von den gesetzlich hierzu befugten Behörden und amtlichen Handelsvertretungen öffentlich angestellt und beeidigt sind, sei

715 GStA PK Rep. 84a, Nr. 4825 Bl. 327.
716 GStA PK, Rep. 84a Nr. 4825 Bl. 215.
717 GStA PK, Rep. 84a Nr. 4831 Bl. 1f.

es in die nach der Allgemeinen Verfügung vom 5. Februar v J (JminBl. S. 48) von den Gerichten zu führenden Liste unter Kennzeichnung ihrer besonderen Stellung, sei es in eine besonders zu führende Liste einzutragen und damit zur fortdauernden Kenntnis der beteiligten Gerichtspersonen gebracht werden. Eure Hochwohlgeboren ersuche ich, Sich darüber zu äußern, ob ein Bedürfnis zu dieser Anordnung als vorhanden anzuerkennen ist und, bejahendenfalls, wie die Führung der Liste am zweckmäßigsten zu gestalten sein dürfte.

In der Justizministerialakte folgt nun der gewohnte Reigen der Berichte aller OLG-Präsidenten von Köln bis Königsberg, von Marienwerder bis Frankfurt. Wohl nicht ohne Grund sind in der einschlägigen Akte die Berichte nicht chronologisch nach Eingangsreihenfolge abgelegt, sondern die Akte beginnt mit dem Bericht das Kammergerichtspräsidenten vom 9. Oktober 1901; dieser liegt ein im Dienstweg angeforderter Bericht des Präsidenten des LG I bei.

(aa) Berlin

Der Berliner Landgerichtspräsident stellt gegenüber dem Kammergerichtspräsidenten unter dem 21. September 1901[718] die Sache differenziert dar. Von den Sachverständigen nach §§ 42 HKG, 36 GewO werden die Kreisärzte und Gerichtsärzte unterschieden[719] sowie die Sachverständigenvereine auf dem Gebiet des Urheberrechts[720] und sodann vorgeschlagen, ein gesondertes Verzeichnis für diejenigen Sachverständigen anzulegen, die nicht von den Gerichten für die Erstattung von Gutachten vereidigt seien.

Diesem Vorschlag schließt sich der Präsident des KG in der Hinsicht an, als ein

Bedürfnis für die Führung eines Verzeichnisses der öffentlich angestellten und beeidigten Sachverständigen bei den Gerichten besteht. In neuerer Zeit ist lebhaft dafür eingetreten worden, dass die Organe des Handelsstandes von ihrer Befugnis, Handelssachverständige öffentlich anzustellen und zu beeidigen, mehr als bisher Gebrauch machen sollen.

Es ist anzunehmen, dass diesen Anregungen seitens der Handelsvetretungen Folge gegeben werden wird. Der Kreis der hiervon betroffenen Sachverständigen kann als ein sehr umfangreicher bezeichnet werden. Denn der § 42 (§ 44 I) des HKG verweist hinsichtlich der Befugnis zur Anstellung auf § 36 der ReichsGewO und die letztgenannte Norm (idF der Bekanntmachung vom 26. Juli 1900, RGBl S. 871) bietet in dieser Richtung namentlich durch Einbeziehung derjenigen, „welche die Beschaffenheit, Menge oder richtige Verpackung von

718 GStA PK, Rep. 84a Nr. 4831 Bl. 5.

719 S. das Gesetz über die Dienststellung des Kreisarztes vom 16.9.1899. Vgl. zu Ärzten als gerichtliche Auskunftsperson oben A.IV.3.

720 S. Nomine, Rainer: Der Königlich Preußische Literarische Sachverständigen-Verein in den Jahren 1838 bis 1870, Berlin 2001.

Waaren irgend einer Art feststellen" für die Anwendung der gedachten Befugnis den weitesten Spielraum.

Die Gerichte müssen nach meiner Auffassung von den in Betracht kommenden Sachverständigen Kenntnis erhalten. Denn sie sollen, wie Eurer Exzellenz Verfügung vom 26.4.1901 - I 2569 – betont ist, nach § 404 II CPO und § 73 II der StPO die öffentlich bestellten Sachverständigen vorzugsweise zu Sachverständigen, in der einzelnen Rechtssache wählen, und dieser Verpflichtung können sie natürlich nur entsprechen, wenn ihnen diese Sachverständigen bekannt gegeben sind (vgl Riesenfeld S. 106, 136).

Im einzigen Unterschied zum Präs LG I befürwortet der Präs KG eine einheitliche Liste mit entsprechender Kennzeichnung der von den Handelskammern öffentlich angestellten und beeidigten Sachverständigen.

(bb) Frankfurt

Das OLG Frankfurt kommt am 20. August 1901[721] zu einer Ablehnung des Antrages des Chemikerverbandes, auch in Form der Führung einer separaten Liste. Ausgehend von der Erwägung, dass die „Vorschriften der §§ 404 II CPO und 73 II StPO" auf einer „präsumtiv besondere[n] Tüchtigkeit" der öffentlich bestellten Sachverständigen beruhen und darauf, dass durch deren Bevorzugung für andere Personen der Begutachtungszwang erleichtert werde:

Beide Gesichtspunkte treten jedoch in Folge der AV Eurer Exzellenz vom 5.2. v J [...] zurück, denn in die Liste werden nur Sachverständige von anerkannter Tüchtigkeit aufgenommen und es ist nicht zu bezweifeln, dass die Richter bei der Auswahl von Sachverständigen in erster Linie den Inhalt der Liste zu Rathe ziehen und nur dann darüber hinausgehen, wenn diese keinen passenden Sachverständigen enthält. Weder für die Justizbehörden noch für das Publikum im allgemeinen besteht deshalb ein Bedürfnis zur Einführung einer neuen Liste [...]. Zwar können [wenn die Liste der Gerichtssachverständigen für eine bestimmte Art von GA keinen Sachverständigen nachweist,] Schwierigkeiten entstehen, aber es liegt nahe, dass die Gerichte in diesem Falle sich an die zur Anstellung von Sachverständigen berufenen Organe wenden [...] Die Einrichtung der Liste liegt daher im wesentlichen nur im Interesse der gedachten Sachverständigen selbst.

Dieser Gesichtspunkt des Eigeninteresses der Sachverständigen ist sicherlich zuzugestehen. Der Bericht des OLG Frankfurt weist ausdrücklich darauf hin, dass der Justizverwaltung keine Möglichkeit gegeben ist, sie auf Anordnung des LGPräs wegen Unzuverlässigkeit oder Bedenken gegen ihre Sachkunde aus der Liste zu streichen. Vielmehr hänge die Eintragung einer Streichung von der Zurücknahme der Anstellung durch die zuständige Instanz ab (§ 53 RGewO, § 120 Nr 1 des Zuständigekeitsgesetzes vom 1. August 1883, GS S. 237).

721 GStA PK, Rep. 84a Nr. 4831 Bl. 17.

Die Stellung der in die neue Liste eingetragenen Sachverständigen würde also günstiger sein als diejenige der in die bisherige Liste eingetragenen, obwohl letztere von der Justizbehörde selbst ausgewählt werden.

(cc) Kiel

Ahnungslos zeigt sich der Präsident des OLG Kiel.[722] Er führt zutreffend aus, es gebe weder in § 36 GewO noch in § 404 Abs. 2 ZPO Bestimmungen zur Eidesformel – von den Bemühungen um die richtige Eidesformel und von der AV des HM v. 29. März 1900 scheint er also noch nichts gehört zu haben. Ferner stelle sich die Frage, ob denn der Aufwand für die Listenführung gerechtfertigt sei. § 404 Abs. 2 ZPO sei ja nur eine „instruktionelle" Vorschrift, und auch legt er auf einen durch ständige Anzeigen über Sachverständigenbestellungen hervorgerufenen laufenden Aufwand für die Listenführung

keinen großen Werth. Denn die allgemeinen Anforderungen, wie sie für eine Anstellung gemäß §§ 42 und 36 cit [prHKG und GewO] gestellt werden können, werden nicht überall so hohe sein, dass alle so bestellten Personen zu gerichtlicher Begutachtung der im Einzelfall vorliegenden Frage […] befähigt seien.

(dd) Hamm

Eine ausführliche, wenn auch unentschiedene, Stellungnahme[723] kommt aus dem bereits damals größten preußischen Oberlandesgericht in Hamm/Westfalen. Von den zehn Landgerichtspräsidenten im Bezirk seien einer dafür, fünf dagegen, die übrigen fänden die Führung von geeigneten Listen zweckmäßig.

Da den Gerichten eine große Zahl Sachverständigen zu Gebote stehe und die Freiheit der Wahl sich „eher vortheilhaft als nachtheilig" auswirke, stehe der Aufwand für separate Listenführung in keinem Verhältnis zum Ertrag.

Für die Aufnahme der Handelskammersachverständigen in eine gerichtliche Liste spreche, dass die Beachtung des Privileges der Handelskammersachverständigen aus § 402 Abs. 2 ZPO oft schwierig sei, wenn deren Namen unbekannt seien. Dieser Ansicht schließt sich der PräsOLG ausdrücklich an. Die gesetzliche Vorschrift müsse in ihrem Geltungsanspruch unmissverständlich sein, sei sie

auch nur eine instruktionale, deren Nichtbeachtung keine Rechtsfolgen nach sich zieht, so muß die doch befolgt werden, sie beruht auf der richtigen Ewägung, dass die Bestallung von Sachverständigen durch die zuständigen Behörden eine gewisse Gewähr für die Befähigung, Sachkunde, Zuverlässigkeit und Objektivität dieser Auskunftspersonen bietet.

---

722 GStA PK, Rep. 84a Nr. 4831 Bl. 27, 15. August 1901.

723 GStA PK, Rep. 84a Nr. 4831 Bl. 21, Bericht v. 1. November 1901.

Ob Wahlfreiheit zwischen den gerichtlich vereidigten Sachverständigen und den Handelskammersachverständigen besser oder schlechter sei als dieser Zwang, komme nicht mehr in Frage, da sie nach dem Gesetz nur unter „besonderen Umständen" gegeben sein könne. Für die Listenführung spreche ferner, dass mit wachsender Größe der Gerichte es umso schwieriger sei, die Sachverständigen zu kennen:

allein im LG-Bezirk Duisburg gibt es 45, mit Ausnahme der Fleischbeschauer.

Ergänzend fügt er das Muster bei, nach dem der Präsident des LG Hagen sein Verzeichnis führt; dieses Muster sieht die Aufteilung der Sachverständigen in vier Kategorien vor, nämlich in „Medicinische Angelegenheiten; Gebiet der Chemie; Baufach; Kaufmännische Fragen und Bücherrevisoren".

(ee) Weitere OLGs

Beide Fragen bejahend antworten der Präsident des OLG Naumburg, „entgegen der überwiegenden Anzahl der Landgerichtspräsidenten im Bezirk",[724] gleichzeitig geht eine inhaltlich entsprechende Antwort aus Stettin ein.[725] Das OLG Cöln sieht das ebenfalls so,[726] Breslau hingegen wünscht eine separate Liste, in der ferner auch alle anderen von den jeweils dazu berufenen Körperschaften bestellten Sachverständigen aufzunehmen seien.[727]

c. Neue Taktik: Rotunterstreichung, Allgemeinverfügung vom 25. März 1902

Am 25. März 1902 erlässt das Justizministerium eine AV[728], die nachrichtlich an den HM und an den Verband der selbständigen öffentlichen Chemiker übersendet wird, welche regelt, dass in die gerichtlichen Sachverständigenlisten auch die von den Handelskammern „öffentlich bestellten" Sachverständigen einzutragen seien.[729]

Regelungstechnisch geschieht das durch die Einfügung eines neuen § 14 zur AV v. 5. Februar 1900; freilich ohne im JMinBl. eine neue konsolidierte Fassung des Texts abzudrucken.

Der wirkungsmächtigste Teil der Regelung dürfte der zweite Satz des ersten Absatzes des neuen § 14 gewesen sein, der wie folgt lautete:

724 GStA PK, Rep. 84a Nr. 4831 Bl. 33, Bericht v. 12. August 1901.
725 GStA PK, Rep. 84a Nr. 4831 Bl. 37.
726 GStA PK, Rep. 84a Nr. 4831, Bl. 14, 30. August 1901.
727 GStA PK, Rep. 84a Nr. 4831, Bl. 8, 3. August 1901.
728 JMinBl. S. 71.
729 JMinBl. S. 71.

Um die Anwendung der Vorschriften des § 404 Abs. 2 der Civilprozeßordnung und des § 73 Abs. 2 der Strafprozeßordnung zu erleichtern, ist der Name rot zu unterstreichen.

Jeder, der einmal ein auf Papier geführtes Grundbuchblatt gesehen hat, also seinerzeit wohl sicherlich: jeder Jurist, weiß, dass Grundbucheintragungen, die rot unterstrichen sind, gelöscht und nicht mehr wirksam sind. Für einen zeitgenössischen Richter, der sich nicht besonders um die Sachverständigenproblematik kümmert und der so die Sachverständigenliste durchblättert, wird also jeder Eintrag mit roter Unterstreichung effektiv unsichtbar gewesen sein s. dazu unten H.VI.4.b. Weder aus den Akten des JM noch aus den Akten des HM ergibt sich, ob hierüber zwischen den Juristen des JM und des HM eine Abstimmung stattgefunden hat, auch gibt es keine Vermerke, die die wahrscheinliche Folge dieser Gestaltung der Liste antizipieren und diese Gestaltung als absichtsvoll erscheinen lassen. Allerdings ist der Befund derart offensichtlich, dass Absicht, jedenfalls beim JM, wohl wahrscheinlicher erscheint als ein Versehen.

Das ist um so bemerkenswerter, als der Minister für Handel und Gewerbe tagesgleich eine Verfügung an alle Handelskammern erließ, alle öffentlichen Bestellungen an die Landgerichtspräsidenten zu melden; diese Verfügung wurde auch als Anlage zur Justizministerialverfügung im JMinBl. veröffentlicht.[730]

d. *Pflege der Berliner Sachverständigenliste 1902–1904*

Wirkungslos blieb diese Vorschrift freilich nicht, denn eine hektographiert-handschriftliche Liste der Änderungen des Berliner Sachverständigenverzeichnisses, die der Präsident des LG unter dem 14. Juli 1902 an die KKB übermittelte, umfasst neun Seiten.[731] Nach der Sommerpause 1904 übersendet der Landgerichtspräsident der KKB die aktuelle Ausgabe der gerichtlichen Sachverständigenliste samt Nachweis der Veränderungen in der Liste seit deren letzter Revision.[732]

aa. Ausdifferenzierung

Die KKB veröffentlicht daraufhin in ihrer Mitgliederzeitschrift „Korrespondenz der Kaufmannschaft zu Berlin“ eine Notiz[733], die nicht nur darauf hinweist, dass diese Sachverständigenliste

730 HMinBl. S. 140; auch in: Gewerbe-Archiv für das Deutsche Reich, 1 (1902). S. 650f, sowie JMinBl. S. 71.

731 LAB A Rep. 200–01, Nr K 434 Bl. 238–244.

732 LAB A Rep. 200–01, Nr K 434 Bl. 253, Schreiben v. 22. September 1904. Zur zahlenmäßigen Entwicklung des Sachverständigenwesens in Berlin s.o. I.II.

733 LAB A Rep. 200–01 K434 Bl. 254, Ausschnitt aus der „Korrespondenz“. v. 1. November 1904.

trotz ihres Umfanges von zwei Bänden recht übersichtlich

ist, sondern auch darauf, dass

vielfach die streitenden Parteien durch die Befragung eines gerichtlichen Sachverständigen zu einer Einigung gelangen, ehe sie einen kostspieligen und zeitraubenden Prozess begonnen haben.

Damit möchte die KKB vielleicht darauf hinweisen, dass im Sinne der außergerichtlichen Streitbeilegung Sachverständige in größerer Zahl zur Verfügung stehen müssen, als die Justiz für ihre dienstlichen Bedürfnisse in Gerichtsverfahren benötigt.

Mit der Neufassung der Sachverständigenliste in zwei Bände geht eine moderate Senkung der Anzahl der unterschiedlichen Fachbereiche bei einer stabil exponentiellen Steigerung (vgl. G.I.2.) der Kopfzahl der Sachverständigen einher.

bb. Kompetenzfragen zwischen KKB und HK Berlin

In den Akten der KKB finden sich keine Anzeichen dafür, dass die KKB an der Neufassung der gerichtlichen Sachverständigenliste in großem Umfang beteiligt war. Damit scheint die seit 1879/1881 geübte Praxis der Vereidigung von gerichtlichen Sachverständigen durch die Berliner Gerichte auf Vorschlag der Berliner KKB zu einem Ende gekommen zu sein. Grund dafür könnte die Gründung der HK zu Berlin zum 1. April 1902[734] liegen. Durch die hoheitliche Entscheidung des HM war geklärt, dass die Zuständigkeit für das Sachverständigenwesen nunmehr bei der HK und nicht mehr bei der KKB liegen würde. Das Nebeneinander der unterschiedlichen Verfahren und der unterschiedlichen Körperschaften, der KKB einerseits und der neuen HK andererseits scheint aber noch einige praktische Übergangsschwierigkeiten gebracht zu haben, denn die Sachverständigenliste wird nach einer Unterbrechung im Jahr 1905 erst wieder im AK für das Jahr 1906 veröffentlicht.

---

734 Am 1. April 1902: „Enstanden ist die IHK Berlin durch Verfügung des preußischen Handelsministers vom 19. Dezember 1901, der damit einen Schlußstrich unter den mehrjährigen Meinungsbildungsprozeß in der Berliner Kaufmannskorporation zog und die Errichtung einer Handelskammer für Berlin und die selbständigen Stadtgemeinden Schöneberg und Rixdorf zum 1. April 1902 anordnete. Neben der Berliner Handelskammer vertrat zunächst die Kaufmannskorporation die Interessen eines Teils der Berliner Unternehmen weiter. Schließlich nahm auch die ältere, 1898 gegründete Handelskammer zu Potsdam ihren Sitz in Berlin. Sie war für viele Betriebe zuständig, die schon damals ins kostengünstigere Umland auswichen, aber ihre Geschäftsstellen in Berlin beibehielten", http://www.ihk-berlin.de/servicemarken/ueber_uns/Aufgaben-und-Struktur/828338/ChronikderIHKBerlin.html.

Aufgrund des engen zeitlichen Zusammenhanges zwischen der Aufnahme der Tätigkeit der Handelskammer Berlin am 1. April 1902 und der AV vom 25. März 1902 mag man vermuten, dass hier noch in einer für alle Seiten gesichtswahrenden Weise ein Einigungszwang im Hinblick auf eine praktikable, langfristige Lösung erzeugt werden sollte, durch die Andeutung der Möglichkeit einer vollständigen gegenseitigen Blockade. Denn es konnte nicht angehen, dass vom Vertrauen der KKB getragene und vom LG I oder vom AG I allgemein beeidigte Sachverständige aufgrund des Wegfalls der jeweils einschlägigen Kompetenzen der KKB und der Gerichte ihren bisherigen Status verlieren oder nur unter der Bedingung erhalten würden, dass sie sich von der HK öffentlich bestellen und vereidigen lassen.

VI. 1905–1907: „wenigstens allmählich zu geordneten Verhältnissen“

1. Personalwechsel im Justizministerium

Im November 1905 trat Justizminister Karl Heinrich Schönstedt zurück und wurde am 20. November 1905 von Max Beseler[735] abgelöst. GehOJR Felix Vierhaus, der bis dahin zuständige vortragende Rat im JM, wechselte bereits im Jahresverlauf 1904 als Präsident zum OLG Kiel. Diese Funktion hatte zuvor seit 1897 Max Beseler besetzt, der 1904 OLG-Präsident in Breslau wurde. Auf diese Stelle in Breslau folgte ihm 1905 dann wiederum Vierhaus. Hintergrund dieser Personalmaßnahme könnte gewesen sein, dass Schönstedt seit der im Abgeordnetenhaus geäußerten massiven Kritik an seiner Rolle im sog. Königsberger Hochverratsprozess[736] im Frühjahr 1904 angeschlagen war[737], und man so die Zeit fand, zum

735 1841–1921, 1865 Assessor am KreisG Berlin, 1868 am AppG seiner Heimatstadt Greifswald, 1870 Amtsrichter in Greifswald, 1874 Stadtrichter in Berlin, 1879 LGR, 1888 PräsLG Oppeln, 1892 PräsAG Berlin, 1897 PräsOLG Kiel, 1904 PräsOLG Breslau, JM 1905–1917, 1917 Nobilitierung mit Verleihung des Schwarzen-Adler-Ordens.

736 Angeklagt waren neun Sozialdemokraten wegen der Verbreitung illegaler, für Rußland bestimmter Literatur, Verteidiger war Karl Liebknecht.

737 „Seine Amtszeit wurde von der Einführung des Bürgerlichen Gesetzbuchs zum 1.1.1900 bestimmt. S. sorgte für den nahezu reibungslosen Übergang in der Rechtsprechung an den preuß. Gerichten. Hierbei nutzte er seine große Verwaltungserfahrung und hielt intensiven Kontakt auch zu den untersten Instanzen, um einen unmittelbaren Eindruck von den aktuellen Konfliktlagen und den Tendenzen in der Rechtsprechung zu bekommen. 1898 setzte er eine Rangerhöhung für untere und

einen Vierhaus „unterzubringen", zum anderen aber Beseler das Prestige eines Wechsels zum im Vergleich zum Kieler wohl wesentlich bedeutenderen Breslauer[738] Oberlandesgericht als Qualifikationsnachweis für die Nachfolge Schönstedts im Justizministerium zu verschaffen. Die Sachverständigenfrage gelangte in die Zuständigkeit von GehOJR Max Bourwieg[739].

2. Einarbeitung in die praktische Sachverständigenfrage, Februar 1905/ Frühjahr 1906 bis Oktober 1906

Erste Bekanntschaft mit den Groß-Berliner Verhältnissen vermittelt der neuen Mannschaft im JM eine Anfrage der HK Potsdam beim HM, der diese im Februar 1905 mit einem Bescheidentwurf zur Abstimmung dem JM übersendet,[740] freilich jedoch in ein Ministerium, das angesichts des anstehenden Personalwechsels an der Spitze des Hauses nicht willens oder in der Lage ist, dazu Stellung zu nehmen. Die Kammer, die auch viele Betriebe im Zuständigkeitsbereich des seinerzeitigen LG II vertrat, fragte an, ob sie Sachverständige bestellen könne, die außerhalb des Bezirkes wohnen und auch keine Niederlassung im Bezirk der Kammer haben. Der HM schlug vor, der HK hier in Ausnahmefällen, insbesondere wenn im eigenen Bezirk kein entsprechender Sachverständiger wohne, die Bestellung zuzugestehen. Das Justizministerium bittet dazu unter dem 3. März 1905 den Präsidenten des Kammergerichts um Äußerung.

---

mittlere Richter-Chargen durch. Da S. jedoch nicht zu den starken Ministern gehörte und wenig parlamentarischen Rückhalt hatte, vermochte er weitere Reformen wie die des jur. Vorbereitungsdienstes, der Assessorenausbildung, der Gerichtsorganisation sowie das politisch brisante sog. Kontraktbruchgesetz nicht durchzusetzen. Im Nov. 1905 trat S. zurück, nachdem er seit seiner Rechtfertigung des Königsberger Hochverratsprozesses im Febr. 1904 vor dem Abgeordnetenhaus massiver sozialdemokratischer und linksliberaler Kritik ausgesetzt gewesen war, und zog sich, abgesehen von der Tätigkeit als Mitglied des Herrenhauses sowie als Kronsyndikus (beides seit 1895), ins Privatleben zurück. Großkreuz d. Roten Adlerordens mit Eichenlaub u. Brillanten, 1903", aus: Zilch, Reinhold, „Schönstedt, Karl Heinrich von", in: Neue Deutsche Biographie 23 (2007), S. 423 [Onlinefassung]; URL: http://www.deutsche-biographie.de/pnd116889209.html.

738 Zur Bedeutung der Breslauer Handelsvertretung in der Handelssachverständigenfrage seit 1897 s. oben H.I.3.c, H.III und H.VI.2.b.

739 1856–1932, seit 1895 Vortragender Rat im JM. Zuvor seit 1891 Landrichter am LG II in Berlin tätig; LGR 1894; OLGR Posen 1895, 1898 GehOJR, 1907 MinDir.

740 Bl. 163ff., Anfrage an HM vom 9. Februar 1905, übersandt an JM am 20. Februar 1905.

Dieser beginnt seinen Bericht[741] mit dem Hinweis, die Namen der Handelskammersachverständigen seien nach der AV v. 25. März 1902 in der Liste rot zu unterstreichen. Soweit ersichtlich, hätten die Handelskammern von ihrer Befugnis aus § 42 HKG weitgehenden Gebrauch gemacht.

Im Interesse der Justizverwaltung liegt es sicherlich, dass die Anstellung Gewerbetreibender durch die Handelskammern nicht überhand nimmt, da andernfalls die eigentlichen gerichtlichen Sachverständigen, deren Auswahl wenigstens im Bezirke des hiesigen Kammergerichts mit sorgfältiger Berücksichtigung der Bedürfnisse der Rechtspflege erfolgt, immer mehr in den Hintergrund gedrängt würden.

Vorliegend gehe es der HK Potsdam aber nur um die Frage, Sachverständige aus Charlottenburg, Schöneberg und Rixdorf zu beeidigen. Sollte die zu große Entfernung des Wohnorts oder Bürositzes des Sachverständigen einen besonderen Grund darstellen, könne aus diesem Grund das Gericht die Hinzuziehung eines anderen Sachverständigen beschließen, so das Votum des Präsidenten des Kammergerichts, daher sieht er in praktischer Auffassung des Regel-Ausnahme-Verhältnisses des § 404 Abs. 2 ZPO keine durchgreifenden Bedenken.

Das JM bildet sich daraufhin keine Meinung. Am 27. März 1905 mahnt der HM eine Stellungnahme des JM an; dieses antwortet am 14. April, man sei in der Frage

noch nicht zum Abschlusse gelangt

wolle aber in der Angelegenheit die Antwort nicht schuldig bleiben, sich aber vorbehalten,

auf die Frage einer anderweitigen allgemeinen Regelung der Angelegenheit zurückzukommen.[742]

Anscheinend kommt das JM jedoch nicht aus eigenem Antrieb auf die Angelegenheit zurück. Am 19. Juni 1906, also mit einem halben Jahr Abstand nach der Einsetzung Beselers als Nachfolger von Schönstedt im Amt des Justizministers, fragt das HM an,[743] was das JM auf sein Schreiben in der Sache vom 28. Dezember 1905 unternommen habe. Dieses Schreiben von Dezember 1905 ist bezeichnenderweise nicht bei der Akte. Wiederum antwortet das JM, man sei noch nicht zum Abschluss gelangt.

---

741 GStA PK, Rep. 84a, Nr. 4831, 31. März 1905, Bl. 173, NP 479.

742 GStA PK, Rep. 84a, Nr. 4831Bl. 178, NP 489.

743 GStA PK, Rep. 84a, Nr. 4831 Bl. 16, NP 41.

Vermutlich im Frühjahr hatte aber das JM einen neuen Vorgang „Eintragung von gerichtlichen Sachverständigen" angelegt,[744] eine gemeinsame interne Besprechung im JM wird vereinbart und am 23. April 1906 ein Bericht des Kammergerichtspräsidenten über das Sachverständigenwesen in Berlin angefordert. Schließlich hatte ja der Kammergerichtspräsident in seinem Bericht vom 31. März 1905 darauf hingewiesen, dass im Interesse der Justiz es nicht zu einem Überhandnehmen der „Anstellung" „Gewerbetreibender" durch die Handelskammern kommen solle.

3. Bericht des Kammergerichtspräsidenten, Oktober 1906

Der Präsident des Kammergerichts berichtet dem JM auf den Tag genau sechs Monate nach dem Datum der Anfrage des JM,[745] es sei im Gefolge der eben geschilderten AV v. 25. März 1902

> *vor zwei Jahren unter großem Aufwand von Zeit und Kosten ein neues Sachverständigenverzeichnis für das LG I hergestellt worden, von dem ein Exemplar beigefügt wird.*

Anhand der Rotunterstreichungen lasse sich ersehen, ob ein Sachverständiger von der Justizverwaltung oder nach § 36 GewO bestellt, und im letzten Fall, ob der Eid auch für die Erstattung von Gutachten geleistet worden ist.

Am LG II werde ein einfacheres Formular verwendet, das Formular des LG I sei aber für die Listenführung vorzuziehen. In der vom Kammergerichtspräsidenten in Bezug genommene Sachverständigenliste, die im AK für 1906 veröffentlicht wurde, sind dementsprechend die vom LG II beeidigten Sachverständigen nicht erwähnt; in einem bemerkenswerten Widerspruch zur einschlägigen Regelung in der AV v. 5. Februar 1900 findet sich dort auch eine Liste, die am Amtsgericht I in Berlin geführt wird; nach der AV ist die Führung der Sachverständigenliste die Aufgabe der jeweiligen Landgerichtspräsidenten. Erst die Veröffentlichung für 1908 wird dann auch die vom LG II und dem 1907 gegründeten LG III[746] vereidigten Sachverständigen in einer einheitlichen Liste für Berlin und seine Vororte erfassen.[747]

---

744 GStA PK, Rep. 84a, Nr. 4831 Bl. 1, NP 11; das erste Blatt der Akte trägt die Handzeichen von sechs Bearbeitern, u.a. Dr. Bourwieg.

745 GStA PK, Rep. 84a, Nr. 4831 Bl. 26, NP 61, Bericht auf die Verfügung v. 23. April 1906, KGPräs an JM, 23. Oktober 1906.

746 S. dazu Nussbaum, Artur: Die neue Berliner Gerichtsorganisation unter besond. Berücks. d. Übergangsverhältnisse, Berlin 1906.

747 S. dazu die Tabelle unter I.II.

Durch § 36 GewO, fährt der mehr als 20seitige Bericht des Kammgerichtspräsidenten im Oktober 1906 fort, sei

> *namentlich auch der Fortbestand der durch § 42 HKG anerkannten Befugnis der Handelskammern gewährleistet, Gewerbetreibende der in § 36 GewO bezeichneten Art, deren Tätigkeit in das Gebiet des Handels fällt, zu beeidigen und öffentlich anzustellen.*

Gegen die Aufnahme solcher Gewerbetreibender in die gerichtlichen Verzeichnisse entsprechend der AV v. 25. März 1902 spreche, dass nach dieser Vorschrift nun auch solche Sachverständige in das gerichtliche Verzeichnis aufgenommen würden, die eigentlich gar nicht über einen besonderen Sachverstand verfügten, so dass man sie nicht als Sachverständige bezeichnen könne. Andererseits sei es aber auch nicht unbedenklich,

> *gewissen Kategorien von öffentlich angestellten Gewerbetreibenden, wie den Landmessern, den Maklern für Holz- und Fleischhandel*[748]*, den Wägern, den Messern für Holz, Kohlen und Weberwaren, den Kalksteinsetzern und Metallprobierern*[749] *die Eigenschaft von Sachverständigen grundsätzlich abzusprechen.*

Eine griffige Abgrenzung sei aber die Frage, ob ein solcher Sachverständiger auch für die Abgabe von Gutachten beeidigt sei. Allerdings komme es für die Anwendung des § 404 Abs. 2 ZPO nicht eigentlich auf die Beeidigung, sondern auf die öffentliche Bestellung an. Hier vermerkt der Aktenrand: „richtig". Da das Gesetz aber von der Bestellung von Gewerbetreibenden „für gewisse Arten von Gutachten" spreche, trete die Privilegierung eines Handelskammersachverständigen wohl nur ein, wenn er auch den entsprechenden Gutachtereid geleistet habe. Da das bei Gericht zu führende Verzeichnis den Titel „Verzeichnis der im allgemein beeidigten Sachverständigen" trage, sollten hier auch nur solche Sachverständige eingetragen werden, die nicht in jedem Einzelfall dann einen neuen Gutachtereid vor Gericht schwören müssten.

Daher sollten alle nicht für Gutachten beeidigten Gewerbetreibenden entweder gesondert gekennzeichnet oder in einer anderen Liste geführt werden. Das hieße also, so der Bericht weiter, dass nur solche Gewerbetreibende in die gerichtliche Liste aufgenommen würden, die auch den Gutachtereid geschworen haben. Hier der Randvermerk:

> *Kann dadurch das gesetzliche*
> *Recht auf Heranziehung ausgeschlossen werden?*

---

748 Hierzu ist auf dem Rand vermerkt: „Wie kommen die zur Anstellung?".

749 Vgl. die Listen der nach Gewerbeordnungsrecht besonders geregelten Gewerbe oben Fn. 417 sowie D.II.1 und D.II.2.

Letztlich solle eine separate Liste nicht angelegt werden, denn diese bringe „auch die Gefahr von Mißgriffen", wenn das Gericht nur die Liste der von der Justizverwaltung beeidigten Sachverständigen heranziehe.

4. Referat und Gutachten, März 1907

Auf diesen Bericht des Präsidenten des Kammergerichts folgt dann unter dem 4. März der Bericht GehJR Friedrich Steuber über die Listenführung.[750]

Er sieht die Erforderlichkeit einer Änderung oder Ergänzung der Verfügungen, die die Listenführung regeln. Dazu habe man den Kammergerichtspräsidenten zum Bericht auch der Präsidenten der LG I und LG II und des AG I darüber aufgefordert, „ob sich in der Praxis der hiesigen Gerichte Bedenken gegen die Zweckmäßigkeit der gegenwärtigen Einrichtung" der Listen ergeben haben.

a. Kategorienbildung in der Sachverständigenliste

Insbesondere sei gefragt worden, ob in den Verzeichnissen durch zweckmäßige Abteilungen oder Spalten gezeigt wird, ob die Beeidigung durch die Justizverwaltung oder die Handelskammer vorgenommen worden ist. Nach der im AK für 1906 veröffentlichten Sachverständigenliste gewinne es „den Anschein, als ob in den Sachverständigenverzeichnissen der hiesigen Gerichte schon jetzt über die Vorschrift der AV v. 25. März 1902 hinaus besondere Unterscheidungszeichen zur Kennzeichnung der verschiedenartigen Bedeutung der Eintragung üblich sind."

b. Rotunterstreichungen

Ferner war Gegenstand der Erhebung die Praxis der Rotunterstreichung der Handelskammersachverständigen. Dazu wird berichtet (Unterstreichung im Original):

> *Die Vorschrift der AV v. 25. März 1902, dass im Sachverständigenverzeichnis die Namen der ö.a. Gewerbetreibenden durch Rotunterstreichung hervorgehoben werden sollen, hat sich nicht bewährt. Nach den Berichten beider Landgerichtspräsidenten ist diese Unterstreichung oft als Löschung aufgefasst worden.*

Der Berichterstatter empfiehlt stattdessen den wörtlichen Zusatz „öffentlich angestellt", da allgemein das geschriebene Wort einem Kennzeichen vorzuziehen sei.

---

750 Blatt 2/13. STEUBER war seit 1898 am LG I, seit 1901 LGR, 1904 GehJR und Vortragender Rat im JM, 1908 GehOJR.

c. Mengenbegrenzung im Justizinteresse?

Der Bericht kommt nun über die Darstellung der Dynamik der Mengenentwicklung des Sachverständigenwesens (s. dazu G.II.2.) zu der Frage, wer denn nun letztendlich darüber zu entscheiden habe, auf welchen Gebieten und in welcher Anzahl Sachverständige zu bestellen seien:

> *Die Zahl der öffentlich angestellten Gewerbetreibenden ist in dauerndem Anwachsen begriffen. Insbesondere geht die HK zu Berlin mit dergleichen Anstellungen sehr rührig vor. Unausgesetzt laufen von ihr die Mitteilungen darüber ein, und es scheint beabsichtigt zu sein, die Anstellungen auf immer weitere Gebiete des Handels auszudehnen. Eine Rücksichtnahme auf die Bedürfnisse der Gerichte wird hierbei von der HK nicht zu verlangen sein.*

Es sei auch „nicht fraglich", dass „der Handelsstand einer weitaus größeren Zahl von Sachverständigen bedarf als die Justizpflege". Hieraus ergebe sich der Missstand, dass gerichtliche Verzeichnisse mit Sachverständigen „überfüllt werden, für die beim Gericht kaum eine Verwendung" sei.

Daher schlage der Präsident des LG II vor, Namen von Sachverständigen nur auf Anforderung der Gerichte aufzunehmen. Der Kammergerichtspräsident könne sich dem nicht anschließen, da damit der Zustand wiederhergestellt würde, der vor der AV vom 25. März 1902 bestand, nämlich angeblich eine Anfrage des Gerichts bei der HK, die tatsächlich immer noch „im weitesten Umfange" auch noch üblich sei. Letztlich finde sich im „praktischen Ergebnis" kein Unterschied, ob die Justizverwaltung nach Benennung durch die HK einen Sachverständigen im allgemeinen beeidige oder ob die HK einen öffenlich angestellten Sachverständigen benenne.

> *Das Interesse einer geordneten Rechtspflege erfordert wenigstens für Groß-Berlin, dass dem Gericht ein Satz von Sachverständigen zur Verfügung steht, die durch ständige Heranziehung zu gerichtlichen Angelegenheiten das nötige Verständnis für gerichtliche Formen und die gehörige Geschäftsgewandtheit gewinnen.*

Dabei sei zu beachten, dass die Bestellung der vorzugsweise beizuziehenden Sachverständigen gewissen Behörden zustehe, daher

> *erscheint es mir unsachgemäß, dass von der Justizverwaltung für dasselbe Gebiet noch andere Personen als Sachverständige im allgemeinen beeidigt werden, sofern nicht hierfür ganz besondere Gründe geltend zu machen sind.*

Auch sei eine nochmalige Beeidigung von Sachverständigen durch die Justizverwaltung im Anschluss an eine Beeidigung durch die HK zu vermeiden.

> *Sind für eine Materie zwar öffentlich angestellte gewerbetreibende Sachverständige vorhanden, aber nicht in genügender Anzahl, so wird der Landgerichtspräsident, bevor er zur*

Beeidigung weiterer Sachverständiger schreitet, die beteiligte Behörde pp von dem Mangel zu verständigen

und bei ihr anzuregen haben, ob nicht eine Vermehrung der öffentlich angestellten gewerbetreibenden Sachverständigen zu erwägen sei. Ein weiteres Bedenken gegen eine weitere allgemeine Beeidigung von Sachverständigen durch die Gerichte sei auch der „Konkurrenzneid" und daraus entstehende Konflikte zwischen den von den Gerichten und den von den Handelskammern bestellten Sachverständigen. Wenn die Gerichte noch weiterhin eine allgemeine Beeidigung von Sachverständigen vornehmen wollten, sollten sie dementsprechend wenigstens vermeiden, für das gleiche Gebiet noch andere als die öffentlich angestellten und beeidigten Sachverständigen gerichtlich zu beeidigen.

Angesichts der bekannten „Rührigkeit" der HK Berlin bei der Bestellung von Sachverständigen komme diese Subsidiarität der gerichtlichen allgemeinen Beeidigung von Sachverständigen gegenüber der öffentlichen Anstellung und Beeidigung von Sachverständigen durch die Handelskammern faktisch der Übergabe des gerichtlichen Sachverständigenwesens an die HK gleich.

Der Bericht kommt zu dem Fazit,

dass auf dem bezeichneten Wege im Gebiete des Sachverständigenwesens für Berlin wenigstens allmählich zu geordneten Verhältnissen gelangt werden kann.

Auf dem Rand ist dazu vermerkt: „Das geht für Berlin im Aufsichtswege, eine allgemeine Verfügung dürfte wegen der Besonderheit der Berliner Verhältnisse kaum angängig sein".

5. Beseitigung der „Unzuträglichkeiten", Frühsommer 1907

Auf diesen Bericht hin – und im Gegensatz zu dieser Randbemerkung – folgt dann der Entwurf derjenigen Verfügung, die endgültig feststellt, dass die Bestellung der gerichtlichen Sachverständigen effektiv in den Zuständigkeitsbereich der Handelskammern fällt. Denn durch diese Verfügung wird nunmehr die Führung der gerichtlichen Sachverständigenverzeichnisse so eingerichtet, dass die Beachtung der auf § 404 Abs. 2 ZPO beruhenden Privilegierung der Handelskammer-Sachverständigen ernsthaft gewährleistet werden kann.

Veröffentlicht wird diese Allgemeinverfügung zusammen mit einer korrespondierenden Verfügung des HM am 18. Juli 1907 wechselseitig in JMinBl und im HMinBl.[751] Dem geht ein letzter Schriftwechsel der Ministerien voraus, der

---

751 JMinBl. 1907, 478 und GStA PK Rep. 84a Nr. 4827 Bl. 53, Bl. 62: Entwurf der Handelsministerialverfügung.

von ausdrücklicher Höflichkeit getragen ist. Am 26. März 1907, also etwa drei Wochen nachdem GehJR Steuber im JM seinen Bericht erstattet hatte, referiert der HM dem JM einen Bericht der HK Berlin zur Sache.[752] Mit diesem Bericht, den das HM anscheinend nicht im Originalwortlaut weiterleiten wollte, sei das HM „im Wesentlichen" einverstanden. Man werde aber den Handelskammern anheimgeben, die gerichtlich allgemein beeidigten Sachverständigen „tunlichst zu berücksichtigen und auf diesem Gebiet mit diesen Behörden soweit wie möglich Hand in Hand zu gehen".

Darauf übersendet der JM am 23. April 1907 an das HM den Entwurf der neuen AV über die Listenführung[753] und appelliert abschließend an das „verständnisvolle Zusammenwirken" aller beteiligten Behörden.

Die neue AV des JM vom 18. Juli 1907[754] änderte § 14 Abs. 1 Satz 2 der AV v. 5. Februar 1900 in der Fassung der AV v. 25. März 1902 dahin, dass bei dem Namen jedes öffentlich bestellten Sachverständigen „die Tatsache der öffentlichen Bestellung ersichtlich zu machen" – und nicht mehr der Name des Sachverständigen rot zu unterstreichen – sei, um „die Anwendung der Vorschriften des § 404 Abs. 2 der Zivilprozessordnung zu erleichtern".

Dass die Praxis der Rotunterstreichung nunmehr zu unterbleiben habe, machte diese Verfügung mit unmißverständlicher Deutlichkeit klar: Es wurde ausdrücklich angeordnet, dass die AV v. 25. März 1902 aufgehoben werde. Ein konsolidierter Text der AV v. 5. Februar 1900 wurde kurz darauf im JMinBl publiziert.

Wie bei der AV vom 25. März 1902 erging taggleich eine komplementäre Verfügung des HM an alle Handelskammern, die ebenfalls nicht nur im HMinBl.[755], sondern auch als Anlage zur AV des JM im JMinBl. veröffentlicht wurde. Eingeleitet wurde die Verfügung mit dem Bemerken, sie diene „im wesentlichen" dazu,

> *die Unzuträglichkeiten zu beseitigen, welche sich aus der Verschiedenheit des Kreises der öffentlich angestellten und beeidigten Gewerbetreibenden und des Kreises der im allgemeinen beeidigten Sachverständigen ergeben können.*

---

752 GStA PK, Rep. 84a, Nr. 4831 Bl. 47, NP 103.
753 GStA PK, Rep. 84a, Nr. 4831 Bl. 50, NP 109.
754 JMinBl. S. 478.
755 HMinBl. S. 285; auch in GewA 7 (1908) S. 100f.

Um den Handelskammern jeden Zweifel für die zu befolgende Verfahrensweise zu ersparen, druckt der Handelsminister als Anlage zu seiner Verfügung nicht nur die Verfügung des Justizministers ab, sondern auch seine Verfügungen über das Verfahren[756] und die Formel[757] der Eidesleistung der Sachverständigen gegenüber der Handelskammer aus den Jahren 1897 und 1900 ab.

---

756 Verfügung vom 29. September 1897, s. o. H.III.

757 Verfügung vom 29. März 1900, s. o. H.VI.2.b.

J. Ergebnis: Allgemeinverfügungen des HM und des JM vom 18. Juli 1907

Mit den Allgemeinverfügungen des Justizministers und des Handelsministers vom 18. Juli 1907 wurden damit folgende Ergebnisse erreicht:

Aufgrund sorgfältig vorbereiteter Abstimmung haben die beteiligten Ministerien sich abschließend über die Kompetenzverteilung geeinigt, und zwar auf die von Anfang des Untersuchungszeitraums an von der Seite des Handels bevorzugte Betonung der vorrangigen Bedeutung derjenigen Sachverständigen, die vom Vertrauen der körperschaftlich verfassten Handelsvertretungen getragen sind.

Sorgfältig gestaltet war auch die gemeinsame Kommunikation. Während sich im Laufe des Untersuchungszeitraums taktische Kommunikationsmanöver auf beiden Seiten beobachten lassen, wurde nunmehr mit offenen Karten gespielt, nicht nur zwischen den Häusern, sondern auch ganz absichtsvoll gegenüber den betroffenen Justiz-, Sachverständigen- und Handelskreisen.

Zusätzlich konnte das HM seine frühen und – vielleicht unbeabsichtigt – richtungsweisenden Verfügungen von 1897 und 1900, gegen deren Wirkung sich die Justizverwaltung in stets abnehmendem Maß durchsetzen konnte, in seinem Amtsblatt abdrucken. Damit war das von einzelnen Sätzen in einzelnen Ministerialverfügungen erfasste Zusammenspiel der Vorschriften der §§ 42 HKG, 36 GewO und 404 Abs. 2 ZPO quasi kodifiziert, da hier erstmals von amtlicher Seite die einschlägigen Regeln sinnvoll zusammengestellt wurden.

Die Justizverwaltung wollte und konnte dem dann nichts mehr hinzuzufügen als eine Anordnung, wie das Ergebnis dieser Regelungen durch die Gerichte in Listen zu erfassen sei. Dieser Schreibarbeit hat sich die Justiz in den folgenden Jahren oder Jahrzehnten offensichtlich entledigt.

Allgemein beeidigt und in Listen verzeichnet werden von den Gerichten daher heute nur noch Dolmetscher und Übersetzer.

Ein bundesweites Verzeichnis der von den Gerichten im Allgemeinen beeidigten Dolmetscher findet sich heute auf der von den Bundesländern betriebenen Website „Justizportal" unter http://www.justiz-dolmetscher.de/.

Ein bundesweites Sachverständigenverzeichnis ist auf der Website des Deutschen Industrie- und Handelskammertages unter http://svv.ihk.de/content/home/home.ihk durchsuchbar.

Die Diskussion darüber, auf wessen sachkundige Urteile sich die Justiz oder eben auch der Gesetzgeber verlassen kann, ist dadurch nicht grundsätzlich erledigt worden. Mit neuen Bedarfen für „neue" Sachkunde ist auch immer die Frage nach dem „richtigen“ Sachverständigen verbunden. Eine bemerkenswerte Enthaltsamkeit des Gesetzgebers ist ganz aktuell festzustellen auf dem Gebiet von familienrechtlichen Gutachten über das Kindeswohl oder auch bei der Auswahl von Sachverständigen für psychologische oder psychiatrische Fragen in Strafsachen. Hier sind die Gerichte bei der Gutachterauswahl vom Gesetzgeber alleingelassen, berufsständische Kammern sind nicht zuständig und helfen daher auch nicht mit einer „öffentlichen Bestellung und Vereidigung“ von Gutachtern. Anders als die nach § 36 der Gewerbeordnung von berufsständischen Kammern bestellten Sachverständigen sind diese Gutachter nicht in standardisierten Verfahren geprüft, bestellt, vereidigt und überwacht. Die ungesicherte Qualität der Gutachter könnte sich zu einem Reputationsproblem für die Familiengerichte entwickeln, genau so wie die von den Vertretern der kaufmännischen Interessen zwischen 1879 und 1900 bemerkten Qualitätsmängel gerichtlicher Sachverständigengutachten auf wirtschaftlichem Gebiet.

Abkürzungsverzeichnis

ADHGB	Allgemeines Deutsches Handelsgesetzbuch
AG	Ausführungsgesetz
AG I	Amtsgericht I in Berlin
AGO	Allgemeine Gerichtsordnung für die Preußischen Staaten
AK	Adreß-Kalender für die königl. Haupt- und Residenzstädte Berlin und Potsdam, sowie Charlottenburg
AV	Allgemeine Verfügung
AT	Altes Testament
Bad.	Badisch
Bd.	Band
BGB	Bürgerliches Gesetzbuch
BPO	Bürgerliche Processordnung
c.c.	Code Civil
CPO	Civilprocessordnung, Civilproceßordnung
DJT	Deutscher Juristentag
DS	Drucksache
f.	und die folgende
ff.	und die folgenden
GehJR	Geheimer Justizrat
GehOJR	Geheimer Oberjustizrat
GehORR	Geheimer Oberregierungsrat
Ges.	Gesetz
GewA	Gewerbe-Archiv für das deutsche Reich, 1902ff.
GS	Gesetzsammlung für die Preußischen Staaten
GStA PK	Geheimes Staatsarchiv Preußischer Kulturbesitz
GVG	Gerichtsverfassungsgesetz

Hannöv.	Hannoveranisch
HK	Handelskammer
HM	pr Ministerium für Handel und Gewerbe (MfHuG)
HMinBl.	Ministerialblatt der Handels- und Gewerbeverwaltung (Handelsministerialblatt)
HuG	Handel und Gewerbe: Zeitschrift für die zur Vertretung von Handel und Gewerbe gesetzlich berufenen Körperschaften. Im Auftrag des Deutschen Handelstags.
iSv	im Sinne von
JM	pr Justizministerium
JMinBl.	Preußisches Justizministerialblatt
JR	Justizrat
KfH	Kammer für Handelssachen iSv §§ 95ff. GVG
KG	Kammergericht
kgl.	Königlich
KKB	Korporation der Kaufmannschaft von Berlin
KM	pr Ministerium der geistigen, Unterrichts- und Medicinalangelegenheiten (Kultusministerium)
Kön	Buch der Könige
LAB	Landesarchiv Berlin
LG I/LG II/LG III	Landgericht I/II/III in Berlin
LP	Legislaturperiode
m. Anm.	mit Anmerkung von
MdI	pr Ministerium des Innern
Meining.	Meiningisch
Mt	Evangelium nach Matthäus
NT	Neues Testament
ndE	Norddeutscher Entwurf (ZPO)
O.	Ordnung
OLG	Oberlandesgericht

OLGR	Oberlandesgerichtsrat
pr	preußisch
Präs	Präsident
Proc.	Proceß
RGBl.	Reichsgesetzblatt
S.	Seite oder Spalte
St.	Sankt
Sten Ber	Stenografische Berichte
StG	Stadtgericht Berlin
VCI	Verein zur Wahrung der Interessen der chemischen Industrie
VBKI	Verein Berliner Kaufleute und Industrieller
v.	von, vom
Württemb.	Württembergisch
ZPO	Zivilprozessordnung

Verzeichnis der abgekürzt zitierten Literatur

Ahrens, Martin: Prozessreform und einheitlicher Zivilprozess: einhundert Jahre legislative Reform des deutschen Zivilverfahrensrechts vom Ausgang des 18. Jahrhunderts bis zur Verabschiedung der Reichszivilprozessordnung (=Tübinger rechtswissenschaftliche Abhandlungen, 102), Tübingen, 2007, zugl.: Tübingen, Univ., Habil.-Schr., 2003.

Baasch, Ernst: Die Handelskammer zu Hamburg 1665–1915, Band II: 1814–1915, Hamburg 1915.

Baumbach, Adolf; Lauterbach, Wolfgang; Albers, Jan; Hartmann, Peter: Zivilprozessordnung mit FamFG, GVG und anderen Nebengesetzen, 68. völlig neu bearb. Aufl., München 2010.

Biggeleben, Christof: Das „Bollwerk des Bürgertums": die Berliner Kaufmannschaft 1870–1920. (= Schriftenreihe zur Zeitschrift für Unternehmensgeschichte, 17) München 2006, zugl. Berlin, HU, Diss., 2005.

Bleek, Wilhelm: Von der Kameralausbildung zum Juristenprivileg. Studium, Prüfung und Ausbildung der höheren Beamten des allgemeinen Verwaltungsdienstes in Deutschland im 18. und 19. Jahrhundert, Berlin 1972.

Bomsdorf, Falk: Prozeßmaximen und Rechtswirklichkeit: Verhandlungs- und Untersuchungsmaxime im deutschen Zivilprozeß; vom gemeinen Recht bis zur ZPO. (Schriften zum Prozeßrecht 19) Berlin 1971.

Bozi, Alfred: Die Angriffe gegen den Richterstand, Breslau 1896.

Brandis, Otto: Das deutsche Seerecht (mit Ausschluss des Seeversicherungsrechts). Leipzig 1908.

Breunung, Leonie; Pieper, Helmut; Stahlmann, Günther: Sachverständige im Zivilprozess: Theorie, Dogmatik und Realität des Sachverständigenbeweises, München 1982.

Bülow, Oskar; Fechler, L.; Braun, Johann: Gemeines deutsches Zivilprozeßrecht: Vorlesungsnachschrift von L. Fechler aus dem Wintersemester 1868/69, Tübingen 2003.

Claproth, Justus; Willich, Friedrich Christoph: D. Justus Claproth's Königlich-Großbritannisch- und Churfürstlich-Braunschweig-Lüneburgischen Hofraths, ordentlichen Lehrers der Rechte, und Ordinarius der Juristen-Facultät, Einleitung in den ordentlichen bürgerlichen Proceß: Zum Gebrauch der practischen Vorlesungen, vierte vermehrte Auflage. Göttingen 1817.

Dahlmanns, Gerhard J: Der Strukturwandel des deutschen Zivilprozesses im 19. Jahrhundert: Untersuchungen zur Entwicklungsgeschichte der ZPO an Hand ausgewählter Gesetzgebungsarbeiten. Aalen: Scientia-Verl., 1971.

Dahlmanns, Gerhard J.: Verfahrensrecht Frankreich und Deutschland, in: Helmut Coing (Hg.), Handbuch der Quellen und Literatur der Neueren Europäischen Privatrechtsgeschichte, III. Bd. (Das 19. Jahrhundert), 2. Teilband, München 1982, S. 2489–2556, 2615–2688.

Daniels, Alexander von: Handbuch der preußischen Civilrechtspflege, Köln 1839.

Daston, Lorraine: Die Kultur der wissenschaftlichen Objektivität, in: Otto-Gerhard Oexle (Hg.) Naturwissenschaft, Geisteswissenschaft, Kulturwissenschaft: Einheit – Gegensatz – Komplementarität? (= Göttinger Gespräche zur Geisteswissenschaft 6) Göttingen 1998, S. 11–39.

Dickel, Karl: Ueber die Vorbildung der Juristen in Preussen. Vortrag gehalten in der juristischen Gesellschaft zu Berlin am 14. April 1888, Marburg 1888.

Dickel, Karl: Über Beschränkung der Anwärter des höheren Justizdienstes und die Vorbildung der Juristen in Preussen, Berlin 1896.

Drosdeck, Thomas: Die Ablösung der gemeinrechtlichen Beweisdoktrin im 19. Jahrhundert am Beispiel des Königreichs Hannover, in: André Gouron, Laurent Mayali, Antonio Padoa Schioppa und Dieter Simon (Hg.): Subjektivierung des justiziellen Beweisverfahrens (=Ius Commune Sonderhefte Band 64), Frankfurt am Main 1994, S. 113–143.

Eckert: Die Stellung der Handelskammern im Aufbau der wirtschaftlichen Interessenvertretungen, 2. unveränd. Aufl., Bonn 1922.

Endemann, Wilhelm: Die Beweislehre des Civilprozesses, Heidelberg 1860 (Neudruck Aalen 1973).

Erlbruch, Volker: Der Sachverständige im Zivilprozeß, unveröffentlichte Magisterarbeit, o.J., (1975), zitiert nach Breunung/Pieper/Stahlmann 1982.

Evelt, Joseph: Die Gerichtsverfassung und der Civil-Proceß in Preußen nach ihren Entwicklungs-Perioden bis auf die jüngste Zeit. Zum Gebrauche für praktische Juristen, 3. Aufl., Arnsberg 1852. (Neues Archiv für preussisches Recht und Verfahren, sowie für deutsches Privatrecht 16) 1852, Nachtrag, enthaltend: Die Prozess-Novellen seit 1852 und insbesondere die Concurs-Ordnung vom 8. Mai 1855.

Fischer, Wolfram: Berlin: Die preußische Residenz auf dem Weg zur Industriestadt, in: Industrie- und Handelskammer Berlin (Hg.), Berlin und seine Wirtschaft: ein Weg aus der Geschichte in die Zukunft: Berlin u. A. 1987, S. 59–78.

Fischer, Wolfram: Unternehmerschaft, Selbstverwaltung und Staat, Berlin 1964.

Foucault, Michel: Die Wahrheit und die juristischen Formen: Vorträge, gehalten an der Katholischen Universität von Rio de Janeiro, 1973. Frankfurt am Main 2003.

Gängel, Andreas/Karl A. Mollnau (Hg.): Gesetzesbindung und Richterfreiheit. Texte zur Methodendebatte 1900–1914, Freiburg u. A., 1992.

Gaupp, Ludwig: Die Civilprozeßordnung für das Deutsche Reich: Nebst den auf den Civilprozeß bezüglichen Bestimmungen des Gerichtsverfassungsgesetzes und den Einführungsgesetzen; Mit eingehender Berücksichtigung des Württembergischen Landesrechts. Freiburg i/B. u. A., 1 (1879) - 3 (1881).

Gaupp, Ludwig: Die Civilproceßordnung für das Deutsche Reich nebst den auf den Civilproceß bezüglichen Bestimmungen des Gerichtsverfassungsgesetzes und den Einführungsgesetzen, 2., gänzl. umgearb. Aufl., 21 (1890) - 3 (1892).

Globig, Hanns Ernst von: Versuch einer Theorie der Wahrscheinlichkeit zur Gründung des historischen gerichtlichen Beweises, Zweiter Theil: Kritische Berichtigung der gerichtlichen Beweise, Regensburg 1806.

Goldschmidt, James: Der Prozess als Rechtslage: Eine Kritik des prozessualen Denkens. (= Abhandlungen aus der Berliner juristischen Fakultät 2), Berlin 1925.

Gönner, Nikolaus Thaddäus: Handbuch des deutschen gemeinen Prozesses, Vier Bde., Erlangen, 1801–1803.

Grabski, Paul: Geschichtliche Entwicklung der Handelskammern in Preussen bis zur Königlichen Verordnung vom 11. Februar 1848; Bearbeitet auf Grund der Geheimakten des Königlichen Ministeriums für Handel und Gewerbe (Teil 1 und 2), Berlin 1907 Erscheint später vollst., Berlin, Univ. Diss., 1907.

Grävell, Maximilian Karl Friedrich Wilhelm: Praktischer Kommentar zur Allgemeinen Gerichts-Ordnung für die preußischen Staaten. Sechs Bände mit zwei Nachtragsbänden, Erfurt 1825–1831.

Häberlein, Georg Wilhelm: Die Sachverständigen im deutschen Recht, Marburg 1911, zugl. Marburg, Univ. Diss., 1911.

Heffter, August Wilhelm: Civil-Process oder das gerichtliche Verfahren bei bürgerlichen Rechtsstreitigkeiten im Gebiete des Allgemeinen Landrechts für die Preussischen Staaten: ein Leitfaden. Berlin 1856.

Isay, Hermann: Rechtsnorm und Entscheidung, Berlin 1929.

Jessnitzer, Kurt; Frieling, Günter; Ulrich, Jürgen: Der gerichtliche Sachverständige: ein Handbuch für die Praxis, 12., überarbeitete und erweiterte Auflage, Köln u. A., 2007.

Kaufhold, Karl Heinrich: Der preußische Merkantilismus und die Berliner Unternehmer, in: Industrie- und Handelskammer Berlin (Hg.), Berlin und seine Wirtschaft: ein Weg aus der Geschichte in die Zukunft: Berlin u. A.: de Gruyter 1987, S. 19–40.

Kerameus, Konstantinos Demetrios: Die Entwicklung des Sachverständigenbeweises im deutschen und griechischen Zivilprozessrecht. (= Prozessrechtliche Abhandlungen Bd. 26) Köln u. A., 1963, zugl. Berlin, FU, Diss. 1962.

Kluge, Friedrich; Seebold, Elmar: Etymologisches Wörterbuch der deutschen Sprache, 23., erw. Aufl., unveränd. Nachdr. Berlin u. A. 1999.

Koch, Christian Friedrich: Der preussische Civil-Prozess, 2., verm. und verb. Ausg., Berlin 1855.

Koch, Christian Friedrich: Prozess-Ordnung nach ihrer heutigen Geltung: unter Weglassung der obsoleten oder aufgehobenen Vorschriften und Einschaltung der jüngeren noch geltenden Bestimmungen, mit den Präjudizien des höchsten Gerichts, so wie mit nachweisbaren und erläuternden Anmerkungen, 5., vermehrte und verbesserte Auflage, Berlin 1864.

Korporation der Kaufmannschaft zu Berlin (Hg.): Beiträge zur Geschichte des Berliner Handels und Gewerbfleisses aus der ältesten Zeit bis auf unsere Tage. Festschrift zur Feier des 50jährigen Bestehens der Korporation der Berliner Kaufmannschaft am 2. März 1870: veranstaltet von den Aeltesten der Kaufmannschaft, Berlin, ohne Jahr.

Korporation der Kaufmannschaft zu Berlin (Hg.): Die Korporation der Kaufmannschaft zu Berlin. Festschrift zum hundertjährigen Jubiläum am 2. März 1920, Berlin 1920.

Korporation der Kaufmannschaft zu Berlin (Hg.): Übersicht über die Entwicklung des Handels und der Industrie von Berlin von 1870 bis 1894 zur Erinnerung an das 75jährige Bestehen der Korporation der Berliner Kaufmannschaft am 2. März 1895 herausgegeben von den Aeltesten der Kaufmannschaft von Berlin 1895.

Kruchen, Günter: Der gerichtliche Sachverständige als Organ der Zivilrechtspflege, Diss. Frankfurt 1973.

Kühl, Uwe: Von der kaufmännischen Korporation zur kommerziellen Interessenvertretung. Kaufmannschaft und Handelskammer zu Lübeck im 19. Jahrhundert bis zur Reichsgründung (=Veröffentlichungen zur Geschichte der Hansestadt Lübeck, Herausgegeben vom Archiv der Hansestadt, Reihe B Band 22), Lübeck 1993.

Landmann, Robert von: Die Gewerbeordnung für das Deutsche Reich: unter Berücksichtigung der Gesetzgebungsmaterialien, der Praxis und der Literatur, 3. Aufl. bearbeitet von Gustav Rohmer. München 1897.

Langenbeck, Wilhelm: Die Beweisfuehrung in buergerlichen Rechtsstreitigkeiten: theoretisch-praktisches Handbuch, Leipzig 1858–1861. Enthält: 1. Abt. Den Gegenstand des Beweises behandelnd. - 1858. - 2. Abt. Das Beweisinterlocut und dessen einzelne Bestandtheile behandelnd. - 1860. - 3. Abt. Die Beweismittel und deren Anwendung behandelnd. - 1861.

Luhmann, Niklas: Das Recht der Gesellschaft, Frankfurt am Main 1993.

Mai, Manfred: Die Bedeutung des fachspezifischen Habitus von Ingenieuren und Juristen in der wissenschaftlichen Politikberatung: zur Soziologie von Technik und Recht mit besonderer Berücksichtigung des Bundes- Immissionsschutzgesetzes (= Europäische Hochschulschriften Bd. 181) Frankfurt am Main u. A. 1989, zugl. Diss. Marburg 1988.

Marburger, Peter: Die Regeln der Technik im Recht, Köln u.a 1979, Habil. Göttingen 1978.

Marburger, Peter: Wissenschaftlich-technischer Sachverstand und richterliche Entscheidung im Zivilprozess (= Schriftenreihe Juristische Studiengesellschaft Karlsruhe, 174), Heidelberg 1986.

Mezger, Edmund: Der psychiatrische Sachverständige im Prozess, Beilage zu AcP 117 (1918), zugleich Habil. Tübingen 1918.

Mieck, Ilja: Idee und Wirklichkeit: Die Auswirkungen der Stein-Hardenbergschen Reformen auf die Berliner Wirtschaft, in: Industrie- und Handelskammer Berlin (Hg.), Berlin und seine Wirtschaft: ein Weg aus der Geschichte in die Zukunft: Berlin u. A.: de Gruyter 1987, S. 41–58.

Most, Otto. Die Selbstverwaltung der Wirtschaft in den Industrie- und Handelskammern, Zweite Auflage, Jena: Gustav Fischer 1927.

Musielak, Hans-Joachim: Kommentar zur Zivilprozessordnung mit Gerichtsverfassungsgesetz 7., neubearb. Aufl., München 2009.

Obermeyer, Moritz: Die Lehre von den Sachverständigen im Civilprozess nach dem bisherigen gemeinen Recht und nach der neueren Gesetzgebung, insbesondere der Civilprozessordnung für das Deutsche Reich, München 1880.

Olzen, Dirk: Das Verhältnis von Richtern und Sachverständigen im Zivilprozeß unter besonderer Berücksichtigung des Grundsatzes der freien Beweiswürdigung, ZZP 93 (1980), S. 66–88.

Olzen, Dirk: Richter und Sachverständige in der neueren Rechtsgeschichte, in: ZRG (GA) 1980, S. 163–231.

Patermann, Christian: Die Entwicklung des Prinzips der freien Beweiswürdigung im ordentlichen deutschen Zivilprozeß in Gesetzgebung und Lehre, Diss. Bonn 1969.

Petersen, Julius und Anger, Ernst: Die Civilprocessordnung für das Deutsche Reich. Vierte Auflage, Erster Band, Lahr 1899.

Rathenau, Fritz: Sondergerichtshöfe für gewerblichen Rechtsschutz. Berlin 1910. In: Verhandlungen d. 30. Deutschen Juristentages (Gutachten, 190 S.; teils separat gebunden, Teils als S. 304–488 in den Gutachtenband eingebunden).

Reidnitz, Georg: Juristenbildung, insbes. die Vorbildung d. Rechtsanwälte in ihrer Entwicklung bis heute (= Standesfragen d. Deutschen Rechtsanwälte 2), Mainz 1911.

Reitemeier, Johann Friedrich: Die Wahrheit vor Gericht: Ein Unterricht zur Prüfung der Behauptungen und Ableugnungen im Prozesse. Von Legationsrath Johann Friedrich Reitemeier, Frankfurt a.d. Oder 1802.

Renaud, Achilles: Lehrbuch des gemeinen deutschen Civilproceßrechts mit Rücksicht auf die neuern Civilproceßgesetzgebungen: Der ordentliche Proceß. 2., verm und verb. Aufl., Leipzig 1873.

Riesenfeld, Conrad Ernst: Die Anstellung von Handels- und Schiffahrts-Sachverständigen - Handelschemiker, Probenehmer, Messer, Wäger, Bücherrevisoren, Dispacheurs, Schiffsfrachtgutbesichtiger usw. - durch die amtlichen kaufmännischen Interessenvertretungen in Preussen, Berlin 1901.

Rink, Thomas: Doppelte Loyalität. Fritz Rathenau als deutscher Beamter und Jude. Hildesheim 2002.

Rintelen, Victor: Der Civilprozess systematisch bearbeitet für die ordentlichen Gerichte des Preussischen Staates und für das Reichsgericht auf Grund der Reichsgesetzgebung und der Preussischen Landesgesetzgebung, sowie der Vorschriften der Preussischen Landesjustizverwaltung. Berlin 1891.

Ritter, Joachim (Hg.): Historisches Wörterbuch der Philosophie, Band 2, Darmstadt 1972.

Robertson, Bernard; Vignaux, G. A: Interpreting evidence. Evaluating forensic science in the courtroom. Chichester 1995.

Roßmanith, Günther: Rechtsgefühl und Entscheidungsfindung: Hermann Isay (1873–1938). (Schriften zur Rechtsgeschichte 10) Berlin 1975.

Salpius, Friedrich von: Die Ergänzungen der Allgemeinen Deutschen Wechselordnung und des Allgemeinen Deutschen Handelsgesetzbuches im Gebiet des Norddeutschen Bundes durch Bundes- und Landesgesetze. Unter Berücksichtigung der Süddeutschen Einführungsgesetze geordnet, Berlin 1870.

Sanner, Ulrich: Ein Bild des Sachverständigen in Geschichte und Gegenwart, Kippenheim 1986.

Schmoeckel, Mathias: Humanität und Staatsraison: die Abschaffung der Folter in Europa und die Entwicklung des gemeinen Strafprozeß- und Beweisrechts seit dem hohen Mittelalter (= Norm und Struktur 14) Köln u. A. 2000.

Schröder, Rainer: Die Richterschaft am Ende des zweiten Kaiserreiches unter dem Druck polarer sozialer und politischer Anforderungen, in: Festschrift für Rudolf Gmür zum 70. Geb., hg. von Arno Buschmann, Bielefeld 1983, S. 201–253.

Schröder, Rainer: Die Deutsche Methodendiskussion um die Jahrhundertwende: Wissenschaftstheoretische Präzisierungsversuche oder Antworten auf den Funktionswandel von Recht und Justiz, in: Rechtstheorie 19 (1988), S. 323–367.

Schröder, Rainer: Rezension zu: Gerhard Deter, Handwerksgerichtsbarkeit zwischen Absolutismus und Liberalismus. Zur Geschichte der genossenschaftlichen Jurisdiktion in Westfalen im 18. und 19. Jahrhundert. (=Münsterische Beiträge zur Rechtswissenschaft 26), Berlin 1987, in: ZRG GA 106 (1989) S. 478–484.

Schröder, Rainer: Lessons From the Past: Legal Transformation in Germany oft he 19th Century, in: Journal of Institutional and Theoretical Economics, JITE, Founded as Zeitschrift für die gesamte Staatswissenschaft in 1844, Big-Bang Transformations of Economic Systems as a Challenge to New Institutional Economics, Vol. 156, No. 1, March 2000, S. 180–215.

Schröder, Rainer: Über das unpraktische Rechtsstudium - Ein nicht unpolemischer historischer Streifzug, in: Liber amicorum für Klaus Mock zum 70. Geburtstag am 9. August 2009, hrsg. v. Christian Armbrüster, Gerold Bezzenberger, Raimund Körner und Walter L. Rust, Köln 2009.

Schröder, Rainer; Gerdes, Stefanie; Teubner Oberheim, Nicola: Laienbeteiligung im Bauprozess, Jahrbuch des Baurechts 2009, S. 81–113.

Schubert, Werner (Hg.): Entstehung und Quellen der Civilprozeßordnung von 1877 (Studien zur europäischen Rechtsgeschichte 34,1). Frankfurt am Main 1987.

Schubert, Werner (Hg.): Protokolle der Kommission zur Ausarbeitung des Entwurfs einer Civilprozeßordnung für die Staaten des norddeutschen Bundes, 5 Bde., Frankfurt am Main 1985.

Seeger: Das Verfahren mit Sachverständigen in bürgerlichen Rechtsstreitigkeiten, Stuttgart 1841.

Shapin, Steven; Schaffer, Simon: Leviathan and the air-pump: Hobbes, Boyle, and the experimental life, Princeton 1985.

Shapiro, Barbara J.: Probability and Certainty in Seventeenth-Century England, Princeton 1983.

Simon, Dieter: Es ist, wie es ist, in: Otto-Gerhard Oexle (Hg.) Naturwissenschaft, Geisteswissenschaft, Kulturwissenschaft: Einheit – Gegensatz – Komplementarität? (= Göttinger Gespräche zur Geisteswissenschaft 6) Göttingen 1998, S. 79–97.

Smith, Roger; Wynne, Brian (Hg.): Expert Evidence. Interpreting Science in the law, London u. A. 1989.

Sommer, J.F.J.: Rezension zu Joseph Evelt, Stadt- und Landgerichtsdirektor in Dorsten, Die Gerichts-Verfassung und der Civil-Prozess in Preußen: ein Handbuch für praktische Juristen, Arnsberg 1843, in: Neues Archiv für preussisches Recht und Verfahren, sowie für deutsches Privatrecht (8) 1843, S. 331, 332f.

Starke, W. F. C.: Darstellung der bestehenden Gerichtsverfassung in dem Preussischen Staate (= Beiträge zur Kenntniß der bestehenden Gerichtsverfassung, Band 1), Berlin 1839.

Stein, Friedrich: Das private Wissen des Richters. Untersuchungen zum Beweisrecht, Leipzig 1893.

Stollberg, T.: Preußens gerichtliches Verfahren bei der Instruction der Processe: eine systematische Bearbeitung der darüber bestehenden Gesetze, namentliche der allgemeinen Gerichtsordnung, der Verordnung über den Mandats-, summarischen u. Bagatellprocess etc., Berlin 1839.

Struckmann, Johannes; Koch, Richard: Die Civilprozeßordnung für das Deutsche Reich: Nebst den auf den Civilprozeß bezüglichen Bestimmungen des Gerichtsverfassungsgesetzes und den Einführungsgesetzen, 2., verm. u. verb. Aufl., Berlin 1879.

Uebel, Georg Friedrich Christian: Commentar der Civil-Prozessordnung für das deutsche Reich und des Einführungsgesetzes hiezu vom 30. Januar 1877, Bamberg 1878.

Unger, Dagmar: Adolf Wach (1843 - 1926) und das liberale Zivilprozeßrecht. (= Schriften zur Rechtsgeschichte, 120), Berlin 2005.

Vec, Milos: Die Spur des Täters: Methoden der Identifikation in der Kriminalistik (1879–1933). (= Juristische Zeitgeschichte: Abt. 1, Allgemeine Reihe 12) Baden-Baden 2002.

Vierhaus, Felix: Über die Methode der Rechtsprechung (=Beiträge zur staats- und rechtswissenschaftlichen Fortbildung 1), Hannover 1911.

Vierhaus, Felix: Über die sozialen und wirtschaftlichen Aufgaben der Zivilprozessgesetzgebung, Berlin 1903.

Wach, Adolf: Vorträge über die Reichs-Civilprozessordnung, zweite Auflage, Bonn 1896.

Walter, Gerhard: Freie Beweiswürdigung: eine Untersuchung zu Bedeutung, Bedingungen und Grenzen der freien richterlichen Überzeugung. (= Tübinger rechtswissenschaftliche Abhandlungen 51), Tübingen 1979, zugl. Habil. Tübingen 1978/79.

Walther-Rudolstadt: Zur Lehre vom sogenannten Beweis durch Kunst- und Sach-Verständige, insbesondere aber über deren von Amtswegen verfügte Beiziehung im Civilprozeß, in: Archiv für die civilistische Praxis Band 26 (1843), S. 85- 113.

Wellmann, Carl R: Der Sachverständige in der Praxis, Düsseldorf 1965.

Wetzell, Georg Wilhelm: System des ordentlichen Civilprocesses 3. Aufl., Leipzig 1878.

Wollschläger, Christian: Die Arbeit der europäischen Zivilgerichte im historischen Vergleich. Zeitreihen der europäischen Zivilprozeßstatistik seit dem 19. Jahrhundert, in: Erhard Blankenburg (Hg.), Prozessflut? Studien zur Prozesstätigkeit europäischer Gerichte Gerichte in historischen Zeitreihen und im Rechtsvergleich, Köln 1980, S. 21–114.

Wolter: Die Vorbildung der höheren Verwaltungsbeamten in Preußen, Berlin 1868.

Zacharias, Adolf Nikolaus: Ueber Persönlichkeit, Aufgabe und Ausbildung des Richters, Berlin 1911.

Zeyss, Richard: Die Entstehung der Handelskammern und die Industrie am Niederrhein, Leipzig 1907.

Zöller, Richard; Geimer, Reinhold: Zivilprozessordnung mit FamG (§§ 1–185, 200–270, 433–484) und Gerichtsverfassungsgesetz, den Einführungsgesetzen, mit internationalem Zivilprozessrecht, EG-Verordnungen, Kostenanmerkungen, Kommentar, 28., neubearb. Aufl., Köln 2010.

Verzeichnis der ausgewerteten Archivalien

1. Akten des Justizministeriums, GStA PK, I.HA, Rep. 84a, Bestand Dahlem

Signatur	Laufzeit	Titel
4831	1901–1925	Gutachtliche Äußerungen über die Zuziehung von Sachverständigen bei gerichtlichen Geschäften
4823	1806–1868	Zuziehung von Sachverständigen bei gerichtlichen Geschäften
4824	1870–1899	wie vor
4825	1899–1902	wie vor
4826	1902–1906	wie vor
4827	1906–1910	wie vor
4828	1911–1921	wie vor
2432	1885–1901	Sachverständigenvereine
2433	1901–1929	Sachverständigenkammern
843	1904–1911	öffentliche Bestellung gewerblicher Sachverständiger
20968–20970	1902–1922	Örtliche Abgrenzung der [Berliner] Gerichte sowie kartographische und alphabetische Darstellung der Bezirke
20247	1897–1920	Verhandlungen gegen den Chemiker Dr. Sigmund Bein, Berlin, über seine Streichung und spätere Wieder-einsetzung als gerichtlicher Sachverständiger

2. Akten des Justizministeriums, GStA PK, I. HA, Rep. 84a, Bestand Merseburg

Signatur	Laufzeit	Titel
40 492	1894–1900	Gutachtliche Äußerungen über die Zuziehung von Sachverständigen bei gerichtlichen Geschäften
40 493	1897–1910	Presseäußerungen zur Rechtspflege und Justizrefom
40 494	1911–1919	Presseäußerungen zur Rechtspflege und Justizrefom
40 568	1877–1926	Äußerungen der Presse über das AG GVG
40 569	1883–1891	Generalberichte über das GVG (Nr. 8 der GB)
40 570	1892–1905	Generalberichte über das GVG (Nr. 3A der GB)
40 962	1799–1887	Verfahren bei Aufnahme gerichtlicher Protokolle und Verhandlungen
41 009	1896–1920	Gutachtliche Äußerungen über den Geschäftsgang bei den Justizbehörden
48 038	1818–1911	Die Taxatoren und Taxatricen in Berlin
48 105	1869–1901	Äußerungen der Presse über das Verfahren bei Eides-Leistungen

3. Akten des Ministeriums für Handel und Gewerbe, GStA PK

Signatur	Laufzeit	Titel
A I 1 46	adhib a Vol 4	
	1901–1919	Akten, betreffend die CPO

4. Akten der Korporation der Kaufmannschaft [Berlin], LAB, A Rep 200-01

Signatur	Laufzeit	Titel
847	1825–1908	Die vereidigten Kornmesser
915	1857–1884	Die vereidigten Kalksteinsetzer resp Kalksteinmesser
357	1900–1917	Bestallung und Vereidigung von Wägern, Messern.
832	1901–1902	Bücherrevisoren
882	1902–1916	Bücherrevisoren
74	1894–1918	Die schiedsgerichtlichen Einrichtungen bei der KKB im Allgemeinen, 1894–1918
75	1895–1912	Handelskammergesetz
93	1895	Entwurf eines Gesetzes über die Handelskammern
355	1893–	Die Handelskammer zu Magdeburg
364	1894	Handelskammergesetznovelle
367	1907–1914	Die Vereinigung mitteldeutscher Handelskammern Angelegenheiten
434	1878	Sachverständigen-Kommission für gewerbliche
514	1877.1889, 1894	Errichtung einer Handelskammer
548	07/1896–1918	Novelle zum Handelskammergesetz
550	1898–	Die öffentlich angestellten und beeideten Gewerbetreibenden
594	1899	Handelschemiker
896	1898	Preßäußerungen über die Berliner Handelsvertretung

Register

E

F

G

H

I

J

K

L

M

RECHTSHISTORISCHE REIHE

Die nachfolgende Liste führt die Titel der "Rechtshistorischen Reihe" ab Band 300 auf.
Eine vollständige Übersicht aller bisher in der Reihe erschienenen Bücher
finden Sie auf www.peterlang.com

Band 300 Jan Kohlmann: Der Marsch zu den Gräbern von Karl und Rosa. Geschichte eines Gedenktages. 2004.

Band 301 Christian Rainer Cohlicht: Die kumulative Schuldübernahme in der Rechtsprechung des Reichsgerichts und in der zeitgenössischen Literatur. 2004.

Band 302 Hans Peter Glöckner: Positive Vertragsverletzung. Die Geburt eines Rechtsinstituts. 2006.

Band 303 João Manuel Azevedo Alexandrino Fernandes: Die Theorie der Interpretation des Gesetzes bei Francisco Suárez. 2005.

Band 304 René Funk: Die Wahlprüfung der volksgewählten Abgeordneten der Volksvertretungen im Frühkonstitutionalismus. Eine Untersuchung der Wahlprüfung in den Kammern der Abgeordneten des Großherzogtums Baden, des Königreichs Württemberg und des Großherzogtums Hessen. 2005.

Band 305 Carolin O'Sullivan. Die Ahndung von Rechtsbrüchen der Seeleute im mittelalterlichen hamburgischen und hansischen Seerecht (1301-1482). 2005.

Band 306 Martin Jürgens: Staat und Reich bei Ernst Rudolf Huber. Sein Leben und Werk bis 1945 aus rechtsgeschichtlicher Sicht. 2005.

Band 307 Florian G. Dürselen: Franz Beyerle (1885-1977). Leben, Ära und Werk eines Rechtshistorikers. 2005.

Band 308 Kai Bandilla: Urheberrecht im Kaiserreich. Der Weg zum Gesetz betreffend das Urheberrecht an Werken der Literatur und Tonkunst vom 19. Juni 1901. 2005.

Band 309 Stefan Mieth: Die Entwicklung des Denkmalrechts in Preußen 1701-1947. 2005.

Band 310 Catharina Lodemann: Die Geschichte des französischen *acte de gouvernement*. 2005.

Band 311 Christina Wicke: Kodifikationsbestrebungen und Wissenschaft in Hessen-Darmstadt im vorkonstitutionellen Zeitalter. Zu der Beteiligung der Gießener Rechtsprofessoren an den Gesetzgebungsarbeiten in Hessen-Darmstadt in der Zeit zwischen 1769 und 1820. 2005.

Band 312 Christiane Chlosta: Nur dem Gesetz unterworfen? Eine rechtsgeschichtliche Untersuchung zu Idee und Wirklichkeit richterlicher Gesetzestreue unter besonderer Berücksichtigung der Aufwertungsrechtsprechung und des richterlichen Prüfungsrechts. 2005.

Band 313 Kathrin Dirr: Hoheitsrechtliche Streitigkeiten zwischen den Kölner Erzbischöfen und der Stadt Köln auf Grundlage reichskammergerichtlicher Verfahren des 16. und 17. Jahrhunderts. 2005.

Band 314 Michael Racky: Die Diskussion über Gewaltenteilung und Gewaltentrennung im Vormärz. 2005.

Band 315 Petra Thiemrodt: Die Entstehung des Staatshaftungsgesetzes der DDR. Eine Untersuchung auf der Grundlage von Materialien der DDR-Gesetzgebungsorgane mit zeitgeschichtlichen Bezügen. 2005.

Band 316 Julius F. Reiter: Entstehung und staatsrechtliche Theorie der italienischen *Carta del Lavoro*. 2005.

Band 317 André Book: Die Justizreform in der Frühzeit der Bundesrepublik. Die Beratungen der Kommission zur Vorbereitung einer Reform der Zivilgerichtsbarkeit in den Jahren 1955 bis 1961. 2005.

Band 318 Frank Zentz: Das amerikanische Strafverfahren als Element der Besatzungspolitik in Deutschland. Erziehung zur Demokratie durch den *Court of Appeals* 1948-1955. 2005.

Band 319 Friederike Quaisser: Mietrecht im 19. Jahrhundert. Ein Vergleich der mietrechtlichen Konzeptionen im Allgemeinen Landrecht für die Preußischen Staaten von 1794 und dem gemeinen Recht. 2005.

Band 320 Stefan Burghard: Professor Dr. Wilhelm Kahl – Leben zwischen Wissenschaft und Politik. 2005.

Band 321 Günter Baranowski: Die *Russkaja Pravda* – ein mittelalterliches Rechtsdenkmal. 2005.

Band 322 Christina Schneider: Die SS und das „Recht". Eine Untersuchung anhand ausgewählter Beispiele. 2005.

Band 323 Werner Schubert (Hrsg.): Zivilprozessreform in der Weimarer Zeit. Quellen zur Emminger-Zivilprozessverordnung vom 13.2.1924 und zu den Arbeiten der Zivilprozesskommission des Reichsjustizministeriums (1922-1930). Eingeleitet und herausgegeben von Werner Schubert. 2005.

Band 324 Felix Gaul: Der Jurist Rudolf Isay (1886-1956). Ein verantwortungsbewusster Vermittler im Spannungsfeld zwischen dynamischer Rechtsschöpfung, ökonomischem Wandel und technischem Fortschritt. 2005.

Band 325 Konstanze Braun: Dr. Otto Georg Thierack (1889-1946). 2005.

Band 326 Eckart Klein / Stefan Chr. Saar / Carola Schulze (Hrsg.): Zwischen Rechtsstaat und Diktatur. Deutsche Juristen im 20. Jahrhundert. 2006.

Band 327 Stefan Botor: Das *Berliner Sühneverfahren* – Die letzte Phase der Entnazifizierung. 2006.

Band 328 Andreas Köhler: Die Sorgerechtsregelungen bei Ehescheidung seit 1945. Scheidungsstrafe und verordnete Gemeinsamkeit. 2006

Band 329 Lars Düwel: Die Nichtigkeit und Anfechtbarkeit der Ehe in der Rechtsprechung des Reichsgerichts zwischen 1900 und 1945. 2006.

Band 330 Katalin Polgar: Das Oberappellationsgericht der vier freien Städte Deutschlands (1820-1879) und seine Richterpersönlichkeiten. 2007.

Band 331 Julia Schweitzer: Schiffer und Schiffsmann in den Rôles d'Oléron und im Llibre del Consolat de Mar. Ein Vergleich zweier mittelalterlicher Seerechtsquellen. 2007.

Band 332 Diana-Catharina Kurtz: Das Institut der Adoption im preußischen Allgemeinen Landrecht und im französischen Code civil zwischen Rezeption römisch-rechtlicher Prinzipien und verändertem Familienverständnis. 2006.

Band 333 Dino Joakim Duderstadt: Spiel, Wette und Differenzgeschäft (§§ 762-764 BGB) in der Rechtsprechung des Reichsgerichts und in der zeitgenössischen Literatur. 2007.

Band 334 Ronald Hoffmann: Die Domänenfrage in Thüringen. Über die vermögensrechtlichen Auseinandersetzungen mit den ehemaligen Landesherren in Thüringen nach dem Ersten Weltkrieg. 2006.

Band 335 Joachim Windmüller: *Ohne Zwang kann der Humanismus nicht existieren...* – „Asoziale" in der DDR. 2006.

Band 336 Sven Christian Gläser: Die Mediatisierung der Grafschaft Wertheim. Der juristische Kampf eines kleinen Reichsstandes gegen den Verlust der Landesherrschaft und seine Folgen. 2006.

Band 337 Benjamin Schleyer: Friedrich Wilhelm Bornemann (1798-1864). Eine Juristenkarriere im Preußen des 19. Jahrhunderts. 2006.

Band 338 Die Reform des Ehescheidungsrechts von 1976. Quellen zum Ersten Gesetz vom 14.6.1976 zur Reform des Ehe- und Familienrechts (Parlamentarische Ausschussprotokolle – Anglikanische Denkschrift von 1966 zur Scheidungsrechtsreform – Schlussabstimmung 1969 in der Eherechtskommission des Bundesministeriums der Justiz). Eingeleitet und herausgegeben von Werner Schubert. 2006.

Band 339 Andreas Feld: Das Bayerische Gesetz zum Schutz des Eigentums an Erzeugnissen der Literatur und Kunst gegen Nachdruck vom 15.04.1840. Vorgeschichte und Zustandekommen. 2007.

Band 340 Bernd Wörner: Adelbert Düringers Einfluß als Richter am Reichsgericht in Leipzig auf dem Gebiet des Personengesellschaftsrechts. 2007.

Band 341 Jan Jelle Kähler: Französisches Zivilrecht und französische Justizverfassung in den Hansestädten Hamburg, Lübeck und Bremen (1806-1815). 2007.

Band 342 Jörn Eckert / Pia Letto-Vanamo / Kjell Modéer (Hrsg.): Juristen im Ostseeraum. Dritter Rechtshistorikertag im Ostseeraum 20.-22. Mai 2004. 2007.

Band 343 Ferdinand von Weyhe: A.E. Wassermann. Eine rechtshistorische Fallstudie zur „Arisierung“ zweier Privatbanken. 2007.

Band 344 Martin Klaus Römermann: Kündigungen und Kündigungsschutz im Franquismus. 2007.

Band 345 Thomas Hoffmann: Der Landrechtsentwurf David Hilchens von 1599. Ein livländisches Rechtszeugnis polnischer Herrschaft. 2007.

Band 346 Ingo Ullmann: Die rechtliche Behandlung holsteinischer Leibeigener um die Mitte des 18. Jahrhunderts. Dargestellt unter besonderer Berücksichtigung der Schmoeler Leibeigenschaftsprozesse von 1738 bis 1743 sowie von 1767 bis 1777. 2007.

Band 347 Petra Fischer-Langosch: Die Entstehungsgeschichte des Familiengesetzbuches der DDR von 1965. 2007.

Band 348 Lasse O. Johannsen: Die rechtliche Behandlung ausreisewilliger Staatsbürger in der DDR. 2007.

Band 349 Ralf Schlottau: Deutsche Kolonialrechtspflege. Strafrecht und Strafmacht in den deutschen Schutzgebieten 1884 bis 1914. 2007.

Band 350 Hartwig Brandt / Ewald Grothe (Hrsg.): Rheinbündischer Konstitutionalismus. 2007.

Band 351 Nora Lutze: Der Verwandtenunterhalt nach den §§ 1601 bis 1603 und §§ 1610 bis 1612 BGB in der Rechtsprechung des Reichsgerichts. Unter Berücksichtigung der Entstehung des BGB. 2007.

Band 352 Frank Thiäner: Das Verhältnis von Aufsichtsrat und Abschlussprüfern in der rechtshistorischen Entwicklung bis 1937. 2007.

Band 353 Britta Heymann: Ernst Melsheimer (1897-1960). Eine juristische Karriere in verschiedenen staatlichen Systemen. Mitarbeiter im Preußischen Justizministerium in der Weimarer Republik, im Justizministerium Preußens und des Reiches sowie Richter am Kammergericht in der NS-Zeit und Erster Generalstaatsanwalt der Deutschen Demokratischen Republik. 2007.

Band 354 Susanne Adlberger: Wilhelm Kisch – Leben und Wirken (1874-1952). Von der Kaiser-Wilhelms-Universität Straßburg bis zur nationalsozialistischen Akademie für Deutsches Recht. 2007.

Band 355 Moritz Waibel: Josef Berchtold (1833-1894). Ein Leben gegen den Ultramontanismus. 2007.

Band 356 Aline Levin: Erinnerung? Verantwortung? Zukunft? Die Beweggründe für die gemeinsame Entschädigung durch den deutschen Staat und die deutsche Industrie für historisches Unrecht. 2007.

Band 357 Ferdinand Krause: Die hergebrachten Grundsätze des Berufsbeamtentums. Eine rechtshistorische Analyse. 2008.

Band 358 André Tiebel: Die Entstehung der Schutztruppengesetze für die deutschen Schutzgebiete Deutsch-Ostafrika, Deutsch-Südwestafrika und Kamerun (1884-1898). 2008.

Band 359 Holger Ruff: Sittenwidrige Rechtsgeschäfte in der späten Kaiserzeit. Die Entwicklung der reichsgerichtlichen Rechtsprechung zu § 138 BGB von 1900 bis 1914. 2007.

Band 360 Frank Rohrer: Strafjustiz im Dritten Reich und in der SBZ/DDR. Die personelle und organisatorische Neuordnung des Justizapparates in den totalitären Diktaturen (1933-1955) mit ihren Auswirkungen auf die Rechtsprechung zum politischen Strafrecht. 2007.

Band 361 Hans-Georg Knothe / Marc Liebmann (Hrsg.): Gerichtskultur im Ostseeraum. Vierter Rechtshistorikertag im Ostseeraum. 18.-20. Mai 2006 in Greifswald. 2007.

Band 362 Christina Meß: Das Vertragsrecht bei Adam Smith. 2008.

Band 363 Quellen zur dänischen Rechts- und Verfassungsgeschichte (12.-20. Jahrhundert). Herausgegeben von Ditlev Tamm, Werner Schubert und Jens Ulf Jørgensen. 2008.

Band 364 Günter Baranowski: Die Gerichtsurkunde von Pskov. 2008.

Band 365 Mark Spengler: Die Entstehung des Scheckgesetzes vom 11. März 1908. 2008.

Band 366 Ivan Biliarsky / Radu G. Păun (eds./éds.): The Biblical Models of Power and Law. Les modèles bibliques du pouvoir et du droit. Papers of the International Conference, Bucharest, New Europe College 2005. Actes du colloque international, Bucarest, New Europe College 2005. 2008.

Band 367 Thomas A. Roth: Ausgestaltungen der Rechtsfähigkeit im 19. und 20. Jahrhundert. Zur Rechtspersönlichkeit natürlicher Personen in den bedeutenden deutschen Zivilrechtsordnungen. 2008.

Band 368 Björn Alexander Rautenberg: Der Fiskal am Reichskammergericht. Überblick und exemplarische Untersuchungen vorwiegend zum 16. Jahrhundert. 2008.

Band 369 Thorsten Miederhoff: *Man erspare es mir, mein Juristenherz auszuschütten.* Dr. iur. Kurt Tucholsky (1890-1935). Sein juristischer Werdegang und seine Auseinandersetzung mit der Weimarer Strafrechtsreformdebatte am Beispiel der Rechtsprechung durch Laienrichter. 2008.

Band 370 Philipp Nordloh: Kölner Zunftprozesse vor dem Reichskammergericht. 2008.

Band 371 Judith Freund: Die Wechselverpflichtung im 19. Jahrhundert. 2008.

Band 372 Hans-Michael Empell: Gutenberg vor Gericht. Der Mainzer Prozess um die erste gedruckte Bibel. 2008.

Band 373 Rainer Schröder: Die DDR-Ziviljustiz im Gespräch – 26 Zeitzeugeninterviews. 2008.

Band 374 Christian Neschwara: Ein österreichischer Jurist im Vormärz. „Selbstbiographische Skizzen" des Freiherrn Karl Josef Pratobevera (1769-1853). 2009.

Band 375 Stefan Ullrich: Untersuchungen zum Einfluss des lübischen Rechts auf die Rechte von Bergen, Stockholm und Visby. 2008.

Band 376 Johanna Gertrude Schmitzberger: Das nationalsozialistische Nebenstrafrecht 1933 bis 1945. 2008.

Band 377 Christian Brom: Urteilsbegründungen im „Hoge Raad van Holland, Zeeland en West-Friesland" am Beispiel des Kaufrechts im Zeitraum 1704-1787. 2008.

Band 378 Christian Böse: Die Entstehung und Fortbildung des Reichserbhofgesetzes. 2008.

Band 379 Tobias Röhnelt: Timm Kröger. Leben und Werk. 2009.

Band 380 Andrea Elisabeth Sebald: Der Kriminalbiologe Franz Exner (1881-1947). Gratwanderung eines Wissenschaftlers durch die Zeit des Nationalsozialismus. 2008.

Band 381 Angela Kriebisch: Die Spruchkörper Juristenfakultät und Schöppenstuhl zu Jena. Strukturen, Tätigkeit, Bedeutung und eine Analyse ausgewählter Spruchakten. 2008.

Band 382 Nana Ozawa: Louis Adolphe Bridel – Ein Schweizer Professor an der juristischen Fakultät der Tokyo Imperial University. Die geschichtliche Bedeutung der Yatoi zur späten Meijizeit. 2010.

Band 383 Christian Weißhuhn: Alfred Hueck 1889-1975. Sein Leben, sein Wirken, seine Zeit. 2009.

Band 384 Andreas Hunkel: Eduard Dietz (1866-1940) – Richter, Rechtsanwalt und Verfassungsschöpfer. 2009.

Band 385 Meike Guskow: Entstehung und Geschichte der Europäischen Charta der Regional- oder Minderheitensprachen. 2009.

Band 386 Markus J. Jahnel: Das Bodenrecht in „Neudeutschland über See". Erwerb, Vergabe und Nutzung von Land in der Kolonie Deutsch-Südwestafrika 1884-1915. 2009.

Band 387 Matthias Günter Steiner: Die Klöster und ihr Wirken – eine der Wurzeln des Stiftungswesens? 2009.

Band 388 Cornelia Staats: Die Entstehung des Bundes-Immissionsschutzgesetzes vom 15. März 1974. 2009.

Band 389 Cai Niklaas E. Harders: Das Bundesjagdgesetz von 1952 sowie die Novellen von 1961 und 1976. Vorgeschichte, Entstehung des Gesetzes sowie Problemfelder. 2009.

Band 390 Matthias Pohlkamp: Die Entstehung des modernen Wucherrechts und die Wucherrechtsprechung des Reichsgerichts zwischen 1880 und 1933. 2009.

Band 391 Sebastian Baur: *Vor vier Höllenrichtern*... Die Lizentiats- und Doktorpromotionen an der Juristischen Fakultät der Universität Heidelberg. 2009.

Band 392 Christoph Salmen-Everinghoff: Zur *cautio damni infecti*: Die Rückkehr eines römischrechtlichen Rechtsinstituts in das moderne Zivilrecht. 2009.

Band 393 Till Meno Sellschopp: Der Weg zum Revokationsrecht der Ehegatten nach § 1368 BGB. Zugleich ein Beitrag zur Geschichte des ehelichen Güterrechts. 2009.

Band 394 Marc Biermann: Das Staatseigentum an öffentlichen Sachen im Gemeingebrauch in der ersten Hälfte des 19. Jahrhunderts. Die Theorie des reinen Hoheitsrechts an den öffentlichen Sachen von Rudolph von Jhering und Friedrich Ludwig Keller im Zusammenhang mit dem Baseler Schanzenstreit von 1859/62. 2009.

Band 395 Markus Tüxen: Kollegialprinzip oder Einzelrichter. Die Entwicklung des zivilrechtlichen Spruchkörpers bei den Landgerichten sowie den Oberlandesgerichten seit 1879 unter besonderer Berücksichtigung der Reformen von 1974 und 1976. 2009.

Band 396 Adam Polkowski: Die polnische Zivilprozessordnung von 1930/33. Unter Berücksichtigung des deutschen, österreichischen, russischen und französischen Rechts. 2009.

Band 397 Barbara Riedi: Die Porten der Unteren Strasse, ihr Ladungsrecht und der Strassenunterhalt. Rechtshistorische Betrachtungen zur Verkehrs- und Wirtschaftsgeschichte Graubündens. 2009.

Band 398 Stefanie Jessica Loroch: Zeitungsrubrik: Gerichtssaal. Strafprozessberichterstattung in Münster im 19. Jahrhundert (1848-1890). 2009.

Band 399 Dirk Henning Hofer: Karl Konrad Werner Wedemeyer (1870-1934). Ein Juristen- und Gelehrtenleben in drei Reichen. Eine Biographie. 2010.

Band 400 Thomas Simon (Hrsg.): Hundert Jahre allgemeines und gleiches Wahlrecht in Österreich. Modernes Wahlrecht unter den Bedingungen eines Vielvölkerstaates. 2010.

Band 401 Dörte Mentz: Die Beweislastumkehr in der Rechtsprechung des Reichsgerichts. 2010.

Band 402 Werner Schubert (Hrsg.): Oberster Gerichtshof für die Britische Zone (1948-1950). Nachschlagewerk Strafsachen – Nachschlagewerk Zivilsachen. Präjudizienbuch der Zivilsenate. Eingeleitet und herausgegeben von Werner Schubert. 2010.

Band 403 Yong Lei: Auf der Suche nach dem modernen Staat. Die Einflüsse der allgemeinen Staatslehre Johann Caspar Bluntschlis auf das Staatsdenken Liang Qichaos. 2010.

Band 404 Andreas Schwenk: Die Formbestimmung des § 313 BGB a. F. (§ 311 b Abs. 1 BGB n. F.) bei Verträgen über Grundstücke in der Rechtsprechung des Reichsgerichts. 2010

Band 405 René Schorsch: Eberhard Georg Otto Freiherr von Künßberg (1881-1941). Vom Wirken eines Rechtshistorikers. 2010.

Band 406 Ulrike Köbler: Werden, Wandel und Wesen des deutschen Privatrechtswortschatzes. 2010.

Band 407 Björn Florian Faulenbach: Rolle und Bedeutung der Lehre in der Rechtsprechung der Internationalen Gerichtshöfe im zwanzigsten Jahrhundert. 2010.

Band 408 Guangyu Fu: Das Causaproblem im deutschen Bereicherungsrecht. Eine rechtshistorische Untersuchung. 2010.

Band 409 Andreas Kimmelmann: Die Folter im Beweisverfahren der Leges Visigothorum. Chindasvinths Gesetzgebung im Spiegel der westgotischen Rechtsentwicklung. 2010.

Band 410 Jacqueline Schmaltz: Die Entwicklung der Industrie- und Handelskammern. Zwischen Pflicht und Kür. 2010.

Band 411 Hermann Nehlsen: Bayerische Rechtsgeschichte vom frühen Mittelalter bis zum 20. Jahrhundert. 2011.

Band 412 Kathrin Spoerr: Recht und Revolution. Deutsche Ökonomen und ihr Einfluss auf das Recht der Weimarer Republik – eine Zeitschriftenschau 1917-1920. 2011.

Band 413 Moritz von Köckritz: Die deutschen Oberlandesgerichtspräsidenten im Nationalsozialismus (1933-1945). 2011.

Band 414 Annika Lillemor Lara Rabaa: Die Ehe als Rechtsinstitut im Badischen Landrecht von 1810. Unter besonderer Berücksichtigung der gesellschaftlichen Entwicklungen im 19. Jahrhundert. 2011.

Band 415 Christian Hattenhauer / Klaus-Peter Schroeder (Hrsg.): 200 Jahre Badisches Landrecht von 1809/1810. Jubiläumssymposium des Instituts für geschichtliche Rechtswissenschaft der Ruprechts-Karls-Universität Heidelberg und der Heidelberger Rechtshistorischen Gesellschaft vom 23. bis 26. September 2009. 2011.

Band 416 Tobias Alexander Krammerbauer: Die Ministerverantwortlichkeit und die Vorformen sonstiger Verfassungsgerichtsbarkeit in Württemberg zwischen 1815 und 1918. 2011.

Band 417 Werner Schubert (Hrsg.): Quellen zur GmbH-Reform von 1958 bis zum GmbH-Änderungsgesetz von 1980. Eingeleitet und herausgegeben von Werner Schubert. 2011.

Band 418 Gisela Emling: Johannes Heckel. Leben und Wirken (1889-1963). 2011.

Band 419 Jochen Kirschbaum: Die Etablierung der Historischen Rechtsschule an der Ludoviciana (1814-1824). 2011.

Band 420 Sören Koch: Unaufgeforderte Hilfeleistung in Notsituationen. Eine rechtshistorische und rechtsvergleichende Studie zu den zivilrechtlichen Aspekten der Nothilfe mit besonderer Berücksichtigung des Rechts der Geschäftsführung ohne Auftrag. 2011.

Band 421 Friedrich Carl von Savigny: Die Prinzipienfragen in Beziehung auf eine neue Strafprozeß-Ordnung. Ausgearbeitet im Justizministerium für die Gesetzrevision. Eingeleitet und herausgeben von Werner Schubert. 2011.

Band 422 Stephan Faulwetter: Von der Zunft zur Handelskammer. Zur Entwicklung des Gewerberechts in thüringischen Staaten. 2011.

Band 423 Moritz Eisenhardt: Sanierung statt Liquidation. Die Geschichte des Vergleichs zur Abwendung des Konkurses unter besonderer Berücksichtigung der Vergleichsordnung von 1927 und 1935. 2011.

Band 424 Gerd Kleinheyer: Beiträge zur Strafrechtsgeschichte. Herausgeben von Franz Dorn, Mathias Schmoeckel und Jan Schröder. 2011.

Band 425 Ralf Maertens: Das Landgericht Altona (1879-1937) und die Anfänge des Landgerichts Itzehoe (1937-1945). Unter besonderer Berücksichtigung ihrer Tätigkeitsberichte und rechtspolitischen Stellungnahmen. 2011.

Band 426 Mark Friedrich: Ferdinand von Martitz (1839-1921). Rechtshistoriker, Staatsrechtler und Völkerrechtler zwischen dem Ende des Deutschen Bundes und dem Beginn der Weimarer Republik. 2012.

Band 427 Sebastian Krusche: Die Bundesrechtsanwaltsordnung vom 1. August 1959. Vorgeschichte und Entstehung. 2012.

Band 428 Marju Luts-Sootak / Sanita Osipova / Frank L. Schäfer (Hrsg./eds.): Einheit und Vielfalt in der Rechtsgeschichte im Ostseeraum. Unity and Plurality in the Legal History of the Baltic Sea Area. Sechster Rechtshistorikertag im Ostseeraum, 3.-5. Juni 2010 in Tartu (Estland) / Riga (Lettland). 6th Conference in Legal History in the Baltic Sea Area, 3rd-5rd June 2010 Tartu (Estonia) / Riga (Latvia). 2012.

Band 429 Margret R. I. Bootz: Die Hamburger Rechtsprechung zum Arbeitsrecht im Nationalsozialismus bis zum Beginn des 2. Weltkriegs. 2012.

Band 430 Heiko Zech: Die soziale Frage im Konkursrecht 1879-1900. 2012.

Band 431 Jan C. Lorenzen: Das Bundesnaturschutzgesetz vom 20. Dezember 1976. Die Entwicklung des Naturschutzrechtes in Deutschland von den Anfängen bis zur Neukodifikation des Bundesnaturschutzgesetzes von 1976. 2012.

Band 432 Ulrike Ingrid Bernhardt: Geschichte des Weinrechts im Deutschen Kaiserreich (1871-1918). Mit einem Überblick zur Vorgeschichte und Weiterentwicklung bis zur Gegenwart. 2012.

Band 433 Elisabeth Otto: Das Verwaltungsrecht in der SBZ / DDR bis zur Verwaltungsneugliederung im Jahr 1952. 2012.

Band 434 Werner Schubert: Zur Geschichte der Justizverfassung in Schleswig-Holstein im 19. und 20. Jahrhundert. Quellen und Studien. 2012.

Band 435 Stefan Ellenberg: Herrschaft und Reform. Zur Diskussion um die Aktienrechtsreform und den Konzern in der Weimarer Zeit. 2012.

Band 436 Jasmin Sonntag: Gesetzgebung und Verwaltung im Dalbergstaat 1802-1810. 2012.

Band 437 Martin Komusiewicz: Die Diskussion um das Verhältnis von Rechtsanwaltschaft und Notariat seit dem Ende des 18. Jahrhunderts bis zum Erlass der Bundesnotarordnung. 2012.

Band 438 Henriette von Breitenbuch: Karl Neumeyer – Leben und Werk (1869-1941). 2013.

Band 439 Günter Baranowski: Russische Rechtsgeschichte: Texte und Erläuterungen. Teil 1: Von den Anfängen bis 1612/13. 2013.

Band 440 Werner Schubert (Hrsg.): Staatsanwaltschaftsrecht (1934-1982). Quellen zu den Reformprojekten (Organisation – Innerer Dienstbetrieb – Ermittlungsverfahren – Verhältnis der Staatsanwaltschaft zur Polizei) und zur Anordnung über Organisation und Dienstbetrieb der Staatsanwaltschaft (OrgStA). Eingeleitet und herausgegeben von Werner Schubert. 2013.

Band 441 York Zieren: Das Schiedsverfahrensrecht der ZPO (1877-1933) unter Berücksichtigung der Genfer Übereinkommen von 1923 und 1927 sowie der Rechtsprechung des Reichsgerichts. 2013.

Band 442 Stefan Wolf: Das Jenaer Studium der Rechte im Dritten Reich. Zwischen Tradition und nationalsozialistischer Ideologie. 2013.

Band 443 Bernhard Klose: Das Verblassen eines Makels. Das Nichtehelichenrecht der DDR als Teil der gesamtdeutschen Entwicklung. 2013.

Band 444 Peter Opitz-von Bardeleben: Das Generalgouvernement Niederrhein. 2013.

Band 445 Nadine Göppner: Vorgeschichte und Entstehung des Atomgesetzes vom 23.12.1959. 2013.

Band 446 Frank L. Schäfer / Werner Schubert (Hrsg./eds.). Justiz und Justizverfassung / Judiciary and Judical System. Siebter Rechtshistorikertag im Ostseeraum, 3.-5. Mai 2012 Schleswig-Holstein / 7th Conference in Legal History in the Baltic Sea Area, 3rd-5th May 2012 Schleswig-Holstein. 2013.

Band 447 Sandy Schenker: Gegen Täuschungen und Gesundheitsgefährdungen durch schlechte Nahrung. Zur Entwicklung des Nahrungsmittelrechts durch Rechtsprechung und Gesetzgebung zwischen 1871 und 1927. 2013.

Band 448 Youn Seok Choi: Der Besitzerwerb des Erben. Historische Entwicklungen, die Lösung des § 857 BGB und ihre Anwendungsprobleme. 2013.

Band 449 Johannes Kalb: Die innerstädtische Auseinandersetzung in Regensburg am Ende der Reichsunmittelbarkeit. Eine historische und rechtliche Untersuchung. 2014.

Band 450 Thomas Habbe: Lastenausgleich. Die rechtliche Behandlung von Kriegsschäden in Deutschland seit dem 30jährigen Krieg. 2014.

Band 451 Günter Baranowski: Russische Rechtsgeschichte: Texte und Erläuterungen. Teil 2: Von 1613 bis 1682. 2015.

Band 452 Wilhelm Brauneder (Hrsg): Landrechtsentwurf für Österreich unter der Enns 1526. 2015.

Band 453 Maximilian Elsner von der Malsburg: „Arisierung" von Privatbanken am Beispiel des Bankhauses E. J. Meyer in Berlin. 2015.

Band 454 Tanja Claussen: Johann Julius Wilhelm Planck (1817-1900). Leben und Werk. 2015.

Band 455 Werner Schubert (Hrsg.): Das Reichsjustizministerium und die höheren Justizbehörden in der NS-Zeit (1935-1944). Protokolle und Mitschriften der Arbeitstagungen der Reichsjustizminister mit den Präsidenten der Oberlandesgerichte, des Volksgerichtshofs, des Reichsgerichts sowie mit den Generalstaatsanwälten. Eingeleitet und herausgeben von Werner Schubert. 2015.

Band 456 Christian Vahl: Die gesetzliche Regelung des Seefrachtvertrags im deutschen Recht. Eine rechtshistorische Betrachtung unter besonderer Berücksichtigung der Beratungen des Seerechtsausschusses der Akademie für Deutsches Recht (1934-1942). 2015.

Band 457 Ruomeng Yang: Die Rezeption der europäischen Privatrechte in China und die konfuzianische Tradition. Das Beispiel des Deliktsrechts im frühen 20. Jahrhundert. 2015.

Band 458 Piotr Wittmann: „Der da sein Practic auß Teutschen Tractaten will lernen". Rechtspraktiker in deutschsprachiger Praktikerliteratur des 16. Jahrhunderts. 2015.

Band 459 Georg Rasche: Richter, Sachverständige, Handelskammern. Preußische Justizverwaltung und kaufmännische Interessen zwischen 1879 und 1907. 2015.

www.ingramcontent.com/pod-product-compliance
Ingram Content Group UK Ltd.
Pitfield, Milton Keynes, MK11 3LW, UK
UKHW021822290926
8980IPUK00004B/218

9 783631 657355